KB127069

살아 있는 것의
경제학

살아 있는 것의 경제학

초판 1쇄 인쇄 2016년 9월 27일
초판 2쇄 발행 2016년 11월 7일

지은이 우석훈

발행인 최봉수
편집장 김문식
기획편집 권은정 최민석 김민혜 이미리
디자인 섬세한 곰 www.bookdesign.xyz
마케팅 안익주 이승아
제작 한동수 장병미 이성재
발행처 메가스터디(주)
출판등록 제2015-000159호
주소 서울시 마포구 상암산로 34 디지털큐브빌딩 15층
전화 1661-5431 팩스 02-3486-8458
홈페이지 http://www.megabooks.co.kr

ⓒ 우석훈, 2016
ISBN 978-89-6280-770-7 03300

살아 있는 것의 경제학

우석훈

지음

늙은 경제에 갇힌
청년들을 위한
희망 선언

새로운현재

차
례

프롤로그
희망의 경제학은 사라지고 절망의 시대만이 남았다 **6**

1장 청년은 여전히 홀로 싸운다

〈연애의 목적〉, 〈우아한 인생〉, 〈관상〉 **35**
2007년은 정말 아름다웠을까 **40**
한국에서 청년은 늙지 않는다 **45**
혼자 치르는 전쟁 **50**
살아 있으니까 아름다운 거야 **58**

2장 살아 있는 것의 경제학

살아 있다는 것에 관한 고찰 **75**
경제학을 바라보는 관점 **86**
숲에서 경제를 읽는다 **96**
숲의 천이도 때론 실패한다 **105**
경제가 늙어 간다는 것 **109**
늙은 숲이 된 한국 경제 **123**

3장 지난 10년 위기를 불러온

기울어진 운동장과 50대의 의미 **131**
MB의 시간, 사기꾼의 시대 **139**
박근혜의 시간, 판도라의 시대 **152**
죽은 것들의 경제학 **166**
무관용의 시대 **182**
산업의 몰락이 가져온 위기 **189**

4장 찬란함의 지속가능성

꽃은 화려할 때 지는 기야 **201**
이민자 규정 변화가 가져올 나비효과 **205**
삼성과 청년, 시대의 갈림길에 서다 **214**
청년에게 미생이라는 딱지를 붙인 나라 **223**
청년 완전고용은 정말 불가능한가 **233**
청년에게 상냥한 기업 **247**
청년을 위한 이중배당이 답이다 **256**
무한한 가능성을 가진 영역을 주목한다 **263**
청년이 살 공간을 고민하다 **272**

5장 살아 있어 행복한 거야

삼각돛을 아는 나라와 모르는 나라 **285**
최저임금을 올리는 나라와 동결하는 나라 **296**
최저임금과 기본 소득 **303**
청년이 지내기 좋은 동네 **310**
권문석의 꿈 **322**
416만 원의 의미 **333**

에필로그
살아 있는 것들을 위한 세상을 기대하며 **340**

희망의 경제학은
사라지고
절망의 시대만이
남았다

1.

오래 전 외국에서 '믿거나 말거나' 식
의 판타지 방송 프로그램을 본 적이 있다.
등장인물로 나온 이는 마법사였는데, 마치
점쟁이같은 능력을 가지고 있어서 누군가
의 오래된 소지품만을 보고도 그 사람이 어
떤 사람인지 맞출 수 있었다. 그날 한 의뢰
인이 들고 나온 것은 낡은 손목시계였다.
"이 시계의 주인은 누구일까요?"라고 묻자,
시계를 손에 들고 눈을 감은 채 한참을 고

심하던 마법사는 이윽고 천천히 입을 뗐다.

"잘 모르겠군요. 어떤 곳에 아주 오랫동안 갇혀 있었던 것으로 보이는 바, 감옥에 있는 죄수 같은데요……. 그렇지만 죄를 저지른 것 같지는 않고요. 어떤 누명을 쓰고 감옥에 간 사람이 아닐까요?"

앞서 다른 몇 개의 소지품의 주인에 관해서는 귀신같이 맞혔던 그가 잘 모르겠다고 하자, 관중석에서는 얕은 탄식이 흘렀다.

결과적으로 마법사의 추리는 반은 맞고, 반은 틀렸다. 의뢰인이 알려 준 시계의 주인은 어느 학자였다. 죄수가 아니었다. 아주 오랫동안 갇혀 있어서 어쩌면 감옥일지도 모른다고 생각한 그곳, 사실은 도서관이었다. 학자가 긴긴 시간을 도서관에서만 머물며 시간을 확인하는 데 썼을 손목시계였다.

그 방송이 백 퍼센트 리얼 다큐멘터리인 건지, 아니면 미리 조작된 얘기였을지 알 수 없다. 다만 도서관에 있던 시절을 감옥에 있는 것으로 착각하게 되었다는 그 모티브만큼은 기억에 오래 남았다. 삶의 일상 중 일부 정보만으로 누군가의 삶을 파악해 본다면, 과연 우리는 어떻게 그려질까?

만약 지금 한국을 살아가는 20대 청년 한 사람의 소지품이 의뢰 받은 물건으로 그 방송에 나간다면 어떨지 상상해 보자. 현재 20대의 일상적 삶을 담고 있을 소지품은 뭘까 하는 생각부터 들지만, 핸드폰 정도면 그럴듯하겠다. 사실 핸드폰조차도 몇 년을 주기로 기기 변경을 할 테니 한 사람의 흔적을 담고 있을 만큼은 아닐 것 같지만, 무엇이든 20대의 소지품을 떠올려 보자. 의뢰품을 손에 쥔 마법사는 과연 뭐라고 말할까?

"어딘가 다소 좁은 곳에 혼자 있는 것에 익숙한 듯한데…….

자유롭고 싶어 하지만 무언가에 얽매여 있어요. 감옥에 갇힌 사람처럼요. 약간의 슬픔과 외로움도 느껴져요. 막막함. 미래에 대한 막막함이 가득한 듯 보여요. 그렇지만 벗어나려고 애쓴 노력의 흔적을 봤을 때, 사고로 무인도 같은 곳에 표류된 사람이 아닐까요?"

일본 요괴 이야기에 흔히 나오는 '잔류 상념'이라고 해야 할까? 소지품에 붙어서 떠나지 못하는 주인의 애달픈 감정, 그 강렬한 잔류 상념 앞에 마주 선 마법사도 매우 곤혹스러울 것이다. '이게 뭐지? 정말이지, 이게 뭘까? 이 물건의 주인은 대체 누구지?'

오랫동안 집을 중심으로 사유하던 한국 사회에 갑자기 방을 중심으로 생각하는 새로운 사람들이 등장했다. '좋은 집'보다는 '좋은 방'에 훨씬 더 민감하게 반응하는 사람들, 바로 한국의 청년들이다.

한국의 청년들은 취업을 했든 하지 못했든 좁은 방에 오랫동안 갇힌 경험을 했을 가능성이 높다. 도서관이든 고시원이든 아니면 집이든, 지금 한국의 청춘은 고정된 곳에 갇혀 지내는 경우가 많다. 딱히 누군가 그들을 가둬서가 아니라 살기 위해서, 아니 살아남기 위해서 스스로 갇힐 수밖에 없다. 그리고 그 기간 동안 자기소개서, 흔히 '자소서'라고 부르는 몇 페이지짜리 문서를 쓰고 또 쓴다. 기껏해야 시급 6,030원을 받는 초보 인턴 정도의 자리를 얻기 위해서. 그리고 젊은 시절, 자신보다 대충 살았을 것이 분명한 면접관들에게 모멸과도 같은 능욕을 당한다. 놀림을 당하거나 무시를 당하거나 희롱을 당한다. 그리고 그것을 묵묵히 참아 낸다. 너무 살살 사는 것이 아니라 너무 열심히 살아서 문제가 된 사람들, 도대체 무엇이 문제인 것인가? 그리고 이 요상하고도 야릇

한 이야기의 끝은 어떻게 될 것인가?

앞으로 10년 후, 청년들의 삶은 좀 나아질까? 그렇게 보이지 않는다. 지금 이 상황이 그대로 10년 더 나이만 먹을 뿐, 바뀔 조짐은 거의 보이지 않는다. 그것이 경제가 늙어 가는 것 아닌가? 사람이 늙는 것이 아니라 시스템으로서의 경제가 늙어 가는 것. 우리가 마주하게 될 벽은 바로 '늙은 경제'다. 사람이 늙어서 경제가 늙는 것이 아니라 경제가 늙어서 사람도 늙어 가는 것, 자고로 이것이 클라이맥스를 지난 경제의 특징이다.

2.

2007년 《88만원 세대》를 시작으로, 총 네 권의 책을 '한국 경제 대안 시리즈'라는 이름으로 쓰던 시절이 있었다. 첫 작업부터 시작하면 이래저래 10년이 지났다. 그동안 세상은 좀 나아졌을까? 별로 그렇지 않다. 대부분의 수치는 더 안 좋아졌고, 또 실제로 사람들이 체감하는 삶은 훨씬 더 어려워졌다. 그리고 무엇보다도 청년들의 삶은 눈에 띄게 형편없어졌다. 현 상태가 열악한 것보다 앞으로 시간이 흐른다고 해도 개선될 가능성이 달리 보이지 않는다는 것이 더 심각한 문제다.

《88만원 세대》 개정판에 대한 요구가 있었다. 얼추 10년이 지나가는데, 그동안 바뀐 상황에 대해서라도 정리해 보면 좋겠다는 말들이었다. 그렇지만 그 후 무엇이 더 안 좋아졌고, 저것은 또 저렇게 더 안 좋아졌고…… 하는 그런 슬픈 이야기들을 기계적으로 나열하는 것이 도대체 무슨 도움이 될까, 그리고 그것을 꼭 책으로 봐야 할까, 책을 보지 않아도 잠시만 주변을 살피면 금방 다 알 수 있는 이야기들 아닐까 하는 생각이 들었다. 같은 이야기를 별 의미 없이 반복하는 개정판에 대해서는 특별한 생각이 없었다.

당시 '한국 경제 대안 시리즈'를 발간한 이후, '공포경제학' 혹은 '호러경제학자'라는 별명을 가지게 되었다. 《88만원 세대》의 부제를 '절망의 시대에 쓰는 희망의 경제학'이라고 달았는데, 희망은 사라지고 절망만이 남았다. 맙소사!

3.

지난 몇 년, 정말이지 많은 사람들을 만났다. 경제와 관련해서는 새누리당 사람들도 만나고, 공무원들도 만났다. 경제와 우리의 미래에 관한 이야기라면 굳이 만나지 않을 이유는 없었다. 삼성이나 현대의 경제학자들도 만났고, 전경련 사람들도 만났다. 이 과정을 통해서 한국 경제가 정말 어렵다는 상황 인식은 거의 비슷하다는 것을 알게 되었다. 어렵게 된 이유에 대한 분석도 크게 다르지 않았다. 그렇지만 처방이 약간 다르다. 그 약간의 차이가 현실의 논쟁으로 세상에 드러나는 순간, '도저히 같은 하늘 아래 공존할 수 없는 사이'처럼 벌어져 버린다. 그런데 그것이 경제학에서 생겨나는 견해의 차이라기보다는 정치적인 이유에서 정부를 사이에 둔 현실 때문에 벌어지는 일이다.

외적으로 정반대 입장에 서 있다고 해서, 한국 경제에 대해 모든 부분에서 정반대의 생각을 하고 있는 것만은 아니다. 경제학자도 많은 경우에 생활인이다. 학자로서의 생각과 생활인으로서의 처지, 충돌과 긴장 속에서 살아가게 된다. 지식사회학의 카를 만하임Karl Mannheim이 이야기했던 '존재'와 '상황'이라는 것, 쉽게 생각하면 한국에서 학자들마저도 가질 수밖에 없는 '먹고사니즘' 아니겠는가?

대통령이 어떻게 생각하느냐에 따라서 공무원들과 그에 속한 사람들의 생각이 적당히 조절된다. '영점 조정' 정도로 번역할 수 있는 캘리브레이션calibration이 일어나는 것이다. 대선에 나섰던 이회창이 '메인 스트림'이라는 표현을 쓴 적이 있다. 본류, 주류, 그 안에서 벌어지는 대통령을 향한 영점 조정은 해도 좀 너무하다 싶은 생각이 들 때도 있다. 1990년대 워싱턴의 정치인들과 월스트리트의 금융인들에게 광범위하게 퍼져 있는 생각을 '워싱턴 콘센서스Washington Consensus'라고 불렀다. 지난 10년을 돌아보면 한국에도 '청와대 콘센서스' 같은 것이 존재한다고 해도 좋을 것 같다. 그리고 이 현상은 점점 더 강해지고 있다. 대통령에 대한 개인적인 감정과 판단은 중요하지 않다. 권력을 좇아 돈이 움직이고 거액은 아니어도 권력에 줄기를 대야 삼시 세끼라도 걱정하지 않고 살 수 있는 것, 2010년대에 한국의 많은 학자는 딱 그렇게 '청와대 콘센서스'를 인지하고 있다.

언론에만 검열관이 있는 것이 아니다. 학자들에게도 마음 속 깊은 곳에 검열관이 떡하니 똬리를 내리고 있다. 워싱턴 콘센서스는 2008년 글로벌 금융위기 이후로 크게 한 번 흔들렸고 그 후로 재구성되는 중이다. 한국의 청와대 콘센서스는 어떨까. 계속되는 경제 위기에도 불구하고 근본적으로는 흔들리지 않는다. 왜? 우리는 경제학을 '만든' 나라가 아니라 '수입'을 해서 쓰는 나라다.

외국에, 우리의 경제 모국에 없는 심각한 문제가 생겨나면 이론을 응용하거나 변형하는 것에 대해 두려움을 느낀다. 우리는 정치도, 경제도 심지어는 학문도 대충하는 것 아닐까?

조선조가 망한 이유는 분명하다. 땅을 많이 가진 자들이 자신들이 더 갖겠다고 하다가 망했다. 현재 한국의 20대의 문제가 딱 그런 것 같다. 지금 한국은 얼마 되지도 않은, 청년들에게 돌아가야 할 몫과 아직 구현되지도 않은 그들의 미래의 몫마저 소위 '메인 스트림'이라고 하는 자들이 자기들이 다 갖겠다며 난리치고 있는 상황이다. 이렇게 미래의 것을 당대의 권력자들끼리 다 나눠 갖고 나면 정말로 나라는 망한다. 정치는 대충해도 되지만, 경제를 대충하면 진짜로 나라가 망한다. 지금 우리 상황이 그렇다.

4.

'바닥을 친다'는 표현이 있다. 바닥으로 내려갔다는 것은 앞으로 좋은 일만 남아 있다는 의미로 사용된다. 흔히 증권시장과 부동산, 여러 산업 및 경제성장률 예측 등에서 자주 사용한다. 그런데 프로 야구에서는 이 용어를 잘 사용하지 않는다. 바닥에 내려가도 올라가지 않는 팀이 있다는 것을 경험적으로 이미 알고 있다. 한때 프로 야구에서 "DTD는 과학이다"라는 말이 유행했다. 'Down Team Down.' 즉 내려갈 팀은 내려간다는 의미로, 경험적으로 '바닥은 없다'는 말이 프로 야구에서는 더 통용된다. 경제가 과학일까? 경제는 과학이어야 한다고 배웠지만, 한국에서, 특히 21세기 한국에서 경제는 신앙이고 미신처럼 되어 버렸다.

내려갈 만큼 내려갔으니 이제는 올라오지 않을까 하는 이런 미신 같은 이야기들을 과학이라고 하고 있는 것이 우리 형편이다.

이명박을 거쳐 박근혜 정부까지 오면서 한국 경제를 운용한, 자칭 주류라고 하는 사람들이 프로 야구에서 꼭 배워야 할 것이 한 가지 있다. 'DTD', 내려갈 것은 내려간다는 사실이다. 언론을 속일 수 있고, 학자에게 겁을 줄 수 있다. 또 사람들의 입을 막을 수 있고, 피해자들을 가해자로 뒤엎을 수도 있다. 그러나 경제는 엄연한 과학이다. 심리만으로 다 되는 것이 아니다. '경제'라는 두 글자를 입에 달고 산다고 해서 경제가 좋아지는 것이 아니다. 그리고 '청년'이라는 단어를 정책 목표마다 새겨 넣는다고 해서 청년들의 삶이 나아지는 것이 아니다. 청년의 입장에서 생각해 보자. 좋아진 것은 약간이고, 나빠질 것은 아주 많다.

2016년 대한민국을 살아가는 50대 이상 되는 국민들은 대체적으로 "이만한 나라에서 사는 것이 다행이다"라고, 그렇게 국가에 대한 긍지를 느끼는 것 같다. 5년째 방영 중인 KBS의 〈한국인의 밥상〉에 나오는 할머니, 할아버지들에게 있어 지금의 한국은 먹을 것이 풍족해져 예전 '초근목피草根木皮'로 끼니를 때웠던 시절의 음식들을 이제는 건강식, 기호식으로 여기는 풍요와 넉넉함의 시대인 것 같다. 반면 대다수의 20대는 지금의 한국을 두고, "이 나라는 나의 나라가 아니다"라고 느끼고 있다.

10년 전, 한국의 20대의 이야기를 썼던 것은 장기적으로 봤을 때 한국의 20대가 만나게 될 경제적 문제가 한국 경제에서 가장 근본적이며 해결하기 어려운 문제가 될 것이라고 생각했기 때문이었다. 그때만 해도 그저 예상하고 예측하는 미래형의 서술이었다. 10년이 지나고 난 지금, 당시 예상 중 일부는 이미 실현되었고, 다른 몇몇 부분들은 생각했던 것보다 더 심각하게 전개될 조짐이 엿보인다. 이 추세가 시간이 지나면서 완화될 것인가? 물론 완화되기는 할 것이다. 20대에 시작된 '탈脫풍요'의 고백이 점차적으로 50대 이상까지 올라가게 될 것이다. 결국은 평등하고 공평해지지만, 그것이 정의로운 것은 아니다. 사회 구성원이 대부분 비슷하게 가난해지고 살기 어려워지는 상황을 두고, 근대든 탈근대든 정의롭다고 생각하는 철학은 없다. 안타깝게도 지금 우리는 그 길로 열심히 달려가고 있다.

1990년 일본에서는 주식시장의 붕괴와 함께 경제 위기가 시작되었다. 니케이Nikkei 지수가 절반 가까이 빠지면서 시장이 패닉에 빠져 버린 상황에서도 부동산 가격은 연일 최고점 기록을 갱신했다. 1년 후, 드디어 부동산이 내려앉았고, 일본 경제는 그 후 20년 이상 계속 진행될 위기 국면에 본격적으로 들어섰다. 일본 스스로도 위기 상황이라는 것을 잘 알고 있었다. 그리고 힘들면 힘들수록 점점 더 많은 공항을 만들려고 했다. 발전 초기와 후기에 공항과 같은 물류 지점의 조건은 다르다. 경제가 어렸을 때의 기억 때문일까? 경제 후반기에 발생하는 경제 위기에서도 지방 공항을 만들자는 의견이 강해진다. 그러면 외부에서 돈과 사람이 물밀 듯이 들어오고 지역이 발전될 것이라는 믿음이 팽배해진다. 지방 공항을 만들자는 요구가 강해지는 것은 경제 위기 심화의 대표적 증상 중 하나다. 그리고 그렇게 공항을 만들면 만들수록 일본 경제는 더욱 어려워졌다.

문득 다시 생각나는 말이 있다. 'Down Team Down.' 죽어라고 공항을 만들겠다는 경제는 곧 하락세를 타고 내려가게 된다. 공항을 만드니까 경제가 어려워졌을까, 경제가 어려워지니까 공항을 만드는 것일까? 이런 질문은 'DTD의 법칙' 앞에서는 말장난이다. 법칙의 진짜 의미는 내려갈 팀은 어떻게 해도 결국에는 내려간다는 것이다. 내려갈 경제는 결국 내려간다, 경험적으로 이미 법칙이 되었다.

안되는 것은 늘 안된다. 그렇지만 안되는 것에도 등급이 있다. '조금' 안되는 것과 '왕창' 안되는 것 사이에는 많은 차이가 있다. 지난 10년간은 조금 안되는 것이었고, 앞으로 다가올 10년은 왕창 안되는 것이 될 가능성이 높다. '조금'과 '왕창'의 존재론적 질문 앞에 서 있는 지금을 결코 다행이라고 말할 수 없다. 지금까지 청년들이 조금 힘들었다면, 현 대통령이 하고 싶은 대로 많은 것이 바뀌면 앞으로는 왕창 힘들어진다.

5.

10년 전, 《88만원 세대》를 집필하며 만났던 20대 청년들은 이제 30대가 되었다. 그들 중에는 결혼한 친구들도 있고, 결혼과 상관없이 자신의 삶을 씩씩하게 사는 친구들도 있다. 좀 극단적인 경우지만 인생의 경험을 더 쌓는다고 호스트바로 일하러 간 친구도 있다. 그가 어떻게 살고 있을는지 가끔 안부를 묻고 싶지만 연락하기가 쉽지는 않다. 그때 만났던 20대 청년들에 대한 기억이 아직도 적지 않게 남아 있어, 마치 아무 일도 없었다는 듯이 지금의 20대 청년들을 만나서 또 이야기를 나누는 것이 썩 편한 일은 아니다. 10년을 사이에 두고 겹쳐 흐르는 두 가지의 상념, 그것이 무게감으로 느껴진다.

　지난 10년 동안 별것 없이 상황은 나빠지기만 했는데, 앞으로의 10년도 그렇게 될 것인가? 해방 이후, 아니 건국 이후로 한국인은 늘 시간이 지나면 좋아질 것이라고 생각하고 살았다. 개개인의 삶과는 별개로, 집단적으로는 습관적인 희망을 가지고 있었다. 그리고 그런 생각은 대체적으로 맞았다. 생태나 환경과 같은 일부 분야를 제외하면, 결국에는 많은 것이 좋아졌다. 그러나 이제 더 이상 좋아지기는 어려울 것이라는 사실은 부정할 수 없이 모두가 아는 국민 상식이 되어 버렸다. 물론 특정 개인은 좋아질 수 있다. 그렇지만 현재 대체적인 흐름이 그리 좋지 않다. 우리는 지금까지 살아온 시대와는 분명히 다른 시대를 살고 있다. 그 명백하고도 분명한 추세 속에서 어떠한 변화가 있었을까?

　최근에 만난 20대 청년들의 이야기 속에는 10년 전과는 분명히 다른 메시지가 있었다.

　"투표는 알아서 할 테니까, 투표하라는 이야기 좀 제발 안 했으면 좋겠어요."

　투표 독려에 대한 청년들의 반감에는 정책 집단, 정확히는 '정당'에 대한 강력한 불신이 일부 깔려 있었다. 정부가 하는 정책이나 정당이 내놓는 정책의 의미에 대해 전혀 관심이 없다거나 모르고 있는 것이 아니었다. 별 내용이 없거나 실현될 가능성이 없는 것들을 내놓고, 투표가 끝나면 무관심 속에 일상적 패턴으로 돌아가는 습관적 반복에 대하여 관습화된 불신을 가지고 있는 듯 보였다. 선거철이면 청년들에게 한 표를 간절히 호소하다가 선거가 끝나는 순간, 본인의 관심사로 바로 돌아서는 정치인들의 패턴, 실제 현실이 그렇다. 한 청년이 내게 그렇지 않은 정치인이 있으면 한 명만 대보라고 말했다. 답하기가 어려웠다. 정치인이라면 청년과 관련된 문제는 누구나 언급하지만, 누구나 '약간'만 한다. 그것도 아주 '잠깐'만 한다. 그렇게 지난 10년간 내내 청년 문제는 늘 뒤로 밀렸다. 하다못해 저 멀리 대서양에 있는 영국 국민들이 유럽연합을 유지할 것인지 탈퇴할 것인지를 정한다는, 타국의 국민투표보다도 청년 문제는 후순위로 밀린다.

한국에서 청년들이 무대 정면에 화려하게 등장하는, 거의 유일한 순간이 바로 선거 때다. 그리고 최근 대부분의 경우 누군가 죽거나 사고를 당해 아플 때 추도하고 안타까워하는 동시대를 함께 사는 이로서, 때론 그 불운한 상황의 당사자로서 무대에 선다. 그리고 그때마다 정치인들은 무언가를 약속하거나 다짐을 한다. 그 말의 대부분은 하나마나한 이야기이거나 문제 해결과는 정반대의 대안인 경우가 많다. 그래서 청년들은 그들의 말을 믿지 않는다. 서로 믿지도 않을 말들을 우스개 농담 삼아 잠시 나누고, 다시 청년들의 이야기는 소란스러운 일상 속으로 묻힌다. 그렇게 10년이 지나갔다. 그 사이 청년들은 자신들에게 투표하라는 말 좀 하지 말라고 소리 높여 말하기 시작했다. 그들에게 있어 '투표'라는 것이 왜 이렇게까지 뜨거운 감자가 되어 버렸을까.

80~90년대를 거치면서 사람들이 생각했던 좋은 세상을 만드는 방식은 비교적 단순했다. 정당은 좋은 공약을 내걸고, 사람들은 더 좋은 공약을 내세운 정당에 투표하고, 그렇게 새롭게 등장하는 정부는 적어도 예전보다는 나은 정책을 운영할 것이라고

믿었다. 물론 현실이 꼭 그렇게 움직였던 것은 아니다. 지난 시간, 사람들은 앞으로 다가올 미래를 위한 정책보다는 지나간 시간 속에서 생겨난 증오에 의한 투표를 더 많이 했다. 대부분의 경우, 미래를 같이 만들어 나가기 위해서가 아니라 누군가를 너무 싫어해서 몸을 움직였다. 북한이 싫어서, 타 지역이 싫어서, 가난한 사람이 싫어서…….

정치와 정책, 논리적으로 이상적인 조합이기는 하지만, 현실적으로 그 두 가지가 잘 맞물려 돌아가지는 않는다. 그럼에도 불구하고 좋은 세상을 만드는 방법에 대해 우리가 달리 알고 있는 것이 없기 때문에 좋은 정책과 더 많은 투표 참여를 이야기할 수밖에 없었다. 정치와 정당과는 상관없이, 끊임없이 옳은 것을 외치고 지역과 현장에서 세상을 바꾸기 위해서 노력하는 시민사회의 영역이 존재하기는 한다. 그러나 우리에게 '시민'이라는 개념은 내부에서 자연스럽게 만들어졌다기보다는 외부에서 주입된 것에 가깝다. 스스로 세상을 바꾸기에 아직도 우리의 시민사회는 미약하다. 그래서 대개의 경우, 선거의 종속변수로 기능하게 된다.

그렇다면 더 많은 청년들이 투표에 참여하고, 그에 부응하는 청년 정책들이 등장하여 그에 따라 세상이 점점 더 좋아지게 될까? 80년대의 민주화 과정 이후를 살아온 지금의 40~50대가 사회 정의에 다가가는 거의 유일한 경로에 의하면 그렇다. 더 많은 투표를 호소하고 그를 위해서 더 좋은 정책을 디자인하는 과정, 즉 민주주의라는 이름으로 집결해서 선거에 이기는 것이 거의 유일한 패턴이었다.

"투표하라는 이야기 좀 안 하면 좋겠어요."

청년들에게 이 말을 듣고 나서 정말 많은 생각이 들었다. 그들은 민주주의에 대해서 잘 모르는 것일까? 아니면 세상의 변화를 믿지 않는, 회의적이고 패배주의적인 절망 속에 빠진 존재가 된 것일까? 내가 보기에는 그렇지 않다. 2008년 이후, 지난 두 번의 보수주의 정권을 거치면서 20대 청년들 사이에 상당히 강력한 정치적 선호가 형성된 것 같다. 한국의 보수들에게는 불행한 이야기인지도 모르겠지만, 그 어느 세대보다도 20대의 보수 정치인에 대한 혐오는 심지어 딱딱하다고 느껴질 정도로 굳건해졌다. 다른 어느 연령대보다도 '정권 교체'라는 단어에 대해서 민감하게 반응한다.

이런 청년들의 정치적 성향 중 가장 드라마틱한 용어는 '세월호 세대'라고 할 수 있다. 2년 전의 세월호 참사를 겪으면서 당시 고등학교 2학년이었던 97년생 청년들은 스스로를 세월호 세대라고 부른다. '공유된 기억'이라는 관점에서, 이렇게 생생하면서도 짧은 특정 연도에 집중된 세대는 아마도 없었을 것이다. 과거 민주화 운동에 뛰어들었던 이한열과 같이 많은 학생들이 집회나 시위 과정에서 죽었다. 세상은 그들을 추도하며 열사로 기록에 남겼으나 특정 연도로 묶어 가리키지는 않았다. 그 시절 혹은 그 시대라는 말로 묶여, 하나의 기억공유집단으로 형성되는 경우는 있다. 그렇지만 세월호 세대의 경우처럼 당시 고등학교 2학년이면서 97년생이라는, 이렇게 짧고도 강렬한 기억공유집단이 등장한 적은 없었다. 이들 사이에 공유된 기억이 갑자기 바뀌어 다른 판단을 하거나 다른 선택을 할 것 같지는 않다. 2016년 총선은 그들이 처음 치렀던 총선이었고, 2017년 대선은 그들이 처음 치르는 대선이다.

"투표는 알아서 할 테니……."

세월호 세대를 비롯한 지금의 청년들이 투표에 대해서 하는 얘기가 빈말로 들리지는 않았다. 그만큼 그들이 가지고 있는 기억은 강렬한 것이었다. 그렇지만 안타깝게도 이것만으로 해피엔딩이 보장되지는 않을 것 같다. 그렇게 그들의 정치적 의견이 표출되고 정권이 바뀌면 세상은 살기에 좀 더 나아질 수 있을까? 진정으로 청년들을 위한 정책을 펼칠 정권을 탄생시키기 위해서 선거에서 이기는 것이 과거 우리가 알고 있는 거의 유일한 공식이었다. 그렇지만 과연 그렇게 전개될 것인가? 선거에 이기면 다 인가? 청년 문제에 있어서는 이러한 방식이 해당되지 않을 가능성이 높아 보인다.

"문제는 풀라고 있는 것이다." 나도 그렇게 건방 떨면서 살던 시절이 있었다. 그렇지만 청년 문제 앞에서 그런 생각을 완전히 버렸다. 지금 우리는 정말 어려운 문제 앞에 서 있다. 이 문제는 일부 몇몇이 주장하는 바와 같이 산업화가 된다고 해서, 혹은 민주화가 된다고 해서 풀릴 성격의 것이 아니다. 좌파든 우파든 처음 마주하는 난제이고, 진보든 보수든 어떻게 접근해야 할지 아직 갈피를 잡지 못하고 있는 문제다. 즉 '나에게 투표하면 우리 편'과 같은 식의 지난 30년 가까이 한국을 지배해 온, 간단명료한 정치·사회 법칙의 영역에 들어가지 않는 문제다.

"투표는 하겠는데 그렇다고 무언가를 기대하지는 않아"라고 말하는 이들, 지금껏 한국에서 보기 드문 아주 이질적인 집단이다. 우리는 이와 같은 상황에서 무슨 이야기를 같이 할 수 있을까?

6.

우리가 흔히 선진국이라고 부르는 나라의 엘리트 집단과 한국의 엘리트 집단 사이에 차이는 무엇일까? 구조적으로 분석하면 여러 가지 차이점이 있겠지만, 내가 결정적으로 느낀 것은 딱 한 가지다. "참 힘들겠구나"와 "내가 더 힘들어"의 차이. 누군가가 어려운 상황을 토로하거나 힘들다고 말하면 대체적으로 외국의 엘리트들은 공감에 대한 표현을 먼저 한다.

"참 힘들겠구나."

상대방과 같은 감정을 느끼는 것, 그것을 'sympathy(동정심)'라고 표현한다. 그리고 그것을 가리켜 조금 더 철학적으로 'empathy(공감)'라고 부른다. 반면 비슷한 경우에 한국의 엘리트들이 가장 많이 하는 표현은 이렇다.

"내가 더 힘들어."

그들이 힘든 이유는 도대체 뭘까? 술 마시고 접대하느라 힘들고, 윗사람 눈치 보느라 힘들고, 골프 치러 따라다니느라 힘들고, 무엇 하나를 하려면 여러 사람을 만나느라 힘들다. 한국 사회에서는 권력 위계의 상부로 올라갈수록 더 힘들다고 말하는 것을 당연하게 여긴다. 대통령이 제일 힘들고 그 다음은 총리, 총리 다음은 장관, 그리고 그들을 떠받치는 차관과 실장, 그렇게 내려가다 보면 주사主事도 힘들다. 그럼 결국 9급 공무원이 가장 편한가?

이렇듯 한국의 엘리트 문화는 조금 기이하다. 대개 누군가 힘들다고 말하면, 그 얘기에 귀 기울여 주고 대화를 나누며 서로 무거운 짐들을 잠시 내려놓고 짧게나마 위로의 시간을 갖는다. 그것을 공감이라고 부른다. 그런데 한국은 엘리트면 엘리트일수록 자기가 더 힘들다고 난리다. 힘들다고 말하는 것도 어느 정도의 힘을 가지고 있어야 가능한 일이다. 힘들다고 말할 '힘'조차도 없으니, "네가 힘든 것이 뭔지 아느냐"는 면박만이 되돌아올 뿐이다. 누군가가 힘들다고 할까봐 자기가 먼저 힘들다고 선수 치는 것, 그것이 한국 엘리트들이 가지고 있는 문화적 독특함 같다.

지금 한국의 청년 문제가 딱 이 틀에 갇혀 있다. 하여간 무슨 말을 못 하게 한다. 이 사회에 힘든 것이 뭐가 그렇게 많은지, "그보다 더 힘든 게 이렇게 많아"라며 아예 말도 꺼내지 못하게 한다. 우파나 좌파나 크게 다르지 않다. 하여간 청년 문제보다 더 훨씬 중요하고 심각하며, 아직 먼저 해결해야 할 일들이 너무 많단다. 그럼 그렇게 청년들은 숨죽이고 있게 두면 괜찮은가? 청년들에게 한다는 말이 고작 "내가 더 힘들어"라니. 이렇게 한국은 공감은 안드로메다로 날아가고, '꼰대의 나라'가 되어 가고 있다.

10년 전, 20대 청년들을 만났을 때 그들은 조금이라도 더 청년의 이야기들을 담아 달라고 했고, 적극적으로 자신들의 처지를 드러내 달라고 했다. 10년 후, 최근에 만난 20대 청년들은 말한다.

"아무 말도 하지 말아 주세요."

그렇게 부탁을 했다. 난감했다. 위로도 듣기 싫다고 했다. 그렇다고 사과하는 얘기도 듣기 싫다고 했다. 그냥, 아무 말도 듣고 싶지 않다고 말했다. "내가 더 힘들어"라고 얘기하는 어른들 사이에서 그냥 잊힌 존재로 조용히 사는 것이 심적으로 좀 더 편한 듯했다. 정말로 난감했다. 여기는 이래서 힘들고, 저기는 저래서 힘들다며 이래저래 사회적 우선순위에서 뒤로 내몰린 청년들은 '지워진 얼굴' 속에서 잠시라도 평온함을 느끼는 것 같았다. 그 평온함 뒤에 느껴지는 허탈함과 중압감을 안고 어떻게 하루하루를 살아갈 수 있을까?

경제적 논리와는 상관없이 정서적으로 한국에서 청년층보다 덜 어려운 집단은 없는 것 같다. 경제적이든 정치적이든 혹은 지역적이든, 어떤 그룹이라도 청년에 관한 얘기가 나오면, "그렇지만 내가 그들보다 더 어려워." 하고 말하지 않을 집단은 거의 없다. 일종의 이해 집단으로서 청년보다 덜 조직된 사회적 그룹은 없을 정도다. 정책적 우선순위에서 밀리고, 사회적 의제 설정에서도 후순위가 된다. 결론적으로 한국에서 청년층은 가장 너그럽고 이해심 많은 집단이 되었다. 남의 이야기를 많이 들어주고 어려운 사람들에게 언제든지 자신의 의견을 내고 자신에 관해서는 철저하게 입 다무는, 본디 힘 있고 권한 많은 사람들이 갖추어야 할 미덕을 정작 청년들에게서 엿볼 수 있다. 엘리트 집단이 "내가 더 힘들어"라고 말하고, 청년들은 오히려 그들의 얘기를 다소곳하게 들어 주고 있는 상황이라니, 무언가 좀 뒤집혀져 있다.

정당이 정책을 제시하고 정책끼리 서로 경쟁하는 민주주의 모델도 청년 문제 앞에서는 잠시 멈칫한다. 사람들끼리 더 많이 이야기를 나누며 토론할 수 있는, 일종의 '공론의 장'을 형성하는 방식도 제대로 돌아가지 않고 있다. 한국 경제에서 대표적인 약자 집단은 농민이다. 정책의 우선순위상 청년은 농민보다 더 어렵다. 현상만 보면 참담하다. 그리고 문제를 푸는 방식조차 기존의 전형적인 해법과는 거리가 멀어서 더 암울하게 느껴진다. 시간이 지나면서 나아질 문제가 아니라, 시간이 지나면서 더 뒤로 밀리고 결국 아무것도 아닌 것처럼 간주될 것이다.

최근 청년을 대표하는 정치인이 과거보다 더 줄어들었다. 우연한 일이 아니다. 사회적 문제 중에서 청년들에게 길을 양보하고 기다려 줄 집단은 없다. '어깨싸움'을 주무기로 하는 '나쁜 남자' 모델이 한국 경제가 만들어 낸 문제 해소법이고 갈등을 조절하는 방식이다. 한국의 장년 남자들은 누가 더 나쁘고, 누가 더 거칠다는 식으로 어깨싸움을 하면서 살아왔고, 그렇게 살아가는 방식밖에 모른다. 그렇게 스스로 강해지고 있다. 청년만 빼고 말이다. 지난 10년간 청년이 더 약해진 것이 아니라, 다른 분야가 더 강해졌다. 미래 혹은 앞으로의 가치보다 '지금'의 가치가 더 강력해지는 것이 바로 불황의 특징이다.

어렵다는 것도 알겠고, 못한다는 것도 알겠다. 그렇다고 가만히 있어도 될까? 지금 우리가 경제를 운용하는 방식은 안정적이지 않을 뿐 아니라 지속가능하지도 않다. 청년이 다른 이익집단과 다른 점은 우리의 '공동의 미래'라는 점이다. 그러나 우리는 공동의 미래를 함께 가꾸어 나가는 것도 하지 못하고 있다.

7.

우리가 알고 있는 시스템 중에서 공동의 미래를 위해 가장 열심히 노력하고 가장 다이내믹하게 협력하는 것이 바로 '숲' 시스템이다. 숲에도 위기가 온다. 그것은 온도 변화와 병충해 같은 식으로 외부에서도 오고, 우점종의 구조 변화에 따라 내부에서도 온다. 땅에 떨어진 새로운 종자가 성공적으로 뿌리내리고 새싹을 틔워 잘 자라날 수 있도록 온 숲이 협동해서 돌보는 과정을 보면 감동적이다. 숲에도 우점종이 존재하고 치열한 경쟁도 있다. 그렇지만 숲은 안정성을 위해 다양성을 늘리기 위한 많은 시도를 한다.

　성공적으로 천이의 과정을 거쳐 나가는 숲과 비교하면, 지금의 한국 경제는 지속가능하지도 않을 뿐더러 극단적인 형태로 복원성을 잃어 버리고 있는 시스템이다. 혹여 위기가 발생하게 될 경우, 본래의 균형이든 혹은 또 다른 균형이든 균형을 되찾고 안정적인 상태로 돌아가는 것이 어려운 상황이라는 의미다. 점점 더 그렇게 흘러가고 있다.

　'살아 있는 것'이라 함은 어떤 곳에서는 비극이고 어떤 곳에서는 축복이다. 풍요로운 숲에서는 모든 살아 있는 것이 찬란하고 아름답다. 각각의 씨앗과 존재들은 경쟁하면서도 때때로 협력하며 숲의 천이를 이끌어 나가고 위기를 줄이는 역할을 한다. 그런 숲에서 필요 없는 존재는 없다. 잉여로 보이는 종들도 언제 닥칠지 모르는 위기를 위해서 준비하고 있는 존재들이다. 애석하게도 한국 경제는 숲이라는 은유를 쓰면, 위기의 숲이고 실패한 숲이다.

　"하필이면 나는 왜 이 숲에 떨어졌을까. 재수 없게. 이번 생은 망했어! 다시 홀씨가 되면 좀 더 바람을 타고 저 먼 곳으로 가고 만다."

　아직 나무로 태어나지 않은 홀씨들이 선택하고 싶은 숲과 그렇지 않은 숲, 한국 경제는 어떤 숲에 가까울까? 동물들의 세계와 달리 식물들은 일단 뿌리를 내리면 움직일 수가 없다. 그래서 나무들의 세계야말로 잘못 태어나면 한마디로 '이생망', 이번 생은 망한 것이 된다. 모든 살아 있는 것들이 찬란하게 빛나는 숲은 정말 불가능한 것일까?

'이생망'과 '폭망'과 같은 '대나무숲'의 언어 속에서 '살아 있는 것'에 대한 이야기를 해 보고 싶어졌다. 살아 있는 존재라는 시선에서 청년을 보고, 그들이 광합성을 하고 제 몫의 기능을 발휘하면서 미래를 준비한다는 면에서 경제의 주체로서의 청년을 생각하고자 한다. '살아 있는 것'과 '청년 경제'라는 두 가지 표현을 두고, 이제 앞으로의 10년을 생각해 볼 준비가 되었다고 느꼈다. 숲이 그렇게 한다. 도저히 새로운 나무들이 자리를 잡지 못하고 우점종만으로 지나치게 단순화되면서 숲의 미래가 불투명해질 때, 숲은 천천히 산불을 준비한다.

'살아 있는 것.' 이것이 책 전체를 관통하는 키워드다. 그렇다고 생명현상 자체를 대상으로 하지는 않았다. 살아 있는 것이 '고통스러운 것'과 살아 있는 것이 '행복한 것' 혹은 살아 있어서 '아름다운 것'…… 그런 표현들의 대구 속에서 청년들이 지금 겪고 있는 상황과 머지않아 맞이하게 될 미래의 콘트라스트를 찾아보려고 했다. 살아 있기 때문에 고통스럽다고 느끼는 청춘들이 살아 있기 때문에 행복하다고 느끼는 상황으로 바뀔 수 있을까? 당장은 아니더라도 10년이라는 시차를 가지면 가능할 것인가?

8.
《88만원 세대》를 쓰던 시절에는 초정밀 묘사를 좋아했다. 어깨에 카메라를 들쳐 매고 현장을 뛰어다니면서 바로 카메라를 들이대는 스타일을 좋아했고, 그렇게 조금 더 세세한 얘기들을 하는 것을 즐겨했다. 그 후 10년이 지났다. 내가 나이를 먹어서인지 아니면 몸이 좀 더 무거워졌기 때문인지 모르겠다. 이번에는 할 수 있는 한 최대한 카메라를 뒤로 빼고 광각을 사용하려고 했다. 좀 더 멀리서 보면서 가까이에서는 볼 수 없는 것들을 포착하려고 노력했다. 나무를 열심히 보려고 했던 시절과는 달리 숲을 보려고 했다. 은유가 아니라, 정말로 숲이라는 관점에서 한국 경제를 보려고 했다.

시간 프레임도 늦췄다. 초고속 촬영을 하면 빠르게 움직이는 동작을 슬로우 모션으로 자세히 볼 수 있어, 순식간에 벌어진 일들을 이해하는 데 도움이 된다. 그러나 이번에는 초저속 촬영을 시도했다. 천천히 촬영을 하면 동물과 벌레들이 뛰어다니고 날아다니는 장면은 잡을 수 없다. 대신 해가 지고 달이 뜨고 구름이 넘어가는 것이 보이기 시작한다. 속도를 더 늦추면 나무가 자라서 나이를 먹고 또 다른 나무가 태어나 다시 나이를 먹는 것이 스크린에서 보이기 시작한다. 지나간 10년과 다가올 10년을 정말로 느린 속도로 촬영을 하면서 시간이 흐르는 것을 눈으로 볼 수 있게 하기 위해서 노력했다.

사회에도 클라이맥스가 있고, 개인에게도 클라이맥스가 있다. 그런 것을 살아 있는 것들의 시선으로, 숲의 시각으로 보여 주고 싶었다. 독서의 재미에는 정책이나 대안을 찾아내는 것도 있겠지만, 익숙한 풍경들을 다른 앵글과 다른 속도로 접하면서 자신의 삶을 한 번쯤 다시 생각해 보게 되는 것도 있다. 일반적인 경제학 서술과는 조금 다른 각도와 언어로 같은 사건을 이질적으로 해석하는 것이 어쩌면 독자들에게는 새로운 도움을 줄지도 모른다. 어차피 판단과 행동은 개인의 몫이다. 익숙했던 풍경을 다르게 보면 색다른 모습이 나타나듯이, 익숙해지고 패턴화된 것이라고 생각된 개인의 삶도 다른 방식으로 이해하면 삶의 의미가 다를 수도 있을 것이다.

경제학은 과학의 영역에 있다. 생물학도 생태학도 사회과학도 모두 과학의 영역에 있다. 이 시대를 살아가는 개개인의 삶을 과학의 영역에서 살펴보기 위해서는 인내심과 함께 한발 물러서서 바라보는 눈의 위치를 재조정하는 시도가 필요하다. 그런 것을 독자들과 같이 해 보고 싶었다. 과학, 여전히 우리가 생각하고 해법을 찾아내는 중요한 통로다.

청년 경제를 위해 필요한 요소들과 한국 경제의 미래를 위해 필요한 변화들이 겹치는 영역이 존재할 수도 있다는 생각은 10년 전에도 했었는데, 본격적으로 분석해 보니 생각보다 그런 분야가 많이 있다. 에너지, 농업, 문화와 같은 것들이 대표적으로 우리 모두를 위해, 특히 청년들을 위해 중요한 역할을 할 수 있는 새로운 분야다.

'오래된 미래', 여전히 유효한 주제일지도 모른다. 어쩌면 당연한 것인지도 모르겠다. 지금 우리의 모습이 최적이 아닌 이유, 그리고 앞으로의 미래가 어두운 이유는 같은 것일 수도 있다. 이미 클라이맥스를 지나 늙어 가는 숲이 새로운 클라이맥스를 준비하는 과정은 다양하다. 새로운 천이와 같은 시스템의 변화는 내부에서 만들 수도 있고 외부에서 만들어지기도 한다. 한 가지 확실한 것은 이미 지나 버린 과거의 클라이맥스의 영광을 우리 모두 잊어야 한다는 점이다. 과거의 영광에 갇혀서는 새로운 클라이맥스가 준비될 수 없다.

9.

지난 10년 사이 나도 두 아이의 아빠가 되었다. 두 아이 모두 동네에 있는 평범한 어린이집에 다닌다. 주변 사람들은 큰 애를 영어 유치원에 보내라고 하거나 명문 사립대학에서 운영하는 유치원에 어떻게든 집어넣으라고 했다. "머리에 총 맞았어?" 나는 일반 어린이집을 고집했다. 유아 사교육은 물론이고, 아이들이 더 크더라도 따로 사교육을 시킬 생각은 전혀 없다. 학교도 집 근처에 있는 곳으로 보낼 생각이다. 현재 경제 상황대로 시간이 흘러가게 될 경우, 아이들이 20대가 되었을 즈음의 한국은 매우 드라마틱한 경제 현실을 마주하고 있을 것이다. 아빠로서 나는 사회적 변화가 필요하다고 간절하게 생각하게 되었다.

세상이라는 것은 서로 얽혀 있는 것이다. 우리 모두는 누군가의 부모이자 자식이고 가족이다. 나는 부모로서 죽기 전까지 누릴 수 있는, 누리고자 하는 내 권리나 이익을 조금 양보하고, 새로운 미래를 위해 선택하고 싶은 마음을 가지게 되었다. 이에 대해 다른 부모와 어른들과도 이야기를 나눠 보았다. 이야기를 나누며 한 가지 크나큰 희망을 엿보았다. 청년의 미래를 위해 부모와 연장자들이 지금과는 다른 선택을 집단적으로 할 가능성이 열려 있다는 사실이다.

진정으로 우리의 미래를 위해서 진지하게 고민한다면 아직은 새로운 선택의 가능성이 남아 있고 부모들의 선택도 변할 수 있다. 시스템의 의사결정을 위한 '세대 간 연대'의 가능성이 있다면, 정말로 미래를 위해서 다시 한 번 고민해 볼 수 있다는 생각이 들었다. 50대 소비자로서 내리게 되는 판단과 아빠로서 내리게 되는 판단은 다르다. '자기 자식'만을 위해서와 '우리들의 자식'들을 위해서, 이 두 가지 사이에는 판단과 행동의 차이가 분명히 존재한다.

정치는 교착되어 있고 청년들은 무기력하고 경제는 늙어 간다. 그리고 아직 우리의 집단 문화는 서구식 '개별적 합리성'과는 다소 거리가 있다. 그렇지만 부모 세대와 자식 세대 사이의 세대 간 연대, 이것은 아직 우리가 실험해 보지 않은 영역이고, 시도해 보지 않은 물리적 조건이기도 하다.

2017년 대선과 2018년 지방선거, 부모와 자식 세대 간에 공감을 이루며 함께 미래를 선택할 수 있는 방안들을 나눌 수 있는 기회가 열린다. 우리는 아직 살아 있다. 그리고 살아 있는 것만으로도 찬란하게 피어오르고, 눈물겹게 행복할 수 있는 미래를 만들어 낼 가능성이 아직은 있다. 10년 전, 당시 내가 했던 분석은 부모들은 자식들이 원하는 것과 정반대의 선택을 할 것이라는 결론을 보여 주었다. 그렇지만 이번에 새로 한 분석은 두 집단의 선택이 수렴할 수도 있다는 것을 미약하게나마 보여 준다. '부모들의 선택', 이것은 한국이 아직 사용해 보지 않은 새로운 힘이다.

그래서 다시 한 번 책을 쓰기로 마음을 먹었다. 정치적인 것은 물론, 문화적으로나 정서적으로 '세대 간 연대'는 한국에서 어렵다. 그렇지만 경제적으로는 가능하다. 그것을 나는 '살아 있는 것의 경제학'이라고 부르기로 마음먹었다. 한국 경제라는 이 늙은 경제가 새로운 클라이맥스를 만날 수 있을까? 여전히 나는 이 좁은 길이 가능하다고 생각한다. 부모들의 선택은 '없는 것'이라고 지난 10년 동안 많은 이들이 포기했으나, 지금 대부분의 부모들은 그렇게 생각하지 않는 것 같다. 희망을 보았다.

   10.
   청년에 대한 책을 다시 써야 한다고 채근하고 격려해 주신 장하성 교수님께 감사의 말씀을 드리고 싶다. 오랜 기간 동안 같이 고민하고 토론했던 백운광 박사, 이현진 박사, 한상익 박사 그리고 박동욱 박사에게도 짧게라도 고맙다는 말을 전하고 싶다. 그리고 '배틀 로열 세대'라는 제목으로 책을 내면 안 된다고, 결정적으로 '88만원 세대'로 제목을 바꾸도록 만들었던 사회학자이자 나의 오래된 벗인 김정훈 박사에게도 친구로서 감사하고 싶다. 주변의 많은 친구들 덕분에 어려운 시간을 겨우겨우 버텨 낼 수 있었다. 10년 후, 모두들 지금 이 순간을 돌아보며 어렵기는 했으나 의미 있는 결정을 내린 시간이었다고 회상할 수 있기를 바란다.
   삶에 중요하지 않은 순간은 단 1초도 없다.

청년은
여전히
홀로
싸운다

1장

10년 사이
청년이 어려워지니
경제가 어려워지고
경제가 어려워지니
가장 먼저
청년의 몫을 빼앗았다.
그동안 무슨 일이 벌어졌으며,
지금 우리는
무엇을 놓치고 있는가.

〈연애의 목적〉, 〈우아한 인생〉, 〈관상〉

"아름답다, 아름다워."

2007년 영화 〈우아한 세계〉의 인트로에서 송강호가 던진 이 대사는 무척 의미심장하다. 조직폭력배 중간 보스인 송강호는 한 남자를 납치해 이빨로 손가락을 펴고 억지로 계약서에 지장을 찍게 한다. 그리고 다시 차에 태워 이동하던 중 뒷자리에 있던 남자가 갑자기 구토를 한다. 송강호가 황급히 차 시트를 물티슈로 닦는 틈을 타 납치된 남자는 차 뒷문을 박차고 논두렁으로 도망을 치기 시작한다. 그 뒤를 따라 아주 무능해 보이는 조폭 부하들이 남자를 쫓아가 한 덩어리가 되어 논두렁에서 나뒹군다. 그 장면에서 송강호는 대본에 없던 말을 내뱉는다.

"아름답다, 아름다워."

이 짧은 대사는 그렇게 한 시대를 대표하게 되었다. 그 이유는 영화의 마지막 장면을 보면 알 수 있다.

살인과 투옥을 극복하고 결국 성공한 조폭이 된 송강호는 그가 그렇게 꿈꿨던 전원주택에 대형 텔레비전과 홈시어터를 갖춘 삶을 살게 된다. 어느 날, 그에게 캐나다에서 국제우편 하나가 배달된다. 라면을 먹으며, 자신의 모든 것을 걸었던 이유인 딸과 아들 그리고 그의 아내가 캐나다에서 행복하게 잘 지내고 있는 모습이 녹화된 비디오테이프를 틀어 본다. 딸과 아들이 집의 마당에서 호스를 가지고 장난을 치는 장면에서 물보라와 함께 연한 무지개가 피어오른다. 순간 송강호의 눈에 눈물이 흐르기 시작한다. 대형 텔레비전 화면 속 장면이 지날수록 눈물은 이내 흐느낌으로 바뀐다. 한참을 울다가 다시 라면을 먹으려던 송강호는 마음속의 분노를 이기지 못하고 라면 그릇을 던져 버린다. 사기그릇은 깨어져 사방으로 흩어진다. 잠시 후 마음을 추스른 그는 화면 속 딸이 그려 보이는 브이 자를 배경으로, 검은색 비닐봉투와 걸레를 가지고 와서 깨진 그릇 조각을 주섬주섬 치우기 시작한다. 걸레로 라면을 봉투에 담던 송강호는 다시금 복받치는 감정을 이기지 못하고 걸레를 집어 던진다. 텔레비전 화면 속 배드민턴을 치는 딸과 아들의 모습과 함께 영화 크레디트 타이틀이 올라간다.

　　송강호의 "아름답다, 아름다워"라는 말로 시작해, 그가 캐나다에 가 있는 가족들의 모습을 보면서 울컥해 걸레를 집어던지는 장면으로 끝나는 영화 〈우아한 세계〉는 우리들의 지난 10년을 회상하기에 가장 적합한 영화일지도 모르겠다. 어쩌면 이 영화를 만든 한재림 감독의 대표 필모그래피 세 편을 연결시키면 그 자체로 한국 경제의 개괄적 흐름을 볼 수 있겠다.

　　2005년의 〈연애의 목적〉은 한국의 청년들이 교사와 교생의 신분으로 연애하는 것을 아름답게 보던 마지막 시기였을 것 같다. 고등학교정규직 교사와 일종의 비정규직인 교생 사이의 연애, 이 만남에서 사랑이 생겨날 수 있다고 우리가 생각한 거의 마지막 시기가 그때쯤이다. 정규직과 비정규직, 이 두 개의 계급은 이후에 인도의 카스트Caste처럼 너무 벌어져서 사랑은 불가능할 정도가 되어 버렸다. 언감생심, 이제 교사와 교생은 사랑하는 사이가 되기 너무 어렵다. 의사와 간호사가 사랑하고 결혼하는 시기가 한국에도 분명히 있었는데, 이제 의사는 의사와 결혼하거나 변호사와 결혼하는 시대가 되었다. 우리집 첫째와 둘째 아들이 다니는 소아과 병원은 50대 중반의 의사가 원장이다. 분주하게 기다리는 아이들 사이로, 수다스럽지만 친절한 아주머니 한 분이 부지런히 지나다닌다. 우는 아이들에게 장난감을 집어 주면서 사근사근히 말을 건네는 그녀는 그 병원의 간호사이자 원장의 아내이다. 이런 모습을 20년 후에도 볼 수가 있을까? 아마 어려울 거라고 생각한다.

연애와 사랑, 이것을 그 자체로 아름답게 보는 것들이 당연했던, 거의 마지막 시기가 2005년이 아닐까? 불황이 하나의 습관이 되면서 연애는 '썸'으로 대체된다. 만약 지금 〈연애의 목적〉과 같은 의도로 영화를 만들게 된다면 '썸의 목적'이라는 제목을 달게 될 것이다. 정규직과 비정규직이 인간 대 인간으로서 서로 사랑하고 연애하고 헤어지고 다시 만나고, 그 일련의 과정이 성공한 영화가 될 수 있던 거의 마지막 시기가 2000년대 중반이었을 것 같다.

2013년의 〈관상〉은 수양 대군의 계유정난을 그린 영화 중 가장 이질적인 영화일지도 모른다. 역시 송강호가 주연이었다. 이명박 정권에서 박근혜 정권으로 넘어가는 시점에 준비된 이 영화에서는 역사의 법칙이나 유교적 윤리 혹은 시대적 상황 같은 논리적 요소들이 사건을 설명하는 주된 축이 아니다. 그런 과학적 설명보다는 '사람의 얼굴을 보고 그의 운명, 성격, 수명 따위를 설명하는 일', 즉 관상을 통해서 세상을 설명하는 것이 영화의 주요 축이다. 관상으로 수양이 난을 일으키고 결국 왕이 되는 이유를 설정하는 것, 이것은 과학으로는 설명하기 어려운 2013년, 이상한 나라가 되어 버린 한국에 대한 영화적 은유로 볼 수 있다.

공무원이 된 아들을 창졸에 잃은 관상쟁이 송강호가 자신을 찾아온 한명회에게 달관한 듯한 어조로 느릿느릿 말한다.

> "그냥, 수양은 왕이 될 사람이었단 말이오. 난 사람의 얼굴을 봤을 뿐, 시대의 모습을 보지 못했소. 시시각각 변하는 파도만 본 격이지. 바람을 보아야 하는데……. 파도를 만드는 건 바람인데 말이오.
> 당신들은 그저 높은 파도를 잠시 탔을 뿐이오. 우린 그저 낮게 쓸려 가고 있는 중이었소만. 뭐, 언젠가 오지 않겠소? 높이 흐른 파도가 부서지듯이 말이오."
> ─〈관상〉 중

얼굴, 파도, 바람, 이런 은유들로 시대를 설명할 수밖에 없는 것, 이것이 영화 〈관상〉이 사람들에게 하고 싶었던 진짜 얘기였던 것인지도 모른다. 남는 것은 관상이 숙명이냐 아니냐, 그런 질문 정도가 아닐까? 과학과 이성은 잠시 옆으로 밀어 놓고, 여왕과 십상시 혹은 옥새나 존영과 같은 어색한 단어들이 현실을 설명하는 주요 개념으로 등장한 시대, 그 어수선함이 〈관상〉이 2013년에 펼쳐 보여준 세상일지도 모른다. 우연, 직관 그리고 약간의 기획 의도가 결합되어, 시대를 먼저 설명하는 영화들이 종종 등장한다. 한재림 감독의 영화에는 확실히 그렇게 시대에 대한 몽환적 설명 같은 것들이 유머 속에 숨어 있다. 수양이 무슨 힘으로 단종을 '제치고' 왕이 되었겠는가? 역사학자들과 문학자들, 그리고 때로는 드라마 기획자들이 많은 방식으로 설명을 시도했지만, 한재림은 "그냥 관상이야", 그렇게 단칼로 설명을 했다.

사람들은 스크린 앞에서 스스로에게 질문하게 된다. "도대체 박근혜는 무슨 힘으로 대통령이 되었을까? 관상? 그렇다면 자신의 관상 혹은 아버지의 관상?" 관상이라는 은유를 놓고 무엇인가를 분석하는 것은 괴로운 일이다. 거기에 관상쟁이가 정작 자신의 아들이 활에 맞아 죽을 관상이라는 것을 알았을까? 또 다른 내포적 딜레마가 던져진다.

한 발 뒤로 와서 영화 〈관상〉을 다시 살펴보면, 그것은 계유정난에 관한 이야기도, 수양 대군에 관한 이야기도 아니다. 그렇다고 영화 첫 장면을 장식하는, 탈을 쓰고 다니면서 관상쟁이의 시선을 피한 압구정 한명회에 관한 얘기도 아니다. 요즘식으로 표현하면, 엄마 없이 혼자 아들을 키우던 아빠가 서울에서 좀 더 성공하기 위해서 발버둥 치다가 겨우겨우 공무원이 된 아들을 죽게 만든 이야기다. 크게 보면, 이게 한국의 많은 아빠들이 2013년을 살아가면서 하나의 거대한 집단적 실체로 자기 자식들에게 했던 일이 아닐까 싶기도 하다. 그래, 결국은 다 관상 때문이다. 잘못한 사람은 아무도 없다. 그저 열심히 살고자 했을 뿐이다.

"다 이게, 관상 때문인 게야."

2013년, 확실히 많은 것은 뒤틀어져 있거나 그로테스크해졌고 일탈적이 되었다.

2007년은 정말 아름다웠을까

아주 우연한 일이지만 한재림 감독의 영화들을 살펴보다 보면 2005년 〈연애의 목적〉, 2007년 〈우아한 세계〉 그리고 약간 멀리 2013년 〈관상〉까지, 세 개의 연도가 튀어나오게 된다. 일부러 정치적이거나 시대적이려고 기획된 영화들은 아니지만, 기가 막히게 그 시대의 대표적 특징들이 영화에 잘 포착되어 있다. 그리고 정이현의 소설《달콤한 나의 도시》는 앞의 두 개의 영화 사이에 들어온다. 2005년과 2006년, 당시 20대 후반에서 30대 초반을 살았던 사람들에게는 최소한 대중문화 속에서 연애와 결혼, 이 두 가지가 큰 질문이었다. 그리고 우리는 그런 이야기들을 좋아했다. IMF 경제 위기는 이제 지나간 것 같고, 죽어라고 돈을 벌어야 하는 악착같은 인생이나 찌질하게 부모들과 동생들을 먹여 살려야 하는 20대 가장과 같은 사연들도 좀 지나간 이야기처럼 보였다.

2005년에서 2007년은 이제 와서 돌아보면 경제학자 갈브레이드John Kenneth Galbraith가 얘기했던 '풍요'라는 개념을 쓸 수 있었던 거의 마지막 시기라고 할 수 있다. 풍요의 시기, 그 시절에는 풍요 자체를 누군가 분석하거나 환기시키기 전에는 잘 알기가 어렵다. 전쟁 중에도 떼돈을 버는 사람들은 존재한다. 제임스 딘의 열연으로 유명해진 영화 〈에덴의 동쪽〉의 핵심 모티브는 돈이다. 2차 세계대전이 터지자 주인공인 칼이 군용 식량이 될 콩을 매점매석해서 돈을 벌어들이지만 그의 아버지가 전쟁으로 부도덕하게 번 돈이라고 아들을 심하게 배척하면서 영화는 클라이맥스로 향한다. 인류 최초의 살인 사건인 카인과 아벨의 얘기를 기본으로 하는데, 최초의 살인자인 카인은 영화에서 매점매석에

재주가 있는 젊은 경제인으로 묘사된다. 이미 집을 떠나간 어머니에게 거금을 받아 단숨에 돈을 버는 그의 모습은 경제 위기의 시기에 돈을 버는 가장의 전형적인 모습이기도 하다. 경제가 어려운 시기에도 돈을 버는 사람들은 존재한다. 매점매석, 독점, 과점, 특혜, 특수 상황과 같은 것들은 위기의 시기에 더 잘 작동하는 경향이 있다. 반면, 풍요의 시기에도 어려운 사람들은 존재할 수밖에 없다. 그게 사람이 살아가는 세상이다. 경제 위기가 남의 이야기처럼 느껴지는 사람이 있는 반면, 풍요에 관한 얘기 역시 남의 이야기처럼 느껴지는 사람들이 있다. 그 모든 것이 한데 어울려서 우리가 살아가는 세상을 만든다.

2007년, 배우 송강호가 "아름답다, 아름다워", 이렇게 외치던 순간이 공교롭게도 우리 시대에 만난 마지막 풍요일지도 모르겠다. 1997년 12월 IMF 외환 위기가 터진 이후, 경제성장률이 가장 높았던 해가 바로 2007년이었다. 원화의 가치가 올라가면서도 동시에 수출이 늘어나는, 너무 아름다워서 황금률 같은 곡선이 나왔던 시절도 바로 그때였다. 수출을 늘리기 위해서 원화의 가치를 의도적으로 낮게 유지하는 것이 한국 경제다. 2007년 이전에도 그랬고, 그 이후에도 역시 그랬다. 2007년은 좀 달랐다. 게다가 20세기 후반부터 21세기 이후 16년이란 시간이 지난 지금까지, 근 20년 가깝게 가장 경제성장률이 높았던 해 역시 바로 그 해였다. 그렇지만 그 순간이 상대적으로 가장 풍요로운 시절이 될 것이라고 생각한 사람은 거의 없었다.

'풍요의 절정', 경제의 눈으로 2007년을 묘사한다면 그렇게 얘기해야 할 것이다. 물론 그 후에도 한국 경제는 외형적으로는 덩치가 커진다. 하지만 '풍요'라는 표현을 쓰기는 어렵다. 내용이 별로 좋지 않았기 때문이다. 격차, 불평등, 워킹푸어working poor 등 행복과는 좀 거리가 먼 단어들이 한국 경제를 설명하기에 좀 더 직관적이면서도 더 자연스러운 단어가 된다. 그리고 우리는 점점 더 가난하다는 것, 빈곤을 당연하게 여기게 되었다.

정치학자 최장집의 역사적 분석을 담은,《민주화 이후의 민주주의》가 등장한 것은 2002년의 일이다. 1998년 '국민의 정부'가 출범하면서 민주화는 어느 정도 이루어졌고, 2002년 노무현의 극적인 대선 승리로 이제 시대의 과제인 민주화가 적어도 형식적으로는 모습을 갖추어 간다고 많은 사람들은 생각하였다. '절차적 민주주의'의 완성이 곧 사회의 민주주의 혹은 실체적 민주주의를 담보해 주는 것은 아니다. 그렇다면 그 다음 진도를 위해서 무엇을 할 것인가? 어떻게 하면 아직도 민주화의 성과를 제대로 누리지 못하는 소외된 사람들에게 그 혜택을 줄 것인가 하는 것이 커다란 질문이 되었다.

경제적으로는 풍요의 사회로 가고 있고, 사회적으로는 '그 다음 단계'에 대한 고민이 2007년이라는 아주 매혹적이면서도 특이한 시점을 가득 채우고 있었다. "사회는 이미 많이 좋아지기는 했지만 아직은 충분히 좋아지지 않았다. 그렇다면 어떻게 해야 진짜 모두가 행복해질 수 있는 다음 단계로 갈 것인가?" 이런 질문이 2007년의 질문이라고 할 수 있다.

사회가 이렇게 새로운 발전에 대해서 고민을 하는 동안, 상대적으로 넉넉한 환경조건을 가진 엘리트들은 가장 쉽고 간편한 해법을 따로 찾았다. 그들은 한국이 좋아지든 말든, 자녀들을 무조건 외국으로 보내면 된다고 생각했다. 풍요의 시대 속 사회에는 돈이 넘쳐났다. 기러기 아빠는 중산층의 로망이 되었고, 성공한 중산층들이 할 수 있는 가장 안전하고 편안하며 사적인 조치로 이해가 되었다. 하다못해 영화 〈우아한 인생〉의 성공한 조폭도 그 정도는 했다. 그게 상식이었다. 경제적이든 사회적인 이유에서든 자녀들을 외국에 보내기가 어려운 사람들을 위해서 자율형 사립고나 국제중학교 같은 것이라도 만들어 주어야 하는 거 아니냐는 사람들의 목소리가 빗발쳤다. 그런 것은 공교육을 무너뜨리는 일이니까 자제해야 한다는 목소리도 없지는 않았다. 기러기 아빠보다는 못해도 어느 정도는 성공했다고 생각하는 부모들이 일반계 고등학교보다는 한 끗발 높은 차별적 교육을 열망했다. 풍요의 시대에 한국의 엘리트들과 중산층들은 통합이나 협력보다는 '분리'를 강렬하게 원하고 있었다.

공동주택이라는 법적 분류명 대신 '아파트'라는 이름을 사용하는 매우 특수한 한국형 주거 형태에 대해서도 분리의 논리는 강력하게 작동하고 있었다. 중산층들은 '더 큰 평수'를 요구하고 있었고, 가난한 사람들과 분리되기를 원했다. "우린 언제까지 작은 데 살라는 말이냐", 이 목소리가 2007년 한국 중산층들의 사회적 요구라고 요약할 수 있을 것이다. 심지어 얼마 보급되지도 않은 임대주택에 대해서도 더 큰 평수를 만들어야 한다는 목소리가 높아지고 있었다. 사회는 풍요로워 보였다. 집이 없는 사람은 집을 사고, 작은 집에 사는 사람은 큰 집을 사고, 큰 집에 사는 사람은 한 채를 더 사고 싶어 했다. 그리고 그러한 경제의 크기와 함께, 시간만 지나면 모든 것이 더 좋아질 것이라는 낙관이 흐르고 있었다.

2002년에서 2004년에 걸쳐 순차적으로 입주를 완료한 타워팰리스는 이 시기의 사회적 패러다임을 가장 잘 보여 주는 아파트다. 최초로 시도된 주상복합단지의 초기 분양은 실패했다. 그렇지만 사람들은 공간적인 면에서 '분리'가 무엇을 의미하는지를 금방 알아차렸다. 가난한 사람과 부유한 사람을 공간적으로 분리하는 '요새주택'은 부자들을 매혹시켰다. 그리고 풍요의 시대를 맞아 한 시대를 풍미하는 단지가 되었다.

2007년, 주상복합이라는 이름으로 더 크고 더 호화로운 타워형 아파트의 시대가 만개하게 되었다. 바로 그 다음 해인 2008년에는 '뉴타운 총선'이라고 불릴 정도로 많은 곳에서 뉴타운을 어떻게 할 것인가로 여야가 맞붙었다. 통합민주당은 개헌 저지선이 뚫리면서, 81석으로 참패했다. 민주노동당, 창조한국당을 다 합쳐도 90석이 안 되었다. 반면 한나라당, 친박 연대, 자유선진당 그리고 보수 성향의 무소속 의원들을 합치면 200석이 넘어 개헌을 할 수 있는 상황이 됐다. 이명박이 모질게 마음먹고 개헌을 추진하려고 하면 정말로 할 수 있는 상황을 맞았다. 모든 것이 좋아질 것이라는 낙관이 풍요와 함께 한국을 뒤덮었던 2007년, 바로 그 다음 해에는 나빠지기 시작하면 얼마나 더 나빠질지 알 수 없는 새로운 상황이 펼쳐졌다.

2007년은 하다못해 영화 속 조폭 두목도 '우아함'을 위해서 전원주택으로 이사 가던 시기였다. 우리들은 앞으로 한국 사회는 분명 더 좋아지겠지만 어떻게 해야 더 효과적으로 좋아질 것인지, 그리고 무엇이 진짜로 좋은 것인지에 대한 것을 얘기하고 있었다. 그러나 그 순간이 우리 시대가 맞았던 풍요의 클라이맥스였고, 그 이후로 한국 사회가 내리막길을 걸어갈 것이라고 생각한 사람은 많지 않았던 것 같다. 낙관론이 한국을 덮고 있었고, 우리의 '우아한 미래'에 대해서 의심하지 않는 분위기였다. '얼마나 더 우아할까, 얼마나 덜 우아할까?' 그렇게 우리의 미래를 생각하고 있던 것 같다.

많은 사람들이 풍요 속에서 우리의 미래를 낙관적으로 보고 있을 때, 나는 좀 다르게 생각했었다. 내가 그때 가지고 있던 데이터의 조합과 분석들은 비관적이었다. 2007년의 풍요, 그것은 지속가능하지도 않을 뿐더러, 만개한 나무들은 이제 꽃이 만발한 여름의 시대에서 단풍을 거쳐 겨울로 가는 전조처럼 보였다.

한국에서 청년은 늙지 않는다

"그러나 길어도 5년 후면 우리는 이 공진화의 길을 지금부터 걸어갔는지 아니면 결국 바람 부는 날 길에서 아이를 잃고 울부짖는 아버지의 모습이 될지 알 수 있게 된다. 지금보다는 더 많은 인간적 고려가, 그리고 지금보다는 더 따스한 사회가 되지 않고 한국 자본주의가 선진국이 될 경로가 존재하지는 않는다. 죽여야 산다? 그런 자본주의는 20세기 이후 존재한 적이 없고, 미국에서도 그런 자본주의가 존재한 적이 없다."

—《88만원 세대》중

이 문장을 쓴 것이 2007년 봄날의 어느 날이라고 기억한다. 졸저 《88만원 세대》의 결론이 된 문장이다. 공교롭게 그 해도 2007년이었다. 지난 10년을 돌아보면 경제학자로서 2007년과 2008년이 가장 중요한 해라고 꼽을 수밖에 없다. 2007년에 한국 경제가 망할지 안 망할지 넉넉잡고 5년이면 알 수 있다고 생각했다. 만약 이 문장을 5년이 아니라 '내년'이라고 썼다면 진짜로 돗자리 깔고 점치며 먹고 살 만했을 것이다. 진짜로 내년이라고 쓰고 싶다는 강렬한 욕망이 들었던 것도 사실이다. 실제 최종고 중에 하나는 '내년이면 알 수 있게 된다'는 버전도 있었다. 그렇지만 마지막에 마음이 약해졌다. 그래서 '2~3년'으로 좀 낮추어서 잡은 버전도 있다. 그렇지만 역시 나는, 전형적인 새가슴이다. 넉넉하게 5년으로 잡았다.

2008년 봄, 얼마 되지는 않지만 가지고 있던 주식들을 모두 정리했다. 여기에 돈을 조금 더 보태서 작은 차 한 대를 샀다. 9년째, 아직도 그 차를 타고 있다. 사람들이 그렇게 싫어한다는 바로 그 현대차다. 주식을 정리한 데에는 몇 가지 동기가 있기는 하지만, 솔직히 경제가 하반기에 당장 위험해질 것이라고 예상해서는 아니었다. 그 해 가을, 미국에서 시작해서 전 세계를 강타한 리먼 브라더스 파산이 생겨났다. 이것을 흔히 '글로벌 금융위기'라고 부른다. 그 금융위기 때문에 한국 경제가 결국 망했다고 생각하지는 않는다. 모든 위기에는 내인과 외인이 있다. 외부의 요소가 내부의 위기를 폭발시켰다는 것이 그 사건을 보는 바른 시선이라고 생각한다. 정말 우연이었지만, 리먼 브라더스가 파산하기 직전에 주식을 정리했던, 몇 안 되는 경제학자 중 한 명이 되었다. 주변의 경제 기자들 사이에서는 《88만원 세대》의 출간보다 이 작은 주식 거래를 중요하게 보는 사람이 많았다. 어쨌든 세상에 관한 얘기는 불특정 다수에 관한 이야기이지만 증권이나 주택 거래는 특정한 개인에 관한 이야기이기 때문이다.

2007년과 2008년, 이 특별한 두 해는 한국 현대 경제사에서 가장 생각할 거리가 많은 시점으로 남게 될 것 같다. 2007년은 우리가 망하지 않는 선택을 할 수 있는 마지막 기회였고, 2008년은 우리가 망했다는 것이 드러난 첫 번째 해다. 망하지 않을 수 있는 것과 망하는 것, 이 두 가지 시점이 이렇게 바짝 붙어 나올 것이라고 예상하기는 정말로 쉽지 않다. 그러나 현실은 그렇게 되었다.

사람들이 우리가 진짜로 망하게 되었다는 것을 알게 된 것은 그보다 한 해 뒤의 일이다. 글로벌 금융위기를 벗어난다는 것을 명분으로, 이명박은 기존에 추진하던 한반도 대운하를 '4대강 사업'으로 이름을 바꾸어서 재추진한다. 첫 삽은 2008년 12월 19일 낙동강에서 떴다. 사람들은 4대강 사업이 실제 추진된다는 것을 2009년에나 알게 되었다. 이 사업은 2012년 4월까지 진행되었다. '22조 원.' 실제 지급된 것은 그보다 훨씬 많았고 앞으로도 수조 원씩 계속 더 들어간다고 알고 있다.

한국 경제는 어떻게 된 것일까? 우리는 우리가 쓸 수 있는 모든 돈을 모아서 강바닥에 처박았다. 그때 한국 청년들의 미래도 같이 강바닥에 처박았다. 2007년, 한국 경제는 상대적으로 최고의 호황을 누리고 있었고, 아직은 미래를 위해서, 청년을 위해서 돈을 쓸 여력을 가지고 있었다. 2008년, "우리는 망했다"고 외치면서 아직 남은 돈을 아낌없이 강바닥에 털어 넣었다. 그날, 콘크리트와 함께 청년들의 경제적 미래를 아낌없이 강바닥에 같이 처넣었다.

그리고 정부의 조치 하나가 뒤따른다. 몇 십 년 후 한국 현대 경제사를 누군가 정리할 때 – 만약 그때에도 한국에서 여전히 경제사를 전공으로 선택하는 사람이 남아 있다면 – 건국 이후 가장 어처구니없는 경제적 조치로 기록할 만한 사건이다. 대졸 초임 삭감! 공공 부문을 시작으로 많은 회사에서 대학을 졸업하고 처음 입사한 직원들의 임금을 20~30퍼센트씩 깎아 버렸다. 겨우겨우 취직에 성공해서 비교적 먹고 살 만한 자리에 간 상위 4~5퍼센트의 청년들도 아기를 낳기는커녕, 결혼을 생각하기도 버겁게 만든 것이 바로 이 조치다. 대단한 사건이었다. 그리고 이것을 '잡셰어링job-sharing'이라고 불렀다. 콩 한 알도 나누어 먹는다는 옛말을 그대로 정책적으로 시행을 할 줄 아무도 몰랐을 것이다.

그런 일을 MB가 했다. 이제 한국은 역설적으로 '비교적 공평한' 사회가 되었다. 공부를 잘하든 일을 잘하든 성실하든 별로 상관없이 한국은 대다수의 청년들에게는 비교적 공평하고 평등한 사회가 되었다.

그 후로도 크고 작은 소소한 조치들이 있었는데, 대체적으로 청년들이 가진 것을 장년들이나 노년들이 가지고 가는 것 아니면 청년들끼리 서로 싸워서 나누어 갖게 하는 훈훈한(!) 일들이었다. 그렇게 10년이 지나갔다. 남성은 여성들과 싸우고, 동네 가게는 아르바이트생들과 싸운다. 없이 사는 사람들끼리, 열심히 싸운다. 청년끼리 열심히 경쟁을 하고, 엘리트들은 뒷짐 지고 그 싸움을 즐긴다. 이런 흐름이 계속되면 우리에게 새로운 길이 열리지는 않을 것이다.

변화는 어렵고, 개선은 난망하다. 그야말로 '산 입에 거미줄 치랴'는 속담을 격언으로 삼아야 하는 시점이 되었다. 그렇다. 실제로 그렇게 되었다. 자식 입에 거미줄 치게 할 수는 없다며 부모가 되기를 거부하는 청년들은 홀로 산 입에 거미줄 치고 살아간다. 미래를 위해 할 수 있는 유일한 노력은, 산 입에 거미줄 치는 운명을 타고 태어날 것이 너무나도 뻔한 자식을 낳지 않는 것 아닌가? 내부적으로 변화의 힘은 없고, 개선의 주체 역시 존재하지 않는다.

'살아 있는 것'이 어지간해서는 또 다른 생명을 창조하지 않는 시점, 그게 2016년 우리가 만나게 된 한국의 낯선 모습이다. 2007년부터 2016년 사이, 우리가 만든 한국은 이 이상한 현상이 전혀 어색하지 않게 느껴지게 만들었다. 결혼할 생각이나 아기를 낳을 생각을 전혀 해 본 적이 없다는 청년을 만나는 것이 어색하지 않다. 10년 전, 비록 속으로 그런 생각들을 했을지라도, 공개적으로 얘기하는 것은 어색한 일이었다.

'베이비 부머Baby Boomer'는 기본적으로 전쟁을 계기로 그 수가 급증해서 태어난 사람들을 지칭하는 말이다. 전쟁 중에도 아기들은 태어나고, 경제적으로 어려운 재건기에도 사람들은 사랑을 한다. 한국의 지난 10년이라는 것이 청년들에게 어떤 상황이었겠는가? 결과만 놓고 보면 전쟁보다도 더 힘들었던 시기로 기억되지 않겠는가?

이 기간 동안에 아주 독특한 일이 벌어졌다. 특별한 생물학적 변화가 발생한 것은 아닌데, 경제적으로 청년의 연령이 점점 더 올라갔다. 처음 청년에 대한 책을 써야겠다고 마음을 먹었을 때, 나는 당연히 이건 20대에 대한 얘기라고 생각을 했다. 20세에서 29세, 그 사람들에 관한 책이었다. 그리고 청년들에 관한 약간의 지원들이 나왔을 때, "왜 29세는 되고 30세 이상은 안 되느냐"는 논란이 생겼다. 청년고용촉진법에서 청년의 나이는 15세에서 29세다. 난리가 났다. 그래서 점차적으로 34세로 청년의 나이를 올리는 중이다. 고용, 주거, 복지 등 청년을 대상으로 하는 많은 제도들은 34세를 기준으로 점점 더 올려 가는 중이다.

대통령 직속인 청년위원회에서는 청년을 19세에서 39세로 정의한다. 행정에서 사용하는 가장 높은 기준치다. 정치권에서 청년 정치를 활성화시키기 위해서 청년들에게 비례대표를 주어야 한다는 논의가 있었다. 여기서는 청년의 나이가 39세로 올라갔다. 청년 당원의 기준은 새누리당이든 더불어민주당이든 모두 45세. 대명천지에 말이 안 되는 얘기이기는 하지만, 엄연히 우리의 현실이기도 하다. 도시에서만 정치가 필요한 것이 아니라 농촌에서도 정치가 필요하다. 농촌에서의 청년이 규정하기 어려운 현실까지 반영되어 45세까지 청년이라는 현실이 생겨났다.

시간이 지나면 지날수록 청년에 대한 기준은 점점 올라갔고, 앞으로 더 올라갈 것이다. 이미 우리의 인식 속에 34세는 당연히 청년이다.

그리고 그 기준을 39세까지 올리는 일이 사회적 운동이 될 가능성도 높다. 청년을 위해 뭔가 지원하자는 말이 나올 때마다 "과연 34세와 35세의 차이가 무엇이냐?"는 질문이 기술적으로 큰 의미는 없지만 경제적으로는 심각한 논쟁거리가 될 것이다. 청년에 대한 나이의 기준이 높아진다는 것은, 그만큼 우리나라의 청년이 특이하게 어렵다는 것으로 해석할 수 있다.

OECD에서 사용하는 청년의 나이 기준은 15세에서 24세다. 한국에서도 적용할 수 있을까? 군대도 가고 어영부영 휴학도 몇 번 하고 아르바이트를 조금 하다 보면 금방 20대 후반이다. 그리고 취직한다고 다시 시간을 더 쓰고 나면 어느덧 30세가 넘어간다. 지금 우리가 일반적으로 알고 있는 한국 청년들이 21세기에 살아가는 방식이다. OECD 기준은 우리와 너무 다르다. 선진국이 될수록 OECD의 기준과 통계에 수렴해 가는 것이 일반적인 상식이다. 그렇지만 청년 문제에 관해서만큼은 정말 우리는 멀고도 먼 안드로메다로 날아가는 중이다. 오죽하면 청년의 연령 기준이 이토록 드라마틱해졌을까? 그만큼 우리 경제가 이상해졌다.

혼자 치르는 전쟁

한국을 살아가는 청년들에게 지난 10년은 일종의 저강도 전쟁과 같은 것이었다고 비유할 수 있다. 전쟁은 그 지역에 사는 사람들 모두에게 일정한 어려움을 주고, 서로 단결하게 만든다. 그리고 그 시간을 같이 버티면서 유대와 연대감이 높아지고, 사랑도 하게 만든다. 지금 한국의 청년들이 겪고 있는 저강도 전쟁은 좀 다르다. 유대와 연대, 사랑이 사라지고, 그 대신 고립, 외로움, 차단, 이런 특징들이 나타난다. '혼자 치르는 전쟁', 이것이 한국 청년들에게 현실이 되었다.

서울시에서 공무원을 뽑을 때 KTX 특별열차를 편성하는 것이 사회적 논쟁이 되었다. 메르스 사태의 한가운데에 공무원 시험 일자가 긴 적도 있다. 당시 메르스 확대 방지를 위해서 예정된 공무원 시험을 취소시킬 것인가, 아니면 사회적 부작용을 감안해 그냥 강행할 것인가가 논쟁이 되었다. 결국 약간의 예방 조치와 함께 강행하는 것으로 결정되었다. 1년을 기다려 온 공무원 시험을 메르스도 취소시키지 못했다.

2000년 출간되어 세계적으로 히트를 친 사회학자 로버트 퍼트남Robert David Putnam의 《나 홀로 볼링Bowling alone》은 21세기에 선진국에서 맞게 된 사회적 연대의 붕괴를 은유적으로 표현한 것이다. 퍼트남은 이 개념의 성공으로 백악관에 초청되어 빌 클린턴에게 자문을 한 일로 다시 한 번 유명해진 적이 있다. 혼자 볼링 치는 것을 넘어 혼자 밥 먹기 등 무엇이든 혼자 하는 것과 컵밥에 이르기까지, 한국 청년들이 만들어 내는 새로운 문화는 이질적이다. 그러나 이런 것들이 미국의 볼링 사례처럼 즐기기 위한 것이고 놀기 위한 것이었다면 얼마나 좋았겠는가? 보이지 않는 동료들보다 앞선 점수를 받고 살아남기 위한 공시족들의 '혼밥'은 정말로 '혼자 치르는 전쟁'과 같은 것이다. 만약 퍼트남이 한국의 청년들을 보았다면 좀 더 직관적이고도 감각적인 제목으로 책의 제목이 바뀌었을지도 모르겠다.

우리가 걸어온 지난 10년을 요약해 보자. 먼저 10년 전, 경제가 어려워져서 청년들이 어려워지기 시작했다. 그리고 지금, 이제는 청년들이 심각한 수준으로 어려워졌고, 그래서 경제가 더 어려워지게 되었다. 일종의 '포지티브(+) 피드백' 구조이다.

앞의 결과가 다음 사건의 원인이 되고, 이것이 다시 앞의 결과의 원인이 되는 것을 피드백이라고 부른다. 이 경우에 단선적인 인과 구조가 복잡해지고, 어느 시점부터는 무엇이 무엇의 원인이라고 말하기가 어려워진다. 자연계에 등장하는 많은 안정적인 시스템은 네거티브(-) 피드백이다. 보일러에서 일정한 온도를 맞추는 시스템을 생각해도 되고, 생명체가 가지고 있는 항상성^{homeostasis}을 생각해도 된다. 몸에 체온이 너무 올라가면 땀이 나서 체온을 식히고, 반대로 체온이 너무 내려가면 경련이 일어나서 어떻게든 체온을 올리려고 한다. 추울 때 소변을 보고 난 뒤 몸이 부르르 떨리는 것도 이런 항상성이다. 소변과 함께 잠열이 대량으로 빠져나가니까 순간적으로 체온을 높이기 위해서 인체는 근육을 급격하게 운동시킨다. 생명체가 온도나 습도 혹은 화학 조건 등에 굉장히 예민한 시스템이기 때문에 항상성 장치가 조금이라도 제대로 작동하지 않으면 큰일이 벌어진다. 높아지면 내리라고 하고, 내려가면 올리라고 하는 것들을 네거티브 피드백이라고 부른다. 벌어진 현상에 대해서 반대 방향으로 신호를 보내는 경우라서 그렇게 부른다.

그렇다면 같은 방향의 신호를 내는 포지티브 피드백은 무엇일까? 특정한 방향으로 움직일 때 더 그렇게 가라고 하는 것이 포지티브 피드백이다. 뜨거울 때 더 덥게 하거나 추울 때 더 춥게 하라고 하는 것, 그런 것들이 가끔은 존재한다. 우리가 쉽게 목격하는 포지티브 피드백은 앰프의 하울링 현상이다. 마이크로 스피커에서 나온 소리가 들어가고, 이 소리가 다시 앰프를 통해서 증폭되어 다시 마이크로 들어가는 현상이 바로 하울링이다. 순간적으로 '삐' 하는 귀청을 뚫을 듯한 소리가 나는데, 이때 사람들은 놀라서 앰프를 끄거나 마이크 각도를 조정하거나 급하게 조치를 취한다. 그래서 하울링을 바로 잡는다. 만약 잡지 않으면? 앰프가 터지거나 스피커가 터지거나, 어딘가 제일 약한 데가 부서지면서 하울링은 멈춘다.

마약 중독이나 알코올 중독으로, 생체의 항상성이 깨지면서 정상적인 생활을 할 수 없게 되는 것도 역시 포지티브 피드백이다. 하면 할수록 더 하고 싶은 것, 이런 중독 현상도 같은 메커니즘이다. 양귀비가 무서운 이유는 중독성이 강하기 때문이다. 자연계에서 포지티브 피드백이 발생하면 대개는 폭발로 끝이 난다. 물론 영원히 존재하는 포지티브 피드백도 존재한다. 응고의 방향으로 일단 진행되면 영원히 아무런 움직임도 없는 응고의 방향으로 간다. 수정이 대표적인 예다. 더 이상 변화가 없는 안정적인 상태가 된다. 크리스털 상태는 안정적이기 때문에, 변화가 거의 일어나지 않는다.

지난 10년간, 한국 청년을 둘러싼 경제적 변화가 대표적인 포지티브 피드백 과정이다. 청년이 어려워지니까 경제가 어려워지고, 경제가 어렵다고 하니까 청년 몫을 먼저 빼고, 경제가 계속해서 더 어려워지니까 청년 몫을 더 없애고, 그러고도 여전히 어려워지니까, "이 모든 것이 모두 청년을 위한 것이다"라며 크게 소리 지른다. 물론 그와 반대의 목소리와 다른 흐름들이 없었던 것은 아니다. 그렇지만 국민경제 내에서 자원의 배분과 상품의 흐름을 바꿀 정도로 유의미한 크기의 목소리가 되지는 않았다.

보일러의 온도를 일정하게 유지하기 위해서는 지나치게 열이 올라가거나 내려가지 않게 하는 센서가 필요하다. 생체가 항상성을 가지기 위해 호르몬을 비롯한 복잡한 생체 메커니즘이 작동한다. 그렇게 시스템에 일정한 명령을 내리는 것을 시그널signal이라고 한다. 한국 경제에 망가진 것은, 바로 그 시그널이다. 더운데 더 덥게 하라고 하고, 추운데는 더 춥게 하라고 하는 것, 그게 지난 10년 동안 우리가 경제 시스템으로 운용해 온 국민경제가 작동한 방식이다. 집값이 올라갈 조짐이 보이면 이번 기회에 더 올리라고, 집이 남는다는 징후가 보이면 나중에는 분양이 어려워질 테니 빨리 지금 더 지으라고, 그렇게 경제 시그널들이 나왔다. 시장이 작동하는 방식은 가격 시그널에 의해서 움직이는 것인데, 한국 경제가 꼭 그렇게 가격에 의해서 움직여 온 것만도 아니다.

우리 모두의 먹고사는 문제를 해결하는 국민경제라는 시스템의 시그널은 청년에게 불리하게 그것도 극도로 불리하게 10년간 작동해 왔다. 그리고 결국은 일종의 '잠김현상lock-in' 같은 것이 벌어졌다. 청년이라서 어렵고, 그래서 더 어렵고, 그러다 보니 청년으로 사는 시기가 한없이 연장되게 되었다. 한국에서 청년은 늙지 않는다. 기본적으로는 25세가 넘으면 청년기가 끝나는 국제적 상식이 한국에서는 통하지 않는다. 나이를 먹어도 계속해서 청년이다. 그리고 청년이 끝나갈 무렵, 어느 날 갑자기 노년에게나 적용되었던 조기 퇴직을 해야 할 나이가 된다. 아주 오랫동안 청년으로 살았다가 짧은 중년을 지내고는 바로 노인이 되는 사이클, 이런 것을 어디에서 볼 수 있을까? 마치 지구온난화와 함께 봄, 가을이 짧아지고, 겨울과 여름이 길어지는 한반도의 기후와 같다. 계속 겨울이었다가 짧은 봄이 지나자마자 무덥고 습한 긴 여름이 온다. 그리고 다시 아주 짧은 가을과 함께 길고 긴 겨울이 온다. 북극 진동과 함께 겨울의 온도는 갈수록 내려가고, 삼한사온 같은 교과서에서 배웠던 날씨 주기는 이미 적용되지 않은 지 오래이다. 한반도의 기후변화와 같은 시기에, 가장 인생의 황금기라고 할 수 있는 장년이 극도로 짧아지는 현상이 벌어지게 된다. 아주 오랫동안 청년이었다가 잠깐의 장년기를 보내고, 금방 노년이 되어 버린다. 춘추복을 살 이유가 점점 더 줄어드는 것처럼 경제적으로 가장 안정적인 시기인 장년이 짧아지게 된다.

90년대 후반부터 2000년대 초중반까지 한국 여성학자들에게 가장 큰 주제는 단연코 가부장제였다. 아버지들을 중심으로 구성된 사회의 문제점을 찾아내는 것이 한국 근대성 연구의 대표 주제였다. 지금은 가부장제에서 여성혐오증으로 주제가 이동하였다. 문제가 해결된 것이 아니라 문제가 '해소'된 것이라고나 할까? 자신이 아버지가 될 것이라고 생각하는 청년들이 많이 줄었고, 실제로 여러 자녀의 아버지가 된 장년도 줄었다. 전통적인 농경시대의 가부장제가 해체되면서 문제가 해결되는 것이 아니라 문제의 출발점 자체가 줄어들어 해소되는 방향으로 전개되었다. 대가족을 먹여 살리고 끌어가는 가부장은 이제 거의 없다.

가부장제라는, 일종의 남성 근본주의가 해소되기는 했지만, 이제는 여성혐오증이라는 또 다른 방향으로 에너지가 흘러간다. 이것은 해결된 것이 아니라 이전의 문제가 해소되고, 새로운 문제로 전이된 것이다. 아버지가 될 가능성도 별로 없고 또 그럴 생각도 없는 젊은 남성들의 여성혐오증, 이건 우리가 떠안게 된 새로운 어려움이고 숙제다. 오죽 살기가 어려워졌으면 그렇게 전통적으로 한국의 고유 풍습이라고 해도 과언이 아닐 정도의 가부장제가 다 사라졌겠는가? 전쟁이 일어나지 않고서야 이런 정도로 큰 사회적 변화가 단기간에 발생하기는 쉽지 않다.

한 사회에서 약한 사람들이 서로를 혐오하고 증오하는 일이 벌어지면 더 이상 그 사회가 생동감을 가지고 위기를 극복하기는 쉽지 않다. 약한 사람이 더 약한 사람들을 증오하는 일, 이게 경제 위기 속에서 사

회가 붕괴하는 가장 마지막 단계에서 벌어지는 일이다. 유태인을 증오
하던 유럽은 결국 가장 비극적인 전쟁을 만들어 냈다. 여성을 혐오하고,
외국인 노동자를 혐오하고, 특정 지역민들을 혐오하고, 세월호의 부모
들을 혐오한다. 이제 우리는 어디로 갈 것인가? 가난과 증오가 새로운
가난과 더 큰 증오를 만들어 내는 구조, 우리는 점점 더 그 안으로 들어
가고 있다.

90년대에 우리는 다양성이라는 단어를 처음 접했다. 그리고 IMF
경제 위기와 함께, 그 시기에 피어나려고 했던 전혀 새로운 흐름이 단절
되었다. 그 흐름이 2000년대 중반에 다시 한 번 피어나려고 했었다. 잠
시의 풍요가 만들어 준 여유였다. 사람들의 욕망은 내면의 개성과 평화
로 향하지 않고, 규모와 크기 그리고 속도로 향했다. 그 욕망이 MB라는
괴물을 만들어 내었다. 풍요의 절정인 2007년이 지나고, 2008년부터
한국에서는 지옥도가 펼쳐지기 시작했다. 물론 그 지옥도는 청년에게는
더욱 잔혹했다. MB의 경제 실패가 박근혜라는, 정말로 규정하기 어려
운 아주 독특한 시대를 열었다. 이제 한국은 아주 예외적인 일부를 제외
하면, 모두가 공평하게(!) 살기 어려운 나라가 되었다.

"아름답다, 아름다워."

2016년, 지금 우리는 어떤 상황일까? 우리 모두는 지금 수직으로
하강하는 비행기 안에서 잠시 창을 내다보면서, '어디서부터 잘못되었
을까', '내 미래는 어떻게 될 것인가', 그렇게 생각하는 중일지도 모른다.
떨어지는 비행기 내에 잠시의 적막감이 돈다. '과연 무엇이 문제일까?'
짧은 시간이지만 긴 생각이 이어질 것이다. 여러 가지 생각이 있을 수
있지만, 아름다움에 대해서 생각하거나 웃음에 대해서 생각하기는 쉽지
않다. 안전벨트를 맨 사람도 있고 그렇지 않은 사람도 있겠지만, 이대로

비행기가 바닥에 추락하면 운명이 그렇게 다를 것 같지는 않다. 그리고 불행히도, 지금 기장은 정치의 달인이지만 경제 초보인 박근혜 대통령이다. 기장을 당장 바꿀 방법은 없다. 게다가 기장은 더욱더 하강 속도를 높이려고 한다.

프랑스의 철학자 자크 데리다Jacques Derrida가 파괴하면서détruire 새로 만든다는construire 의미의 '해체déconstruction'라는 표현을 쓴 적이 있다. 이 개념이 세계적으로 유행하면서 '해체의 철학'과 함께, 포스트모던 즉 탈근대 개념이 80~90년대의 세기말적 현상을 설명하는 대표 개념이 되었다. 고전적인 것들을 부수고 그 위에 근대를 뛰어넘는 새로운 세상이 올 것이라는 의미다. 한국에서는 90년대에서 2000년대에 이런 해체주의 철학과 미학이 한 시대를 풍미했었다. 헤겔에서 완성되었다고 평가받는 고전주의를 해체하면 새로운 생각과 철학이 필요하고, 이러한 흐름이 포스트모던이라는 새로운 시대를 만든다고 생각을 했다. 앞에 있던 것들을 부수는 과정이 존재해야 새로운 것들이 만들어질 것이라는 생각, 우리도 20년 가까이 세상을 그런 눈으로 보려고 했다.

21세기 이후 한국은 다른 것은 몰라도 경제 하나만큼은 확실히 어려워졌다. 파괴는 진행되었고, 시스템은 괴멸적 타격을 받게 되었다. 무엇보다도 우리의 미래가 이미 처절할 정도로 망가졌다. 시간이 지나면 지날수록 더 어려운 세대가 등장하게 될 것이고, 미래가 어려운 만큼 우리 모두 같이 어려워질 것이다. 이렇게 10년 만에 시스템이 붕괴될 수 있을까? 그것도 다음 세대를 중심으로? 파괴는 되었지만 새로운 것은 만들어지지 않았다. 파괴는 기존의 오래된 것이 아닌 미래에 속한 새롭게 태어날 것을 향해 마치 걸프전의 미국 폭격기처럼 정밀 타격하였다. 모두가 바랐던 창조적 파괴가 아니라 새로운 것만 파괴하는 '괴멸적 파괴'의 양상을 가지게 되었다. 약한 것 그리고 미래에 속한 것들을 골라서 부수고 파괴하는 양상, 그런 괴멸적 파괴를 지금 우리는 침묵으로 묵도하고 있다. 시간이 지나면 이렇게 파괴된 우리의 미래가 결국은 우리 모두를 파괴하게 될 것이다. 힘드니까 더 힘들게 되고, 그러니까 더더욱 힘들게 된다. 세계 최장의 노동시간으로 죽어라고 일하는 나라에서 도대체 이런 참혹한 결과가 웬 말이냐!

힘드니까 더 힘들게 만들고야 말겠다는, 자연계에서도 잘 보기 어려운 포지티브 피드백이 작동하면서 우리는 해체 국면으로 들어간다. 해체는 되지만 창조와 건설은 없다. 우리는 지금 떨어지는 비행기 안에서 참혹한 추락을 기다리고 있다.

살아 있으니까 아름다운 거야

아름다움은 우리가 희노애락이라고 알고 있는 네 가지 감정에 속하지 않는다. 아름다움은 즐거울 때나 어려울 때나, 심지어는 가장 힘들 때에도 느낄 수 있다. 잠시 아름다움에 대해서 같이 생각해 보면 좋을 것 같다. 그리스 철학을 비롯해서 많은 철학의 마지막 단계는 미학이다. 인간이 생각하는 궁극의 단계는 아름다움이라고 서양 철학자들은 생각했다. 경제학자 중에도 그렇게 생각한 사람이 있다. 존 스튜어트 밀John Stuart Mill은《경제학 원칙》에서 인간의 경제 성장이 한계에 봉착하는 시기가 올 때, 인간들은 바보가 아니기 때문에 예술과 문화 혹은 역사와 같은 것들을 계속해서 발전시킬 것이라고 얘기했다. 움베르토 에코Umberto Eco의 소설 《장미의 이름》의 모티브는 아리스토텔레스의 사라진 책, 희곡의 2편의 출현이다. 1편은 비극이었고, 2편은 코미디였는데, 이 2권이 역사 속으로 사라졌다가 아랍 세계를 통해 다시 나타나게 된 사건을 배경으로 하고 있다. 에코가 평가하는 아리스토텔레스 최고의 저작이 바로 역사 속으로 사라진 이 희곡 2편이다. 코미디일 것이라고 생각하면서 소설을 읽으면 훨씬 재밌게 읽을 수 있다.

지금껏 살면서 보았던 가장 아름다운 것에 대해서 한 번쯤 떠올려 보자. 무엇이 가장 아름다웠을까? 각자의 삶에 따라 혹은 각자의 생각에 따라 서로 다른 사람 혹은 서로 다른 장면들이 떠오를 것이다. 어린 시절의 아득한 기억일 수도 있고, 가장 최근의 기억일 수도 있다.

내가 본 가장 아름다운 장면은 유카리 혹은 유칼립투스Eucalyptus라고 부르는 나무 한 그루다. 코알라의 주식이 유카리 나뭇잎이라는 정도가 아마 일상적으로 우리가 아는 내용의 전부일 것이다. 일본 히로시마 성의 입구에 약간 기괴한 모습의 유카리 나무 한 그루가 서 있다. 이 나무를 처음 본 것은 이명박 4년차, 그의 대통령 임기가 슬슬 끝나가는 시점이자, 4대강 사업이 한참 클라이맥스로 가고 있을 무렵이었다.

왜 히로시마에, 그것도 히로시마 성 근처의 도심 한가운데에서 인류 최초의 원폭이 터졌는지에 대해서는 아직도 명확하게 결론이 나지는 않았다. 그날 몇 군데의 피폭 후보지 중에서 가장 날씨가 좋았다는 정도의 의견이 가장 많다. 어쨌든 히로시마 성은 천황은 물론, 일본 중앙정부 전체가 임시로 옮겨 온 적이 있었던 곳이다. 일본의 행정수도였던 셈이다. 청일전쟁을 시작하면서 전쟁을 지휘하는 지도부가 히로시마 성에 있었다. 우리식으로 얘기하면 6·25 때 수도 전체가 임시로 옮겨 간 부산에 해당한다고 할 수 있다.

　원폭은 히로시마 성에서 그리 멀지 않은 곳에 투하되었다. 육안으로 포착하기 좋은 T자형으로 생긴 다리가 목표점이 되었는데, 바람 때문에 약간 떨어져 있는 작은 병원 건물에 떨어졌다. 그곳을 '그라운드 제로Ground Zero'라고 부른다. 여기에서 건너편에 서 있는 돔 천장의 히로시마 현의 물산장려관은 돔 형태가 아스라하게 남았다. 사람들은 이것을 '원폭돔'이라고 불렀고 나중에 유네스코 세계문화유산으로 등재되었다. 그라운드 제로로부터는 600미터 정도 떨어져 있다.

　히로시마에 원폭이 떨어진 것은 아침 8시 15분이었다. 출근길이라 부산하게 시내로 나오는 사람들이 많아서 피해가 더 컸다. 원폭이 떨어진 이후 흙먼지가 시내를 가득 뒤덮었다. 사람들은 목이 많이 말랐다. 그리고 몇십 분 후 히로시마에 비가 내리기 시작했다. 낙진과 방사능으로 오염된 비가 내렸고, 심하게 갈증을 느꼈던 사람들은 이 물을 마셨다. 이 비를 '블랙레인'이라고 부른다. 1차 피폭보다 더 많은 피해를 준

것이 바로 이 블랙레인이라고 하기도 한다. 이 물을 마신 사람들은 결국은 죽거나 심각한 후유증에 시달리게 된다. 수도인 도쿄로부터 멀리 떨어진 도시, 이곳에서 조용히 살아가던 사람들이 원자폭탄이나 방사능 혹은 블랙레인에 대해서 무엇을 알았겠는가. 그들은 상황을 이해할 수가 없었고, 그 후에 자신들에게 무슨 일이 벌어질 것인지도 몰랐다.

그때 히로시마 역 앞에 있는 후쿠야 백화점에서 살아남은 사람들에게 오염되지 않은 깨끗한 물을 나누어 주었다. 나중에 일본 경제가 장기 불황에 빠지면서 후쿠야 백화점도 폐점 위기에 내몰렸다. 히로시마 시민들은 피폭 당시의 상황을 기억하고 있었고, 백화점을 위기에서 구했다.

무엇인지도 모르는 재앙 그리고 낙진으로 뒤덮인 도시, 콘크리트 건물마저도 제 형태를 유지할 수 없는 상황에서 누가 살아남았겠나. 히로시마는 그렇게 죽음의 도시가 되었다. 이 도시가 앞으로 어떻게 될지, 아무도 알지 못했다. 잿더미로 변한 폐허 위에 두텁게 쌓여 있는 낙진, 죽음과 공포만이 그들 앞에 펼쳐진 모든 것이었다. 미래도 희망도 없었다. 인류 역사상 최초로 원자탄을 맞은 죽음의 도시, 그곳에서 미래를 생각하는 것 자체가 불가능했다. 살아남은 자들도 원폭의 후유증으로 불행한 미래를 걱정하는 것 외에는 달리 할 수 있는 무언가가 없었다.

그렇게 겨울이 지나고 봄이 왔다. 원폭으로 까맣게 타버린 히로시마 성 앞에 서 있는 유카리 나무 한 그루 줄기에서 새싹이 돋았다. 검게 태워진 나무 한 그루가 살아남았다. 그때 히로시마 사람들은 모두 울었다. 그 소식을 들은 일본 사람들도 모두 울었다. 새싹은 잎이 되었고, 그렇게 유카리 나무는 다시 살아났다. 그 나무를 일본식 표현으로는 '피폭수목', 우리말로는 피폭나무라고 부른다. 그라운드 제로에서 2킬로미터

반경에서 살아남은 나무는 160그루 정도이다. 히로시마 사람들을 울렸던 바로 그 유카리 나무는 그라운드 제로에서 740미터 정도 떨어져 있다. 1킬로미터도 채 안 되는 거리에서 살아남았다. 그때 살아남은 감나무 한 그루가 우리나라 광주에도 옮겨 심어졌다.

'A 밤'라고 불리는 원자탄이 터진 곳에서도 살아남은 유카리, 그곳에서 피어난 잎사귀, 이것이 살면서 내가 본 것 중에서 가장 아름다운 것이다. 아직도 살아 있다. 살아 있어서 아름다운 것이고, 살아 있으니까 아름다운 것이다. 세렝게티의 대평원도 보았고, 남태평양의 아름다움도 보았다. 대분화구에 동물들이 집단으로 모여 사는 응고롱고로도 보았다. 프랑스 개선문 근처에 몇 년간 살면서 매일매일 개선문을 보았고, 유명한 성당이나 해변도 어지간한 곳은 한 번씩은 보았다. 그렇지만 키가 그리 크지 않은 유카리 보다 더 아름다운 것은 못 봤다.

아름다움이란 과연 무엇일까? 다시 한 번 스스로에게 질문해 본다. 고전적 미학에서는 비율과 요소 등 아름다움을 구성하는 것들에 관해서 이야기를 한다. 황금률이라거나 색의 비례 혹은 대위법과 화성학과 같은 소리에 관한 요소들이 예술론과 미학의 상당 부분을 구성한다. 고전적으로 얘기하면 기계론 같은 것이고, 요즘 용어로 얘기하면 인공지능이 아름다움을 구현하는 방식에 관한 것일 수도 있다. 그렇지만 원폭 후에 살아남은 유카리 나무에서 피어난 잎사귀와 같은 아름다움은 보지 못했다.

왜 아름다울까? 살아 있다는 것을 보여 준 그 작은 잎사귀는 이 땅에도 언젠가는 사람들이 다시 살 수 있고, 생존이 가능할 수 있다는 것을 말해 주었기 때문이다. 슬픔과 비극으로 끝날 것이 뻔해 보였던 스토리에 반전을 가져온 것이 작은 잎사귀 하나였다. 그래서 아름다운 것이다. 인간이 만들어 낸 많은 사연들은 결국은 비극으로 가는 것들이 많다. 무질서도를 의미하는 엔트로피^{entropy}가 계속해서 증가하는 방식으로 살아가고 있는 사람들이 만들어 낸 많은 스토리들은 결국은 비극을 향한다. 그중에서 솟아난 작은 반전 하나가 바로 이 피폭나무이다.

> "곤도르와 로한의 아들들이여, 나의 형제들이여. 제군들의 눈에서 나와 똑같은 공포를 보았다. 인간의 용기가 무너지고, 친구를 버리고 동맹이 깨질 날이 올지도 모른다. 그러나 그게 오늘은 아니다. 사우론이 승리하고 인간의 시대에 종말이 올지도 모른다. 그러나 그게 오늘은 아니다. 오늘, 우리는 싸운다."
> ─〈반지의 제왕 3〉 중

영화 〈반지의 제왕〉 3편 '왕의 귀환'에서 돌아온 왕, 아라곤이 사우론과의 마지막 돌격을 앞두고 살아남은 인간과 요정의 연합군 앞에서 했던 연설이다. 우리들이 만들어 낸 많은 스토리들은 우주라는 거대한 공간과 시간 속에서 결국은 사라지고 말 것이다. 그걸 알면서도 지금의 시간에 최선을 다하고 살아가는 것이 우리들의 삶이다. 언젠가는 사라질 것이지만 그게 오늘은 아니다. 그런 것이 인류의 삶 자체라고 생각한다. 소년은 나이를 먹고 청년이 되고 언젠가는 늙어 가게 된다. 우리가 살아가는 것은 늙기 위해서가 아니다. 살아 있는 그 순간이 중요한 것이고, 살아 있다는 것이 중요한 것이다. 피폭나무의 유카리 잎 앞에서 "그러나 그게 오늘은 아니다", 그 대사가 생각났다.

원폭이 투하되자 40만 명이 약간 넘었던 히로시마 인구가 13만 명 수준으로 감소하였다. 그리고 10년쯤 지났을 때 원래의 인구를 회복하게 되었다. 지금은 100만 명이 넘는 소위 '백만 도시'의 하나가 되었다. 혁신과 관련된 얘기를 할 때 많은 사람들은 미국의 실리콘 밸리나 이탈리아의 클러스터 사례를 많이 들지만, 히로시마도 경제적 혁신으로는 주요한 사례 중의 하나이다. 작은 회사가 세계적 회사가 된 대표적 사례로 유니클로나 다이소 얘기를 많이 한다. 이런 데가 공교롭게도 히로시마에서 시작된 회사들이다. 흔히 야구에 대한 연구를 할 때 독특한 사례로 꼭 거론되는 곳이기도 하다. 한국 프로 야구팀인 NC가 처음 창단할 때, 히로시마의 시민구단 모델을 많이 참조했었다. 히로시마 도요 카프는 성적이 썩 좋은 편은 아니지만, 최근에는 좀 나아졌다. 올해는 요미우리 자이언츠를 꺾으면서 25년 만에 센트럴 리그 우승을 확정지었다. 히로시마는 시민들이 주주로 참여하는 중소 도시 모델, 이런 상징성을 가지고 있다.

원폭 이후로 히로시마 시민들이 삶을 꾸려가면서 연대와 유대가 생겼다. 원폭 피해자와 관련된 연구가 가장 많이 축적된 대표적인 히로시마 병원의 이름도 히로시마 시민병원이다. 문화경제학에서 자주 거론되는 사례는 아니지만, 히로시마 시향악단의 시민 초청 프로그램 역시 상당히 독특하다. 시민들이 신청을 하면 공연 전날 리허설을 무료로 볼 수 있다. 아직도 한국의 지자체는 시민들 위에 군림하는 경향이 있는데, 시민들과 진짜로 함께 하는 시정의 사례는 히로시마에 넘쳐난다. 불행한 모델이기는 하지만, 아시아에서 진짜로 시민 정신이라는 것이 생겨난 곳은 히로시마가 유일할 것이다. 상인의 도시 오사카, 군인과 정치인의 도시 도쿄도 히로시마 정도의 시민 정신을 가지고 있지는 못한 것 같다.

히로시마가 소재한 지역을 중국中國 지역이라고 부르는데, 이름 그대로 여러 열도 중에서 가운데에 위치해 있기 때문이다. 그 지역을 관장하는 발전 회사가 중국 발전이다. 일본의 발전사 가운데에서 원전 발전의 비중이 가장 낮다. 그리고 히로시마 지역에는 원전이 없다. 물론 원전을 건설하려는 시도가 전혀 없었던 것은 아니지만, 원폭을 맞은 지역에 원전까지 설치하는 것이 인간이 할 짓이 아니라는 반대 여론이 워낙 강해서 히로시마에는 원전이 없다. 역설적이지만 피폭 이후에 원자력의 위험으로부터 가장 멀어진 곳이 되었다.

사람마다 아름다움에 대한 취향과 삶에 대한 선호는 다르다. 나이를 먹으면서도 선호가 바뀐다. 어느 지역을 방문할 때 내가 주로 관심을 가지고 살펴보는 것 중의 하나가 '이곳이 나이를 먹고 조용히 살기에 적합한 곳인가 아닌가……' 하는 기준이다. 보기에 좋은 곳과 살기에 좋은 곳은 좀 다르다. 조금 거창하게 UN식 용어를 사용하면, '정주定住 조건'에 관한 이야기이다. 관광 패러다임에 너무 강하게 경도된 학자들이 '정주'라는 단어를 가끔 망각하는 경우를 보게 된다. 살기 좋은 곳이 놀기 좋은 곳은 절대로 아니다.

20대 때에는 노르망디 지역의 중심 도시인 루앙을 그런 곳으로 생각했었다. 내가 바다를 워낙 좋아한다. 루앙에서 조금만 가면 피오르식의 절벽이 기가 막히게 펼쳐진 멋진 바다를 볼 수 있다. 루앙은 잔 다르크가 처형 당한 곳이기도 하다. 그렇지만 나이를 먹어 가면서 지역에 대한 취향도 서서히 바뀌었다.

30대에 내가 살기에 가장 좋은 곳이라고 느꼈던 곳은 독일의 본과 스위스의 취리히다. 본은 베토벤과 니체의 도시다. 수도가 베를린으로 옮겨 간 이후 본은 더 살기에 좋은 곳이 되었다. 라인 강을 따라 절경이 펼쳐지고, 문화적으로나 정서적으로나 매우 차분한 곳이다. 일본 사람들이 농담으로 얘기하는 유럽 3대 사기 중의 하나인 로렐라이 언덕이 있다. 살면서 어려운 순간이 올 때면 본에 있는 베토벤 하우스에 갔다. 중요한 결정을 그곳에서 많이 내렸다. 아내와 결혼하기로 한 것도, 책을 쓰기 위해서 공직을 그만두기로 결정한 것 모두 베토벤 하우스 근처에서 내린 결정이다. 어려운 일이 있으면 늘 그곳에 가고는 했다.

스위스 취리히는 아내와 결혼을 하고 가장 먼저 여행을 떠난 도시였다. 신혼여행은 강릉으로 갔고, 나중에 시간이 좀 생겼을 때 취리히에 한 달 정도 머물렀다. 아인슈타인의 도시이기도 하고, 공민교육이라는 틀을 만들어 낸 페스텔로치Johann Heinrich Pestalozzi 정신이 배어 있는 도시이기도 하다. 청년에 관한 연구를 해야겠다고 처음 생각한 곳도 취리히였다. 그곳에서 만난 스위스 청년들의 여러 모습을 보면서 한국 청년들의 상황이 연구를 해야 할 정도로 정상적인 것이 아니라는 생각을 처음으로 했다.

그 시절에 내가 생각했던 한국 모습의 이상향은 파리와 취리히를 절반 정도 섞은 그런 모습이었던 것 같다. 취리히는 스위스 내에서 극우파의 비중이 가장 높은 곳이기도 하다. 한국에서 보수라고 하는 사람들은 국제 기준으로 보면 일반적인 우파보다는 훨씬 더 극우파에 더 가깝다. 그래서 좌파 성향이 강한 파리나 베를린 혹은 로잔느 같은 곳에서 벌어지는 일은 우리에게는 아직 거리가 멀다고 생각했다. 그렇지만 보수적이고 극우파가 많은 도시인 취리히가 하는 일 정도는 우리도 할 수 있다고 생각했다.

40대가 되면서 가장 편안하다고 느끼게 된 도시가 히로시마다. 한국 경제의 미래에 대해서 생각하면서 히로시마, 쿠레, 후쿠오카, 고베, 이런 일본의 도시들을 다시 생각해 보게 되었다. 일본에 도쿄만 있는 것은 아니다. 경제의 고유한 기능과 특색을 가진 주요 도시들이 일본에는 많이 있다. 지독할 정도의 군사정권을 경험한 것도 그렇고, 세계적으로 유래가 없을 정도로 대기업 중심의 토건이 경제를 규정할 정도로 부동산 버블이 심각한 것도 마찬가지다. 그리고 우리만큼이나 정치에 대해서 사람들이 혐오하고 정치를 대안으로 생각하지 않는 것도 한국과 일본이 같다. 그렇지만 우리보다는 시민이라는 개념이 상대적으로 단단하게 뿌리를 내리고 있다. 그리고 지방자치가 생생하게 살아 있다. 한국에는 서울과 수도권만 모델로 존재하지만, 일본에는 서로 색채가 다른 지역 모델이라는 것이 분명히 존재한다.

히로시마와 같은 일본의 중소 규모 도시들을 연구하게 되면서 피폭나무 유카리를 보게 되었다. 그리고 유카리를 보고 나서 나는 정말로 진지하게 아름다움이라는 것이 무엇인지 다시 생각하게 되었다. 내가 청년에 대한 연구를 시작하고 《88만원 세대》를 쓰던 시기는 30대였다. 결혼을 하고, 유럽에 대해서 다시 한 번 생각하면서 한국의 미래를 고민하던 시기, 그때가 30대 중반이었다. 피폭나무 유카리와 함께 나의 40대가 시작되었다. 더 작은 것, 더 약한 것, 그리고 중심에서 더 멀어진 것, 그런 것들에 더 많은 관심이 가기 시작했다. 무엇보다도 살아 있는 것, 살아남은 것, 이런 것에 대한 감성이 더욱 강렬해졌다.

근대의 역사에서 히로시마만큼 드라마틱한 사연을 가진 도시는 없다고 해도 과언이 아니다. 전쟁이 덮었던 도시, 파리나 베를린도 이 정도로 도시가 송두리째 파괴되는 경험을 갖지는 않았다. 길고 긴 폭격에서 수개월씩 숨죽이고 살았던 런던도 이 정도로 드라마틱한 파괴를 경험하지는 않았다. 제국 역사의 클라이맥스에서 일본 군국주의를 상징하는 도시가 바로 히로시마다. 청일전쟁을 벌이면서 중국에 대한 주도권을 일본이 가지게 된 그 흐름을 만든 도시다. 대표적인 군사도시이면서 군수산업의 중심이기도 했다. 그리고 그렇게 만들어진 한 시대의 흐름의 정점에서 비극이 발생했다. 34만 명 인구의 5분의 1이 피폭 당일 죽었고, 결국 수년에 걸쳐 도시민 절반 이상이 죽었다. 그 속에서도 사람이 살아남고, 다시 삶을 시작한다는 것, 그게 정서적으로 과연 가능한 일일까? 그 강력한 방사능 오염과 강렬한 기억 속에서도 사람들이 일상을 다시 시작할 수 있을까?

이 변화의 출발점에 하마이 신조浜井信三라는 사람이 존재한다. 그의 얘기를 한국의 공무원과 정치인들에게 들려주고 싶다. 도쿄대 법대를 졸업한 하마이 신조는 1935년, 서른 살의 나이로 히로시마 시의 공무원이 되었다. 히로시마 피폭 당시 그는 그라운드 제로로부터 3.5킬로미터 떨어진 집에 있었다. 그는 당시 배급 과장이었지만, 피폭에서 살아남은 공무원이 많지 않아서 복구 작업에 바로 투입되었다. 1947년 히로시마가 처음으로 민선 시장을 뽑을 때, 그는 피폭자를 대표하여 시장이 되었다. 정치적 어려움이 존재하기도 했지만 결국 그는 히로시마를 평화의 상징으로 만들고, 경제적으로 도시를 다시 일으키는 데 성공하였다. 1968년 사망했을 때까지 그는 히로시마의 시장이었다.《원폭 시장》이라는 책이 그의 대표적 저서다.

유카리 피폭나무가 상징하는 것은, 살아 있는 것이 가지고 있는 아름다움이다. 이 나무가 가지고 있는 스토리를 이해하고 나면 히로시마라는 곳의 일상이 찬란하도록 아름답게 느껴질 것이다. 작은 공원에서 부모와 함께 유모차에 타고 있는 어린 아이의 모습마저도 찬란하다. 생명은 모두 같은 생명이다. 더 귀한 것이 있고 덜 귀한 것이 있는 것은 아니다. 살아 있는 것들은 모두 아름답다. 그리고 살아 있기 때문에 아름다운 것이다.

경제학은 살아 있는 것에 가치를 매기지는 않는다. 살아 있든 죽어 있든, 그런 기준보다는 잘 팔리고 사람들이 쉽게 소비하는 것, 이런 것들에 더 큰 가치를 매긴다. 경제학의 가치 측정에서 가장 극적이면서도 비극적인 것은 미술품이다. 재정학 교과서를 보면 조세 회피^{tax avoidance}를 설명하는 파트에서 미술품에 대해 한 절 가량 할애된다. 2011년에 《문화로 먹고살기》라는 제목으로 문화경제학을 정리한 적이 있다. 그때 마음이 너무 아파서 결국 미술에 관한 얘기는 뺐다. 경제학 내에서 가장 극단적인 가치 측정의 사례가 되어 버린 미술 작품 얘기를 쓸 수가 없었기 때문이다. '살아 있는 것의 경제학'과 가장 극단적으로 먼 거리에 있는 것이 '미술품의 경제학'일 것이다.

경매든 일상적인 거래든, 미술 작품은 일단 화가가 죽어야 본격적으로 가격이 형성되기 시작한다. 화가가 살아 있는 한, 언제 그림을 대량으로 비슷한 그림을 그릴지 모르는 일이기 때문이다. 투기나 절세를 목적으로 그림을 구입한 사람들은 화가가 죽기를 기다린다. 화가가 죽으면 이제 신규 제품의 공급은 정지된다. 더 이상 공급이 늘어날 수 없기 때문에 이제 미술 작품의 가치는 전적으로 수요가 결정한다. 공급이 없는 상태에서 수요가 늘어나면 그림의 가격은 급격히 높아진다. 피카소를 제외한 많은 화가들이 일상생활에서 가난했던 것은, 그런 '죽은 것의 경제' 원리가 작동하기 때문이다. 그림을 그린 화가가 죽어야 미술은 정상적인 제품이 된다. 극단적으로 얘기하면, 그림을 사고 화가가 죽을 때까지 기다리는 것, 그게 미술품 투자의 기본 메커니즘이다. 그림을 사서 화가에게 얼마라도 벌게 해 주는 것이 '살아 있는 것의 경제'라면, 일단 사고 화가가 죽을 때까지 기다리는 것이 '죽은 것의 경제'라고 할 수 있다. 슬프지만, 진정한 투자자는 누군가 죽었을 때 비로소 투자한 것에 대한 원금 환수의 시작을 기대하게 된다. 공급이 정지됐을 때 음악이나 영화와 같은 다른 영역의 예술이 작동하는 경제적 조건은 좀 다르다. 배우나 감독이 죽었다고 해서 영화 가격이 변동하지는 않고, 가수가 죽었다고 해서 앨범이 더 비싸지지는 않는다.

만약 지금도 고려청자를 얼마든지 만들어 낼 수 있다고 해 보자. 청자의 가치가 지금과 같을 수 있을까? 피카소가 이런 원칙에서 벗어나서 살아서 영광을 본 경우라고 할 수 있다. 그런 피카소조차도 사후의 그의 작품들의 가치에 비하면 아주 일부만을 손에 넣었다고 할 수 있다. 피카소와 그 이전 화가와의 결정적 차이라고 한다면, 피카소는 말을 아주 잘했다. 그리고 아주 많이 했다. 그는 스스로 자신의 작품을 해설하고, 해석했다. 요즘식으로 말하면, 패러다임을 전환하면서 패러다임에 대한 해석도 그 스스로 한 경우라고 할 수 있다. 피카소 이후로 화가에게 재능 하나가 더 요구되었다. "잘 털어야 한다." 맞는 말이든 틀린 말이든, 얘기를 잘해야 하고, 설명을 잘해야 한다. 그리고 그것이 납득과 수긍이 가는 해석의 반열에 올라야 한다. 얘기를 많이 해도 듣는 사람들이 아무 의미를 못 느끼면 그만이다. 일단 그림을 그리고 나서 누군가 이해하고 해석해 주기를 기다렸던 이전 시대와는 확실히 다르게 되었다. 화가는 최선을 다해서 그림을 그리고, 그 해석은 대중들에게 맡기는 오래된 방식, 그렇게 그림을 그려서는 정말 식구들 먹여 살리기도 어렵게 된다. 그렇게 기가 막히게 해석을 하고 나면? 그래도 죽어야 한다. 공교롭게도, 식구들이 소장하고 있는 그림보다는 이미 팔아 버린 그림들의 가격이 더 많이 올라간다.

만든 사람이 죽어야 가치가 올라가는 경제, 이것이 뉴욕의 소도비

경매로 상징되는 '죽은 것의 경제'가 작동하는 기본 메커니즘이다. 이중 섭이나 박수근 등 한국을 대표하는 화가들이 살아서 행복과 영광을 누리지 못한 것도 같은 이유이다. 죽어야 비로소 아름다움의 가치가 높아지는 것, 그것이 자본의 논리이고, 돈의 논리다. 살아 있는 것이 아름답고 살아 있어야 아름다운 것, 이런 살아 있는 것의 가치에 대해서 생각해 볼 필요가 있다.

한 번쯤 히로시마의 유카리 나무가 가지고 있는 아름다움에 대해서 생각해 보는 것이 지금 우리에게 도움이 될 것이라고 생각한다. 생명이 강한 것이라거나 유카리가 우수한 수목이라는 얘기를 하려는 것이 아니다. 그 처참한 상황 속에서도 살아남은 사람들은 나름 열심히 살아갔다. 그렇게 아시아에서 가장 강력한 시민들이 생겨났고, 또 계속해서 좋은 정치인들이 배출되었다. 히로시마 최초의 민선 시장인 하마이 신조 외에도 좋은 시장들은 계속 배출되었다. 미국에서 공부한 수학 박사인 아키바 타다도시秋葉忠利는 사회당 정치인이 되었고, 시민들의 지지에 힘입어 히로시마에서 내리 연속으로 3선 시장이 되었다. 그는 지금도 핵 없는 사회를 위한 목소리를 계속 내고 있다. 자민당이 오래 지배하는 나라에서, 히로시마는 조금 더 독특하게 시민들을 정말로 대변할 수 있는 사람들을 자신들의 리더로 선출을 했다. 그리고 그런 과정 속에서 작지만 튼튼한 기업들이 히로시마를 기반으로 태어났고, 전국적인 기업으로 성장했다.

피폭된 도시에서도 다시 경제가 피어올랐다. 지금 우리가 아무리 어렵다고 해도 피폭 이후의 히로시마만큼 어렵지는 않다. 아름다움, 과연 무엇이 진정한 아름다움인가? 다시 한 번 생각해 보게 된다. 우리가 전통적인 교과서에서 배운 경제는, 만든 사람이 죽어야 그 가치가 더 높아진다고 말하고 있다. 그것이 자본주의라고 알고 있다. 그러나 현실의 경제는 살아 있는 사람이 하는 일들이 가치 있어야 좋은 경제다. 젊은 화가들은 삼시 세끼 밥 먹기도 쉽지 않은 경제에서 궁극의 아름다움이 만들어질 것인가? 그렇게 만들어진 아름다움이 진정한 아름다움일까?

21세기 한국 경제, 멀리서 이 시대를 보면 3대 세습이 특징인 경제라고 할 것이다. 유럽이나 미국, 그 어떤 오래된 자본주의 국가와도 다르다. 이미 죽은 것들을 신으로 만드는 동안, 젊은 사람들은 죽은 것들의 신전을 받드는 부속품이 되어 버렸다. 오래된 경제가 늙은 경제인가, 나이 먹은 경제가 늙은 경제인가, 아니면 죽은 것들이 지배하는 경제가 늙은 경제인가? 아름다움의 경제적 가치를 눈앞에 놓고 생각해 볼 필요가 있다.

살아
있는
것의
경제학

2장

경제가 바라봐야 하는 것은
'살아 있는 것'이어야 한다.
숲이 그러하다.
숲은 매 순간
탄생과 죽음의 균형 속에
공존의 길을 모색한다.
숲의 생태학에서
경제의 민낯을 생각한다.

살아 있다는 것에 관한 고찰

우리는 모두 살아 있어
살아 있으니까 슬픈 거야
손바닥을 햇빛에 비추어 보면
빨갛게 흐르는 나의 핏줄기
지렁이들도 땅강아지들도
소금쟁이들도
모두 모두 살아 있어
우린 모두 친구야

우리는 모두 살아 있어
살아 있으니까 웃는 거야
우리는 모두 살아 있어

살아 있으니까 기쁜 거야

손바닥을 햇빛에 비추어 보면

빨갛게 흐르는 나의, 나의 핏줄기

잠자리들도, 개구리들도,

꿀벌들도

모두 모두 살아 있어

우린 모두 모두 친구야

―'타치코마의 노래', 〈공각기동대〉 중

　살아 있다는 것은 무엇일까? '우리는 모두 살아 있어. 살아 있으니까 웃는 거야. 우리는 모두 살아 있어. 살아 있으니까 기쁜 거야.' 한때 전 세계적인 붐을 만들었던 〈공각기동대〉라는 애니메이션 시리즈에 나오는 노래 가사다. 만화책에서 텔레비전 시리즈 그리고 극장판으로 이어진 이 시리즈에서는 많은 얘기들이 튀어나왔다. 그리고 21세기의 원형과도 같은 이야기라고 할 수 있다. 1999년에 개봉되어 2003년에 나온 3편에 이르기까지, 그야말로 한국 경제가 클라이맥스로 향하던 시기를 같이 한 영화 〈매트릭스〉 시리즈를 잉태한 것이 바로 〈공각기동대〉다. 사람의 뇌에 컴퓨터를 탑재한다는, 일명 '전뇌(중화권에서는 컴퓨터를 '전기 플러스 뇌'라는 의미에서 이렇게 부른다.)'라는 개념이 바로 여기에서 나왔다.

　이 어둡고 칙칙한 스토리에 코믹 요소로 등장하는 캐릭터가 바로 타치코마다. 형태는 여러 개의 발이 달린 거미에게서 따왔고, 행동은 고양이에서 많이 가져왔다. 사람이 그 안에 타기도 하는, 일종의 전천후 소형 탱크로 만들어졌다. 아홉 대의 타치코마가 등장하는데 기본적으로는 똑같은 구조를 가지고 있는 병렬형 인공지능에 의해서 작동된다. 대량으로 생산되고 같은 인공지능으로 움직이는 이 모티브는 〈매트릭스〉의 센티널sentinel로 다시 한 번 등장하고, 〈엑스맨〉에서는 초능력을 가진 엑스맨들을 추적하고 파괴하는 인체형 인공지능으로 한 번 더 업그레이드된다.

여러 대의 타치코마들은 디자인상으로 완전히 똑같은 병렬형이며, 주기적으로 데이터 동기화를 통해 동일한 시스템으로 유지되게 되어 있다. 그런데 남자 주인공인 바토가 자신의 타치코마에 대한 애정이 깊은 나머지 합성유가 아닌 고급 천연유를 주입하는 데서 일이 벌어진다. 그 사건 이후로 타치코마의 인공지능이 특이하게 개별적 진화를 시작하게 되고, 아홉 대의 타치코마들이 모두 각자의 개성을 가지기 시작한다. 이렇게 동일하게 디자인된 인공지능들이 각자의 개성을 갖게 되는 것은 개발자들이 미처 예상하지 못한 결과였다. 그리고 인공지능들이 각자의 개성을 가지고 진화함에 따라 통제 가능성이 떨어짐으로써 타치코마들을 폐기할 것이냐 아니냐에 관한 질문들이 계속해서 이어진다.

이후 이어지는 두 번째 시리즈는 설정이 좀 복잡하다. 가까운 미래, 남북한의 전쟁으로 한반도는 황폐해지고, 사람들은 난민으로 전락하고 만다. 그리고 한국인, 대만인 등 여러 나라의 난민들은 나가사키의 데지마出島 섬에 수용된다. 데지마는 포르투갈 인들을 정착시키기 위한 인공섬이다. 마지막으로 남은 북한군 병사들에 대한 집단 살육이 벌어진 신의주에서 시작한 이야기는 미국 잠수함이 쏘아 올린 핵 미사일이 나가사키의 데지마 섬으로 날아오는 장면에서 클라이맥스로 향한다.

막부 시절에 쇄국정책의 마지막 일환으로 만들어진 인공섬 데지마도 상징적인 장소이지만, 히로시마 원폭 투하 이후 3일째 다시 원폭이 떨어진 나가사키도 매우 상징적인 장소다. 우리식으로 정리하면, 남북한 전쟁 이후 살아남은 한국인들이 예전 포르투갈 사람들을 격리하려고 만든 데지마 섬에 수용되고, 일본 내부의 정치적 문제로 그들 머리 위로 미국의 핵 미사일이 날아오게 된 사건이다. 극 속에 등장하는 젊은 여성 총리는 강경파이지만, 더 강경한 내무 대신이 쿠데타를 일으키고 자국 내에 핵 미사일을 발사해 정권을 잡으려는 상황이 벌어진다. 이에 소령을 팀장으로 하는 공안 9과는 핵 미사일을 막아내려고 고군분투한다. 아홉 대의 타치코마들에게 원폭 사건 이후 죽은 사람들의 전뇌 데이터를 업로드할 수 있는 데이터베이스 공간 확보가 미션으로 주어지게 된다. 육체적으로는 사람이 죽는 것을 막을 수는 없지만, 살면서 가지게 된 모든 데이터를 가상공간에 백업을 하면 프로그램 형태라도 살아남을 수 있는 가능성이 그들에게 있었다. 이때 작업에 투입된 바토의 타치코마가 갑자기 이탈을 선언한다.

바토의 타치코마 : 하지만 이대로 가면 바토 씨도 구할 수 없어. 그래서 나는 소령님의 명령을 무시하려고 해.
다른 타치코마들 : 뭐? 무슨 소리야? 그럴 수 없어!

결국 타치코마들은 그들의 설계자이자 상관인 소령의 명령을 무시하고 그 지역의 인공위성들을 해킹해서 미사일을 막기 위한 방어망을 형성한다. 공교롭게도 이때 나가사키 상공에 떠 있는 인공위성 중 하나에 타치코마들의 인공지능 서버가 탑재되어 있었다. 임무 중 사고로 타치코마들이 파괴되더라도 언제든지 다시 복원할 수 있도록 인공지능이 우주 상공에 서버 형태로 보관되어 있었던 것이다. 타치코마들은 이를 알면서도 자신들의 서버가 있는 인공위성까지 미사일을 방어하기 위해서 떨어뜨린다.

난민들이 수용되어 있는 나가사키 데지마 섬으로 날아드는 핵 미사일과 그것을 막기 위해서 자신들의 인공지능을 탑재한 인공위성마저 포기한 타치코마들의 모습을 담은 마지막 순간에 하늘에서부터 '살아 있어'라고 시작되는 노래가 흘러나온다. 우리에게는 '타치코마의 노래'라는 제목으로 알려진 이 타치코마의 합창은 유래가 있는 노래다. 배고픈 사람을 위해서 자신의 얼굴을 기꺼이 떼어 주는 〈호빵맨〉을 그린 만화가 야나세 다카시やなせたかし가 전쟁 후 춥고 배고프던 시절에 〈손바닥으로 태양을手のひらを太陽に〉이라는 동요를 작사하게 된다. 추운 손을 등잔에 녹이던 어느 겨울날의 배고픈 순간이 모티브다. 이 동요는 결국 일본에서 대히트를 치게 되었고, 1969년 초등학교 6학년 음악책에 실리게 된다. 반전과 평화의 메시지가 담긴 동요로 많은 사람들이 이 노래를 이해한다.

'살아 있는 것', 즉 생명현상이란 과연 무엇인가? 이 질문도 인류의 역사만큼 오래된 질문일 것이다. 타치코마는 전형적인 기계 형태로 인공지능이 그 안에 자체적으로 탑재되어 있지 않다. 사람으로 치면 우주 궤도를 도는 위성에 들어 있는 뇌가 지상에 있는 신체와 교신을 하면서 명령을 내리는 식이다. 그런 그들의 선택을 어떻게 이해해야 할까? 인간조차도 순수한 의미에서 희생을 선택하기란 쉽지 않다. 일본 애니메이션 〈부도리의 꿈〉(원제:구스코부도리의 전기グスコーブドリの伝記)은 지하철에서 술 취한 일본인 남성을 구하고 사망한 한국인 고故 이수현에게 바치는 영화라는 자막을 띄운다. 그만큼 순수한 희생은 워낙

드물게 벌어지는 일이라서 헌정 애니메이션이 생겨날 정도다. 핵 미사일을 막아 낸 타치코마들의 희생은 전형적인 생명현상일 뿐더러 논리 현상이기도 하다. 기계들은 질문한다. "지금 여기서 바로 사람들을 구할 수 있는데, 왜 죽은 사람들의 데이터베이스를 업로드하는 일을 먼저 해야 하는 거지?" 인간 동료들은 이런 판단을 내린 타치코마들이 '고스트', 영혼을 가지게 되었다고 인정을 하게 된다. 〈공각기동대〉의 영문명 'Ghost in the Shell', 껍데기 속의 영혼에 해당하는 바로 그 핵심 이야기가 바로 이 '타치코마의 노래'가 아닐까?

희생하는 존재는 고결하고, 그렇지 못한 것은 평범하다는 얘기를 하려는 것은 아니다. 또한 살아 있는 것의 특징, 그게 반드시 누군가를 위해서 희생하는 정신이라는 얘기를 강조하고 싶지도 않다. 그렇지만 살아 있다는 것이 가지고 있는 매우 독특하면서도 매력적인 특성에 대해서 잠시 생각해 볼 필요는 있다. 생명현상, 때로는 개별적이면서도 때로는 집단적이다. 세포 하나하나가 독자적으로 움직이는 것 같지만, 다세포 생물이 되면 그 안에서 전혀 다른 차원의 집단적 행위를 하게 된다. 그리고 그런 개별적 생명들이 모여 새로운 시스템, 즉 생태계^{eco-system}를 만드는 순간부터 본격적으로 이전과 다른 차원의 집단적이면서도 개별적인 행위가 벌어진다. 이런 전환이 다시 새로운 원인이 되어 또 다른 과정이 펼쳐지게 된다. 이것이 우리가 지구에서 살아온 역사이기도 하다.

신이 모든 것을 만들었으며, 세상에 돌아가는 모든 질서를 관장하고 있다고 생각하던 시절 사회에 관한 별도의 과학이 필요하지는 않았다. 한때 신학이 '학문 중의 학문'이던 시절이 있었다. 경제학의 아버지 애덤 스미스도 신학으로부터 출발했다. 그렇지만 르네상스 이후 인간이 신으로부터 독립하여 스스로 무엇인가를 결정해야 하는 시대가 오게 되었고, 자연스럽게 신학과는 독립된 별도의 학문이 필요하게 되었다. 그리고 신에게 기도하고 신이 모든 것을 결정한다고 믿었던 신의 시대가 지난 이후, 처음으로 사회과학의 형태를 갖춘 학문이 바로 경제학이다. 애덤 스미스 이전에도 중상학파로 분류되는 일련의 경제학자들이 있었지만, 그를 경제학의 아버지로 부르는 것은 고전적인 물리학 법칙처럼 경제학 법칙들을 자연법칙의 차원으로 격상시켰기 때문이다. 그렇게 해서 신으로부터, 그리고 황제로부터 독립하게 된 시민들이 만들어내는 새로운 세계 – 이것을 보통은 '근대'라고 부른다 – 는 최소한 경제적인 측면에서 조화롭게 작동할 수 있는 방식을 서술하게 되었다.

인간은 신으로부터 독립을 했으나 중세의 영향이 아직 많이 남아 있는 시기에 신의 존재 자체를 부정할 수는 없었다. '신이 모든 것을 결정하는 것은 아니지만, 그렇다고 신이 존재하지 않는 것도 아니다.' 이 딜레마를 어떻게 풀어야 할 것인가? 지구가 태양을 돈다는 지동설을 주장했다가 교회의 압박에 시달려 결국 자신의 말을 부정하고 나서야 겨우 살아남은 갈릴레이의 딜레마와 같다. 시계를 만드는 시계공에 관한 비유는 이 빠져나오기 어려운 시대적 딜레마에서 벗어날 수 있게 해주었다. 시계공이 시계를 만들기는 하지만 일단 만든 다음에는 매번 시계에 손을 대지는 않는다. 시계는 시계공이 만들었더라도 돌아가기는 자기가 알아서 돌아간다. 이와 같이 시계가 돌아가는 방식을 신의 법칙으로 간주하여, 그것이 바로 '자연의 법칙'인 것으로 이해하기 시작한 것이다. (이 시계공은 《이기적 유전자》의 리처드 도킨스^{Richard Dawkins}에 의해서 '눈먼 시계공의 비유'로 다시 한 번 우리 앞에 나타난다.) 신이 만든 세상이 신의 법칙에 의해서 움직인다. 그리고 우리는 그렇게 신이 만든 법칙을 찾아내려고 한다.

이 이후로 우리가 살아가는 세상은 복잡하고 다양한 부품을 가지고서 정교하고 과학적으로 움직이는 태엽 시계와 같은 것으로 이해가 되었다. 그리고 경제학은 이런 고전 물리학의 시각을 강하게 가지게 되었다. 세상은 생명체가 아니라 기계와 같은 것으로 이해되었다. 물론 가끔 이 시계가 아예 멈춰 버릴지도 모른다고 생각하는 경제학자들이 등장하기도 했다. 한 지역이나 한 사회를 넘어서 전체적으로 멈출지도 모른다고 생각한 사람들은 사회주의나 공산주의라는, 신이 만든 이 '고귀한 경제'와는 좀 다른 방식의 경제를 생각했다. 정말로 인간들끼리 신을 배제하고 결정을 할 수 있으면 훨씬 더 이상적으로 운영할 수 있다고 생각했다. 그래서 사회주의에서는 종교를 배척한다. 물론 현실에서 이러한 사회주의는 스스로 '위대한 영도자'라는 새로운 신을 만드는 경우가 많아졌다.

한때 경제학은 신으로부터 인간을 해방시키는 과학 영역의 최전선에 서 있었다. 그러나 한때의 영광일지도 모른다. 20세기를 거치면서 경제학은 신과 같은 거대한 것은 물론이고, 스스로 뭔가를 생각하고 제시하는 능력을 잃어버린 것 같다. 한때 세상보다 먼저 움직였던 학문이 이제는 세상보다 늦게 움직이는 것이 습관이 되어 버렸다. 그것만이 문젠가? 뒤에서 사람들이 움직이는 것을 방해하는 심술쟁이 훼방꾼처럼 되어 버린 것 같다. 권력에게서든 기업에게서든, 경제학은 돈만 주면 언제든지 살 수 있는 엔지니어링 용역 하청업자처럼 되어 버렸다.

대학과 학문의 독립성은 자본주의의 역사보다 더 오래된 질문이다. 신으로부터 독립하면서 인간들이 얻어 낸 최초의 자유로운 공간이 바로 대학이다. 돈이면 뭐든지 살 수 있다는 자본으로부터의 독립 정도의 문제가 아니라, 전지전능한 신으로부터도 독립하고자 한 것이 바로 대학의 역사다. 그리고 중세의 대학에서 거대한 학문이었던 신학으로부터 독립해서 별도로 존재했던 분야 중 과학에 해당하는 것이 예술이었다. 이 예술이 18세기를 거치면서 19세기에 '철학'이라는 이름을 가지게 되었다. 애덤 스미스나 카를 마르크스나 모두 경제학 전공이 아니라 원래는 철학 전공자였다. 이 시기에 철학이라는 말이 가지고 있는 함의는 신의 학문이 아니라 인간이 하는 학문이었다. 중세에도 신학 외에 별도로 학문의 지위를 가지고 있었던 다른 두 학문은 법률과 약학이었다. 그런 정신적 전통 하에 철학에 '인간의 과학'이라는 의미를 부여하고, 그것을 제도화한 것은 19세기 프러시아Prussia였다.

그 이후로 과학을 전공한 박사에게 '철학 박사'라는 의미의 'PhDDoctor of Philosophy'라는 학위를 부여하게 되었다. 한국에서는 중세를 거치면서 신으로부터 독립한 르네상스의 역사가 생소하다. 그렇지만 근대 학문의 전공자에게 철학 박사라는 이름의 자격증을 주게 된 것은 정말로 무겁고 육중한 의미이다. 당연히 경제학도 철학 박사라는 학위를 받는다. 미국에서든, 한국에서든 마찬가지다. 물론 이것은 역사적인 제도의 기원이 그렇다는 것이고, 철학 박사 학위를 받으면서도 철학의 의미에 대해서 생각해 보는 경제학자는 실제로 거의 없다.

경제학도 사회과학 분야 중에서는 워낙 오래된 학문이라, 많은 시스템이 그렇듯이 늙어 가고 있다. 19세기 후반에서 20세기 초반에 걸쳐 형성된 이론 체계가 워낙 단단하고 딱딱해서 이 권위에 도전하는 것이 쉽지가 않다. 어떤 면에서는 근대경제학이라고 불리고, 또 다르게는 신고전학파라고도 불리며, 이를 모두 포함해 교과서라고도 불리는 이 이론 체계는 일종의 경전이 되어 버렸다. 고전 물리학의 균형 개념에 기반을 둔 이 체계는 20세기 중반을 지나면서 이데올로기적인 것을 넘어서 신앙의 상태가 되어 버렸다. 신이 가지고 있는 도그마^{dogma}로부터 벗어나려고 한 새로운 시도가 다시 도그마 되고, 그 도그마를 깨려고 하던 사회주의자들의 시도가 다시 도그마가 된 것, 이것이 근대 학문의 역사일지도 모른다. 그리고 경제학은 이러한 과정을 거쳐 경제주의라는 도그마가 되었다. 우리는 우리 자신도 인식하지 못하는 동안에 고전 물리학의 눈으로 경제를 보고, 균형 개념으로 경제를 진단하고, 그렇게 오래된 물리학의 시선으로 처방을 내리고 있다. 카를 포퍼$^{Karl\ Popper}$가 사회주의와 정신분석학을 비판하기 위하여 썼던 《열린 사회와 그 적들》에 등장하는 경전과 도그마, 그것이 지금의 경제학에도 딱 들어맞는 비판 같아 보인다.

학문의 도그마화 현상이 강화되면 사소한 부작용들이 생겨난다. 중세의 사제들이 소소하게 부패를 저지르거나, 별것 아닌 지식으로 경전을 해석하는 권한을 남용하는 등의 일들이 벌어진다. 그리고는 마치 현실 사회주의 국가가 지나친 관료화로 부패했던 것처럼 그렇게 공무원처럼 변해 가게 된다. 경제학도 마찬가지다. 지금 한국 현실에 존재하는 경제학자는 딱 두 부류로 나눌 수 있다. 도그마를 해석하는 권한을 가진 교황급 경제학자와 지나치게 실무자로 변해 버린 사제급 경제학자. 교황급이 하는 말은 너무 크거나 이념적이어서 무슨 얘기인지 모르겠고, 사제급이 하는 말들은 너무 소소하게 상세해서 외계어처럼 들리게 된다. 역시 보통 사람은 무슨 말인지 알 수가 없다. 그렇게 경제학은 외계어 남발 중이다. 그리고 점점 더 외계어와 방언으로 변하고, 스스로 도그마가 되어 간다.

중세의 도그마와 현대 경제학의 도그마에는 소소한 차이가 하나 있다. 중세에는 사제들이 대중들에게 경전을 읽어 주기는 했는데, 경제학을 대중들에게 설명해 주는 사제 같은 경제학자들이 거의 없다. 중세 시절에 라틴어로 된 경전을 일반인이 읽을 수 없어서 독일어로 번역했던 일이 일종의 사회적 변혁 운동이 되었고, 그것을 후대에 '루터의 종교 개혁'이라고 불렀다.

〈공각기동대〉는 90년대부터 기계의 생명현상에 대한 질문을 던졌다. 2032년, 아홉 대의 타치코마가 날아오는 핵 미사일을 막아 내기 위해 그들의 인공지능을 위성의 폭발과 함께 소멸시킨 사건, 극 중 배경이 된 현실까지는 약 16년 정도 남았는데, 그 사이에 그러한 일이 벌어질 것 같지는 않다. 만약 경제학자들에게 이러한 사건에 대한 해석을 맡기면 어떠한 얘기를 할까? 지금과 같은 역할을 16년 후에도 여전히 경제학자가 하고 있다면 타치코마의 비용편익분석에 대한 용역 연구가 필요하다는 말을 할 것 같다. 그리고 타치코마의 생산비 등 비용에 관하여 주어진 데이터가 굉장히 부족하기 때문에 제한적인 목적 외에는 자신들의 연구 결과가 활용되어서는 안 될 것이라는 말을 덧붙일 것이다. 그래도 이 정도로 얘기하면 굉장히 양심적인 경제학자. 타치코마라는 성공적 인공지능의 컨벤션 효과와 광고 효과 그리고 노출 효과 등을 감안하면 경제적 효과가 수십조 원에 달한다고 할 것이다. 그리고 팁으로 타치코마의 본부인 공안 9과의 사무실로 쓰던 빌딩 역시 관광 자원으로 활용하자고 할 것이다. 약간 심한 사람들은 세계 인공지능 엑스포를 개최해서 침체에 빠진 지역경제에 획기적인 전기를 만들어 내자고 할 것이다.

사건의 복잡성과 중요성에 비하면 지나치게 소소하고 부차적인 얘기인데, 지난 몇 년 동안 한국에서 경제학자들이 했던 이야기들이 그런

식이었다. 우리가 알고 있는 이론 세계에서 타치코마들의 고민과 결정을 해석할 방법이 별로 없다. 물론 경제학이 2032년까지 진짜로 지금과 같은 식이라면 경제학자도 인공지능으로 대체될 것이다. 최소한 영화감독이 인공지능으로 대체되는 것 보다는 아마도 경제학자가 대체되는 속도가 더 빠를 것이다. 비슷한 일이 인류 역사에서 발생한 적이 이미 있다. 동구의 붕괴와 함께 사회주의 경제의 핵심축을 이루던 동구권 경제학자들이 집단적으로 할 일이 사라지게 되었다. 택시 운전수가 된 동독 경제학자의 사연들이 90년대 전설처럼 흘러 다녔다. 자본주의 경제로 전환된 사회에서 사회주의 경제 운용 방식은 더 이상 지식으로서의 의미가 없게 되었다. 물리학을 응용해서 경제를 해석하고 예측하는 정도로도 별 문제가 없다면 앞으로 경제학자가 왜 필요할 것인가? 물리학 계산을 사람이 기계(컴퓨터)보다 잘할 방법이 있겠는가?

경제학을 바라보는 관점

누구나 경제학과에 들어가면 두 가지에 대해서 배운다. 첫 번째가 '차가운 머리, 뜨거운 가슴'이다. 마치 의대생들이 히포크라테스 선서를 가슴에 세우듯이 경제학을 배우는 사람들은 뜨거운 가슴을 가지라고 배운다. 듣자마자 무슨 뜻인지 누구나 알 수 있는 얘기다. 물론 이 두 가지가 적절하게 조화를 이루도록 하는 것은 매우 어렵다. 경제학자들은 너무 차갑거나 너무 뜨겁거나 양 극단에 서는 경우가 많다. 아주 오래된 유머에 "통계학자는 머리에는 얼음 찜질을 하면서 발은 뜨거운 물에 담그고, '평균적으로 딱 적당하군'이라고 말한다"고 하는 얘기가 있다. 냉정하게 생각하고 뜨거운 애정을 가진다는 것은 일상을 살아가면서 실천하기에 무척 어려운 일이라고 생각한다.

'적들에게 냉정하고 우리 편에게는 뜨거운 애정', 이렇게 살짝 바꾸면 박근혜가 한국을 통치하는 방법이 될 것 같다. 경제학에 입문하면서 그래서는 안 된다고 배우지만, 사실 그렇게 사는 것이 단기적으로는 편하다.

"경제학자의 메카는 경제 역학이 아니라 경제 생물학이 되어야 합니다."
─《경제학 원리》서문 중

두고두고 생각해 볼 만한 이 기념비적인 말을 한 사람이 바로 알프레드 마셜Alfred Marshall이다. 그는 경제학이 물리학처럼 보편주의를 추구하는 학문이 아니라 생물학처럼 보다 더 많은 사례와 맥락 그리고 경우의 수 같은 것을 살펴보는 구체성의 학문이 되기를 원했다. 경제학사를 돌이켜 보자. 목욕탕에서 사람들과 같이 벌거벗고 목욕을 하다가, 사람은 평등하고 가난한 사람을 위해서 일을 해야겠다며 갑자기 경제학자가 되기로 마음먹은, 어느 성공한 증권인 얘기만큼 마셜의 얘기는 감동적이다. 목욕탕의 증권쟁이가 바로 현대 무역이론의 뿌리를 만든 데이비드 리카도David Ricardo다. 마셜은 그의 후배 경제학자들이 이렇게 대중들에 관한 뜨거운 사랑 같은 것을 가지고 있기를 바랐던 것 같다. 그리고 그는 생물학이 실제로 그렇게 만들어 줄 수 있는 수단이라고 생각했다. 물리학으로부터 많은 것을 가지고 오면서 경제학은 지나치게 폐쇄적인 성격을 띠게 되었고, 몇 개의 가설 위에 모든 것을 세우려고 하는 환원주의reductionism의 성격을 강하게 가지게 되었다. 그 안에서 알프레드 마셜은 '이게 다는 아니다'라고 생각했던 것 같다.

경제학자의 정신만이 마셜과 함께 시작하는 것은 아니다. 전 세계 적으로 경제학과 첫 학기에 주로 보게 되는 경제학 교과서를 펼치면 맨 앞에는 알프레드 마셜의 이론이 나와 있다. 지금의 경제학 교과서는 저 자가 누구든지 간에 기본 골격은 폴 새뮤얼슨Paul Samuelson이 정리한 체계 다. 그는 마셜의 이론을 미시경제학의 부분균형이라는 이름으로 전반부 에 배치했고, 케인즈의 이론은 거시경제학이라는 이름으로 후반부에 배 치했다. 경제원론을 펼쳐서 딱 반으로 나누면 앞에는 마셜 이야기이고, 뒤에는 케인즈 이야기다. 그리고 그 중간에 잠깐 펼쳐지는 미시경제학 의 일반 균형이론은 레옹 발라스Léon Walras가 한 얘기다.

두 학기로 경제원론을 나누어서 공부하면 한 학기 내내 배우는 부 분균형 얘기의 대부분이 마셜이 정리한 이론이다. 물론 이 한 학기 동안 자신이 생물학을 배우고 있다고 생각할 사람은 없고, 고전 물리학을 응 용한 '최적화'에 대해서 배우고 있다고 생각하게 된다. 마셜은 생물학이 중요하다고는 했지만, 실상 그 자신도 그렇게 하지는 못했다.

경제학 교과서의 앞부분에 있는 수요함수와 소비자이론 파트에 다른 경제학자와는 아주 이질적인 한 사람의 얘기가 잠시 나온다. 일 반적으로는 물건이 비쌀수록 소비자들이 상품을 덜 사게 되는데, 가끔 은 비쌀수록 오히려 더 사게 되는 경우가 나온다. 그것을 '베블렌 재화' 라고 부른다. 이는 바로 50년대 한국을 맹타한 정비석의 소설《자유부 인》에 영감을 불어넣었던 《유한계급론》의 저자 톨스타인 베블렌Thorstein Veblen이 한 이야기다. 우리는 기이한 경제학자 중의 한 명 정도로 슘페터 Joseph Alois Schumpeter를 가볍게 다루고 지나가지만, 사실 그는 20세기를 관

통하는 또 다른 흐름 중의 하나인 제도학파의 창시자이기도 하다. 90년
대 이후 다시 각광받는 '창조적 파괴creative destruction'라는 개념을 얘기한
슘페터 등 많은 경제학자들이 베블렌의 괴팍하면서도 기발한 연구에서
많은 영감을 받았던 것도 사실이다.

> "우리는 '경제학은 왜 진화 과학이 아닌가'라는 질문으로 돌아올 준비가
> 되었다. 경제학은 문화적 흐름 내부의 경제적 이익의 누적 산출물에 대한
> 추적에 집중할 필요가 있다. 그것은 인종이나 공동체의 경제적 삶의 과정
> 에 대한 학설이다. 경제학자는 인간성과 인간 행동이 쾌락추구적이라는
> 전제를 받아들였고, 경제적 이익이 쾌락추구적 심리학에 기초한다는 개
> 념에는 인간 본성이 발전한다는 이론을 위한 자료들을 수용할 여지가 없
> 었다."
> ─《경제학이 왜 진화 과학이 아닌가Quarterly Journal of Economics》(톨스타인 베
> 블렌) 중

19세기 후반 마셜이 생물학을 강조하던 시기, 대서양 건너편에 있
던 베블렌 역시 인간, 제도, 사회가 가지고 있는 진화의 속성을 강조하
며 경제학이 좀 더 진화의 문제를 다루는 학문이 되어야 한다고 주장했
다. 이유와 경로가 각기 달랐지만 20세기가 막 시작하려고 하는 즈음,
중요한 경제학자들이 생물학의 속성을 경제학에서 좀 더 적극적으로
받아들여야 한다고 주장한 것은 사실이다. 물론 마셜의 경제학은 그가
소망한 대로 생물학적인 방향이 아니라 오히려 더 적극적으로 고전 물
리학을 강화하게 된다. 그리고 1세기가 넘게, 많은 경제학도들은 개별
적 시장이론의 해법을 고전 물리학을 기본 모델로 하여 간단한 미분식

으로 푸는 데 더 익숙하게 생각했다. 어쨌든 19세기 후반, 당시 경제학자들 중에서 뭘 좀 알았다고 하는 사람들은 경제학이 좀 더 생물학 쪽으로 이동하기를 소망했던 것이 사실이다.

생명도 물질의 일부인데, 물리학과 생물학을 인식론적으로 전혀 별개의 학문으로 생각할 필요가 있을까? 경제학 내에서는 두 학문의 작동 방식이 좀 달랐다. 물질도 변하고, 시스템도 진화하게 된다. 태양계와 우주를 생각하는 것과 좀 더 작은 규모의 다세포 생물이나 생태계를 분석하는 것이 완전히 다른 방법론과 인식 체계여야 할까? 경제학에서 고전 물리학의 도입은 매우 성공적이어서, 다른 방식으로 생각하는 것 자체가 쉽지가 않다. 어쨌든 여전히 우리가 살아가는 경제 현상을 분석하는 가장 표준적이며 교과서적인 방법론은 고전 물리학에 기반을 두고 있다. 그러다 보니 생명현상은 여전히 경제학에서는 낯선 개념이고, 생태계에 관한 얘기는 변방의 이야기다. 경제학은 생명이 가지고 있는 생명현상이 아니라 생명의 가격 현상에 대해서 생각하기에 더 적합한 현상이다. 생명이 있거나 말거나 혹은 생명적 특징이 특수하거나 아니거나 하는 것에 대해 사실 별 관심 없다는 의미다. 가격으로 표시된 에너지의 크기에만 관심이 있을 뿐이다.

20세기 후반으로 가면서 좀 더 생물학에 가깝게 경제학을 끌고 가려는 시도들이 많았다. 넬슨과 윈터Nelson&Winter라는 두 경제학자가 1982년에 발간한《경제적 변화에 대한 진화적 이론》은 생물학을 경제학에 접합하려는 시도에 있어서 가장 유명한 책이다. '루틴routines'이라는 개념이 이 책에서 대성공을 거두었고, 후에 진화경제학이 출발하는 데에 상당한 영향을 주었다. 시스템 다이내믹스system dynamics를 경제학에 좀 더 결합시키려는 시도들이 '비선형 경제학'이라는 이름으로 국내에 일부 소개되기도 했다. 이후 시스템의 복잡성과 적응성을 연구하는 학제적 기구인 산타페 연구소는 학자들 사이에서 큰 인기를 누리게 된다. 산타페 연구소에서 여는 연수 프로그램에 한 번쯤 참가해 보는 것이 젊은 학자들에게는 유행이 되기도 했었다.

경제학자의 생물학적 접근에 관해서 가장 전면적이었던 것은 1979년 르네 파세$^{Rene\ Passet}$가 출간한 《경제적인 것과 살아 있는 것$^{L'économique\ et\ le\ vivant}$》의 경우라고 할 수 있다. 물리학의 열역학을 통해서 경제에 재접근을 하려는 시도는 60년대 이후로 꾸준히 진행되었지만, 생물학 패러다임을 전면적으로 도입하려는 시도는 르네 파세부터 시작한다고 보는 것이 맞을 것 같다. 1926년에 태어나 지금은 아흔 살이 되었는데, 여전히 책을 발간하고 글을 쓰는 그의 삶은 이제는 그 자체로 경이감마저 느껴지게 할 정도다. '바이오 에코노미'라는 개념 자체가 이런 흐름에서 생겨났고, 80년대 중후반 '지속가능한 발전'이라는 개념이 생겨나는 데에 상당한 기여를 했다. 그리고 그는 2012년에 《마지막 기회인 생물경제학》이라는 책을 발간했다.

1992년 브라질 리우에서 세계 정상들이 모여서 환경에 관한 회의를 한 적이 있다. 기후변화협약 등 많은 국제적인 환경 논의가 이때 본격적인 중요성을 가지게 됐다. 그 이후로 생물학이나 생태학을 경제와 연관시켜서 해석하고 이해하려고 하는 흐름이 너무 색다르거나 전위적으로 느껴지지 않는다. 자원과 에너지, 기후변화 등 전 지구적 차원에서 이전에는 생각하지 못했던 일들이 벌어지고, 그와 같은 새로운 제약 조건에 인간이 만들어 낸 경제계가 적응해야 한다는 것은 어느 정도 상식적인 것이 되었다. 물론 이것은 외국에서의 이론 경제학이나 환경주의자들이 주도하는 논의의 흐름에서 하는 얘기이고, 한국 경제학계에서 생물학과 경제학의 학제적 접근은 아직은 낯선 얘기다. 아직 우리는 고전 물리학의 세계에서 정의하는 균형을 가지고 경제를 설명하는 것이 더 일반적이고 편안한 접근법이다. 그렇지만 이런 고전적이면서도 익숙한 접근법이 새로운 시대에 점점 더 어울리지 않는 것도 사실이다.

진화경제학의 초창기 학자 중 한 명인 케네스 보울딩Kenneth Boulding은 우리가 살아가는 세계를 '카우보이 경제학'과 '우주선 경제학'으로 비유하면서 대중들에게 아주 유명해졌다. 그의 비유와 같이 우리 스스로를 카우보이라고 생각한다면, 자연스럽게 우리에게는 개척해야 할 미지의 서부가 아직도 무한히 남아 있다고 간주하게 된다. 어디론가 용기를 가지고 개척을 하러 떠나는 사람이 위대한 것이고, 그걸 성공한 사람들이 곧 영웅이다. 확장이 미덕이고 진출이 생존이다. 그렇지만 만약 우리가 우주선에 타고 있는 상태라면 어떨까? 순식간에 우리는 화성에 홀로 고립된 〈마션〉의 주인공 같은 존재로 바뀌어 버린다. 이제는 과거와 같이 그냥 무턱대고 외부로 나가고 확장하는 방식으로는 안정적인 생존이 불가능하다. 그냥 힘만 세다고 될 일이다. 이제는 내부의 자원이나 에너지를 합리적으로 사용하는 것에 관해서 좀 더 많은 고민을 해야 한다. 그리고 이미 사용된 물건을 어떻게 재사용하거나 순환시킬 것인가, 이런 생각도 필사적으로 해야 한다. 화성 같은 고립된 공간에서는 그래야 한다.

보울딩이 경제학 내부에서 '우주선 경제학'을 얘기할 때, 경제학 외부에서는 NASA에서 근무했던 과학자 제임스 러브록James Ephraim Lovelock이 논란거리인 '가이아 가설'을 발전시키고 있었다. 러브록의 이론 작업에 일부 참여했던 생물학자 린 마굴리스Lynn Margulis 부부의 삶은 70년대 이후 지구에 살았던 지성인들이 가지고 있던 카우보이와 우주선 사이의 패러다임 갈등을 가장 극단적으로 보여 준다고 할 수 있다. '왜 지구에만 생명체가 있을까?' 지구라는 행성이 가지고 있는 매우 특별한 생화학적 질서의 조율자가 지구에 있는 생명체 자체라는 사실은 많은 과학자들을 매혹시켰다. 70년대 NASA 주변에는 많은 과학자들이 토론 그룹을 이뤄 같이 작업을 했고, 그 중에는 생물학자들도 많았다. MIT 지구과학과 교수이며 NASA의 지구생물학에 대한 실험들에 대한 조언을 해 주고 있던 린 마굴리스는 자본주의 국가와 사회주의 국가에서 주는 과학상을 동시에 받은 최초이자 최후의 과학자가 되었다. 우리가 보는 생물학 교과서에 나오는 미토콘드리아의 기원에 관한 연구가 린 마굴리스의 연구 결과다.

린 마굴리스가 누구인지 궁금한 사람들이 많을 것이다. 이혼 전에는 그녀의 이름이 린 세이건이었는데, 그 세이건이 바로 《코스모스》의 칼 세이건Carl Sagan의 성이다. 젊고 멋지고 촉망 받는 강사와 한 여학생이 결혼을 하고 아이를 낳았다. 그 두 사람이 바로 칼 세이건과 린 마굴리스다. 린 마굴리스의 책을 실제로 저술하는, 공저자로 활동한 도리언 마굴리스가 바로 이들 부부의 아들이다.

지구 바깥의 얘기로 갈 것인가, 지구 안쪽의 얘기로 할 것인가, 그야말로 한 시대의 원형과도 같다. 지구의 미래를 둘러싸고 이렇게 다양한 과학자들이 NASA 주변에서 역동적으로 토론하던 시절이 있었다. 역설적인 얘기지만, 그 후 한 명은 점점 더 우주의 세계로 연구를 넓혀 나갔고, 또 한 명은 더 작고 더 작은 생명체 속으로 들어갔다. 세포보다도 더 작은 단위의 미토콘드리아와 진핵세포로 갔다. 지구 바깥으로 인류의 지평을 넓힐 것인가, 아니면 지구의 생명체 더 깊은 곳으로 들어갈 것인가? 카우보이 경제와 우주선 경제의 은유는 생각보다 더 넓게 가지를 치고 나갔다. 이 엇갈린 과학자들의 질문에는 인류의 미래와 함께 인간이 만든 경제의 미래가 동시에 들어 있었다. 이러한 70~80년대를 지나면서 경제학자들이 생물학에서 배운 것은 경제에도 '한계'가 존재한다는 것이다. 선형함수와 로그함수 같은 것으로 경제를 생각하던 사람들이 로지스틱 회귀분석 혹은 일정한 규모가 지나면 성장이 지체되는 S 자 커브라는 것이 존재한다는 것을 진지하게 생각하게 되었다.

그렇지만 이것은 외국의 경우다. 한국의 학자나 전문가들도 생명으로부터 충분히 배웠는지는 아직은 잘 모르겠다. 전후 거의 유일하게 제국주의로부터 독립한 신생 국가 중에서 경제적으로 성공한 한국이라는 이 특별한 나라가 생태계의 지혜로부터 무엇인가를 배웠을까? 살아 있는 것은 도대체 무엇인지, 그리고 살아 있는 것들이 계속해서 살아가기 위해서 무엇을 하는지, 이에 대해 우리가 진지하게 고민해 본 적이 과연 있었을까?

1989년 김우중은 《세계는 넓고 할 일은 많다》라는 책을 썼다. 한국 경제가 보이스카우트처럼 세계로 뛰어나가던 시절의 정서가 가득 담긴 책이다. 한국 경제가 클라이맥스로 올라가려고 하는 순간, 한국에서 가장 중요한 기업가가 책을 썼다. 그 뒤로 김우중 정도의 중요한 한국의 기업가가 책을 쓰는 경우가 있었을까? 김우중의 실패의 타격이 너무 컸는지, 아니면 다들 너무 바쁜 것인지, 주요 기업의 오너들이 책을 쓰는 경우는 보기가 쉽지 않게 되었다. 2016년, 세계는 여전히 넓을까? 그리고 할 일이 아직도 많을까? 10대 재벌의 사내유보금이 2015년에 550조 원이고 증가율은 9.1퍼센트다(재벌사내유보금환수운동본부 자료 참고). 기업 내부에 돈은 여전히 많은 것 같은데, 할 일이 여전히 많아 남아 있는 것 같지는 않다. 돈은 많은데 할 일은 별로 없어진 기업, 문득 오래

전에 읽은 생태학 책의 어느 한 구절이 떠오른다.

"숲의 생산성은 숲의 나이에 따라 차이가 나는데, 어린 숲은 전체 몸체량 중 생산 부위(잎)가 차지하는 비중이 높아, 순일차생산량은 높으나 숲에 축적되는 물질량은 적다. 반면 오래된 숲은 전체 몸체량 중 잎이 차지하는 비중은 상대적으로 낮고, 뿌리나 줄기와 같은 호흡 조직의 비중이 높아, 순일차생산량은 어린 숲에 비해 낮으나 숲 전체의 무게에 기여하는 정도는 더 높다. 즉 오래된 숲일수록 매년 추가되는 양은 적으나 기본적으로 쌓여 있는 현존량은 훨씬 많다. 이것이 바로 오래된 숲의 탄소 저장 기능이다."
—《숲 생태학 강의》(차윤정·전승훈, 2009) 중

활동은 많지만 아직 축적량은 적은 어린 숲과 활동은 적지만 뿌리와 줄기에 축적량이 많은 오래된 숲, 이것은 숲 생태학에서 숲을 분류하는 대표적인 방법이다. 이를 통해 생각해 봤을 때, 김우중이 전성기이던 시절의 한국 경제가 어린 숲의 모습이었다면, 지금은 늙은 숲의 특징이 더 많이 보이기는 한다. 숲의 은유를 쓴다면 한국 경제는 너무 빨리 늙어 버린 숲의 전형적 모습을 보여 주고 있다. 지금 한국에서 아무리 잘난 사람이라도 1989년에 김우중이 얘기한 것처럼 "세상은 넓고 할 일은 많다"고 감히 얘기하지는 못한다. 김우중의 시대에 비교하면, 그만큼 우리는 늙어 버린 것일까? 살아 있는 생명체가 가지고 있는 특징 중의 하나가 나이를 먹는 것이다. 나이를 먹고 점점 더 늙어 가고, 그것이 지금 우리가 걸어가는 길일까? 나이를 먹어 가는 경제, 고전 물리학의 눈으로 보면 정말 이질적인 현상이다.

숲에서 경제를 읽는다

다윈의 《종의 기원》은 생명체의 진화를 다룬 기념비적인 책이다. 창조론의 세계에서 진화론이라는 새로운 우주로 넘어오는 결정적인 계기가 되었다. 신이 아니라 생명체의 진화에 의해서 인간이 만들어졌다는 것을 생각하게 된 젊은 다윈은 고민이 너무 많아져서 건강이 급격하게 악화된다. '진화'라는 단어의 무게가 천만 근 이상이었을 것이다. 시간이 흘러, 이제는 진화라는 개념 자체가 어느덧 가벼운 일상용어가 되었다. 뭔가 노력을 해야 한다는 일반적인 대화를 하면서 진화라는 개념을 사용하는 것이 어색하지 않다. 생물학에서 온 개념 중 가장 성공한 용어가 아닌가 싶다. 그렇지만 진화는 생명체의 유전자 자체가 바뀌는 변화이기 때문에 정말 긴 시간을 놓고 벌어지는 일이다. 우리가 살면서 생명체의 진화 과정을 눈으로 직접 보는 일은 거의 없을 것이다.

범고래는 백상어와 함께 바다의 최상위 포식자다. 크기만 클 뿐, 그냥 눈으로 보면 보통의 물고기와 많이 다르게 보이지 않는다. 그렇지만 박물관에서 실제로 전시된 범고래의 뼈를 보면 물고기와는 전혀 다르다. 가슴지느러미의 뼈에서는 본래 갖고 있었던 앞다리 모습이 그대로 보이고, 심지어는 포유류의 손가락도 그대로 보인다. 다시 물로 돌아간 대형 포유류의 진화의 모습이 뚜렷하게 보인다. 진화라는 개념은 우리가 일상용어처럼 쓰고 있지만, 직관적으로 확인하기 쉬운 개념은 아니다.

생물학에는 진화만큼 중요하고 기초적인 또 다른 개념이 있다. 바로 '석세션succession'이라는 개념이다. 생태학에서 주로 사용하는 이 단어는 '천이遷移'라고 번역된다. 한 시스템이 다른 시스템으로 전환되는 것을 의미한다. 단어 뜻이 특별히 어렵거나 의미가 까다로운 것은 아닌데,

일상에서 주로 사용하지는 않는다. 그리고 진화에 비하면 경제학에서는 더욱더 쓸 일이 없다. 그렇지만 중요도가 덜한 개념은 아니다.

진화는 개별적 종이 주어진 여건에 적응하는 과정에서 벌어진다. 반면에 천이는 그렇게 모여진 전체 시스템이 변화하는 과정 자체를 이야기한다. 보통은 나무들의 시스템을 가리켜, 숲에 관해서 주로 사용되는 개념이다. 진화와 천이, 두 개념만 놓고 본다면 생명체가 천이로 생겨난 새로운 시스템에 적응하면서 진화가 발생하는 것이라고 할 수 있다. 기본적으로는 진화가 천이에 적응하는 것이다. 예를 들어 보자.

우리나라 경제가 70~80년대에 비해서 젊은 사람들이 경제적으로 살아가기가 어려워진 것은 확실하다. 2단계일지, 3단계일지는 모르지만, 그 사이에 일어난 변화를 천이라고 부를 수 있다. 이 문제를 천이라는 시각으로 보면, 문제가 발생했을 때 다른 천이 혹은 다음 단계의 천이가 필요하다고 표현하게 된다. 그렇지만 이것을 진화라는 개체적 시각으로 보면, 이미 발생한 천이에 대해서 적응해야 한다는 또 다른 주장이 나오게 된다. 숲의 천이에 공동체로 참가할 것인가, 아니면 주어진 천이에 개별적으로 적응할 것인가? 매우 익숙한 논쟁의 양상인 것 같지만, 천이와 적응을 둘러싸고, 숲을 비롯한 자연계에서 매일매일 벌어지는 변화의 한 단면일 뿐이다. 하나의 종 자체를 놓고 보면 적응을 위한 진화의 문제이고, 시스템 전체를 보면 천이의 문제라고 할 수 있다. 정답이 정해진 것은 아니다. 시스템을 어떻게 볼 것인가는 그야말로 눈의 크기에 관한 문제다.

천이와 호응하는 중요 개념이 바로 클라이맥스climax라는 개념이다. 천이의 여러 단계 중 최종 단계를 일컬으며, 이것을 우리말로 '극상極相'이라고 번역한다. 천이도 어렵고, 극상도 어려운 말이다. 그렇지만 클라이맥스라는 외래어는 천이나 극상은 물론이고, 진화보다도 더 많이 쓰이는 매우 보편적 범용어다. 음악, 연극, 영화는 이론이고 섹스에서도 사용된다. 올라갈 대로 올라간 마지막 단계, 그 절정을 클라이맥스라고 부른다. 반드시 그렇지는 않지만, 클라이맥스의 지속 순간은 짧다고 전제를 두는 경우가 많다. 음악이든 영화든, 거의 대부분의 요소들은 클라이맥스를 향해서 달려가기 위한 기능을 가지고 있다. 사랑에도 클라이맥스가 존재할까? 대답하기 어렵다. 그렇지만 섹스는 클라이맥스를 향해 간다. 짧고 강렬한 순간, 그 순간을 위해서 많은 극적인 요소들이 달려간다. 그 요소들을 배치하고 클라이맥스의 효과를 극대화하는 일이 '기획'이다.

영화든, 음악이든 혹은 섹스든, 클라이맥스의 순간이 계속되지는 않는다. 가끔 영원히 지속되기를 바라는 클라이맥스가 있을 수도 있겠지만, 절정의 순간이 끝나면 엔딩으로 마무리가 된다. 그렇지만 숲의 클라이맥스는 다르다. 천이를 지속하다가 키가 커서 태양빛을 독점하는 음지식물이 우점종을 정할 때, 이 순간을 극상이라고 부른다. 그것이 숲의 클라이맥스다. 내부적이든 외부적이든 엄청난 교란 효과가 발생하지 않으면, 숲의 천이는 클라이맥스에서 정지한다. 그리고 그렇게 만들어진 클라이맥스는 다음 번 천이 때까지 지속된다. 새로운 천이가 발생하지 않으면 숲의 클라이맥스는 영원히 지속된다. 숲의 클라이맥스는 나무의 클라이맥스나 동물의 클라이맥스, 심지어는 사람의 클라이맥스와도 다르다. 숲의 클라이맥스는 오랫동안 지속되고, 그 자체로 엔딩이 오지 않는다. 좋으면 좋은 대로, 나쁘면 나쁜 대로, 클라이맥스는 오랫동안 지속된다.

숲의 변화에 대해 처음부터 생각해 보자. '태초에 몇 개의 씨앗이 있었다.' 그렇게 시작된다. 만약 화재 등의 이유로 숲 생태계가 붕괴된 곳이라면 이미 이전에 있던 나무의 뿌리로부터 시작할 수도 있다. 그곳에서 관목 등 키 작은 몇 개의 식물들이 자라기 시작한다. 시간이 더 지나면 흔히 양지식물이라고 부르는 나무들이 자라난다. 햇빛을 직접 받을 때 더 잘 자라는 나무들이다. 소나무가 여기에 속한다. 그리고 다시 더 시간이 지나면 내음성이 강하고 키가 큰 나무들이 숲의 하늘을 뒤덮는다. 이것을 숲 생태학을 연구하는 사람들은 '하늘이 닫힌다'고 표현한다. 이 상태가 흔히 말하는 극상, 클라이맥스라고 부른다, 천이의 마지막 단계다. 물론 이것은 가장 표준적인 경우를 묘사하는 것이고, 숲 생태계의 천이가 그렇게 간단하지는 않다. 온도나 강우 조건 등 숲을 둘러싼 기후 자체가 변화하기도 하고, 장기간에 걸쳐 지형적 변화가 생기기도 한다. 외래종이 유입되면서 전반적으로 변화하기도 하며, 포유류 등 다른 동물들이 개입하면서 특수한 협력 관계나 경쟁 관계가 생겨나기도 한다.

지렁이는 일반적으로 토양 관리에 매우 유익한 동물로 알려져 있으며, '생태적 공학자'라는 별칭을 가지고 있기도 하다. 미국 동부 산림 지대에는 원래 지렁이가 없었다. 이곳은 두꺼운 낙엽층에 의해서 종자들과 뿌리가 보호 받는 지역이었다. 토양 관리를 위해서 사람들이 지렁이를 유입 시켰는데, 지렁이가 먹이로 삼는 낙엽층이 너무 얇아지다 보니 오히려 종자들이 얼어 죽는 일이 벌어졌다. 게다가 지렁이 배설물로 낙엽층 높이가 더 낮아지면서 뿌리가 지면으로 올라와서 말라죽게 되기도 했다(《숲 생태학 강의》참고). 지렁이가 토양을 비옥하게 하는 능력이 높고, 활동성이 워낙 큰 만큼 부작용이 발생하면 그 피해 규모도 커지게 된다. 어떻게 해야 할까? 사람들이 대량으로 지렁이를 잡거나, 아니면 상황 조건에 맞게 숲 생태계가 새로운 천이를 시작하게 될 것이다. 지렁이가 별것 아닌 것 같지만 숲의 조건에는 결정적인 영향을 미친다.

기존에 안정되어 있는 숲 생태계가 다른 방식으로 천이를 하게 만드는 요소를 '교란'이라고 부른다. 굉장히 포괄적인 용어다. 물론 많은 경우, 가장 큰 교란 요소는 인간이다. 역사상 인간의 개입에 의해 벌어진 가장 대표적인 교란이 소나무와 관련된 사례다. 고려의 수도 개성에는 소나무와 잣나무 벌채가 금지되었다. 두 나무 모두 국가 경제에 꼭 필요한 나무들이었다. 조선시대로 들어와서는 소나무에 대한 체계적 보호가 더 강화되었다. 세종 때 수군이 왕에게 올린 상소문에 그 내용이 기록으로 남아 있다.

'배를 만드는 제목은 반드시 소나무여야 하는데 그것을 미리 기르지 않으면 소용에 공급할 수 없습니다. 국가에서 비록 벌채를 금하는 법령을 세우기는 하였으나 심어서 기르는 방법은 있지 않으니, 이제 벌채와 불조심을 하라는 법령을 포고하시고, 또 연해의 황폐한 땅에 소나무를 심고 기르게 하시되, 감사가 수령을 전최할 때에 그것도 조사하여 등수를 올리고 내리는 데에 들게 하시어 훗날의 소용에 대비하게 하소서.'
─경기도 수군첨절제사 이각의 상소문 중

소나무와 경쟁 중인 다른 나무의 입장에서 생각해 본다면, 인간이 소나무를 극단적으로 보호하고 권장해서 심는 것은 일종의 교란이라고 할 수 있다. 그리고 한반도에서 가장 오래 지속되는 숲 생태계의 교란이라고 할 수 있다. 출발은 경제적인 이유였지만 애국가 가사에 '남산 위의 저 소나무'가 들어간 순간부터 문화적인 이유가 되었다. 애국가 가사를 사문화시킬 것인가, 아니면 끝까지 애국가를 지킬 것인가, 진짜로 문화 현상이다. 숲에 있어서 많은 교란은 외부적인 교란인데, 최근 가장 큰 교란은 인간의 경제활동 그 자체라고 할 수 있다.

또 다른 대표적인 문화 현상은 산불이라고 할 수 있다. 뉴스에서 산에 불이 났다는 소식을 접하면 어떤 마음이 드는가? 안타까움에 가슴 아프고, 큰일 났다는 생각이 드는가? 너무 착해서 그렇다. 그리고 근대식 산불 교육을 너무 잘 받아서 그렇다. 화재는 산에 올라가는 사람들이 부주의하게 담배꽁초를 버렸거나 등산객들이 잘못해서 생겨나는 것으로, 혹은 봄가을의 화재철에 공무원들이 산림 관리를 잘못해서 생겨나는 것으로 생각해, 아예 사람들이 숲에 들어가는 것을 차단하면 된다고 말한다. 그러나 사람들이 아예 없어도 산불은 발생한다. 자원의 눈으로 보면 산불은 큰일 날 일이지만, 자연의 눈으로 보면 산불이 없으면 오히려 큰일 날 일이다.

한국은 환경운동이 굉장히 늦게 시작했고, 정치적으로만 보자면 진보 쪽에서 논의를 이끌고 나갔다. 미국은 그렇지는 않다. 우리식으로 표현하면 보수 쪽의 시민들이 광범위하게 환경운동에 참여했다. 보수 진영의 대표 격인 시에라 클럽이 생겨난 것이 1892년이다. 한국은 근대화 과정에서 포수들이 일제와 결탁하여 독립군 토벌에 동반한 흐름이 생겼다. 그렇지만 미국에서는 우리식의 포수나 엽사들이 정치적으로는 보수이지만, 지역 환경을 지키는 '에코레인저'를 자처하는 경우가 많았다.

한국의 현대화 과정에서 지역 토호나 유지들이 만들어 낸 보수적 흐름이 '지역 발전=지역 개발'이었다. 이런 토건의 흐름이 강하게 작동했다. 그렇지만 미국의 경우는 '지역 발전=지역 보전'이라는 다른 흐름도 있었다. 한국에서 지역의 보수는 갯벌이나 보존림 보호에 극렬하게 반대하는 경우가 많다. 미국의 경우는 꼭 그렇지가 않다. 국립공원이라는 제도를 만들어 내고, 자연과 함께 지역이 살아야 한다는 생각이 꽤 일찍 정착되었다. 이 과정이 반드시 진보 쪽의 주도로 이루어진 것만은 아니다. 시민 참여로 습지를 지켜 낸 플로리다 에버글레이즈Everglades 복원은 세계적으로 유명한 사례가 되었다. 이런 분위기에서 미국은 1900년 초부터 매우 강력한 산불 방지 정책을 시행했다.

요세미티Yosemite로 대표되는 미국의 주요한 숲에서 더 이상 과거와 같이 고강도로 산불 방지를 하지 않는다. 작은 산불은 인명에 피해가 없는 정도로 관리하는 수준에서 그냥 방치한다. 최근에는 방치가 아니라 아예 산불을 일부러 내기도 한다. '규정 산불prescribed burning'이라는 이름으로 헬기를 통해 발화 물질을 떨어트려 약한 산불이 나게 한다. 그들이 숲의 중요성을 모르는 것도 아니고, 관리를 할 만한 행정력이 뒷받침이 안 되어서 그런 것도 아니다. 미국에서는 숲 관리가 적절하게 화재를 발생시키는 것이고, 한국은 숲 관리의 핵심이 산불 방지다. 빠르게 산불을 소화하기 위해서 임산 도로를 산에 만들어야 한다고 주장할 정도다. 자원 관리와 자연보호가 적당히 얽혀서 문화 현상이 되었다.

숲이 클라이맥스에 도달하면 졸참나무 등 참나무 계열의 나뭇잎이 더 두꺼워지고 기름이 많아진다. 소나무의 송진도 대표적인 발화 물질이다. 송진의 레진resin 성분이 자연 화재를 통해서 나무들이 만들어 낸 독성 물질을 제거하고 새로운 발아를 위한 것이라고 보는 생태학자들도 있다. 어쨌든 누가 시켜서 하는 것은 아니지만 숲은 클라이맥스에서 조심스럽게 화재를 준비한다. 이 정도 상황이면 이미 나뭇잎이 너무 빽빽해서 '하늘이 막힌 상태'가 된다. 결정하는 주체도 없고, 지시하는 메커니즘도 없다. 그렇지만 언제 불이 나더라도 이상하지 않을 정도로 숲은 산불을 만들 조심스러운 음모를 꾸민다. 낙뢰로 발화하기도 하지만, 바람에 뒹구는 떨어진 나뭇잎들이 마찰열에 의해서 발화가 시작되기도 한다. 작은 성냥개비 하나로도 전소할 정도의 숲은 꼭 그런 우연한 발화가 아니더라도 숲 스스로 발화점을 만들어 낸다.

화재를 일부러 우점종 전략으로 사용하는 더 교묘한 녀석도 있다. 핵 폭발 이후에도 살아남았던 피폭수목인 바로 그 유칼립투스는 오스트레일리아에서 자체적으로 거대한 숲을 형성한다. 어느 정도 밀도가 되면 지질 함량이 높은 나뭇잎들의 마찰열에 의해서 화재를 일으킨다. 경쟁 중인 다른 수목을 화재로 제거하게 되면, 이 조건에 적합하게 적응한 새로운 씨앗이 새롭게 우점종을 정한다. 이렇게 반복되는 화재에 의해서 거대한 유칼립투스 숲이 만들어진다.

한국의 조림학자나 생태학자들이라고 숲의 자연발화 전략과 기능에 대해서 모르지는 않는다. 대규모 인공 조림 이후에 기이하게 만들어진 클라이맥스 상태에서 언제 산불이 나도 이상하지 않다. 그것을 우리는 오랫동안 등산객들의 부주의 문제로만 돌렸고, 자연과 숲을 사랑하는 정신이 부족하다는 계몽주의 운동만 했다. 그렇다고 한국에서 일부러 산불을 낸다는 것도 문화적으로 불가능하다. 아직 우리는 그것을 받아들일 문화적 준비가 덜 되어 있다. 요세미티를 포함해 미국의 주요한 국립공원을 방문한 사람들도 많다. 산불에 대해서 덜 적극적으로 진화를 하거나, 이미 타버린 나무둥지를 그대로 방치하는 것에 대해서 많은 사람들은 이렇게 얘기를 한다. "미국은 국토가 넓어서 참 부러워, 산불도 그냥 방치하고……. 우리는 땅이 좁아서 말이야." 미국이 땅이 넓어서 산불을 방치하는 것은 아니다. 관리할 인력이 부족해서 타다 남은 나무 등걸을 그대로 두는 것도 아니다. '고사목'은 숲의 습도 유지에 도움이 될 뿐더러 곤충들의 산란장과 집 역할을 한다. 그리고 그런 곤충과 함께 나무의 씨앗을 옮겨 줄 새들도 날아온다. 아무것도 없는 곳에서 2차 천이를 시작하는 것보다는 이런 고사목이 존재하는 것이 유리하며 종의 다양성을 높여 주는 기능을 가지고 있다.

문화적인 이유로 우리는 규정 산불을 아직 시행할 수 없다. 그래서 부분적으로 산불의 효과를 낼 수 있는 간벌이 아주 중요한 조림 개념으로 떠오르게 되었다. 나무들을 부분적으로 제거하면 태양빛이 다시 숲의 하부로 전달된다. 그리고 밀도가 줄어들면서 '경쟁 압박'도 줄어든다. 종 다양성도 높아지고, 회복성resilience도 어느 정도는 확보된다. 종 다양성을 통한 회복성 확보, 이것이 눈에 보이는 숲의 아름다움이나 울창함보다는 훨씬 더 중요한 개념이다. 자연 상태의 숲 생태계는 누가 시킨 것도 아니고 기획한 것도 아니지만, 클라이맥스 상태의 지나친 긴장감을 줄이기 위한 메커니즘을 나름대로 작동시킨다.

울창하고 아름다운 빽빽한 숲은 사람 눈으로 보기에는 좋을지 몰라도 나무들에게 있어 좋은 것은 아니다. 종 다양성이 떨어지면서 병충해에 아주 취약해지기 때문이다. 아주 가벼운 교란에도 전체 시스템이 붕괴될 위험에 노출된다. 인간이 보는 아름다움과 숲의 안정성은 좀 다르다. 지나치게 특정한 종의 집약도가 높아져서 밀도도 높아지고 다양성도 떨어진 숲은 위기에 취약하다. 병충해로부터 거대한 타격을 받고, 대형 화재의 위험도 높아진다. 큰 화재를 막기 위해서 미리 작은 화재를 만들어 내는 것, 이것이 늙어 가는 숲이 다양성과 회복성을 유지하기 위해서 하는 고육지책이다.

한국 경제는 지표상으로 2007년이 클라이맥스의 특징을 가지고 있다. 이것을 숲의 언어로 들여다 보자. 한국 경제는 이미 극상에 도달해서 늙은 숲이 되었다. 그렇지만 다양성과 회복성을 확보하기 위한 아무런 노력도 하지 않은 숲이다. 안으로 어떠한 내부 교란도 만들어 내지 않고 그냥 하던 대로 했다. 클라이맥스에 도달한 생태계가 다양성을 확보하기 위한 노력들을 하는데, 늙은 숲이 된 한국의 늙은 경제는 클라이맥스 상태를 유지하려고만 했다. 그러다 보니 이제는 아주 사소한 외부 교란에도 시스템 전체가 흔들리는 아주 취약한 생태계가 되었다. 정부는 경제를 살리자고 10년째 말하고 있다. 그것은 봄가을이면 떠드는 "산불 조심하세요!"라는 말과 같다. 산불 조심하느라 열심이지만 실제로는 괴멸적 산불이 발생할 조건이 형성되고 있는 것 아닌가?

숲의 천이도 때론 실패한다

영화 〈블랙 다이아몬드〉는 다이아몬드 밀거래 문제를 다루고 있다. 영화가 내포하는 은유는 결국 선진국의 다이아몬드 소비자들에 대한 도덕적 권고다. '당신들이 아무 생각 없이 결혼식과 같은 기념일에 소비하는 다이아몬드가 이렇게 만들어지는 거예요. 그 돈으로 상대방에게 투표했다고 아프리카 사람들이 손목이 잘리고 있고, 아이들이 혁명군으로 잡혀가고 있어요.' 그렇지만 이 영화가 유행시킨 용어는 'TIA(This Is Afracia)'다. "여기는 아프리카라니까!" 모든 것들이 이상하고 뒤틀려 있는 곳이 바로 아프리카라고 말한다. 유럽과 미국의 논리를 여기에 들이대려 하지 말라고. 여기는 바로 아프리카라고.

반군에게 납치된 어린 아들을 찾으려는 아버지 솔로몬 반디와 용병 출신 다이아몬드 거래상 레오나르도 디카프리오는 적도성 열대우림에서 관목 지대를 찾아 헤맨다. 도무지 경제 초기의 축적 단계가 이루어지지 않는 아프리카 경제의 애잔함만큼이나 취약할 대로 취약해진 아프리카의 숲 생태계가 영화 전반에 걸쳐 펼쳐진다. 벗어날 길이 없는 아프리카를 떠나고 싶어 하는 백인 청년과 선진국에서 온 기자 사이에 펼쳐지는 애잔한 로맨스로 봐도 영화는 재밌고, 철저하게 다이아몬드의 유통과 가격 형성 과정의 경제 문제로 봐도 재밌다. 그리고 좀 다른 시각이지만 이 사람들이 서부 아프리카를 돌아다니면서 만나는 숲과 관목 지대를 중심으로 봐도 재미있다. 아프리카 경제가 취약한 것만큼 아프리카의 숲들도 취약하다. 날씨가 덥고 비도 많이 내려 거대한 열대우림이 형성되어 있으니 태초부터 지금까지 언제나 튼튼한 숲이 버티고 있을 거라고 생각하는가? 타잔의 정글 숲은 영화에서나 존재하는 이미지다. 아프리카의 숲은 취약하고 커피 플랜테이션이 시작되면 더욱 취약해진다.

영화에 나오는 열대우림은 숲 생태계로서 아무 걱정이 없을 것 같지만, 여기도 취약한 것은 그 지역 사람들 삶과 비슷하다. 비가 많이 오고 많은 식생이 자라고 있기 때문에 아무런 걱정이 없을 것 같지만, 호흡량 등 숲의 생산이 높아도 토양은 취약하다. 생산성은 높지만 안정성은 낮다. 이런 곳에 대규모 산불이 일어나면 온대 지역의 숲과 달리, 토양에 영양이 축적되기 쉽지 않기 때문에 사막화로 진행될 위험성이 있다. 토양 유실이 진행되면 다시는 숲으로 돌아오기가 어렵다. 한 번 숲이 사라지고 나면 관목과 초본, 즉 풀 사이에서 지루한 힘겨루기가 계속된다. 아프리카의 비는 올 때 오고, 안 올 땐 안 온다. 풀은 흙의 겉에 있는 수분을 이용하고, 관목은 상대적으로 땅 속 깊은 곳의 수분을 이용한다. 두 집단이 지루하게 버티면서 최소한의 사막화를 방지하게 된다. 그러다가 소 떼가 풀을 뜯어 먹어서 풀 제거가 이루어지면 선인장과 가시덤불의 맨땅이 되어 버린다. 그렇게 사막화가 진행된다. 아프리카에서는 인간이나 경제나 혹은 생태계나, 현재를 버티기 위한 불안한 균형의 연속이다. 국립공원으로 지정된 곳들이 어느 정도는 버티고 있지만, 국립공원과 국립공원, 숲과 숲 사이는 관목 지대로 단절되어 있다. 숲이 무성한 열대우림의 보고로 비치는 아프리카의 이미지는 텔레비전을 너무 많이 봐서 생긴 환상이다.

커피 농사가 시작되면 재앙은 본격화된다. 플랜테이션 형태로 대규모 커피가 재배되는 곳은 다시 숲으로 돌아가는 것도, 다른 농토로 사용되는 것도 어렵다. 농사를 짓기 위함인데 왜 문제가 되냐고 물을 수 있겠다. 나무의 형태를 봤을 때 커피나무는 관목의 일종이라고 볼 수 있는데, 커피를 심은 곳에서는 토양 유실을 막기가 어렵다. 땅은 척박해지고, 사실상 식물을 키우는 토양으로서의 기능을 잃게 되는 것이다. 그렇다면 계속 커피 농장을 유지하면 되지 않느냐고 물을 수 있겠다. 농업의 특징상 커피 가격은 주기적으로 바뀌고 사람들의 취향도 바뀐다. 중남미가 커피 사업에 뛰어들고, 베트남까지 커피 재배를 국책 사업처럼 열 올린다. 한 번 문 닫은 커피 농장은 다시 숲으로 돌아가지 않는다.

아프리카와는 반대로, 추운 지역에서도 숲이 유지되기 어려운 경우가 있다. 숲이 무성하면 지역의 온도가 내려간다. 이게 지나치게 진행이 되면 뿌리가 얼기 시작하면서 숲 자체가 얼어 버린다. 너무 더워도 문제고, 너무 비가 많이 와도 문제고, 너무 추워도 문제다. 숲이 숲으로 있는 것은 대체적으로 불안전한 균형이다. 그렇지만 극단적인 기후 조건을 제외하면 너무 걱정하지 않아도 된다. 클라이맥스까지 도달한 숲 생태계가 붕괴하더라도 대개의 경우, 숲은 또 다른 출발을 하게 된다. 클라이맥스에 도달한 숲은 자연스럽게 2차 천이의 준비 장치들을 만들어 내는 것이다.

> "뱅크스소나무, 마리아나가문비나무와 같은 일부 구과식물들은 일상적인 숲 환경에서는 솔방울이 열리지 않고 산불과 같은 고온에서만 열린다. 이 솔방울들을 폐쇄성 구과라고 하는데, 단단한 구과는 수십 년 동안 그대로 나무에 달려 있기도 한다. 이런 솔방울들은 주로 산불이 나면서 그 열에 의해 구과의 심편이 열리면서 종자를 날려 개방된 공간에서 재빠르게 번식할 수 있다."
> ─《숲 생태학 강의》 중

열에 특별히 강한 열매를 만들어 내거나, 별로 필요하지 않을 것 같은 잉여redundancy들이 혹시라도 발생할지 모를 산불과 같은 대규모 교란에 대비해서 숲이 준비하는 것으로 알려진 장치들이다. 아직 우리는 산불이나 산사태와 같은 대규모 교란 후에 진행되는 2차 천이에 대해 충분히 알고 있지는 못하다. 자연은 강하다고는 하지만 숲이 늘 강한 것은 아니다. 숲은 때때로 망가지고 파괴되고 다시 시작한다. 물론 이런 숲의 천이가 늘 성공하는 것은 아니다. 사막화나 동토화와 같이 숲의 전략은 여러 가지 이유로 실패하기도 한다.

그렇지만 대부분의 경우, 숲은 스스로 일어나고 교란을 일으키며 새로운 클라이맥스를 만들어 낸다. 단단한 클라이맥스를 스스로 깨고 다른 클라이맥스를 준비한다. 천이와 2차 천이, 이것은 진화와는 좀 다른 과정이다. 진화는 더 잘 적응된 종을 향해서 나아가는 개별적 과정이지만 천이의 과정에서 꼭 새로운 종의 진화가 나타나는 것은 아니다. 균형과 불균형 사이에서 교란과 천이가 벌어지고, 그렇게 전체적으로 마치 하나의 생명처럼 움직여 나간다.

숲의 천이가 늘 성공하는가? 그렇지는 않다. 사막으로 바뀌기도 하고, 동토로 바뀌기도 한다. 모든 경제가 위기 후에 늘 새로운 반전을 만들어 내지는 못하는 것과 같다. 살아 있는 것의 전략이 늘 성공하는 것이라고 보증하기가 어렵다. 그래도 변화가 필요하기 때문에 가만히 있는 것 같아 보이는 숲들도 끊임없이 변화를 준비한다.

나무에도 연령이 존재한다. 큰 나무들이 영원히 살 것 같지만, 거대한 자연의 시간 속에서 영원히 살 수 있는 나무는 없다. 그래서 숲은 끊임없이 새로운 나무를 키워 내고, 더 많은 다양성을 유지하려고 한다. 가끔은 실패하기도 하지만, 멍하게만 있는 숲은 없다.

경제가 늙어 간다는 것

"봉황당 골목을 다시 찾았을 땐 흘러간 세월만큼이나 골목도 나이 들어 버린 후였다. 다시 돌아갈 수 없는 건 내 청춘도, 이 골목도 마찬가지였다. 시간은 기어코 흐른다. 모든 것은 지나가 버리고 기어코 나이 들어 간다. 청춘이 아름다운 이유는 아마도 그 때문일 것이다. 찰나의 순간을 눈부시게 반짝거리고는 다시 돌아올 수 없기 때문이다. 눈물겹도록 푸르던 시절, 나에게도 그런 청춘이 있었다."
―〈응답하라 1988〉 중

기원전 6세기, 그리스의 철학자 헤라클레이토스^{Hērakleitos}는 "같은 강물에 두 번 들어갈 수는 없다"고 말했다. 너무 당연한 얘기다. 드라마 〈응답하라 1988〉의 마지막 장면에서 주인공 덕선이 말했던 것처럼 '시간은 기어코 흐른다'. 그리고 시간이 흘러가면 다시 그 자리로 돌아갈 수가 없다. 그야말로 찰나의 순간을 눈부시게 반짝거린 그때, 그러나 우리는 절대로 다시 그 순간으로 돌아갈 수 없다. 눈물겹도록 푸르던 시절, 우리 모두에게도 그런 청춘이 있었다. 덕선과 택이 그리고 정팔이 안타깝고도 아름다운 사랑을 나누던 시절, 그 시절은 그들에게는 다시 돌아오지 않는다. 그것이 시간이 흘러가는 것이고, 나이를 먹는 것이다. 찰나의 순간을 눈부시게 반짝거리고는 다시 돌아올 수 없는 것, 그것이 삶이다. 그리고 다음 세대가 그 자리를 다시 채우게 된다. 우리는 그렇게 살아왔다.

1988년의 덕선이는 공부를 특별히 잘하지는 못했다. 보증을 섰다가 망해 버린 부모 때문에 반지하에 살았다. 이후 재수를 하고 전문대에 들어가, 항공사 승무원이 되었다. 그렇게 덕선의 삶은 찬란한 청춘이 되었다. 그것이 1988년에 고등학교에 다녔던 사람들이 가질 수 있는 청춘이었다. 그리고 몇 년이 흘렀다. 덕선과 아주 비슷했거나 혹은 그보다는 조금은 나은 형편이었다고 할 수 있는 이들이 KTX 승무원이 되었다. 비행기나 고속열차나, 그게 그거 아닌가라고 할 수 있다. 구조만 따지면 비행기는 민간 회사이고 고속열차는 정부 기관이다. 어떤 면에서 고속열차 승무원이 더 낫다고 할 수 있다. 그렇지만 1988년이 아니라 1998년 IMF 경제 위기 이후에 사회에 진출한 KTX 여승무원들의 삶은 덕선처럼 찬란하게 빛나는 대신, 한국 비정규직의 상징이 되었다. 그들의 삶은 길바닥에 던져진 투쟁과 쟁의의 연속이었고, 그들의 청춘은 불안과 안타까움의 연속이었다. 삭발을 한 승무원 대표를 만난 적이 있었다. 나는 그에게 덕선이 했던 얘기를 할 수도 없었고 그런 느낌을 감히 가질 수도 없었다.

'눈물겹도록 푸르던 시절, 나에게도 그런 청춘이 있었다.'

그를 보면서 눈물은 났지만 그의 삶이 푸르다고 생각되지는 않았다. 찰나의 순간조차 눈부시게 반짝여야 할 시절이건만, 삭발한 그녀의 모습을 보면서 '청춘'이라고 생각하기는 너무 미안했다. 덕선의 시절보다 10년쯤 지났을 때, 우리는 덕선의 시간과는 전혀 다른 흐름을 맞이하게 되었다. KTX 승무원들이 비정규직 투쟁이라는 새로운 흐름을 만나고 있을 때, 그들은 덕선이 들어갔던 그 강물에 다시 들어갈 수가 없었다. 비행기 승무원이 된 덕선의 시간과 2000년대 중반의 KTX 승무원들이 만나는 시간은 같은 시간이 아니다. 헤라클레이토스가 말한 것과 어쩌면 같고 어쩌면 다른 얘기다. 같은 강물에 다시 들어갈 수가 없다. 개인도 같은 강물에 들어갈 수가 없지만, 시대도 변한다. 그리고 새로운 시대는 같은 강물에 다시 들어갈 수가 없다.

그리고 다시 10년이 지났다. 비행기도 여전히 다니고 KTX도 여전히 다닌다. 그리고 그 사이 저가 항공이 생겨났다. 여전히 항공기 승무원은 좋은 직업이다. 그 사이 공항 직원 등 관련된 많은 타 분야에서는 비정규직과 파견직 비율이 상당히 높아졌지만, 승무원은 안전과 관련된 직업이기 때문에 아직은 비정규직 도입이 제한적이다. 가장 안전 관리가 높아야 할 원전 노동자의 3분의 2가 비정규직인 것과 비교하면 상대적으로는 양호하다고 할 수 있다. 세월호 사건 이후로 세상에 드러난 선박·운송 분야의 70퍼센트를 육박하는 비정규직 비율과 비교하면 정말 양호하다. 대형 항공사의 경우 연봉도 금융권이나 대형 방송국 수준이며 한국에서는 최상위 연봉군에 해당한다. 그리고 여전히 엄청난 고학력을 요하지는 않는 상태다. 국제 기준이 그렇기 때문이다. 그 대신 경쟁률이 어마무시하게 높아졌다. 200대 1은 살포시 넘어선다. 지금의 상황에서 보자면 90년대 초반에 덕선은 정말로 최고의 선택을 했다. 지금도 그런 선택 받은 자리가 가능하기는 하지만 경쟁률이 너무 높고 치열하다. 물론 덕선의 시대에도 여성이 선택할 수 있는 가장 좋은 선택지 중의 하나이기는 했다. 그러나 지금처럼 유일무이한 선택지는 아니었다.

2016년의 덕선이는 1988년의 덕선이가 들어갔던 그 물에 다시 들어갈 수가 없다. 시간은 흘렀고 시대도 변했다. 어떻게 보면 개인도 나이를 먹었고 시대도 나이를 먹었다. 그리고 경제도 나이를 먹었다. 경제가 나이를 먹는다는 것이 무슨 의미일까?

나이 들어 간다는 것은 전형적인 생명현상이다. 살아 있는 것이라면 모두가 태어나 나이를 먹고 생식을 하고 번식을 한다. 그리고 늙어 간다. 유성 생식이 있고 무성 생식이 있지만, 어쨌든 생식을 한다. 실제로 경제학은 생물학에서 많은 용어를 가져왔다. 배 속에 있는 태아의 손가락이 다섯 개가 형성되어 손의 모습을 갖춰 가는 것을 발달^{development}이라고 한다. 경제학에서는 이것을 '발전' 혹은 '개발'로 번역한다. 그렇게 생겨난 손이 커지는 것은 발육^{growth}이라고 한다. 경제학은 이것을 '성장'이라고 말한다.

발달과 발육의 관계나 발전과 성장의 관계는 유사하다. 구조 변동이 중심이 된 변화가 발전이고, 크기와 관련된 변화가 성장이다. 그렇지만 역시 생물학에서 가져온 가장 흥미로운 개념은 바로 생식^{reproduction}이 아닐까 싶다. 생식은 경제학에서 '재생산'이라고 번역된다. 생식기는 'reproduction organ'으로, 경제학에서는 organ이라는 표현을 직접 쓰지는 않고 '조직organization'이라는 용어로 대체한다. 생식과 재생산, 생명체로서는 가장 핵심적인 활동이고, 경제 시스템에서도 중요한 개념이다.

경제학이 형성되는 과정에서 생명체와 생물학의 은유와 개념들을 알게 모르게 많이 가져다 썼다. 경제 자체가 살아 있는 것과 상당히 유사하다. 이런 생명현상의 많은 부분은 경제학에서 비교적 초기에 가져다 쓰면서 나름대로 발전시켰다. 재생산하는 방법, 정확히는 '재생산 정식'이 현실에서 사회주의가 필요하다는 핵심 중의 핵심 논리가 되었다. 언젠가 자본주의가 스스로를 재생산할 수 없는 상황이 오게 될 것이므로 다음 단계로 변화해야 한다는 얘기가 사회주의 혁명론의 기본이었다. 생식과 재생산, 어감은 전혀 다르지만 영어에서는 같은 단어이고 철학적으로도 같은 의미다.

생명현상의 또 다른 특징 하나가 에이징aging, 나이를 먹어 가는 것이다. 나무도 나이를 먹고, 동물도 나이를 먹고, 사람도 나이를 먹는다. 길고양이 수명은 3년 정도로 본다. 평균적으로 두 번의 겨울을 나면 수명이 다 한다. 그러니 바쁘다. 태어나면 한 살이 되기 전에 벌써 생식과 출산을 시작한다. 고양이의 1년은 인간의 15년에서 20년 정도에 해당한다. 바쁘게 살고, 그렇게 짧고 굵게 흔적을 남기고 떠나간다. 그렇지만 반려묘로서 사람과 같이 사는 고양이들은 15년까지 산다. 야생 상태와 그렇지 않은 상태에서 다섯 배 가량 차이가 난다. 사람의 수명도 끊임없이 늘어나게 되었다. 그러나 고양이만큼 그렇게 드라마틱하게 늘어나지는 않는다. 포유류의 일종인 범고래는 자연 상태에서 수명이 80년 정도 된다. 사람에게 사육당하는 범고래는 25년에서 30년 정도로 줄어든다. 사람과 함께 살 경우 훨씬 스트레스가 높다는 것을 알 수 있다. 수명에 따라 적절하게 먹이 활동과 생식, 이런 것들이 일련의 사이클을 만들어 간다. 살아 있는 것들의 특징은 시간과 함께 나이를 먹어 간다는 것이다. 나무들도 수명이 있다. 그리고 가장 화려하게 빛나는 순간이 있다. 사과나무의 경제적 수명은 30년 정도 한다. 사과가 가장 맛있을 때는 15년에서 20년 사이 정도가 된다. 그 시기가 실제로 사과나무에게도 좋은 순간인지는 모르겠지만 어쨌든 가장 당도가 높고 과육도 튼튼한 사과가 이때 열린다. 이 시기를 '경제 수명'이라고 부른다. 자연의 수명과는 별도로 경제적인 가치가 부여되는 사과의 경제 수명, 우리는 이런 경제적 시각에 익숙해져 있다. 자연의 시간이든, 경제의 시간이든 클라이맥스의 순간이 존재한다.

개별적 생명에게는 공통적으로 노화 현상이라는 것이 존재한다. 동물에 관한 다큐멘터리의 대부분이 한 동물의 생애를 추적한다. 그러나 고래 종류처럼 오래 사는 대상을 장기간 추적해서 다큐멘터리를 만드는 것은 곤란하다. 그것은 주로 연구자들이 하는 일이다. 같은 지역을 20~30년씩 모니터링할 수 있는 동물 생태학자들의 영역이다. 영화 〈야성의 엘자〉는 야생동물 보호의 선구자인 조이 애덤슨Joy Adamson의 실화를 바탕으로 한 것이다. 50년 넘게 케냐에서 살았던 그녀의 일생을 담은 얘기로, 경쾌하고 찬란한 그 50년의 순간순간의 기억이 영화로 만들어졌다. 다큐멘터리 형식을 빌었던 이 영화는 6개월의 촬영기간 동안 쉰여섯 마리의 사자를 동원했다.

실화는 아니지만 극화 형식으로 만들어진 영화 〈대호〉는 호랑이 얘기다. 이 영화에는 실제 호랑이가 등장하지는 않는다. 대신 1년 이상의 기간과 230여 명의 작업자가 CG 작업에 참여했다. 아마 요즘같은 시대에 진짜 호랑이를 동원해서 영화를 찍는다고 하면 정말 난리가 날 것이다. 시대는 변했다. 변하지 않는 것은 없다. 시간의 상대성도 변한다. 수명에 따라, 시대적 구조에 따라 변하게 된다. 어쨌든 동물에 대한 다큐멘터리나 영화는 시간을 담는 것이다. 사람보다 훨씬 오래 사는 나무, 이 시간을 담으려는 시도는 아직 없던 것으로 안다. 시간을 담다 보면 자연스럽게 성장하고 나이 먹고, 그렇게 늙어 가는 것을 담게 된다.

동물들이 모이면 개별 개체보다 상위라고 할 수 있는 새로운 시스템이 생긴다. 피식자와 포식자로 구성된 동물 생태계는 숲 생태계보다 훨씬 더 다이내믹하고 변화가 많다. 생태계를 구성하는 동물 개체 하나하나는 살아 있는 것이고, 당연히 나이를 먹고 늙어 간다. 그렇지만 동물이 늙어 간다고 해서 동물 생태계 자체가 늙어 간다고 표현하지는 않는다. 시간이 흐르고 그 안에 있는 개체들이 나이를 먹는다고 해서 시스템 자체가 노화하는 것은 아니다. 물론 동물 생태계도 변화한다. 피식자와 포식자 사이에 발생하는 변화를 보여 주는 로트카–볼테라 방정식Lotka-Volterra equation이 대표적이다.

1차 세계대전이 끝나고 이탈리아 반도 동쪽에 있는 아드리아 해에 상어의 개체수가 많이 늘어났다. 전쟁 중에 어업이 어려워지니까 피식자인 물고기들의 개체수가 늘어났고, 물고기를 먹이로 하는 포식자의 수도 같이 늘어나게 된 것이다. 전쟁이 끝나서 다시 정상적으로 어업 활동이 개시되면 그 반대의 일이 벌어지게 된다. 사람들이 지나치게 물고기를 많이 잡으면 결국에는 상위 포식자인 상어의 수도 급격하게 줄어들게 된다. 이것을 연구하면서 나온 모델이 로트카–볼테라 방정식이다. 식 자체가 복잡하지는 않지만 복잡성의 대명사라고 할 수 있는 카오스 현상까지도 이 방정식에서 도출될 수 있다. 같은 시기인 1차 세계대전 중 아드리아 해를 배경으로 하는 애니메이션 〈붉은 돼지〉는 호화 여객선과 그를 노리는 바다의 해적, 공적에 관한 얘기를 기본 줄기로 한다. 여객선과 공적의 개체 수에 관한 변화 역시 로트카-볼테라 방정식으로 풀 수 있다. 실제 미국 로스앤젤레스의 폭력 조직 간 영역 관계를 모델링하는 연구에서도 이 방정식이 사용된 적이 있다. 경기 변동과 사기꾼의 증가의 경우도 이 방정식으로 계량화할 수 있다. 간단해 보이지만 쓰임새는 많다.

동물 생태계의 변화는 다양하고 또한 복잡하다. 피식자와 포식자의 개체 비율은 시간이 흘러도 안정화된다는 보장은 없다. 그 대신 끊임없는 긴장이 있다. 강우량이 변해도 시스템은 바뀐다. 1차 생산자 집단부터 변화가 발생하고 최종 소비자인 최상위 포식자에 이르러서도 예상하기 어려운 변화가 생겨난다. 외래종이 유입되면 더 복합적인 변화가 생겨난다. 시간이 많이 지난다한들 마찬가지다. 시간이 정말로 많이 흐르면 이제 생태계와 먹이사슬 구조에 적응한 새로운 진화가 생겨난다. 좀 더 복잡해지기는 하지만 그 자체로 문제가 되지는 않는다. 이러한 시간에 따른 변화에 대해서 나이를 먹는다거나 노화한다고 표현하지는 않는다. 숲에 대해서는 늙은 숲, 어린 숲과 같은 표현이 가능하다. 그렇지만 동물 생태계에 대해서 노후한 동물 생태계나 어린 동물 생태계라고 표현하지는 않는다. 개별적인 개체들은 시간이 지나면서 나이를 먹어 가지만 그렇다고 해서 동물 생태계 자체가 늙는다고 분석하지는 않는다. 안정적인 시스템, 불안정한 시스템 혹은 다른 시스템으로 전환 등으로 이해할 뿐, 시스템의 노화는 동물 생태계에서는 낯선 개념이다. 극단적인 예로, 숲이 없어지고 사막으로 바뀌면 동물 생태계에는 많은 변화가 오게 된다. 익숙한 대형 포유류들이 사라지고 사막에 적응한 도마뱀 등 사막형 동물 생태계가 생겨나게 된다. 그렇다고 해서 좋거나 나쁘거나 혹은 젊거나 늙거나 하는 인식이 생기는 것은 아니다. 숲 생태계와 동물 생태계 사이에는 미세하지만 근본적인 차이가 있다. 시간에 따른 변화가 그렇다.

경제도 그 자체로 일종의 시스템이다. 이 시스템에 대해 시간에 따른 변화를 추적할 때 주로 구조의 문제와 사이즈의 문제, 이 두 개의 시선으로 보는 것이 일반적이다. 구조를 중심으로 보면 발전론이 된다. 저개발 국가, 개발도상 국가, 선진국, 이렇게 분류하는 것은 기본적으로는 발전론이다. 일 인당 국민소득과 같이 사이즈로 펼쳐 놓고 보면 이제는 성장론에 해당하게 된다. 물론 구체적으로 개별 국가의 경제 양상으로 들어가면 발전론과 성장론이 이렇게 명확하게 나누어지지는 않는다. 국민경제의 모든 분야가 동일한 비율로 크기가 커지는 것이야말로 극단적인 예외적 상황이고, 현실에서는 거의 벌어지지 않는 일이다.

발전과 성장이라는 척도 외에도 시간에 따른 경제 시스템을 변화를 말할 때, '성숙mature'과 '미성숙immature'이라는 개념을 쓰기도 한다. 일정한 육체적 성장이 끝나면 더 이상 키가 크지 않는 포유류의 시간에 따른 변화를 의미하는 성숙도 역시 변화를 보는 한 방법이다. 자본주의가 어느 정도 시간이 지나고 성숙해지면 초기 자본주의가 가지고 있던 비인간적이고 비인도적인 불균형과 모순들이 해소될 것이라는 생각을 염두에 두고 사용하는 개념이다.

발달, 성장, 성숙은 기본적으로 생물학에서 온 개념들이다. 그리고 이런 개념들은 의미는 약간씩 다르지만, 모두 목적론적이고 진화론적이며 동시에 낙관론적인 개념이다. 발달과 성숙은 도덕적이고 당위론적 의미가 좀 더 강하고, 성장은 조금 더 기계론에 가깝다. 어쨌든 이런 개념들은 '우리가 향해야 할 미래가 존재한다'는 면에서 목적론적이고, '시간이 지나면 많은 문제가 해결될 것이다'라는 면에서 낙관론적이다. 목적론에 관한 논쟁 자체가 진화라는 개념과 함께 우리에게 던져진 질문이다. 진화에 목적이 있는 것일까? 그렇다면 과연 진화의 최종적인 목표가 인간인가? 진화에 최종적인 종착점이 있다는 얘기는 안타깝게도 인간 내에 또 다른 종을 구분하는 인종주의와 결합하게 되었다. 목적론이 가지고 있는 구조적 위험성이 그러한 차별을 정당화한다는 점이 아닐까? 진화에는 목적이 있는가? 그렇다면 최종적으로 완성되는 목표가 있을까? 다른 것보다 더 우월한 진화의 결과가 있을까? 우리는 목적론이 현실의 정치와 결합되면서 만들어 낸 인종주의의 아수라장을 이미 목격한 바 있다. 최근에는 다윈을 해석하면서 목적론이 아닌 형태의 진화론으로 이해하려는 경향이 강하다. 그렇지만 경제에 대한 해석에서는 여전히 목적론이 강하다. 이상적인 상태를 상정하고 현실을 이상으로 만들어 가기 위한 방법을 제시하고자 하기에, 어쩌면 경제학은 사회적 출발 자체에서 상당히 강한 목적론을 내포하고 있는 학문일지도 모른다.

'늙어 간다는 것', 이것은 경제학이 일반적으로 생각했던 시스템의 목표와는 좀 다르고 이질적인 개념이다. 우리가 알고 있는 많은 시스템의 이론에는 늙어 간다는 개념 자체가 존재하지 않는다. 살아 있는 동물들의 시스템인 동물 생태계에는 노화 개념이 없다. 시스템을 구성하는 개별 동물들이 늙어 간다고 하더라도 그것을 가리켜, "시스템이 노화한다"고 하지는 않는다. 아무리 시간이 오래된다고 해도 마찬가지다. 특정한 종이 멸종한다고 해도 새로운 대체종이 그 자리를 채우게 되고, 설령 그렇지 않다고 해도 동물 시스템이 노화한다고 말하지는 않는다. 한반도의 최상위 포식자이자 최종 소비자였던 호랑이가 사라졌다고 해서 한반도의 동물 생태계가 늙은 것이라고 말하지는 않는다. 숲과 숲, 일종의 생태권역 사이에 단절이 생겼고 동물들의 이동은 제약을 받게 되었다. 최상위 포식자의 크기로 동물 생태계의 크기를 얘기할 수는 있다. 우리의 동물 생태계는 더 이상 초대형 포식자인 호랑이를 유지시킬 크기가 되지 않는다. 곰의 경우도 마찬가지다. 그래서 동물 생태계 크기가 줄어들었다고 말할 수는 있다. 우리는 사이즈에 대해서 얘기할 수 있고, 천적이 없어진 멧돼지와 같은 중간 소비자의 비정상적인 증가에 대해서도 얘기할 수는 있다. 그렇다고 해서 동물 생태계가 노화했다거나 클라이맥스를 지났다고 표현하지는 않는다.

2007년부터 2016년 사이, 한국 경제에서 벌어진 현상의 가장 큰 특징은 일종의 노화 현상이다. 평균적으로도 그렇고 개별적으로도 그렇다. 우리 경제는 늙어 갔다. 그리고 앞으로 이러한 현상이 더 두드러지게 특징지어 나타나게 될 것이라는 것을 우리는 이미 어느 정도 알고 있다. 우리 모두가 알고 있는 것은 평균 수명은 늘어날 것이고, 단기적으로는 물론 중기적으로도 출산율이 급격히 올라가지는 않을 것이라는 점이다. 이 두 가지 변수를 놓고 시뮬레이션을 해 본다면 시기의 차이는 있겠지만 급격한 인구 감소와 심지어는 민족 수준의 '종의 멸종'까지도 계산할 수 있다. (만약에 여전히 우리를 단일 민족으로 생각한다면 말이다.) 유아 사망과 사고 등을 감안하면 합계출산율이 '2+a'는 돼야 현상 유지를 위한 최저수준이라고 할 수 있다. 물론 이 정도의 출산율이 유지된다고 해도 의료 발달과 사회적 케어의 확대로 기대수명은 계속 늘어나고, 기계적으로는 평균 연령은 높아지게 된다. 이렇게 사회 구성원의 평균 연령이 높아지면 경제 시스템이 늙어 가는 것일까? 그렇게 말하기는 어렵다. 평균 수명은 전 세계적으로 다 높아지고 있고, 유럽의 경우도 마찬가지다. 경제를 구성하는 경제 주체들의 나이가 많아진다고 해서 그 시스템이 늙어 간다고 하기는 어렵다. 무엇보다도 지난 10년 동안에 벌어진 변화를 단순히 국민 평균 연령의 상승으로 얘기하기에는 우리가 마주한 변화의 속도가 너무 빠르다. 2007년의 경제성장률에서 지금의 성장률까지 떨어진 변화는 평균 연령의 변화 폭에 비해 너무 큰 변화다. 평균 연령이 높아지고 이에 따른 인구 구조의 변화 때문에 경제성장률이 떨어졌고, 그래서 경제가 활력을 잃었다고 하기에는 그 변화의 폭이 너무 크다. 무언가 다른 설명이 필요하다.

경제 시스템이 늙어 간다는 것은 시간에 따른 자연스러운 변화일까? 그렇게 얘기한다면 산업혁명 시기부터 스스로 자본주의를 만들어 나간 유럽 국가들은 벌써 노화의 종료 지점에 서 있어야 한다. 그보다 더 늦게 시작한 '신세계' 미국의 경우는 독립한 때를 기점으로 잡더라도 이미 250년이 되어 간다. 그렇기에 본격적으로는 60년 정도를 잡을 수 있는 한국 경제 시스템이 늙었다거나 노화를 말할 수 있는 시점은 아니다. 자본주의의 탄생을 15~16세기에 걸친 대항해시대에 생겨난 경제 영역의 비약적 확대로 보는 측면이 강하다. 이런 자본주의 역사로 본다면 한국은 아직도 장년기는커녕 유아기나 청소년기 정도에 있다고 보는 것이 더 자연스럽다. 정말 어린 시스템임에도 불구하고, 지금 한국 경제 시스템에서 생겨나는 일련의 변화들은 '노화' 외에는 달리 표현하기가 어려울 정도다. 유럽에 10년 전부터 등장하기 시작한 나이 30대인 장관, 한국에서 이제는 상상조차 하기 어렵다. 박정희가 경제 계획 패러다임을 전면적으로 도입하던 60년대에는 여당도 젊고 야당도 젊었다. 젊은 사람들이 만들었던 60년대 경제가 50년을 거치면서 급격하게 사회와 함께 늙어 버렸다고 설명하는 것이 정상적일까? 시스템으로서의 자본주의가 늙었다고 표현을 하기에는 200~300년 정도의 시간이 필요해 보인다. 국가로서의 한국은 장구한 역사를 가지고 있어서, 조선의 마지막 순간을 늙은 나라라고 해도 무방한 것처럼 오래된 역사를 가진 늙은 나라라고 할 수는 있다. 그러나 경제 시스템으로서의 한국 경제는 그렇지 않다. 신생 경제 중의 신생 경제이고, OECD 국가 중에서도 가장 젊은 그룹에 속한다. 대체 지난 10년 동안 무슨 일이 벌어진 것일까?

개별적으로 사람들이 늙어 간다는 것과 시스템으로서의 경제가 늙어 간다는 것은 좀 차이가 있다. 숲 생태계가 나이를 먹으면 줄기와 뿌리에 축적된 것은 늘어나지만 새로운 잎이 생겨나면서 발생하는 역동성은 떨어지고 광합성 양도 줄어든다. 한국 경제가 지금 그와 같은 모습을 가지고 있다. 덩치 큰 기업들은 내부에 가지고 있는 축적 자본이 많이 늘어난 상태다. 그리고 그 중의 일부는 '글로벌 기업'으로서 세계적으로도 인정받을 만큼 충분한 덩치가 되었다. 그렇지만 기존의 산업이 더욱 고도화되고, 새로운 산업의 출연은 지체되거나 지연된다. 개인이든 회사든 새롭게 출발해서 자리를 잡기가 매우 어렵게 되었다. 국민들의 평균 연령이 높아지고 출산율이 내려간 것은 유럽이든 미국이든, 20세기 후반부터 보편적으로 나타난 현상이다. 그렇다고 해서 선진국 경제에서 새로 시작한 '스타트업' 기업들은 한국처럼 어려움을 겪지는 않는다. 청년들이 어려워진 것은 세계적으로 일어난 보편적인 현상이라고 할 수 있지만, 정규직과 비정규직 사이에 절반이 넘는 임금 격차가 벌어지는 일은 그렇지 않다. 한국 경제 시스템이 노화되고 있다고 표현할 수 있다면 그냥 노화가 아닌 '초고속 노화'라고 할 수 있다. 이런 시스템이 지속가능할까? 그럴 리가 없다. 이렇게 경제의 노화가 너무 빠른 속도로 진행되면 나중에 등장한 경제 주체만이 아니라 이미 등장해 활동 중이거나 은퇴한 경제 주체들도 어려워진다. 극히 일부를 제외하면, 결국 모두가 어려워진다. '압축 (경제) 성장condensed economic growth'이라는 이름으로 초고속 성장을 해오던 한국 경제가 마치 지나온 시간의 속도만큼이나 빠르게 '초고속 노화'를 겪고 있는 것일까?

한국 경제의 지난 10년을 돌아보면 마치 장년이 되어 미처 성숙한 모습을 보이기도 전에 늙어 버린 조로증 환자와 같다. 정상적인 노화가 아니라 노화라는 모습으로 보이는 질병에 더 가깝다고 할 수 있다. 비가 오면 어딘가 쑤시고 아픈 경우가 있다. 그 중에 류머티즘은 자기 몸을 스스로 공격하는 일종의 자기면역질환이다. 한국 경제의 양상만을 놓고 보면 류머티즘에 의하여 너무 일찍 늙어 버린 시스템 같다. 영화 〈오 브 라더스〉는 30대 중반의 모습을 하고 있지만 실제로는 열두 살인 어느 조로증 소년에 관한 이야기다. 극 중 소년의 어머니는 일본 사람과 재혼을 한다. 이 설정은 일본에서 경제 시스템을 가지고 와서 한동안 유럽형 운용을 시도하다 결국에는 미국형 경제 시스템을 가지려고 하는 한국의 경제 상황과 기이하게도 일치한다. 마치 그 소년처럼 한국 경제가 보이는 모습은 정상적인 노화가 아닌 것 같다. 그렇지만 지금 한국 경제는 너무 늙어 버린 숲이 갖는 문제와 대부분 일치한다. 어디로 움직이기도 어렵고 새로운 변화를 추구하기도 어렵다. 외부 여건은 점점 어려운데, 그렇다고 누군가 보살펴 주거나 관리해 주는 사람도 없다. 스스로 변화를 만들어 내야 하는데 변화를 만들 인자들의 힘은 너무나 약하다.

늙은 숲이 된 한국 경제

《숲 생태학 강의》에는 지금 우리가 눈여겨보아야 할 기가 막히게 아름다운 문장이 나온다.

"식물의 종자가 숲 바닥에 떨어지면 숲이라는 공동체의 보살핌 속에서 어린 시절을 풍족하게 보내게 된다. 놀라운 생물망이다."

숲에 있는 나무의 뿌리들은 토양을 거대한 미생물 배양소처럼 만든다. 그리고 새로 떨어진 종자는 스스로 노력하지 않아도 그 생물들의 네트워크 속에서 또 다른 나무로 자라날 여건을 가지게 된다. 이것이 숲이 가지고 있는 생명력이다.

2007년, 그때쯤 한국 경제는 어린 시절을 풍족하게 보낼 수 있게 숲 전체의 보살핌을 받는 숲의 종자와는 정반대의 길을 걸어왔다. 식물의 종자가 땅에 떨어지면, 온갖 힘들이 어떻게든 그 종자의 영양분을 빨아먹으려고 진짜로 기를 쓰고 달려든다. 요람에서 무덤까지, 영유아 시장부터 대학 졸업 후의 취업용 사교육까지, 그야말로 악을 쓰고 어떻게든 다음 세대의 돈을 한 푼이라도 더 털어 내려고 하는 것이 한국 경제다. 자녀를 축으로 하는 '인질경제'가 극한에 도달한 것이 한국 경제라는 말이다.

키 큰 음지식물들에 의해서 하늘은 막혀 있고, 바닥까지 내려오는 빛은 정말 희박하다. 키가 큰 나무들이 태양빛을 만끽하는 동안에 숲의 바닥에는 겨우 형상만을 확인할 수 있을 정도의 어둠이 깔려 있다.

"도대체 뭐가 힘들다는 거야, 이렇게 빛이 좋구먼."

키 큰 음지식물 하나가 바닥에 꿈틀거리는 존재들에게 귀찮다는 듯이 한 마디 한다. 그리고 자랑스러운 대한민국 경제의 다음 세대는 지금 이 시점에 이끼와 다를 바가 없다. 키 큰 나무에서 직접 줄기로 번식하는 아주 일부분의 새 그루터기에 영양분이 집중되어 있다. 그리고 다른 씨앗들은? 제대로 발아할지, 꽃은 피워볼 수 있을지 아무런 보장이 없다. 이게 관목의 싹인지, 양지식물의 싹인지 아니면 또 다른 음지식물의 싹인지, 그런 건 별로 중요하지 않다. 심지어 나무와는 상관없는 이끼인지, 형태도 구분하기가 어렵다. 꽃이 필까? 이미 꽃을 피우고 나이를 먹은 키 작은 관목들과 함께 어우러져, 단순한 몇 가지 수치와 통계만으로는 구분하기가 어려울 정도이다. 형태는 비슷하게 키 작은 나무이지만 어떤 나무들은 아직 꽃을 피우지 못했고, 어떤 나무들은 너무 많은 꽃을 피웠다. 아르바이트 시장에서 이들을 경제적으로 구분하기는 어렵다.

사회에서는 일단 태어난 것은 무조건 꽃은 피우고 열매는 맺어야 한다고 말한다. 그렇지만 그냥 '뚫린 입'이라서 하는 얘기에 가깝다. 그리고 그 말이 진실로 하는 말인지도 구분하기가 어렵다. 정상적으로 생각하면 이 시스템은 재생산에 분명히 문제가 심각한 시스템이다. "그러면 그냥 외부에서 새로운 나무들을 가지고 오면 되는 거 아니야?" 이렇게 생각하는 엘리트도 적지 않아 보인다.

꽃을 피우든 피우지 않든, 살아 있는 모든 존재들이 찬란하게 빛날 수 있는 방법은 없을까? 키가 크든 작든, 그들도 살아 있는 존재로서 한 번쯤은 찬란할 수는 없는 것일까? 2016년, 우리는 한국에서 이 질문을 시작해야 할 것 같다.

《88만원 세대》작업을 하면서 현장 조사를 한참 하던 2006년, 당시 주유소에서 일을 하던 아르바이트생들은 10대가 대부분이었고, 간간히 20대들이 있었다. 대학생도 만난 적이 있다. 고등학교 1, 2학년 정도의 앳된 10대들이 발암물질인 휘발성 유기화합물 근처에 별 지식이나 대책 없이 노출되어 있는 것이 너무 마음이 아팠다. 아르바이트를 하더라도 그렇게 보건적으로 위험한 일들은 피하는 것이 좋다고 말해 주고 싶었다. 10년이 지났다. 이제는 그런 걱정이나 고민을 하지 않아도 좋을 것 같다. 그동안 석유에 있는 휘발성 유기화합물의 비산을 방지하는 장치들이 많이 보급되기도 했다. 주유 여건은 기술적으로 좀 나아졌다. 더 큰 것은, 더 이상 주유소에서 한참 성장기인 10대 아르바이트생들이 일하지 않기 때문이다. 10년이 지나는 동안, 주유소 아르바이트생은 노인들로 대부분 대체가 되었다. 더 이상 10대나 대학생 아르바이트생을 주유소에서 만나기가 어렵다. 영화 〈주유소 습격사건〉에서 10대 아르바이트생이 등장한다. 용돈을 벌기 위해서 주유소에서 아르바이트하는 10대 여고생, 2016년 이런 모습은 더 이상 볼 기회가 없다. 그럼 세상이 좋아진 것일까, 가끔 스스로에게 물어 본다. 물론, 그럴 리가 있나. 더 어려워졌다고 생각한다.

앞으로 10년, 한국의 주유소에서는 무슨 일이 생겨날까? 미국의 부시 대통령이 공언했던 대로 수소 충전소가 대량으로 보급되는 일은 벌어지지 않을 가능성이 크다. 그렇지만 전기 충전기가 전국 대부분의 주유소에 설치될 가능성은 높다. 그리고 그때에도 주유소에서 급유를 지금처럼 사람이 담당할까? 세상이 좋아졌든 나빠졌든, 마케팅적인 측면에서 최고급을 지향하는 일부 주유소를 제외하고는 아예 사람이 주유하는 경우는 없어지게 될 가능성이 높다. 인건비가 우리보다 비싼 외국의 경우는 이미 무인 주유소가 기본이다. 일본과 한국에만 있던 백화점의 엘리베이터 걸은 이미 오래 전 우리들의 기억 속에서 사라졌다. 저임금 아르바이트가 사라지면 10대든 노인이든, 주유소에서 사람들이 사라지게 된다. 유럽에서 사람들이 직접 주유하는 주유소를 보기가 어려운 것은 이 이유에서다. 기술이 더 발달해도 꼭 사람이 필요하지 않은 곳에서 사람들이 사라지게 된다.

짧게 보면 어렵지만 길게 보면 '위기가 곧 기회다', 이 말이 90년대 특히 IMF 경제 위기 이후 한국 사람들이 가슴에 품고 살았던 성경 구절 같은 말이다. '하늘이 무너져도 솟아날 구멍이 있다', 정신력만으로는 정말 강한 사람들이었을지도 모른다. 요즘 말로 하면 정말로 '멘탈갑', 그렇게 볼 수 있다. 그러나 정신력만으로는 버티는 것에는 한계가 있다. 그리고 유독 한국 사람들만 그렇게 정신력이 강하다고 볼 근거도 딱히 없다.

21세기에도 바이킹 같은 강인한 정신력과 유능한 항해술로 계속 한국이라는 국민경제를 끌고 갈 수 있을까? 한국을 하나의 배로 본다면, 노예들이 배 바닥에서 노를 저으면서 항해하는 거대한 갤리선과 같다. 누군가 계속 노를 값싸게 그리고 열심히 저을 수만 있다면 이 명예롭고 자랑스러우면서도 수지맞는 항해를 안 할 이유가 뭐가 있을까? 이 생각이 한국의 경제 엘리트들과 권력자들이 가지고 있는 생각이다. 갤리선의 함교에 모여 문을 꼭꼭 걸어 잠그고 여전히 대항해를 준비하는 사람들은 '누가' 노를 저어야 더 값싸게 그리고 더 힘차게 갈 수 있는가 하는 이런 생각이 강하다. 그러나 이미 한국은 큰 경제이고, 여전히 갤리선을 가지고 대항해에 나서기에는 어렵다. 시대가 변했고, 풍향이 바뀌었고, 바다의 흐름이 바뀌었다. 그리고 우리가 바뀌었다.

지금 이미 우리는 살아 있는 것들이 스스로 거대한 네트워크를 만들고, 그 안에서 갈등하고 경쟁하면서도 또 시스템의 안정성을 높이기 위해서 각자 노력하는 숲의 모습에 더 가깝다. 거대한 숲의 정원사, 가드너 같은 눈을 가지고 세상을 보고 한국 경제를 봐야 할 시기가 이미 우리에게 온 것이 아닐까? 갤리선을 탄 바이킹의 시선으로 한국의 청년을 보면, 냉정하게 '자기 자식'과 '값싼 노예', 딱 두 가지로 보게 된다. 자기 자식은 갤리선을 운항하는 항해사가 되고, 나머지 청년들은 그 아래에서 노 젓는 노예로 보는 것, 이게 한국 엘리트들이 지금 청년을 보는 시선이 아닌가? 갤리선의 노예와 한국의 청년이 다른 딱 하나의 차이는, 투표권이 있다는 공화국과 헌법의 정신 딱 하나 아닌가? 그러나 숲의 눈으로 한국을 보면 조금은 다르게 보일 수도 있다.

경제를 보는 눈은 다양하다. 프랑수아 케네François Quesnay처럼 의사의 눈으로 볼 수도 있고, 데이비드 리카도David Ricardo처럼 증권가의 눈으로 볼 수도 있다. 애덤 스미스나 카를 마르크스처럼 철학자의 눈으로 볼 수도 있고, 인도에서 통계 공무원으로 일했던 메이나드 케인즈John Maynard Keynes처럼 공무원의 눈으로 볼 수도 있다. 그리고 60년대 이후, 사실상 한국 경제의 운용을 담당했던 많은 공무원들처럼 구식 갤리선으로 구성된 전투선의 선장이나 함교 지휘관의 눈으로 경제를 볼 수도 있다. 시대에 따라 경제를 보는 눈이 변하게 되고, 양상을 달리하게 된다. 2016년, 우리는 무슨 눈으로 경제를 봐야 할까? 거대한 숲, 이 속에 살아 있는 것들을 들여다보는 가드너의 시선을 한 번 가져 보기를 권한다.

만약 여러분이 한국이라는 점점 늙어 가고 있고, 생기를 잃어 가면서, 숲 밑바닥에서 새로운 생명이 말라붙어 가면서 이끼로 뒤덮이는 숲의 정원사라면? 지금 상황이 어떻게 보이고, 어떤 결정을 내리고 싶어지겠는가?

아무리 크고 거대한 나무도 영원히 살아갈 수는 없다. 그들도 작은 씨앗에서 삶을 시작했다. 그리고 그들도 새롭게 씨앗을 뿌린다. 큰 나무의 씨앗이라고 그냥 편안하게 큰 나무가 되는 것은 아니다. 숲 안에서 이런 다양한 종류의 경쟁이 태양빛과 양분을 둘러싸고 진행된다. 클라이맥스에 도달한 숲, 그 숲의 미래를 둘러싸고 새로운 흐름과 거대한 나무들 사이에 줄다리기가 계속된다. 그렇지만 어떠한 경우라도, 작은 종자들을 무시하는 숲은 없다. 한국 경제가 지금 부딪힌 질문은 오래된 숲의 미래에 대한 질문과 같다.

위기를
불러온
지난
10년

3장

"어쩌다 이렇게까지 된 거지?"
지금 우리에게 닥친 경제적 위기는
도대체 어디에서부터 시작된 것일까?
지난 10년간
한국 경제 상황을 되짚어 본다.

기울어진 운동장과 50대의 의미

2007년 12월과 2012년 12월, 두 번의 대선에서 보수가 모두 이겼다. 그러나 두 개의 선거 양상은 좀 달랐다. 한 번은 해 보나 마나 한 선거였고, 또 다른 한 번은 양쪽 모두 최선을 다했지만 보수의 힘이 워낙 강했던 선거였다. 정치적으로 한국의 보수들은 완승했다. 그리고 경제에 대한 모든 결정권을 가지고 갔다. 2012년 선거에서 한국 정치의 핵심으로 떠오른 집단은 직업이나 지역별 집단이 아니라 연령별 집단, '50대'였다. 한국에서 50대가 이때만큼 핵심적 정치 집단으로 부각된 적은 없었다.

2012년 12월, 한국의 20대 후반의 65.7퍼센트가 투표에 참여했다. 연령별 통계로만 보면 가장 낮은 수치이지만, 이 수치도 낮다고 생각하지는 않는다. 경제적으로 가장 어렵고 위태한 20대 후반의 3분의 2 가량이 투표를 한 것인데, 바로 직전에 있었던 19대 총선의 20대

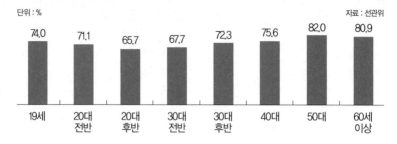

단위 : %
자료 : 선관위

| 74.0 | 71.1 | 65.7 | 67.7 | 72.3 | 75.6 | 82.0 | 80.9 |

| 19세 | 20대 전반 | 20대 후반 | 30대 전반 | 30대 후반 | 40대 | 50대 | 60세 이상 |

| 2012년 대선 연령대별 투표율 |

투표율 36.2퍼센트에 비하면 두 배 가량 높아진 것이었다. 2012년 12월에 벌어진 기적에 가까운 일은 바로 82퍼센트에 달했던 50대의 경이적인 투표 참여율이다. 그와 같은 수치 정도면 물리적으로 사회 활동이 가능한 50대는 다 나왔다고 보아도 좋을 것이다. 이 놀라운 투표율을 놓고 많은 사람들은 분석을 포기했다. 아니, 분석할 필요가 없다고 생각했다는 것이 맞을 것이다. 연령별 최저 투표율과 최고 투표율을 봤을 때, 그리고 시간이 지날수록 인구 구조상 50대가 더 늘어나고 20대는 더 줄어들 것이라는 것은 명확했기 때문이다. 그래서 사람들은 이를 가리켜 '기울어진 운동장'이라고 부르기 시작했다.

언론 지형이나 사회적 논의 구조에서 일방적으로 불리한 상황을 기울어진 운동장이라고 말하기도 했다. 그런데 2012년 대선이 보여 준 구조는 그런 제도적인 구조와는 조금 달랐다. 여러 여론 조사 결과를 통해 알 수 있는 사실이 바로 한국의 보수를 강력하게 뒷받침하는 것은 지역과 직종이라는 것이다. 지역이야 워낙 뻔하게 되어 있는 구조라서 특별히 추가적인 변화가 생겨난 것은 아니다. 직종 혹은 계층으로 보면 보수에서 가장 튼튼하고 변하지 않는 것은 '농민'과 '전업주부'다.

농민에 관해서는 국제적으로 별 이견이 없다. 농민들만 별도로 정치 세력화가 진행되는 경우가 그리 흔한 사례는 아니지만, 스위스에서 농민당을 추진한 적이 있었다. 스위스 농민당은 다른 극우 정당과 합당하면서 결국 스위스 최고의 극우파 정당이 되기도 했다. 일반적으로 농민들이 정치적 의사를 가질 때 극우 성향을 가지게 되기 때문에 크게 놀랄 만한 일은 아니다.

전업주부에 관해서는 좀 더 논란이 있을 수 있다. 한국에서 전업주부에 대해 분석하는 것은 아주 어렵다. 흔히 한국의 청년들에 대해서 세계 최고의 고학력이라고 평가하는데, 같은 기준에서 보면 한국의 전업주부 역시 세계 최고의 고학력 전업주부다. 대학 진학률이 워낙 높게 형성되어 있으니 당연한 결과다. 한국에서 보수와 진보가 연령별로 갈리는 선은 대체적으로 50대 초중반 정도가 된다. 흔히 말하는 386세대의 초반부가 50대에 진입하면서 이 분기점이 조금씩 내려오는 중이다. 그리고 이 연령의 기준으로 볼 때 성별이 크게 변수로 작용하지는 않았다. 40대 남성과 40대 여성 혹은 50대 남성과 50대 여성, 이렇게 크게 나눠 보면 연령 변수가 더 컸으며 성별 변수는 유의미하게 작용하지 않았다.

그런데 몇 년 전부터 40대 여성이라는 변수가 움직이기 시작했다. 전체적으로 보면 50대 초중반이 보수의 갈림길인데, 여성만 놓고 보면 40대 중후반으로 내려온다. 20~30대의 경우에는 성별 차이에 따라 정치적 성향이 크게 갈리지는 않는다. 40대 후반의 특정 구간에서 이 차이가 드러난다. 40대 후반 남성들은 진보 쪽을 지지하는 성향이 강하고, 40대 후반 여성들은 보수 쪽을 지지하는 성향이 강하다. 성별로 나눠서 보면 이 차이가 좀 더 명확해진다. 남성들의 보수 분기점은 50대 중반, 여성들의 보수 분기점은 40대 후반이 된다. 예전에는 없던 현상인데, 2012년 대선 즈음해서 여성들의 정치적 성향에 대한 변화가 일어났다.

그런데 이 변화에 대한 해석이 어렵다. 수치와 경향만 놓고 보면 '여성의 보수화'인데 실제 그런 것 같지는 않다. 20~30대 여성들에게 서는 그런 변화가 거의 발생하지 않는다. 여성 정치인으로서 박근혜 대통령에 대한 우호적인 성향을 작업가설로 설정할 수는 있다. 남성 중심 사회에서 홀대 받던 여성들이 강력하고 우월한 존재로 등장한 여성 정치인에 대한 애정을 가진 것이라고 할 수 있다. 그렇지만 그러한 분석을 학문적으로 입증하기가 어렵다. 혹여 박근혜만큼의 정치적 카리스마를 가진 또 다른 여성 정치인이 등장한다면 어떤 의미로든 여성의 보수화가 우발적 현상이었는지 아니면 지속되는 성향인지 분석할 수가 있다. 그렇지만 여성 대통령의 등장은 단발적이고 일회성 현상이기 때문에 해석하기가 어렵고, 입증하기는 더욱 어렵다. 그냥 작업가설로만 존재할 뿐이다.

좀 더 쉬운 해석은, '전업주부의 보수화'라고 하는 해석이다. 단순히 자신이 여성이기 때문에 혹은 여성 대통령이 등장했기 때문이 아니라, 전업주부라는 집단 자체가 보수화되었다고 해석하는 방법이다. 40대 이하 경제 활동에 참여하는 직장 여성들의 비중이 높아지면서, 그렇지 않은 여성들이 그에 대한 반대급부로 보수화된다고 해석하는 것이다. 설득력이 아주 없지는 않은데, 일반적인 여론 조사에서 이렇게까지 세부적으로 구간을 나누어 분석할 수 있을 만큼 모집단이 충분히 크지 않기 때문에 역시 작업가설로만 사용된다.

여성의 보수화든 혹은 전업주부의 보수화든, 아니면 여성 정치인에 대한 동일시이든 2012년 여성 유권자 수의 표는 보수 쪽으로 더 던져졌다. 새누리당의 분석가들은 그 사실을 알고 있다. 실제 새누리당의 주요 정치인들이 2012년 대선을 언급할 때 여성들의 역할에 대해서 언급하는 경우가 많으며, 2016년 20대 총선에서 새누리당의 주요 총선 전략의 핵심축으로 여성 문제가 제시되었다. 여기서 잠시 한국에서 가장 심층적으로 여론조사를 자주 하는 기관이 '청와대'라는 사실을 잊지 않았으면 좋겠다. 분석이 늘 옳거나 정확하다고 보장하기는 어렵지만, 어쨌든 심층적인 조사를 가장 종합적으로 하는 곳이 청와대이다. 어지간한 것은 모두 조사한다.

2010년대, 농민과 여성이 보수에게는 굉장히 중요한 집단이다. 그러나 중요성을 알고 있다고 해서 그와 관련된 정책을 잘하는 것은 아니다. 민심을 대변하는 표를 얻어야 하는 정치인의 입장의 일면에서 자신을 지지한다는 사실이 명확한 이상, 특별히 잘해 주어야 할 이유가 없는 것 아닌가? 농민의 경우가 대표적으로 그렇다. 여성(특히 전업주부)도 마찬가지다. 오히려 전업주부와 대칭적 관계를 형성하는 직장 여성의 표를 얻어 내기 위해서 해당 집단과 관련된 일에 더 신경을 쓰는 경향이 생길 수도 있다. 현실은 실제로 그랬다.

어차피 가난한 것은 마찬가지이지만, 농민과 전업주부가 보수의 핵심 지지층인 것과는 상반되게 청년들은 정반대의 위치에 있다. 물론 언제까지고 한국의 청년들이 보수와 대척점에 있을 것이라고 확답할 수는 없다. 경제적 불황이 장기화되면 청년층의 일부가 극우화되는 성향을 띠는 일이 발생한다. 유럽에서도 그랬고, 일본에서도 그랬다. 파시즘fascism이라는 용어 자체가 등장한 것이 1929년 전 세계를 휩쓴 대공황 때의 일이다.

2012년 대선을 해석하면 '기울어진 운동장'이라는 표현의 무게감은 더욱 커진다. 시간이 지날수록 50대 이상의 장년층이 늘어날 것이고 청년들의 상대적 비중은 줄어들 것이다. 게다가 경제적 불황이 계속되면 빈곤층의 극우화 역시 늘어나게 된다. 즉 보수에서 줄어들 표는 별로 없고, 가난해진 전업주부들에게서 늘어날 표는 더 많다. 이정도면 선거는 이미 해 보나 마나라고 판단해도 이상하지 않다. 청년들의 투표율이 높아진다고 해도, 50대 이상 장년층의 숫자 자체가 늘어나기 때문에 어지간해서는 정치적 변화가 생기지 않을 것이라는 산술적 계산이 아주 이상한 논리는 아니다. 경제가 안 좋으면 안 좋을수록 더욱더 보수에게 유리한 정치적 지형이 전개된다. 짧은 민주당의 집권을 제외하면 사실상 자민당 체제로 진행된 일본을 정치 모델로 참고한다는 것이 무리한 생각은 아닌 것 같다. 불황의 장기화와 정치의 보수화, 그리고 그 결과 극우 세력이 강화되는 흐름이 발생하는 것은 자본주의가 가지고 있는 본질적인 딜레마일지도 모른다. 어쩔 것인가. 이렇게 원래 운동장이 기울어지게끔 디자인되어 있는데 말이다.

2012년 대선을 경계로, 한국 정치에서는 50대 문제가 전면에 나서게 되었다. 원래도 보수 쪽에서는 청년 문제를 중요하게 생각하지 않았는데, 대선에서 목도한 50대의 어마어마하게 높은 투표율을 확인한 후로 그와 같은 경향이 더욱 강해졌다. MB는 청년을 '일회용 포장지'로 사용했다. 그렇게 해도 대선의 일대일 대결에서 이기는 데 아무 문제가 없다고 생각한 것 같다. 박근혜 시대에는 더욱 심화된 '청년 포장지' 전략이 사용된다. 아무거나 하고 싶은 것을 하면서, "이게 다 청년을 위해서다"라는 말을 마구잡이로 갖다 붙인다. 경제적으로는 분명히 문제가 발생할 일이지만 정치적으로는 별 문제가 없다는 것이 '기울어진 운동장'이 가지고 있는 특징이다.

충격을 받은 것은 야당도 마찬가지다. 점점 더 늘어날 것이 뻔한

50대를 염두에 두지 않을 수 없다. '중도 확장 전략' 같이 이름은 좀 복잡하지만 안을 들여다보면 보수 성향을 가진 50대에게 호소하기 위한 정책들을 만들자는 논의가 이루어지고 있다. 그에 대한 얘기를 직접 할 수 없어 돌려 말하지만, 핵심은 '보수적인 50대에게 어떻게 다가갈 것인가'이다. 기계적으로 상황을 분석하면 다르게 결론을 내리기가 쉽지 않다.

2012년 12월을 경계로, 한국에서 새로운 대규모 정치집단이 탄생하기 전까지는 정책의 기조를 결정할 열쇠를 쥔 것은 경제적 계층이나 지역별 집단보다도 '50대'라는 연령별 집단일 것이다. 사회에는 정치적인 주제와 경제적인 주제 혹은 어느 쪽으로만 생각할 수 없는 문화적 주제 같은 것이 있다. 한국을 거대한 세면대에 비유해 말하자면, 세면대의 모든 물이 모여서 흘러 들어가게 될 하수구의 '마개'와 같은 존재가 50대이다. 수도꼭지에서 나온 물은 결국 하수구를 향해 흐른다. 그 물을 흘려서 내보낼지 그냥 담아둘지, 그것을 결정하는 것은 하수구의 마개이다. 좋든 싫든 한국은 그와 같은 상황이 되어 버렸다. 바로 그것이 투표율 82퍼센트의 의미다.

기울어진 운동장, 그 한쪽 끝에 거대한 깔때기처럼 존재하는 것이 한국의 50대. 5년 후 혹은 10년 후에, 그 경제적 주체가 다른 존재로 바뀌어 있을 수도 있다. 또 다른 연령층이든 혹은 경제적 계층이든, 결정적으로 무엇인가를 결정하게 되는 마지막 출구의 주체는 얼마든지 바뀔 수 있다. 그렇지만 지금은 아니다. 현실이 중요한 것이 아니라, 그 현실을 인식하는 사람들의 인식 체계가 중요한 것이다. 여당이든 야당이든 자신들의 자리를 보장해 줄, 이미 주어진 과거의 투표율이 중요할 뿐, 아직 드러나지 않고 형상화되지 않은 미래의 요소를 가지고 판단하는 경우는 그렇게 많지 않다.

'한국의 50대, 대체 뭐지?' 이쯤에서 이런 생각을 한 번쯤 해 보게된다. 사람이라서 그렇다. 의심과 분노, 절망과 같은 감정과 행동들은희망을 다시 한 번 생각해 보기 위한 준비 작업이다. 나 역시 어느 날 문득 이런 생각을 했다. 다음 대선을 치를 때가 바로 내 나이 딱 쉰 살이되는 해다. 50대의 선택, 너무 무겁지 않게 생각하면 나와 내 친구들 그리고 내 또래의 삶에 관한 이야기일 뿐이다. 경제적인 시선에서 생각하면 연령별 분석에서 50대와 20대 청년들의 문제는 너무 복잡하다. 그안의 계층 분화도 복잡하고, 직업별로 그리고 지역별로 나누어서 생각해야 할 것도 많다. 그리고 무엇보다 성인으로 각자의 삶을 살아가는 개별적 존재로 봤을 때, 완전히 남이다. 50대의 주요 직종과 20대의 주요직종, 50대의 경제적 삶과 20대의 경제적 삶을 분석할 때, 두 존재는 완전히 남이고 아무런 상관없는 독립적 주체로 상정된다. 그렇지만 현실로 돌아오면 그들은 집에서 부모와 자식 관계다. 아빠와 아들이고, 엄마와 딸이다. 아빠가 딸을 위해 판단할 수 있고, 엄마가 아들을 위해 판단할 수 있다. 매우 당연한 일이고 언제나 그래왔다. 그렇지만 이러한 판단이 집단적이고 사회적인 입장에서도 변함없이 유효할까? 지금 한국경제가 가지고 있는 문제를 요약해서 딱 하나의 해법으로 집어넣으면, 이와 같은 부모의 사회적 판단과 관련된 문제이다.

내 자식을 위해서 내가 더 부자가 되어야 하는가, 아니면 우리 모두의 자식을 위해 그들의 경제적 형편이 나아져야 하는가? 이런 질문 앞에 우리가 서 있는 것이다. 그리고 그것이 늙어 가는 경제 혹은 이미 너무 늙어 버린 경제의 미래에 대한 선택과도 마찬가지다. 우리의 경제는어떻게 늙어 가게 될 것이며, 그 과정은 앞으로 우리에게 어떠한 영향을 미칠 것인가? 같이 한 번 생각해 보면 좋겠다.

MB의 시간, 사기꾼의 시대

지금에 와서 돌이켜 보면 MB와 박근혜, 비슷하면서도 차이가 좀 있는 것 같다. MB의 경제가 사기꾼에 가까운 것이라면 박근혜는 분명히 사기는 아니다. 자기가 뭘 하는지를 알아야 사기가 성립되는데, 뭘 하고 있는지를 모른다는 점에서 박근혜의 경제를 일반적이고 범용적인 사기라고 하기는 어렵다.

경제가 클라이맥스에 올라 있던 2007년, 한국 경제의 몰락이나 위기를 예상하는 사람은 거의 없었다. IMF 이후 한국 경제가 어느 정도의 궤도에 올라 있다고 많은 사람들이 생각하던 시점, 2007년 대선은 욕망의 투표와도 같았다. 어떤 의미와 맥락에서든 각자 자신들의 꿈과 미래를 위해서 투표를 했다. 그리고 그렇게까지 간절하게 바라는 것이 없는 사람들 중 상당수는 투표를 포기했다. 역설적이지만 우리의 미래가 아직 걱정되지 않는 그 시점, 개인의 희망과 욕망은 구분되지 않았다. 그리고 그것을 굳이 구분할 필요도 없었다.

2007년 대선 직후 벌어진 18대 총선을 가리켜, 흔히 '뉴타운 총선'이라고 부른다. '내 집값은 어떻게 될까?' '재개발 후의 우리 집 보상금은?' 이런 개개인의 소소한 욕망들을 삶의 희망과 구분할 수 있을까? 개별적으로 그런 구분은 불가능하다. 투기와 투자를 구분해야 한다고 하지만 개개인의 삶에서 두 가지를 구분하는 것은 거의 불가능하다. 〈허

생전〉 얘기처럼 나라 경제가 휘청할 정도로 과도하지 않다면 매점매석에 관해서 굳이 신경 쓸 필요도 없다. 그러나 한 국가 경제의 근간이 흔들릴 정도이고, 한 나라의 정치가 송두리째 움직일 정도라면 고민을 하지 않는 것도 어려운 일 아닌가?

굳이 구분을 하자면 2007년 대선은 경제적 고민은 물론이고 정치적 고민도 잠시 내려놓고, 각자 자신들의 경제적 운명을 위해서 치렀던 선거라고 할 수 있다. 경제적이든 정치적이든 무엇이 옳은 것인가와 같은 문제는 잠시 내려놓았던 시기다. MB가 내걸었던, 당시 평균 경제성장률 5퍼센트에 2퍼센트를 더해 달성하겠다고 말한 숫자 '747'을 과연 정말 믿은 사람들이 있었을까? 그냥 떠드는 말이라고 여길 뿐, 그 말의 구체적인 의미와 경제적 함의를 생각해 본 사람들은 거의 없었을 것 같다.

냉전기에 나온 대작 소설 시리즈물 중에서 영화로 거의 다루어지지 못한 하나가 있다. 바로 아이작 아시모프Isaac Asimov의 로봇 시리즈다. 유족들의 반대로 영화화되지 못했다고 알려져 있다. 그의 초창기 소설 중의 하나가 〈아이로봇〉이라는 제목을 달고 영화로 나오기는 했지만, 원작의 제목을 그대로 사용할 수 없었고 후속작 역시 이어지지 못하고 있다. 영화의 간단한 플롯을 이렇다. 공업용 대량 생산 과정을 거쳐 만들어지는 로봇들에게 별도의 개성은 존재하지 않는다. 그런데 로봇 한 대가 폭주하는 과정에서 스스로의 정체성을 인지하게 되면서 로봇과 인간의 갈등과 공생 가능성에 의문을 던지는 사건들 벌어진다. 과연 스스로 자신의 존재를 자각한 로봇의 미래는 어떻게 될지 그에 관한 질문을 해 보게 되는 영화다.

아이작 아시모프의 소설에 등장하는 '로봇 3원칙'이 그러한 고민 속에서 만들어진 것이다.

제1원칙. 로봇은 인간에게 해를 입혀서는 안 된다.

제2원칙. 위험에 처한 인간을 모른 척해서도 안 된다.

제3원칙. 제1원칙과 제2원칙에 위배되지 않는 한, 로봇은 자기 자신을 지켜야 한다.

내용은 명확하다. 인간이 만든 로봇이 어떠한 이유에서든 인간을 해쳐서는 안 된다. 〈아이로봇〉은 로봇이 인간을 살해하는 장면에서 시작된다. 그리고 어떻게 이런 행동이 나올 수 있는지를 추적하면서 얘기가 전개된다. 물론 현실에서 사람들이 인공지능이나 로봇을 만들 때, '로봇 3원칙'을 따르는 것은 아니다. 어디까지나 아이작 아시모프 소설 속의 설정일 뿐이다. 그래도 어느 정도 우리 사회에 영향을 주기는 한다. 공격용 드론은 무인으로 로켓을 발사할 수 있지만, 아직까지는 사람을 공격할 때에는 유인 조정을 하도록 되어 있다. 언제까지 그와 같은 규정이 적용될지는 기술의 문제가 아니라 제도의 문제라고 할 수 있다. 〈공각기동대〉에서 나온 인공지능 로봇 타치코마들은 악인이 나오면 주저 없이 어깨 위에 설치된 기관총을 발사한다. 아이작 아시모프를 존경한다고 밝혔던 애니메이션 제작진들은 그의 로봇 3원칙까지 따르지는 않았다.

로봇 3원칙에 의해서 설계되고 행동하는 로봇이 있다. '다닐 올리버'다. 아이작 아시모프의 초기 단편 소설에 등장해 이후 시리즈에서도 활약을 펼친 이 로봇은 은하제국의 멸망과 재건에 관한 대서사시 《파운데이션》의 마지막 편까지 계속해서 등장한다. 첫 등장부터 마지막 순간까지 대략 2만 년이 약간 안 되는 시간이다. 《파운데이션》은 사람이 거주할 수 없는 환경이 된 지구를 벗어나 우주로 나간 은하제국이 내부의 문제를 이겨내지 못하고 멸망하게 되는 것에서 시리즈를 시작한다. 이후 소설은 벌어진 상황을 미리 예측한 수학자 해리 셀던이 새로운 사회의 출발을 위해서 두 개의 파운데이션을 만들고, 각각의 파운데이션이 개별적으로 발전을 하면서 은하가 서서히 하나의 공화국으로 만들어지게 되는 과정을 그려 나간다.

　냉전시대를 배경으로 한 소설이라서, 새롭게 만들어지는 《파운데이션》에는 민주의 시기, 군인의 시기, 상인의 시기 등 다채로운 지배 구조들이 각 시기의 특징으로 존재한다. 그리고 맨 마지막에 등장하는 가이아의 시기를 마지막으로 소설은 끝이 난다. 각 단계마다 위기가 존재하고 다음 단계로 진화하면서 이전 시기의 위기가 해소되는 것이 기본 패턴이다. 로봇과 인공지능이라는 설정은 물론이고, 수없이 많이 탄생한 우주 제국에 관한 설정의 원형이라고 할 수 있다. 그리고 18세기에 역사학자 에드워드 기본Edward Gibbon이 썼던 《로마 제국 흥망사》가 《파운데이션》의 모티브가 되었다. 서양에서 세계 역사와 미래를 고민하는 사람이라면 한 번쯤은 이 방대한 시리즈를 읽어 본다. 마치 한중일의 청소년들이 어른이 되면서 《열국지》에서 《삼국지》에 이르는 일련의 중국 장편소설들을 한 번쯤은 접하게 되는 것과 같다.

　이런 아이작 아시모프의 《파운데이션》의 이야기를 꺼낸 데에는 이유가 있다. 이 소설에 등장하는 흥미로운 설정이 있다. 바로 '뮤턴트'다. 새롭게 출발한 은하제국에 결정적인 괴멸적 위기가 찾아온다. 베일에 감추어져 있던 수학자들이자 정신과학자들의 집단이 두 개의 파운데이션을 붕괴 직전까지 끌고 가는 절체절명의 위기가 발발하는데, 이 위기를 만들어 낸 존재가 '뮬'이다. 매우 특별한 능력을 가진 존재를 설명할 수 없었던 아이작 아시모프는 그를 뮤턴트라고 소개한다. 돌연변이로 갑자기 등장하는 뮬의 작동 방식은 유혹하는 것으로, 이 능력을 이용해 상대방의 정신을 지배한다.

MB가 정치인으로 등장하고 결국 집권까지 하게 되는 과정을 보면서, 내가 알고 있는 수많은 얘기 중에서 비슷한 사례를 찾아보려고 꽤 노력을 했다. 유혹이라는 측면, 돌발적 등장 등 여러 측면에서 가장 비슷하다고 생각한 것이 《파운데이션》에 나오는 뮬이라는 이름의 뮤턴트였다. 그는 확실히 한국의 좌파와 우파 혹은 진보와 보수로 나눠지는 논의 구도에서 어느 한 쪽에 속하지는 않는 뮤턴트와 같은 존재다. 그는 진보도 보수도 아니고, 좌파도 우파도 아니다. 그냥 사기꾼이라고 보는 분석이 더 쉽다. 그렇지만 그의 욕망은 거울에 비친 우리의 욕망이었을지도 모른다.

MB는 우리에게 약간은 기이한 거울과 같은 존재였던 것 같다는 생각을 가끔 한다. 그를 반대하는 사람들은 무조건 그가 틀렸거나 오류투성이에 거짓말쟁이라고 생각한다. 자신이 싫어하는 모든 것을 그의 이미지에 비추어 보고 그를 반대하는 이유를 만든다. 그를 좋아하는 사람도 마찬가지다. '일 잘하는 사람이야.' '그래도 그는 뭔가 할 것 같아.' 어쨌든 자신이 생각하는 욕망을 MB라는 거울을 통해서 봤던 것 같다. 그것이 뉴타운이든 토건이든 아니면 한반도 대운하든, "어쨌든 뭐라도 하는 게 나은 거 아니냐"며 끊임없이 자신의 성실함에 대한 확인을 국가의 성실함으로 확인받고 싶어 했던 것이 아닐까?

국가는 그 자체로 성스럽게 보일 수 있으나 결코 성스럽지 않다. 모순투성이에, 인간이라면 도저히 같이 할 수 없는 두 가지의 행위를 동시에 한다. 예를 들어, 녹색성장을 추진하면서 원자력 발전을 강화시킨다. 원자력을 수출 주력 산업으로 키우겠다는 전략과 4대강 사업을 함께 추진하는 식이다. 개인이라면 이러한 일들을 같이 수행하기 어렵다. 만약 한 인간이 개인 차원에서 이렇게 행위 한다면 정신분열증이라고 했을 것이다. 그렇지만 국가 차원에서 그런 일이 종종 벌어지면서도 내부적으로 모순이나 갈등을 전혀 느끼지 않을 수 있다.

이 정신분열증적인 국가의 속성이 MB라는 한 인간을 통해 동시에 펼쳐지는 것을 보면서 사람들 역시 정신분열증적인 혼란을 느꼈을 것 같다. 그를 지지했든 지지하지 않았든 마찬가지다. 그렇다고 그가 많은 보수주의 정권이 그렇듯이 강력한 군사주의로 밀고 나간 것도 아니었다. 그는 처음부터 국방 문제에 대해 별 관심이 없었을 뿐더러 '차관 통치' 정도로 불만이 많았던 군을 그냥 누르면서 갔다. 제2 롯데월드 건설과 함께 진행되었던 군사 공항의 활주로 각도 문제가 대표적인 일례다. 보수들이 제일 크게 관심을 갖는 군사 문제에 정말로 별 관심이 없었던 것 같다. 정말 보수가 맞는 것일까? 그렇다면 그는 실용주의였을까?

그가 대통령으로 재임한 기간 동안 수많은 뉴타운 등 토건형 사업들이 위기에 빠졌다. 그리고 결정적으로 국민경제 자체가 저성장 국면으로 들어갔다. 진정 실용주의였다면 국민경제의 여러 지표에서 기본적인 성과들이 나타났을 텐데, 그런 일이 거의 없었다. 성장률을 비롯해 개인과 관련된 여러 소비 지표 등이 MB 시절에는 일관되게 나빠졌다.

대기업을 포함한 기업들이 내는 법인세는 줄어들었다. 그 대신 가난한 사람들이 많이 내는 부가가치세는 조금씩 강화되었다. 경제를 살린다고 했던 조치들이었지만, 그런 일련의 일들은 강한 기업들을 더욱더 강하게, 그리고 약한 것들을 더욱 약하게 하는 속성들을 가지고 있었다. 그럼에도 그런 것들을 '경제 살리기'라고 불렀고, 그 목적은 '청년들의 일자리' 때문이라고 했다. 이때부터 청년들을 일회용 포장지로 사용하는 일들이 생겨나기 시작한다. 그 전까지 청년은 보수 쪽에서나 진보 쪽에서나, 정치적이든 경제적이든 관심 밖에 있었다. 2008년, 전 세계적으로 터져 나온 글로벌 금융위기와 함께 드디어 청년이라는 이름의 일회용 포장지가 한국 경제에 등장하게 된다.

MB는 글로벌 금융위기를 극복한다고 하면서 두 가지의 중요한 일을 추진했다. 원래 하려고 했던 한반도 대운하를 '4대강'으로 이름을 바꿔서 진행하고, 이것을 청년 일자리 사업이라고 포장한 것은 정말로 어처구니가 없는 일이었다. 그렇지만 진짜로 문제를 일으키게 된 것은, 일자리 나누기라고 하면서 대졸 초임을 삭감한 일이다. 주로 정부 출연기관과 대기업을 중심으로 대졸 초임을 삭감하고, 그렇게 생겨난 여유분으로 청년들을 더 뽑겠다고 했다.

기본적인 설계는 간단하다. 대졸 신입 직원이 들어오면 그가 중간 간부로 승진할 때까지 임금을 20~30퍼센트 정도 삭감하는 것이다. 평직원에서 과장 사이까지는 이렇게 삭감된 연봉으로 출발을 하다가 중간 간부가 되는 순간에 삭감되기 이전의 연봉 수준으로 지급을 받는 것이 기본 뼈대다. 물론 3~4년 만에 중간 간부가 되면 충격이 크지 않겠지만, 그런 일은 없다. 평균적으로는 15년에서 20년 정도가 지나야 중간 간부가 되고, 그때까지의 임금이 삭감되는 구조다. 대졸 초임자들, 즉 막 대학을 졸업하여 처음으로 취업을 한 사람들이 적으면 1억, 많으면 2억 이상의 임금을 앉은 자리에서 손해 보게 되었다. 물론 그 돈으로 더 많은 사람을 고용하면 되지 않느냐고 생각할 수 있다. 그러나 공기업 등 각 회사에서 갈등만 일어나고, 청년 고용이 눈에 띌 정도로 늘어나는 일은 벌어지지 않았다. 그 대신, 누가 봐도 좋은 회사라고 하는 곳에 입사한 청년들이 자신의 연봉을 정작 부모들에게도 말하지 못하고 끙끙

거리는 일만 벌어졌다.

금융 공기업과 같이 벌이가 괜찮은 회사에 취업한 청년들은 좀 일찍 결혼해도 되지 않을까? 모르는 얘기다. MB 시절의 이 조치로, 죽어라고 경쟁해서 마지막 단계에까지 들어간 청년들마저도 정상적으로는 결혼과 출산을 계획하기가 어렵게 되어 버렸다. MB 시절에 취해진 여러 조치 중 눈에 크게 띄지는 않지만 청년들의 삶에 가장 전격적으로 영향을 미친 조치가 바로 대졸 초임 삭감이라고 할 수 있다. 임금을 줄여서 피해 본 사람은 분명한데, 일자리가 별로 늘지는 않았다. 피해자는 확실한데, 수혜자가 별로 없다.

대졸 초임 삭감, 이 제도의 시행이 사회적으로 가능했던 것은 당사자라는 조건이 애매했기 때문이다. 그야말로 '사기의 조건'과 같은 이야기다. 대학을 막 졸업했거나 취업을 준비 중인 사람들은 자신이 취업자에 속하는지 아닌지 알기 어렵다. 어지간하면 100 대 1은 넘는 엄청난 경쟁 조건에 서로들 내몰려 있다. 그 상태에서 취준생들의 강력한 조직을 만드는 것은 불가능한 일이다. 공기업 사장들 입장에서도 꼼짝 못하는 것은 마찬가지다. 길어야 3년, 대개 2년 계약으로 잠시 회사를 맡아서 경영하는 사람들이 대통령이 직접 나서서 진행하는 조치를 거부할 이유도, 방법도 없다. 게다가 이 사업의 주무부처인 기획재정부는 공기업의 사장을 포함한 회사 평가 권한도 있다. 민간회사 역시 R&D 비용이나 정부 수주 등 여러 가지 사업에 관한 권한을 정부에서 가지고 있기 때문에 정부의 정책에 대해서 아예 모른 척하기는 어렵다. 인센티브와 성과 평가 등 정부가 목줄을 쥐고 있기 때문에 초임 삭감과 같은 일이 부당하다고 말할 공기업 사장이 우리나라에는 없었다. 미래에 회사 부하직원이 될 사람들의 연봉을, 그것도 수십 년 치를 한 번에 삭감하는 잔인한 일을 해야 자신의 연봉이 높아지는 잔혹한 구조다.

"아직 입사도 안 했는데, 뭐 어때? 따지자면, 모르는 사람인데……."

이 사건에 대해서 노동조합의 입장에서도 어려운 문제인 것은 마찬가지다. 아직 입사하지 않은 예비 노조원의 문제를 위해서 목숨 걸고 싸울 것인가? 미래에 노동조합에 가입할 사람들을 위해서 움직인다는 것은 소극적일 수밖에 없다. 2007년 이후 취해진 여러 조치 중에서 청년들에게 가장 직접적이면서도 감당하기 힘들 정도의 누적된 충격을 발생시킨 것이 분명한 이 사건은 그렇게 사회적 논쟁이 격렬하지 않은 상태에서 은근슬쩍 넘어갔다. 그리고 많은 기업들이 노조의 반대를 뚫고 엉뚱한 장소에서 기습적으로 이사회를 열어서 초임 연봉 삭감과 관련된 안건을 통과시켰다. 노조의 반대가 있었던 것은 분명하지만, 기습적인 이사회를 막을 만큼 그 반대가 강력하지는 않았다. 그 후에 일부 공기업에서 대졸 초임의 임금을 원래대로 회복시키기 위해서 법정 투쟁까지 갔다. 지금까지 대졸 초임자의 연봉이 조정이 된 곳도 있고 그렇지 않은 곳도 있다. 그야말로 우연의 연속일 뿐이다.

국민경제 전체로 본다면, MB 시절에는 4대강과 자원 외교가 가장 특징적인 사업이었고, 청년들의 눈으로 본다면, 대졸 초임 임금 삭감이 그 시기의 특징을 가장 대표적으로 보여준다고 할 수 있다. 온갖 경쟁을 뚫고 공식적인 경제 조직 중에서 가장 형편이 나은 곳에 들어가는 데 성공한 청년들이 제일 먼저 임금 삭감을 당했다. 그나마 정년이 보장되고 임금 수준도 어느 정도 되는 괜찮은 곳, 소위 말하는 '단단한 직장'이 MB 시절에 일차로 털렸다. '아직 취직하지 않은 미래의 입사자'에 해당하는 당사자가 누구인지 불명확한 정책에 대해서 당시 우리는 어떻게 대응해야 할지, 도무지 방법을 찾지 못했다.

그리고 대졸 초임 삭감은 우연히 MB 시절에 대학교 4학년 졸업반 학생이었거나 아직 미취업 상태였던 취준생에게만 해당하는 조치는 아니었다. 그 한 번의 정책 시행으로, 앞으로 미래에 직장을 가져야 할 중학생과 고등학생 등 한 마디로 한국에 사는 미래 세대의 연봉을 한 번에 날려 버린 것이다. 나중에 이렇게 만들어진 이상한 연봉표가 재조정될 때까지, 미래 세대 모두에게 해당되는 조치였다. 또한 좁게는 청년들의 부모와 그들을 가르치는 대학의 교수들, 넓게는 앞으로 언젠가 취업문을 두드리게 될 중고등학생과 그들의 부모까지 모두 영향을 받는 조치였다는 의미다. 안타깝게도, 이 일이 벌어지는 동안 대체적으로 우리는 '멍' 하고 있었다.

성경에 이런 구절이 있다. "가이사의 것은 가이사에게, 신의 것은 신에게로……." 이를 MB의 이야기로 하자면 이렇다. "청년의 것은 청년에게, 첫 취업자의 것은 또 다른 취업자에게……." 이쯤에서 아이작 아시모프가 제시한 로봇 3원칙을 MB 버전으로 다시 한 번 생각해 보자. MB라면 이런 원칙에 따라서 움직일 것이다.

제1원칙. MB는 인간에게 해를 입혀서는 안 된다.
제2원칙. 위험에 처한 인간을 모른 척해서도 안 된다.
제3원칙. 제1원칙과 제2원칙에 위배되더라도, MB는 자기 자신을 지켜야 한다.

몇 글자 안 바꾸었는데도 내용은 전혀 다른 것으로 바뀌었다. 사람들이 설령 해를 입더라도, 청년들이 설령 위험에 처하더라도 MB는 자신과 자신의 형 그리고 자신의 친구들을 지키는 데 열중했다. 그 시절,

우리 모두 혼이 절반쯤은 나가 있었던 것 같다. 누구 하나 진보는 당연히 아니었고 전통적인 보수도 아니었다. 그렇다면 중도였을까? 중도는 더더군다나 아니었다. 좁게 보면 '국토 대개조'의 시대였고, 넓게 보면 '청년 폭망'의 시대였다. 그리고 당시 최저임금 인상이 역대 가장 낮았던 것은 MB 시대가 준 보너스다.

영어에서도 프랑스어 그대로 '레세페르Laissez-faire'라고 쓰고, 우리말로는 '자유방임'이라고 번역하는 단어가 있다. 이것은 시장이 시장 그 자체로 작동할 수 있게 하기 위해서 정부가 불필요한 간섭을 하지 말라는 의미로 사용된다. MB 시대의 자유방임은 MB 자신에게만 적용된 것 같다. MB 시대가 중도적이라고 하는 의미는 결국 양쪽 모두와 싸웠다는 의미로 해석할 수 있다. 한쪽에서는 시민단체 및 고등학생들과 싸웠고, 또 다른 한쪽에서는 박근혜와 싸웠다. 양쪽에 끼인 싸움을 했다는 점에서 중도적이다.

공기업에 입사한 청년이라면 어느 정도 먹고살 만한 사람들이라고 생각하다 보니 관심 밖에 놓이게 되는 경우가 많다. 그렇지만 MB 시절의 초임 삭감은 진짜로 괴멸 효과를 만들어 냈다. 네이팜탄은 순간적으로 충격이 큰 폭탄이고, 고엽제는 당장은 효과가 크지 않더라도 두고두고 부작용을 일으키는데, MB가 했던 대졸 초임 삭감은 마치 네이팜과 고엽제를 동시에 미래에 투척한 것으로 볼 수 있다. 그렇지만 사회는 기이할 정도로 조용했다.

로스쿨이 도입되면서 사법시험을 존치할 것인가 말 것인가, 이런 것이 사회적 논란거리가 되었다. 그리고 각 정당에서 그에 대한 입장을 어떻게 정하느냐가 첨예한 질문이 되기도 했다. 존치한다고 해도 100명 이하인 사법고시에 비하면, 대졸자들 전원에 해당하는 문제인 임금 삭감은 사회와 경제에 미치는 영향이 훨씬 더 큰 조치였다. 당연히 그렇지 않겠는가? 취준생의 규모는 사시 준비생에 비하면 훨씬 크다.

2006년 프랑스에서 '최초고용법'이란 제도가 시행되려고 할 때의 일이다. 스물여섯 살 미만의, 처음으로 취업한 사람에 한해서 2년간에 걸쳐 해고를 용이하게 할 수 있게 허용해 주는 것이 주 내용이었다. 고용을 건드리든지 임금을 건드리든지, 기본적으로는 '처음 취업하는 사람들에게 뭔가 불이익을 주자'는 발상은 MB가 했던 생각과 크게 다르지는 않았다. 자르기 쉽게 만들거나 임금을 덜 주게 해주면 더 많이 고용할 것 아니냐는 두 국가가 펼쳐 낸 발상의 시발점은 같다. 그런데 당시 프랑스에서는 온통 난리가 났다. 대학생과 노동조합이 전면적으로 파업을 선언한 것까지는 어떻게 버텼는데, 고등학생들이 동맹휴업을 맺고 집단적으로 시위에 나오면서 정부에서 어쩔 수가 없게 되었다. 이미 국회까지 통과한 법이었지만, 고등학생들하고 정면으로 싸워서 이길 정권은 없다. 결국 정권이 뒤로 물러섰다. 이때 나온 말이 '크리넥스 계약'이다. 한 번 쓰고 버리는 휴지의 대명사 '크리넥스', 이런 표현이 학생들 사이에서 자연스럽게 흘러나왔다.

물론 한국과 프랑스는 다른 사회다. 프랑스의 정치인과 한국의 정치인도 다르다. 게다가 MB는 한국에서도 전례가 없을 정도로 독특하면서도 독창적인 인물이었다. 그래서 그의 시대 역시 그 자신만큼이나 독창적이었다. 그와 지냈던 5년이 끝났을 때쯤, MB는 여전히 그 모습 그대로였지만, 우리가 오히려 정신분열증에 걸린 것 같은 느낌을 받게 되었다. 그는 변함이 없었다. 대통령을 시작할 때나 끝날 때나 여전히 씩씩해 보였다.

MB 시절을 간단한 몇 가지 문장으로 요약할 수 있을까? 그는 하고 싶은 것만 하려고 했고, 그의 형과 친구들에게 도움이 되는 일만 하려고 했던 것 같다. 그가 하고 싶었던 일은 어떤 일이었을까? 돈 되는 일 아니면 그가 해 봤던 일이 아닐까 싶다. 원자력 발전에 대한 과도한 집착, 그가 한참 현대에서 일하던 시절 원자력 플랜트 건설은 중요하게 밀었던 사업 중의 하나였다. 그가 너무 하고 싶은 일만 하려고 해서 많은 사람들에게는 속이 상했을지도 모르지만, 그래서 다행인 측면도 있다. 청년들의 임금을 삭감한 것을 제외한다면, 근본적인 노동 과정에서의 변화는 논의만 했을 뿐 실제로 강행하지는 않았다. 못 했던 것은 아니고, 안 했던 것 같다. 청계천이나 은평 뉴타운 조성을 추진하듯이 했으면 못 했을 건 아니다. 게다가 그 시절에는 새누리당이 단독으로 국회 과반을 넘었던 상황이라, 그가 무언가 정말로 추진할 마음이 있었다면 얼마든지 할 수 있었다. 4대강이나 자원 외교 같이, 충분히 재밌는 장난감을 이미 가진 상황에서 구질구질하게 노동조합과 전면전을 치르는 것을 귀찮아 했던 것이 아닐까 싶다.

박민규의 소설 《삼미 슈퍼스타즈의 마지막 팬클럽》에 보면 다음과 같은, 기가 막히게 멋진 문장이 나온다.

"치기 힘든 공은 치지 않고, 잡기 힘든 공은 잡지 않는다."

역설적이지만 MB가 딱 그랬던 것 같다. 그는 보수가 원했던 노동 개혁 같은 것도 하지 않았고, 사회가 절실하게 필요로 했던 경제적 조치 같은 것도 하지 않았다. 그리고 정말로 자기가 할 수 있고, 하고 싶은 일만 했다. 어쩌면 앞으로 우리가 만나게 될 새로운 시대에, 정말로 우리가 갖추어야 하는 개인적인 덕목이 프로 야구 창단 초기에 각종 기록을 갱신하며 기록적인 18연패를 하던 삼미 슈퍼스타즈에게 필요했던 바로 그것 아닐까?

치기 힘든 공은 어차피 못 친다. 잡기 힘든 공도 잡을 수 없다. 앞으로 우리가 만나게 될 현실이 그렇다. 그것을 이미 먼저 실현하고 구현한 사람, 역설적으로 그 사람이 바로 MB 아닌가? 그래서인지 때때로 그에게 '엘프elf', 즉 요정이라는 별칭이 붙는다. 앞으로의 변화에 우리들이 그렇게 편안하게 마음을 먹고 장기 레이스를 이끌어 간다고 생각을 하는 것이 맞다. 그런데 그게 어렵다. 여전히 우리가 하지 못하는 그 심오한 단계를 MB는 먼저 도달한 것 같다. 확실히 보통 사람은 아니다. 알고 사기를 치고도 전혀 마음 불편해 하지 않는 높은 심법의 단계에 도달한 것 같다. 이런 점에서 그는 확실히 보통 사람을 뛰어넘는다. 대부분의 경우, 우리는 착해서 나쁜 일을 하지 않는 것이 아니라 마음이 먼저 흔들려서 못 하게 된다. MB가 참석한 텔레비전 토론이나 발표를 보면 그의 목소리는 떨리는 경우가 없다. 그만큼 마음만은 정말 강한 사람이다.

박근혜의 시간, 판도라의 시대

같은 보수라고 하지만 MB와 박근혜 사이에는 현해탄이 아니라 태평양 만한 차이가 있는 것 같다. 경제에 관해서는 둘 다 정말로 무능했다. 둘 사이에 경제 문제를 다루는 데 소소한 차이가 있다면, MB는 알고도 그렇게 했고 박근혜는 자기가 뭘 하는지를 모르는 것 같다. 사기꾼으로 비유를 한다면, 알고 사기 치는 사람과 자기마저도 속이는, 보다 높은 단계의 사기꾼의 차이라고 할 수도 있다.

YS가 군인들에게서 정권을 받아오면서 '문민정부'라는 표현을 사용했다. 정중부가 고려 말에 일으킨 무신의 난을 연상하게 한다. 앞으로는 쿠데타는 하지 말자는 의미이기도 하고, 군인들이 직접 나라를 통치하는 일이 없어야 한다는 YS의 다짐이기도 하다. 이런 전통을 이어받아 DJ는 '국민의 정부'라고 스스로를 불렀고, 노무현은 '참여정부'라고 불렀다. 굴곡의 역사에 대한 자신들의 의지라고도 할 수 있다.

늘 이렇게 매번 대통령마다 자신의 가치를 천명해야 하는지에 대해 정해진 바는 없다. 그렇지만 지켜지든 지켜지지 않든, 공개적으로 역사 속에서 자신들이 지키고자 하는 최소한의 가치를 표명하는 것이 지금까지는 나빴던 것 같지 않다. 군대 내의 사조직처럼 움직이던 '하나회' 문제를 YS가 풀었던 것은 스스로 '문민'이고 싶어 했던 정체성과도 연관되어 있을 것이다. DJ는 JP와 일종의 연정처럼 정권을 구성했기 때문에 '국민' 말고는 다른 선택의 여지가 없었을 것이다. 노무현의 '참여'라는 정체성은 오히려 정권 내내 그를 괴롭혔던 것 같다. 과연 사람들이 제대로 통치에 참여할 수 있느냐, 그런 질문이 계속되었다.

가치를 내걸고 욕을 먹더라도 그렇게 각 하나씩의 가치가 사회에 내재되는 일이 나쁘다고 할 사람이 있을까? 힘들어도 전체 시스템은 그렇게 약간씩이라도 개선되고 고급스러워지는 것이라고 생각한다. 반면에 MB는 자기 스스로가 가치라고 생각했던 것 같다. 그래서 그의 정권은 '이명박 정부'가 되었고, 그것도 자기들끼리 전통이었는지 그 다음에는 '박근혜 정부'가 되었다. 한국에서는 정권의 이름 자체가 스스로 천명하는 일종의 시대정신이었는데, 시대정신이 자기 자신이라고 얘기한 것과 같은 형세가 되었다. 스스로 자신을 낮추고 백성을 볼 때 두려움을 가지고 보라고 하는 것이 조선조 통치의 방식이었다. 《삼국지》의 조조도 그렇게 했다. 힘으로는 가장 강력한 군주였지만, 그는 생전에 직접 황제로 칭하지는 않았다. 자신만 소박한 옷을 입는 것이 아니라 그의 식구들 모두에게 그렇게 하도록 했다. 그래서 "너무하다"는 불평이 나올 정도였다고 한다. 그런데 MB와 박근혜, 그들은 스스로를 높였다. 일반적인 동양의 통치와는 정신세계가 좀 많이 다르다. 그래서인지 그들의 시대는 퇴행적이고, 경제는 밑에서부터 계속해서 붕괴되는 과정에 놓여 있다고 할 수 있다.

청년과 관련해서, 박근혜 시대를 분석한다면 크게 두 가지 흐름으로 나누어 볼 수 있다. 첫째는 그야말로 청년과 관련된 조치들이다. '케이 무브K-move'로 상징되는 일련의 조치들이 있다. 기본적으로는 실제 청년들이 아니라 케이 무브를 주선하는 기관들이 돈을 버는 형태로 되어 있다. 취업과 관련된 많은 제도들도 마찬가지다. 돈은 기업들에게 주로 가고, 실질적으로 청년들이 받는 수혜는 그렇게 많지 않다. 물론 그거라도 없는 것보다는 낫지 않겠냐고 할 수 있다. 물론 그렇기는 하다. 사람들, 특히 청년들이 그런 제도가 있는지도 잘 모르는 조치들이 진행되는 동안 청년 실업률을 비롯한 대부분의 지표들은 더 안 좋아지고 있다. 뭔가 했다고 우기기는 하는데 지표상으로 발견되지는 않는다.

둘째는 '청년'이라는 키워드와 직접적으로 관련되지는 않았지만 청년들에게 실제로 엄청난 영향을 미칠 수 있는 조치들이다. 비정규직을 더 늘리고 파견 노동을 일반화시키는 것, 그리고 호텔 등 관광과 관련된 신규 투자에 대한 규제를 없애는 것이 바로 그것이다. 그리고 여기에 더해서, '쉬운 해고'가 청년들에게 영향을 미치는 조치라고 할 수 있다. 이와 같은 일들 때문에 박근혜 정부가 청년들에게 동의와 공감을 얻지 못하는 것은 물론, 심지어는 강한 반발을 받고 있다.

비정규직과 파견직은 청년들에게만 영향을 미치는 제도가 아니다. 노인과 여성 등 소위 경제의 '약한 고리'라고 부를 수 있는 사람들에게 전부 영향을 미치는 제도다. 박근혜가 '노동 개혁'이라고 부르는 것의 핵심이 결국은 비정규직 일반화와 쉬운 해고, 이 두 가지다. 대통령이 국회에 대고 "일하지 않는다"고 윽박을 지르는 것도 결국은 이런 비정규직을 확대하는 일련의 일들을 통과시켜주지 않기 때문이다. 국회가 열심히 일을 했다면 그는 뭐라고 했을까?

이명박 정부가 청년 중에서도 비교적 상층부에 네이팜탄과 고엽제를 투척한 것이라면, 박근혜 정부는 그것을 피했던 중간 및 하부층에 원폭 투하를 준비하는 중이라고 비유할 수 있을 것이다. 괜찮은 정규직에 취업해도 이미 연봉이 깎인 상태이고, 연봉이 낮은 직업들은 점점 더 비정규직과 파견직으로 내몰릴 것이다. 일본과 한국을 비교하면, 한국이 그나마 좀 낫다고 할 수 있는 점이 바로 이 파견직에 있다. 물론 한국도 점차적으로 파견직에 대한 규정이 풀리고는 있지만, 일본처럼 기간산업이 전면적으로 파견으로 풀려 있지는 않다. 뿌리산업으로 분류되면 막무가내로 파견을 늘릴 수가 없다.

2008년 글로벌 금융위기 이후 도요타의 파견직이 집단 해고를 당하면서 일본 내 30대 가장의 위기가 전면적으로 사회화된 적이 있다. 2009년 1월 1일 새벽, 새해맞이 아침 식사 시간에 직원 아파트에서 쫓겨난 파견직들의 가슴 아픈 사연이 전국에 방영되면서 큰 파장이 일었다. 추운 겨울 도쿄 히비야 공원에 설치된 텐트에서 파견직 직원의 가족이 조촐하게 신년 아침을 먹는 장면은 일본 시청자들의 가슴을 울렸다. 졸지에 잡리스와 홈리스가 된 30대 가장의 이야기, 일본 사회는 이 사건을 가슴 아프게 느꼈다. 이것이 '파견촌派遣村', 우리말로는 파견마을 사건이다. 이는 2009년 8월 일본 민주당이 자민당의 장기 집권을 꺾고 집권하는 데 상당한 영향을 미쳤다. 자동차 세계 1위 업체로 올라가는 도요타에 그렇게 많은 파견 직원이 있었다는 사실에 세계가 정말 깜짝 놀랐다. 2010년 3월, 브레이크 제어 장치 결함으로 인한 소위 '도요타 사태'가 터졌고, 도요타는 잠시 올라가 있었던 세계 1위 자리에서 내려오게 된다. 그때 많은 사람들이 도요타에서 생산 라인에 비정규직을 너무 많이 투입했기 때문에 그러한 기술적 결함이 발생한 것이라고 생각했다.

일본이 '잃어버린 20년'을 거치면서 보인 가장 가슴 아픈 장면이 바로 이 파견직과 파견업체의 문제라고 할 수 있다. 노동자 중에서도 파견직은 임금 구조와 안정성 그리고 복지 면에서 최하단에 위치하게 된다. 대개 비용 절감과 함께 '위험의 외부화'라는 현상이 벌어진다. 돈도 많이 안 주지만, 위험한 일들은 정규직이 아니라 파견직에게 시키게 된다. 후쿠시마 원전 사고 이후 현장에 투입된 노동자들이 대부분 비정규직이라는 것을 알고 다시 한 번 전 세계가 경악하게 되었다. 일본의 경제 불황에서 가장 가슴 아픈 장면 중의 하나라고 하지 않을 수 없다.

박근혜가 우리에게 선물하고 싶은 미래는 그런 모습이었다. 더 적게 받고 더 위험하게 일면서 더 무시당하고 대우받지 못해도 어쩔 수 없이 고분고분해질 수밖에 없는 노동자, 그것이 '경제 살리기'라는 이름과 노동 개혁이라는 수단으로 박근혜가 우리에게 보여 준 미래의 모습이다. 그래서 청년들이 박근혜가 말하는 경제에 대해서 경악하는 것이다. 2015년 기준, 첫 직장을 비정규직으로 출발한 청년은 35퍼센트 정도에 달한다. 첫 직장 이전에 이미 아르바이트를 경험한 청년의 비율은 통계로도 추정해 보기가 어려울 정도다. 비정규직과 파견직에 대해서 20대가 느끼는 민감도와 한국 경제의 황금기를 지냈던 50~60대가 느끼는 민감도 자체가 비교하기 어려울 정도로 다르다. 비정규직을 언론을 통해서 보는 것과 사회에 나오자마자 경험하는 것 사이의 민감도는 다르다.

그렇지만 박근혜가 진심으로 원했던 무한 파견직의 경제는 아직 이루어지지 않았다. 박근혜가 덜 노력해서도 아니고 반대로 시민 단체나 노동 단체의 효과적인 캠페인이 있었기 때문도 아니다. 한때 새누리당이 지나치게 유능하고 부지런하던 시절이 있었기 때문에, 역설적으로 박근혜가 자신이 구상한 지옥도를 아직도 온전히 펼쳐 보이지 못하고 있다고 해야 할 것이다. 이 이야기는 박근혜의 대통령 당선 이전으로 올라간다.

2010년 12월, 정부 예산안이 국회에서 날치기로 통과가 됐다. 그 것을 계기로 국회에서 날치기를 막기 위한 새로운 법안 논의가 시작됐다. 일반적으로 우리가 사용하는 과반수는 50퍼센트 이상인데 날치기, 즉 직권상정에 대해서는 60퍼센트로 올리도록 하는 것이 '국회선진화법'이다. 300명의 의원 정수를 적용하면 180명을 확보해야 본회의에서 날치기를 할 수 있다. 헌법을 고치기 위해서는 3분의 2라는 숫자를 사용하는데, 60퍼센트는 전례가 없는 숫자다. 이 이상한 기준이 '선진화'라는, 더 이상한 이름으로 본격적으로 도입된 것은 2012년 19대 총선을 앞두고 새누리당이 자신들의 패배를 미리 예상했기 때문이었다. 야당이 될 때 일방적으로 밀리지 않기 위한 준비를 미리 한 것이다.

그렇지만 총선에서 반전이 일어나 새누리당이 과반을 확보했다.

이제 좀 옹색해졌다. 굳이 선진화법을 시행할 이유가 없어졌는데, 그렇다고 없던 일로 갑자기 뒤로 물리기도 곤란하게 되었다. 자신들이 지는 것을 전제로 야당이 오히려 날치기 하는 것을 막기 위한 안전장치로 도입한 제도였다. 그 시절, 새누리당은 진짜로 너무 성실했다. 뚜껑을 열어 보니 총선도 이기고 그 해 대선도 이겼다. 예전에 하던 대로 대통령이 결정하고 국회에서는 날치기 하고 그렇게 할 수 있는 모든 조건이 만들어졌다.

그런데 여기에 '180명'이라는, 자기들이 만들어 놓고도 당황스러운 새로운 기준 하나가 그런 일방통행을 가로막고 있었다. 아뿔싸! 박근혜가 상상한 것은 정말로 무서운 세상이지만, 새누리당이 너무 부지런하고 힘이 좋다보니 아주 약간의 부작용이 생겼다. 모든 것은 마음대로 할 수 있는 전지전능한 권능을 가졌지만 새로운 법률에 근거해야 하는 일만은 마음대로 할 수가 없게 되었다. 그러니 박근혜의 분노도 이해가 가기는 한다. 국민도 제압할 수 있고 시민도 탄압할 수 있고 야당도 핍박할 수 있지만, 힘만으로는 180명의 의석수를 확보할 수 없다. 대화를 하면 되지만 그것은 자존심 상하는 일이기도 하고 해 본 적이 없는 일이다.

그리스 신화에 제우스에게 박해받는 신이 있는데, 바로 천상의 불을 훔쳐 인간에게 가져다 준 프로메테우스다. 그는 결국 바위에 묶여 독수리에게 매일 간을 쪼아 먹히는 신세가 된다. 나중에 이 독수리를 죽이는 것이 바로 헤라클레스다. 이래저래, 제우스는 신의 형상을 따서 만든 인간을 그렇게 좋아하지는 않은 것 같다. 그래서 여신의 형상을 본뜨고 헤르메스 등 여러 신이 재능을 불어넣은 새로운 인간 하나를 만든다. 바로 인류 최초의 여인 '판도라'다. 제우스는 헤르메스를 시켜 프로메테우스의 동생에게 판도라를 보내고, 프로메테우스는 판도라의 아름다움에 반해 바로 결혼을 한다. 이 판도라가 절대로 열어서는 안 됐던 상자 하나를 열게 되는데, 상자 속에서 불행, 고통, 질병 등 온갖 나쁜 것들이 튀어나온다. 깜짝 놀란 판도라가 황급히 상자를 닫게 되고, 그 안에 마지막으로 남아 있는 것이 있었으니, 바로 '희망'이다. 그래서 세상에 온갖 슬픔과 불행이 넘쳐나게 되지만 희망은 여전히 상자 안에 남아 있게 되었다.

'청년을 위하여'라는 포장지에 쌓인 판도라의 상자가 한국에 존재한다면, 박근혜가 열려고 했던 것이 바로 그 판도라의 상자다. 신들에게 충분한 재능을 축복으로 받았다는 것을 포함해 박근혜와 판도라는 여러 모로 닮은 면이 있다. 만약 국회 선진화법이 없었다면 어땠을까. 박근혜가 노동 개혁이라고 부르는 것은 한국 경제에서 판도라의 상자와 같은 성격을 가지고 있다. 유혹적이기는 하다. 임금을 낮추고 해고를 쉽게 하면 기업들이 더 많은 사람을 고용하고 관광객이 물밀 듯이 들어오게 되면서 청년들은 집도 사고 점차 살 만해지면서 경기가 막 좋아질 것 같다. 박근혜는 상자를 열고 싶어 하지만, 청년들은 반대하고 국회에서는 날치기가 어려운 상황 속에 그렇게 3년이 지났다.

2016년 4월 26일, 청와대에서 진행한 청와대 출입 언론사 편집·보도국장 오찬 간담회 중 박근혜는 다음과 같은 이야기를 했다.

"그리고 노동 개혁법 중에서 파견법을 자꾸 빼자고 그러는데, 파견법이야말로 일석사조쯤 될 거예요. 왜냐하면 구조조정에서 밀려날 수밖에 없는 그런 실업자들이 파견법 이런 것을 통해서 빨리 일자리를 찾을 수 있고 그렇게 파견법만 통과되면 한 9만 개의 일자리가 생긴다 그러고, 뿌리

산업 같은 데는 사람을 못 구해서 중소기업들이 굉장히 힘들어 하거든요. 거기도 1만 개가 넘는 일자리가 막 생길 수 있고……. 그래서 파견법을 가장 바라는 데가 어디냐 하면 중소기업 그런 데예요, 일자리를 구할 수 없어서……. 그래서 구조조정의 대책도 되고 중장년 일자리 창출에 도움이 되고 구인난을 겪고 고통을 받는 중소기업을 위한 것도 되고 여러 가지로 도움이 되는데, 이런 게 안 되니까 계속 그냥 호소만 하다가 끝났는데, 참 앞으로 이런 부분은 전향적으로 국회 쪽에서 생각을 해 주셨으면 좋겠고요."

2016년 총선이 끝나고, "파견법이 일석사조 정도 된다"는 그 유명한 얘기가 나왔다. 아마 본인이 평소에 생각했던 바를 진심으로 얘기한 것이라고 봐야 할 것 같다. 그냥 하는 말이 아니라 조건과 제약 없는 전면 파견의 신봉자인 것 같다. 이 말이 정말로 맞다면 일찌감치 파견을 허용한 일본은 이미 국가적으로 '일석사조'의 국민경제를 만들어 냈을 것 같다. 또한 실제로 그렇게 잘 돌아갔으면 '아베노믹스'라는 신조어가 과연 필요했을까?

2007년 일본에서 드라마 〈파견의 품격〉이 공전의 히트를 친 적이 있다. 5년 뒤, 2013년 한국에서 자발적 비정규직에 대한 내용으로 각색해, 〈직장의 신〉이라는 이름으로 리메이크 된 적이 있다. 원작에서의 파견직이 한국 버전에서 자발적 비정규직으로 바뀐 것은 두 나라 경제의 맨 밑바닥에 있는 상황이 다르기 때문이다. 박근혜의 일석사조가 이론적으로 맞다고 볼 수 있을까? 만약 한국에서 파견직을 전면적으로 허용하고, 그 덕분에 21세기 선진국 경제가 공통적으로 직면하고 있는 실업 문제가 해소될 수 있다면? 정치인 최초이자 한국인 최초로 노벨경제학상을 받을 것이 분명하다. '박근혜의 파견직 일석사조 이론', 그 정도의 타이틀로 스톡홀름의 시상대에 당당히 서게 될 것이다. 다른 것은 몰라도, 독창성만큼은 초일류 급이다.

박근혜는 정말로 판도라의 상자를 열고, 그 자신이 우리 시대의 판도라임을 우리에게 입증해 보일 것인가? 2016년, 아직은 그 아슬아슬한 균형이 이어지고 있다. 비정규직 장기화와 파견직 전면화는 사실 박근혜 이전부터 한국의 지배층들이 오랫동안 이루고 싶어 했던 숙원 사업들이다. 이런 제도들이 전체 국민경제에 미치는 영향에 대한 논쟁은 계속해서 이어지고 있다. 그렇지만 2008년 글로벌 금융위기 이후로는 이런 편법으로 임금을 줄이는 것이 중장기적으로는 국민경제에 그렇게 이롭지 않다는 방향으로 목소리가 한데 모아지고 있다.

현실적으로는 유럽에서는 비정규직을 무제한으로 전면 도입하고 있지 않기 때문에 실제로는 한국과 일본 정도의 특정 국가들만이 집중적으로 고민해야 할 문제다. 그와 같은 방식으로 저임금 계층의 임금을 더 깎으면 자국의 시장 자체가 더 위축되고, 침체 시에서는 그 기간이 더 길어진다. 당연한 얘기 아니겠는가? 당장은 몇몇 기업을 봤을 때 사정이 다소 나아지는 것 같아 보이겠지만, 그런 식으로 국민경제를 운용하면 결국 공멸할 뿐이다. 일본처럼 지나치게 파견의 범위를 늘리면 대부분의 저소득층 노동자들은 어려워지고 파견업체들만 대기업 수준으로 몸집을 불리게 된다. 영세 파견업체가 대기업으로 성장하면 경제가 좋아질까? 근로자 입장에서는 일하는 건 같은데 월급을 뜯어 가는 사람만 늘어나는 것일 뿐이다.

그냥 본인이 본래 하고 싶은 일을 하는 것이면서, 그 일에 '청년을 위해서'라는 새로운 목표를 내걸기 시작한 것이 박근혜 시대의 가장 특징적인 현상이라고 할 수 있다. 한국에서 어느 청년이 비정규직으로 일하고 싶겠으며, 어느 청춘이 온갖 불합리한 처우와 박봉을 받는 상황에 놓이게 될 것이 뻔한 파견직을 원하겠는가? 그런데도 지금 박근혜 시대는 청년들에게 "이게 바로 당신을 위해서 하는 거예요"라고 말하고 있다.

위르겐 하버마스Jurgen Habermas가 말한 공론장public sphere의 조성이 지금 한국에서는 아주 취약하다고 하더라도, 공동의 분노를 공유할 수 있는 '공분장'만큼은 그 어느 때보다도 첨예하게 드러나고 있다. 우리가 공적으로 같이 논의를 하지 못해도, 분노만큼은 같이 하고 있다. 박근혜 정부 이후 사람들의 분노, 특히 청년들의 분노는 가장 뚜렷한 하나의 추세가 된 것 같다.

한 번 쓰고 버리고 마는 일회용 포장지가 된 것이 현재 한국 청년의 일반적인 현실이다. 정부는 그저 그들이 하고 싶은 일을 할 뿐이면서, "이게 다 청년을 위해서야!"라며 어물쩍어물쩍 넘어간다. 그렇게 한국 경제의 다음 세대가 포장지로 전락하는 동안 쌓여 가고 있는 채무는 계속해서 다음 세대의 몫으로 이전되고 있다. 빚을 해결하는 방법은 당사자가 갚든지, 누군가 대신 갚아 주든지 아니면 파산하든지, 이 세 가지 중의 하나다. 빚을 대신 갚아 주는 가장 대표적인 사람은 '부모'다. 그런데 부모가 그 빚을 대신 갚아 줄 수 없다면 어떻게 될까? 용왕의 병을 고치기 위해서 육지에 나가서 토끼를 잡아 오라는 명령을 받은 별주부는 말했다.

"난감하네……."

솔직히 대통령 한 번 잘못 뽑았다고 나라가 망하진 않는다고 생각하고 살았다. 한국 경제의 고질적인 물가 특징이 잡힌 것은 전두환 때이고, 토건은 줄어들면서 성장률이 높아지는 괜찮은 성과를 보였던 것이 바로 그 시절이기도 했다. 물론 전두환은 간접선거로 그 자리에 갔기에 정확히는 국민이 뽑은 대통령은 아니다. 그렇지만 그랬던 시절에도 경제가 '폭망'의 길로 가지는 않았다. 전두환만큼 정치적으로 황당한 대통령이 또 있을까 싶기는 하지만, 그 시절에도 경제는 정치와는 독립적으로 어느 정도는 돌아갔다. 물론 한국 경제는 아직 청년기였던 시기였다.

박근혜의 시대를 살면서 대통령을 잘못 뽑으면 나라가 진짜로 망할 수도 있다는 생각이 들기 시작했다. 그 시작을 전두환 시절부터라고 따지면 30년 정도 그 흐름 속에 살았다. 20대였던 나이가 지금은 50대가 되었다. 아직 노년이라고 할 수는 없고, 한참 장년인 나이다. 전체적으로 본다면 한국에서 가장 화려한 나이는 50대다. 실직의 위험이 있고 다가오지 않은 미래에 대한 걱정이 있고 자녀들에 대한 양육비 부담이 있다. 그럼에도 불구하고 어느 조직이든 가장 많은 의사결정권을 가지고 있고, 인생의 클라이맥스를 보내는 나이다. 인간의 시간으로 생각해보면, 한국에서 50대는 인생의 클라이맥스 시점이다. 그런데 지금 한국 경제가 클라이맥스일까?

그러나 박근혜와 함께 우리가 보고 있는 한국 경제의 모습은 앞날이 그렇게 밝지 않은, 쇠락해 가는 중산층의 모습과 같다. 지금 한국의 중산층은 일반 아파트에 살기는 하지만 20대에 자신의 가정을 꾸리기 시작한 사람들이다. 20대에는 20평, 30대에는 30평과 같은 식으로 해서 지금은 40평 정도 되는 아파트에 살고 있는 50대 중산층을 생각해 보자. 이것저것 걱정이 많을 것이다. 개인의 문제가 아니라 국민경제 전체의 구조적 문제로 수입을 유지하기가 힘들고 그렇다고 씀씀이를 크게 줄이기도 쉽지 않다. 그렇다고 아파트를 팔자니 생각한 것만큼의 돈을 받고 팔기가 어렵다. 아깝다는 생각이 들어, 조금 더 기다려 보자는 생각이 들 것이다.

MB가 집값을 좀 올려 줄 것이라고 생각했는데 오히려 당시 부동산 가격 조정이 계속해서 진행되었다. 박근혜는 "빚내서 집 사라"는 일관된 메시지로, 임기 전반기 동안 죽어라고 아파트 가격을 유지시키려고 했다. 소형 평수는 어느 정도 가격을 버티게 했다. 그렇지만 큰 평수는 강남 재건축 변수의 영향에 놓여 있거나 완전히 안드로메다행일 것으로 예상된다. 집값을 인생의 마지막 변수로 여겼던 50대 중산층 가장의 마음은 휑할 것이다.

어느 날 아파트 베란다 너머로 가만히 불빛을 보던 한 중산층 가장이 자신의 자녀들이 가지게 될 미래에 대해 생각해 본다. 그의 두 자식들은 딸이든 아들이든 결혼할 생각이 전혀 없다. 결혼 상대가 마음에 드니 아니니 타박할 기회마저도 오지 않을 것이다. 상견례 예절은 남의 집 얘기일 뿐이다. 20대인 두 자녀가 자신이 살아온 것과 같은 삶을 살 가능성은 전혀 보이지 않는다. 그들이 자신의 나이가 되었을 때, 최소한 자신만큼의 삶을 살 가능성 또한 손톱만큼도 보이지 않는다.

이 모습이 지금 딱 한국 경제의 모습이다. 물론 국민경제의 시간은 사람의 시간과는 다르다. 그 역사가 300년 정도는 넘어야 "늙었다 아니다"라는 얘기를 할 수 있다. 독립한 지 250년 정도 된 미국은 강하고 거대한 나라지만, 여전히 유럽 대륙 국가들에게서 문화적으로는 신생국 취급을 받는다. OECD에 가입한 지도 20년밖에 안 된 한국 경제는 딱 은퇴를 앞두고 자녀들의 불투명한 미래를 걱정하는 50대 가장의 모습과 같아졌다. 물론 아직 우리는 파산 지경에 이르지는 않았다. 어렵다고 하지만, 수출은 적어도 규모에 있어서는 여전히 버티고 있다. 그렇지만 은퇴를 하거나 직장에서 잘리기라도 한다면 무슨 일이 벌어질까?

청년을 일회용 포장지로 쓰고 있는 박근혜 시대가 끝나고 나면 우리는 어디로 갈 것인가? 박근혜를 앞세운 '올드보이'들이 한국을 통치하던 시기가 끝나면, 다행스럽게도 한국 경제가 다시 젊어질 수 있을까? 그럴 것 같지는 않다. 진심으로, 대통령 한 번 잘못 뽑았다고 나라가 망할지도 모른다는 생각을 하고 있다. 판도라의 상자가 한 번 열리면, 결코 되돌릴 수 없다.

비정규직, 파견직의 문제만이 아니다. 50대의 정년 연장과 맞물려서 연동되는 제도인 임금피크제 도입도 청년을 일회용 포장지로 썼고, 심지어는 한국 지배층의 또 다른 오래된 숙원 사업인 연공서열제 폐지로 나아가기 위한 성과급제를 강화하는 데 있어서도 청년은 포장지로 사용되었다. 궁궐 앞에 호텔을 짓는 데에도, 의료 공공성을 약화시키는 의료 민영화에도, 하여간 그들이 오랫동안 해치우고 싶었던 일들을 하면서 이유는 전부 '청년' 때문이란다.

포장지에도 급이 존재한다. 예단 포장에 쓰는 예단 보자기는 비단과 같이 좋은 것을 쓰기도 한다. 그것을 받는 사람도 그냥 버리지 않고 기념으로 잘 보관한다. MB 시절에 한식의 세계화를 이루겠다며 생난리를 벌인 적이 있었다. 일본에 천황이 직접 추진하는, 일종의 '천황님 관심 사업'이 있는 것처럼 한국에도 영부인 관심 사업이 존재한다. 노무현 시절의 영부인 관심 사업은 도서관 사업이었고, MB 시절에는 한식의 세계화였다. 그래서 당시 한식은 최소한 '예단 보자기' 정도의 대접은 받았다. 지금 청년들은 음식이 받았던 대우만도 못한, 일회용 포장지 취급을 받고 있다. 당시 한식을 세계화한다고 5년간 정부 차원에서 난리를 쳤건만, 정작 한식 식당들이 경쟁에서 밀려나 줄지어 문을 닫는 일이 벌어졌다. 정작 호텔이나 백화점에서 한식당들이 밀려나는 일이 뚜렷한 추세가 되었다. 세계화, 도대체 무엇을 위해서 한 것인가? 그렇다면 그만한 대접도 못 받는 일회용 포장지 정책의 결과는 대체 무엇인가?

죽은 것들의 경제학

MB가 대선 때 내걸었던 경제 비전은 747이었다. '경제성장률 7퍼센트', '국민소득 4만 달러 시대', '세계 7대 경제 강국'이라는 숫자를 가지고 내세운 MB 정부의 경제 상징이었다. '좌파 정권'에서 5퍼센트 정도 성장을 했다면, 자신들은 2퍼센트는 더 할 수 있다며 7퍼센트 정도는 무난하다고 판단했던 것 같다. 그것이 2007년의 일이다.

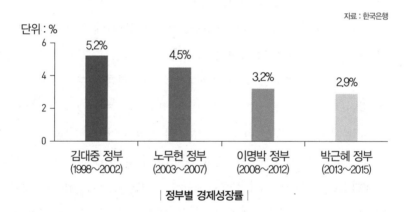

자료 : 한국은행
단위 : %

김대중 정부 (1998~2002)	노무현 정부 (2003~2007)	이명박 정부 (2008~2012)	박근혜 정부 (2013~2015)
5.2%	4.5%	3.2%	2.9%

| 정부별 경제성장률 |

지금은 그 시절 목표로 내걸었던 7퍼센트의 절반도 되지 않은, 3퍼센트를 유지하는 것도 버겁다. 물론 세계 경제가 2008년 이후 전반적으로 어려워진 것은 사실이다. 그래서 "이렇게 어려워진 것은 내가 잘못

해서가 아니라 전체적으로 어려워진 것 때문"이라고 우길 수는 있다. 다 어려운데 우리보고 어쩌란 말이냐는 것이 보수 쪽에서 지난 8년을 평가하는 방식이다. 역시나 '포장지' 전술이다. 청년이 힘들다며 그저 자기들이 하고 싶은 일을 해야 한다고 우기는 것과 마찬가지다. '뉴노멀'이라고 상황을 진단하고는 그저 본인들 하고 싶은 것을 해야 한다고 결론을 낸다.

주식과 관련된 지표들에 대해 말할 때, 단기적인 면에 대한 설명력을 갖기란 그리 쉽지 않고 예측은 더욱더 어렵다. 어느 정도 예측을 할수 있다면, 왜 주식 투자를 가리켜 '경마장 가는 길'이라고 부르겠는가. 딱 5분만 미래를 먼저 알 수 있는 능력이 있다면 누구나 손쉽게 수백억대의 부자가 될 수 있을 것이다. 단기적으로 주식 지수를 통해서 경제를 말한다는 것은 제한이 있다. 그렇지만 장기적으로는 주식시장만큼 국민경제의 흐름을 명확하게 보여 주는 지수도 없다. 일종의 경제 에너지같은 것으로 이해하면 거의 정확하다.

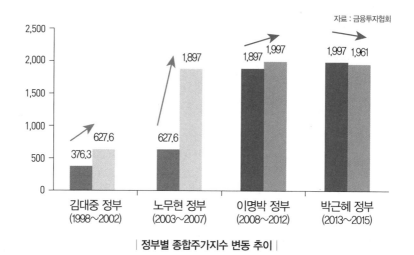

| 정부별 종합주가지수 변동 추이 |

김대중 정부는 종합주가지수 376.3에서 출발했고, 노무현 정부는 1,897로 마무리하여 다음 정부에 승계했다. 그 후 가끔 2,000을 넘어선 적도 있지만, 여전히 1,900대에 머물러 있다. 냉정하게 주식시장에서 바라본 한국 경제는 8년째 '박스권'이다. 외국인 개인 및 외국 기관 등 국제적으로 한국의 주식시장에 참여하는 주체들은 다양해졌고, 그에 대한 특별한 제약이 있지 않다. 한국 경제가 'ATM', 즉 현금자동입출금기로 불릴 정도로 외국 자금이 한국 증시에 들어오는 데 특별한 불편을 느끼지는 않는 것 같다. 이러한 상황에서 외국 시장이 냉정하게 한국 경제를 판단하는 바는 '8년째 특기할 변화 없음'이다.

최근 8년만 놓고 본다면 한국 경제는 물가상승률에 따라 약간씩 조정되는, 대부분에 있어서 거의 동일한 연금 생활자의 모습과 같다. 어느 정도의 수입은 계속 이어지지만 실질적인 총량에 대한 변화는 별로 없는 연금 생활자의 모습, 딱 그것과 같다. 한 개인을 봤을 때 은퇴해서 먹고살 수 있을 만큼의 연금이 나온다면 꽤 괜찮은 노년이라고 말할 수 있겠지만, 국민경제 자체가 그런 모습을 보인다면 뭐라고 해야 할까?

전형적인 '늙은 경제'의 모습을 지난 8년간의 한국 경제가 보여 주고 있다. 국민경제의 혈액이라고 일컫는 돈은 원활히 돌아다니지 않고, 심장이라고 할 수 있는 주가는 정체되어 있다. 그리고 면역력이 떨어진 늙은 육체처럼 감기가 들기 시작하면 가장 먼저, 그리고 가장 급격하게 반응한다. 좋은 쪽으로의 반응은 너무나 약하고 나쁜 쪽으로의 반응은 견뎌내기 어려울 정도로 강하다.

경제가 힘을 잃고 노화된 양상을 띠다 보니 당연히 개인이 받게 되는 소득의 증가율도 내려가게 됐다. 한 사람 한 사람 주머니에 들어가는 돈이 적어지면서 살기가 더 어려워졌다. 물론 이것도 평균치의 얘기다.

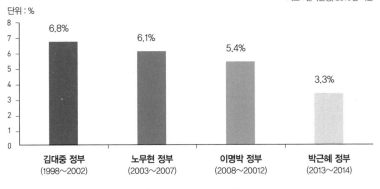

자료 : 한국은행, 2010년 기준

| 정부별 명목 소득 증가율 |

비정규직은 그에 비할 수 없을 만큼 더욱더 어려워졌고, 불법 파견과 같은 경우가 늘고 있다. 이것을 감안하면 월급 생활자 중 어려운 사람들은 정말 더 어려워졌다고 할 수 있다. "월급으로 얼마를 가져가느냐?" 경제학자 장하성은 이것을 '분배'의 문제로 부른다. 정부 지출로 얼마나 어려운 사람을 도울 것인가와 같은 재분배의 문제 이전에, 소득을 둘러싼 일차적인 분배 구조에 문제가 생겼다는 것이 그가 지적하는 내용의 요지다. 거둬들인 세금으로 어떻게 사람들의 삶을 조절할 것인가를 가리켜 재분배라고 부른다. 지금 한국 경제는 재분배를 논의하기 이전에 기본적인 분배 구조, 즉 임금 결정 과정에 문제가 생겼다는 것이 장하성이 지적하는 얘기다.

OECD에서는 임금 중위값의 3분의 2 이하를 저임금 노동으로 분류한다. 이민 가기가 쉽지는 않지만 한국 국민들이 기회만 된다면 가고 싶다고 말하는 대표적인 나라 벨기에, 스위스, 핀란드 등 이런 나라들은 저임금 노동 비율이 10퍼센트가 채 안 된다. 심지어 일본도 15퍼센트 미만이다. 저임금 노동자의 비중이 가장 높은 나라는 미국인데, 한국은

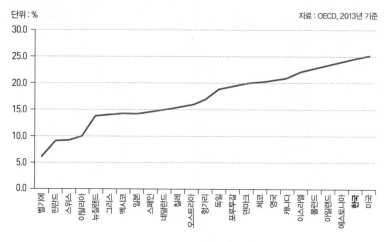

단위 : %　　　　　　　　　　　　　　　　　　　자료 : OECD, 2013년 기준

| 저임금 노동자 비율 |

바로 그 다음이다. 무려 25퍼센트에 육박한다. 노동자의 4분의 1 가량이 저임금을 받는다는 뜻이다. 이 수치 자체는 90년대에 크게 올라간 이후로 2000년대부터 지금까지 크게 변하지 않았다. 저임금 노동자 구조가 강력하게 자리 잡은 상태에서 임금이 전체적으로 내려가면 아래쪽에 있는 사람들의 삶은 더욱 어려워진다.

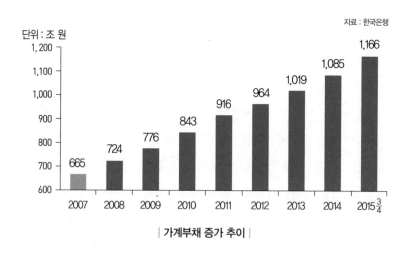

단위 : 조 원　　　　　　　　　　　　　　　　자료 : 한국은행

| 가계부채 증가 추이 |

민주당 정권이 IMF 경제 위기를 극복하고 다음 정권에 665조 원의 가계 부채를 넘겨주었다. 그 후 8년 만에 가계 부채는 1,000조 원을 가뿐히 돌파해 무려 1,166조 원이 되었다. 전세 계약금과 같은 개인들 간의 부채를 포함하면 1,500조 원 이상이 될 것이다.

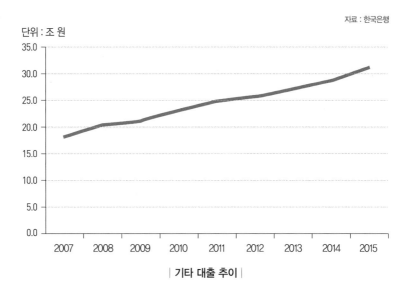

| 기타 대출 추이 |

가계 부채는 언론 매체 등에서 워낙 많이 사용하는 수치이지만, 실제로 사회생활을 하는 사람들의 삶을 보기 위해서는 조금 다른 자료를 검토해 볼 필요가 있다. 바로 '기타 대출'이다. 이 용어는 쉽고 간단해 보이지만 생각보다 어려운 개념이다. 통계 자체의 설명이 쉽지 않아서 잘 다루지 않는 수치다. 간단하게 생각하면, 일반적으로 직장인들이 신용만으로 대출을 받는 마이너스 통장을 통한 대출을 집계하기 위한 통계다. 여기에 저축예금이나 보험예금 등을 담보로 하는 대출 금액이 함께 포함된다. IMF 이후에 마이너스 대출이 워낙 많이 늘어나다 보니 한국

은행에서 뒤늦게 집계를 하기 시작했다. 그 금액이 2007년에는 18조 원이었는데, 2015년에는 31조 원이 넘었다.

그 추세가 주택 담보 대출과 비슷하다. 주택 담보 대출은 담보가 있어서 큰 문제가 아니라는 것이 지금까지의 정부 논리였는데, 마이너스 대출은 신용 대출이기 때문에 상환에서 더 큰 문제를 일으키게 된다. 개인별로 차이가 있기는 하지만 상상 외로 고금리다. 튼튼한 직장을 가지고 일상을 살아가는 사람들은 담보가 없더라도 대출 이자율이 낮아지는 것이 선진국의 생활 금융이다. 그리고 이렇게 일상적인 삶 자체를 살펴보면서 대출을 실행하는 것을 '관계형 금융'이라고 부른다. 마이너스 통장은 대출의 성질 자체는 신용이면서도, 그 높은 이자율은 금융기관이 개인의 삶에 밀착해서 관찰하는 관계형과는 거리가 먼 기형적 대출 상품이다.

이런 단기 대출이 기하급수적으로 늘어난 사실이 시사하는 바는 좀 심각하다. 마이너스 통장을 사용할 정도면 정말로 당장 쓸 돈이 전혀 없다는 것인데, 꽤 괜찮은 직장을 가지고 있는 사람들조차도 예금을 하면서 금융자산을 보유하지 못하는 수치가 지난 8년간 13조 원 정도 늘었다는 얘기다. 그리고 이런 사람들이 진짜 '생돈'으로 자신들의 긴급 생활 자금을 위해서 지불하는 이자만 4조 원 이상이 된다. 잠시 비교해 보자면, 2015년에 정부가 담뱃값을 인상하면서 추가로 거둬들인 담뱃세가 3조 5,000억 원이다. 긴급 생활 자금으로 간편하다고 사용하는 마이너스 대출 등과 같은 신용 대출이 중산층 직장인에게 주는 부담이 결코 만만한 금액은 아니다. 이 정도 흐름이면 '건강한 중산층'이라는 개념 자체가 성립되기가 어렵다고 봐야 한다.

많은 OECD 지표와 비교해 볼 때, 최근 한국 경제에서 발생한 불

균형 중의 하나는 바로 '조세의 형평성 문제'라고 할 수 있다. 참여정부
가 부동산 관련 세제에 손을 봤다가 망했다는 얘기가 있을 정도로, 조세
문제는 사회적으로나 정치적으로나 민감한 사안이다. 전월세에 관한 세
금은 조세 전문가들 사이에서 정답이 무엇인지에 어느 정도 합의가 이
루어졌다고 보아도 무방할 정도로 대체적인 흐름이 존재한다. 그렇지만
그것을 실제로 사회에 전면적으로 꺼내 놓고 논의하기는 어렵다. 납세
대상자들이 워낙 많기도 하고, 제대로 파악이 안 되는 지하경제의 성격
도 있기 때문이다.

| 국세청 세원별 구성 변화 |

전세와 월세 등 부동산 관련된 징수 체계가 정비되지 않는 사이,
MB 시절에 법인세가 점차적으로 낮아졌다. 규모별로 차등적으로 이루
어졌는데, 법인세율 200억 원을 초과하는 기업 기준으로는 25퍼센트
에서 22퍼센트로, 약 3퍼센트를 낮추어 주었다. 이렇게 해서 덜 걷게 된

법인세가 대략적으로 연간 5~6조 원 정도로 파악된다. 정부가 정확하게 추정치를 발표한 것은 아니지만 2009년부터 2016년까지 법인세 감소분이 대략적으로 40조 원 정도로 알려져 있다. 부동산이나 증권, 이자 등 유가증권 거래에 대해 추가적으로 세원이 마련된 것이 없는 상태에서 법인세를 낮추어 버렸으니, 소위 조세 당국이 초조해지고 전전긍긍하지 않을 수 없게 되었다. 소득세는 개인들에게 직접 적용이 되므로 조세 저항이 만만치가 않기 때문에, 결국 직접세의 비중은 줄이면서 간접세의 비중을 높이는 조세 구조가 만들어졌다.

세금을 납부하는 사람과 실제로 부담하는 사람이 다른 것을 간접세라고 부른다. 우리 모두는 간접세 앞에서 '잠시' 평등하다. 주유소에서 평등하고, 주차 위반 딱지 앞에서 평등하고, 커피 마실 때에도 평등하고, 담뱃세 앞에서도 평등하다. 물론 그 안에서도 자잘하게 이상한 일들이 벌어지기는 한다. MB 시절에는 혼자 사는 사람들이 많이 키우는 반려동물에도 부가세를 붙이기 시작했다. 개와 고양이 등 반려동물에 시행되는 수술비는 100만 원 정도는 가뿐히 넘어간다. 면세가 되는 동물병원에 새롭게 부가가치세가 붙게 된 것이다. 반면에 고소득층이 자녀 교육을 위해 주로 선택하는 영어 유치원은 '교육'이라는 명목에서 부가가치세가 면세된다. 면세와 과세, 이런 것이 워낙 복잡하게 얽혀서 공평해 보이는 간접세에 있어서도 상당한 불평등이 존재하기는 한다. 이렇게 간접세가 점점 더 중요해지면, 결국 가난한 사람들의 세 부담만 늘어날 뿐이다.

간접세 앞에서의 평등, 결국 좋은 것은 아니다. 고가의 자동차나 전기제품에 붙는 간접세는 줄어든 반면, 죄악세의 일종인 담뱃세처럼 가난한 사람들이 주로 소비하는 간접세는 계속해서 늘어났다. 아직 제대

로 된 복지 체계가 만들어져 있지 않은 상황에서 세원을 새로 만들어
내는 것도 아니고, 그렇다고 노태우 시절에 '범죄와의 전쟁'을 치르듯이
지하경제에 대한 종합적인 접근을 한 것도 아니다. '주머닛돈이 쌈짓돈'
이라고, 가난한 사람들에게 점점 더 불리한 방식으로 간접세가 운용될
수밖에 없다.

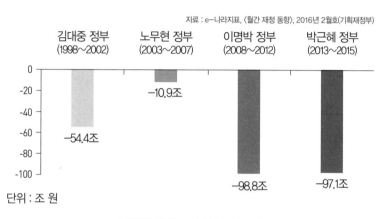

자료 : e—나라지표, 《월간 재정 동향》, 2016년 2월호(기획재정부)

| 김대중 정부 | 노무현 정부 | 이명박 정부 | 박근혜 정부 |
| (1998~2002) | (2003~2007) | (2008~2012) | (2013~2015) |

-10.9조

-54.4조

-98.8조

-97.1조

단위 : 조 원

| 정부별 관리재정수지 누적 규모 |

정부는 국민연금, 사학연금, 산재보험, 고용보험과 같은 사회보장
성 기금을 운용한다. 나중에는 어떻게 될지 몰라도, 일단은 이자 수익
등과 같은 수익이 발생되는 돈들이다. 중앙정부가 가지고 있는 돈에서
이것을 빼고 계산한 것을 '관리재정수지'라고 부른다. 각종 기금을 모두
더한 통합재정수지보다는 정부의 씀씀이가 어땠는지를 더 직접적으로
보여 주기 때문에 종종 사용되는 수치다. DJ 시절에 IMF 경제 위기가
끼어서 마이너스 54.4조 원이었고, 참여정부 때 마이너스 10.9조 원이
었다. MB 때는 앞의 두 정권을 합친 것보다 훨씬 많은 마이너스 98.8조
원을 기록했다. 그리고 드디어 박근혜 정부가 들어서고 3년 동안에만

마이너스 97.1조 원으로, 이명박 정부 5년에 육박하는 관리재정 적자를 발생시켰다. 정부는 재정 적자가 심한 다른 선진국에 비하면 아직은 그렇게 심각한 단계가 아니라고 말하지만, 문제는 '속도'다.

　이론적으로만 따지면 복지가 눈에 띄게 확충되면서 정부가 재정 적자 상태가 되는 것을 그렇게 나쁘다고만 할 수는 없다. 개별 기업이나 특정 산업이 아닌 사회 전체를 위한 선투자 같은 것으로 복지 지출 증가를 이해할 수 있기 때문이다. 그러나 MB 시절이나 박근혜 시절에 발생한 재정 적자 상태는 그런 요인을 갖고 있는 것이 아니다. 두 정부 모두 습관적으로 다음 해 성장률을 높게 잡고, 일부러 더 많이 쓰겠다고 예산 계획을 짰다. 그리고 막상 봄이 되고 경제가 예상한 것보다 좋지가 않으면, 경기를 살린다며 토건을 비롯한 재정 지출을 기본으로 하는 추경 예산을 편성한다. 그렇게 예산을 더 쏟아 부어 쓰지만 막상 효과는 별로 없다. 그러면 또 습관적으로 경제 살린다는 명분으로, 예산 상반기 조기 집행이라는 것을 한다. 1년 내내 쓰도록 되어 있는 것을 상반기에 당겨쓴다. 그렇다고 해서 하반기에 꼭 필요한 지출을 안 할 수가 없으니, 빚내서 다시 하반기에도 돈을 쓴다. 결국 이자 지출도 나간다.

　하다못해 동네 편의점도 그렇게 빚낼 수밖에 없는 구조로 운영하지는 않는다. 그런 일이 8년째 계속되다 보니까, 1997년의 IMF 경제 위기나 2008년의 글로벌 금융위기 때보다 정부 재정 형편이 더 어렵게 되었다. 수비의 관점으로 본다면, 개인이나 기업이 어렵더라도 최후에 버텨 줄 방비가 바로 정부 재정이다. 원래 정부는 습관적으로 추경을 편성하거나 예산 조기 집행 같은 일을 해서는 안 된다. 공무원들도 그것을 모르지는 않는다. 그러나 장관조차도 말 한 마디 잘못했다고 해서 밀려나게 되는 상황에서 누가 "이러면 안 된다"고 할 수 있겠는가.

"성안의 백성들과 공노비, 사노비, 서리, 내의원, 전의감, 혜민서 관리들을 뽑아 성첩城堞을 나누어 지키게 하였다. 그러나 지켜야 할 성첩은 3만여 개인데 성을 지킬 인구는 겨우 7,000명뿐이었을 뿐 아니라 모두 오합지졸이어서 성벽을 넘어 달아날 생각만 하고 있었다. 지방에서 올라와 있던 병사들도 비록 병조에 소속은 되어 있었지만 아전들과 결탁하여 농간하며 뇌물을 받고 사사로이 달아나게 한 자들이 매우 많았다. 관원들은 그들이 갔는지 남아 있는지를 따지지 않았으므로 급한 상황을 맞아 전혀 쓸모가 없었으니, 군정의 해이함이 이러한 상황에 이르렀다."

―《징비록》1권 14절 중

류성룡의 《징비록》은 임진왜란에 이르게 된 조선의 행정이 얼마나 장부상의 행정이었는가를 묘사하는 데 상당한 공을 들인다. 선조가 한양을 내어주고 도망칠 때 실제로 동원할 수 있던 인원은 7,000명인데 막아야 할 성첩, 즉 성 위에 만든 작은 담이 3만 개라는 이야기가 나온다. 왜군이 강하고 약하고를 떠나서, 선조의 군대와 그 당시의 수도는 공성전을 방어할 수 있는 상황이 전혀 아니었던 것이다.

지난 8년간, 경제 분야에서의 재정과 정책 운용이 거의 류성룡이 봤던 한양성의 모습과 크게 다르지 않은 것 같다. 도성을 떠나 몽진길에 오른 선조, 그가 도망가는 것을 선택을 한 것은 뭐라고 하기는 어렵다. 그 상황에서 어쩔 수가 있었겠나. 그렇지만 그가 행정을 엉망으로 한 것은 뭐라고 해도 될 것 같다. 장부상에만 군대가 있고 문서에만 행정이 있었다. 이순신과 권율을 특별히 천거해서 나라를 지켰던 류성룡, 그가 올린 문서에는 선조 시대의 행정이 얼마나 엉망진창이었는지, 눈물 나게 잘 알 수 있을 만큼 자세히 나온다. MB와 박근혜로 이어지는 경제가 어떤 것인지 느끼고 싶다면,《징비록》을 다시 읽어보기 바란다.

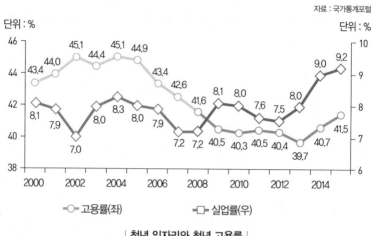

| 청년 일자리와 청년 고용률 |

정부 통계로는 일주일에 한 시간만 일해도 고용된 것으로 간주한다. 단, 가사 노동은 아무리 열심히 해도 일한 것으로 인정해 주지 않는다. 국민소득 자체가 부가가치를 중심으로 집계하는데, 엄마가 일하는 것에 대해서 아빠가 근로계약서를 쓰고 대가를 지불하지 않는 한 가사 노동은 부가가치 계산에서 배제된다.

청년을 중심으로 보면, 한국 경제의 클라이맥스는 2002년이다. 그 때가 실업률이 가장 낮았고 고용률은 가장 높았다. 외형적으로는 2007년이 클라이맥스이기는 한데, 젊은 사람들 입장에서 보면 2002년이 가장 좋았던 해다. 한국에서 이런 청년 고용률과 가장 유사한 패턴을 보이는 곡선이 한 가지 더 있다.

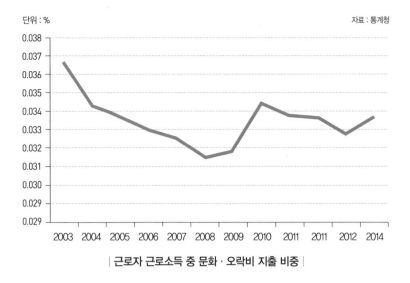

단위 : %　　　　　　　　　　　　　　　　　　　자료 : 통계청

| 근로자 근로소득 중 문화 · 오락비 지출 비중 |

사람들이 받는 월급 중에서 문화와 오락에 지출하는 비용 비중이 2002~2003년에 클라이맥스를 보인다. 그리고는 그 추세는 계속 줄어들었다. 원래 선진국이 되면서 식비 비중, 즉 '엥겔지수'는 낮아지고 문화 지출은 높아지는 것이 일반적 상식이다. 우리는 엥겔지수는 낮아지는 추세인데 문화 지출도 같이 낮아지고 있다. 백범 김구는 "오직 한없이 가지고 싶은 것은 높은 문화의 힘이다"라고 말했지만, 21세기 들어서 한국은 그가 원했던 것과는 다른 방향으로 가고 있다.

청년과 문화를 중심으로 보면, 한국 경제가 어떻게 작동해 왔는지가 보인다. 박정희, 전두환을 거쳐 군인들이 만들어 놓았던 '경제 시스템'이 2000년대 중반까지는 어느 정도 작동했다. 그래서 경제 클라이맥스가 2007년에 드러났다. 그렇지만 청년과 문화와 같은, 다음 시대를 끌어갈 심장이나 모터가 가장 잘 돌아갔던 순간은 2002년이었다. 청년의 클라이맥스도 2002년, 문화의 클라이맥스도 2002년이다. 청년의 고용이 어려워지기 시작하면, 청년들의 삶이 주변부화 된다. 사람들이 문화에 대한 지출을 줄이기 시작하면, 돈이 되는 영화나 시청률이 나오는 드라마 말고는 점차적으로 주변부화 된다.

이렇게 청년과 문화만을 놓고 보면, 한국 경제라는 시스템에 '맬평션malfunction', 작동에 문제가 있다는 신호가 처음 들어온 것은 2004년에서 2005년 사이가 된다. 실제로 글로벌 금융위기를 만나면서 내부의 문제가 폭발한 것은 2008년이라고 볼 수 있다. 그 뒤에는 망가진 시스템을 정비하지 않고, 공무원들이 대충 만들어 준 자료들 가지고서 그냥 이렇게 저렇게 하루하루 버틴 것으로 볼 수 있다. 청년과 문화가 동시에 힘든 경제, 이런 것은 선진국 경제라고 도저히 볼 수가 없을 뿐더러 무엇보다도 '내일이 없는 경제'다. 시스템의 모터에 문제가 생긴 것이다.

청년과 문화의 공통된 특징이 바로 힘들어도 힘들다고 말하기 어려운 집단이라는 점이다. 지표상으로 찾기는 어렵지만, 아마도 '지식' 역시 비슷한 패턴으로 나타날 것이라고 생각한다. n명의 사람이 존재한다고 할 때 모두가 같은 지식을 가지고 있다면 그 사회의 지식값은 1이다. 그 극단에는 n명이 전부 다른 지식을 가지고 있는 경우라고 할 수 있다. 이때에는 지식값이 n이 된다. 2분의 n의 경우는 이 양극단의 평균값이다. 우리가 가지고 있는 지식은 2분의 n보다 클까 작을까? 인문학부터 시작해서 다양한 학과들을 줄여 나가는 흐름은 지식값을 줄이는 형태로 가는 것이다. 경제가 좋아지는 흐름일 때에는 문화와 지식값이 높아지는 방향으로 간다. 그 반대로 문화와 지식값이 줄어들면, 단기간에 큰 패턴의 변화는 보이지 않지만 장기적으로는 분명 경제가 어려워질 것이다.

청년이 힘들고 문화가 힘들고 지식값이 줄어드는 이런 일련의 흐름들은 경제가 늙어 간다고 말할 수 있는 변화일 것이다. MB와 박근혜 정권을 거치면서, 한국은 육체적으로만 늙는 것이 아니라 경제적으로도 늙고 있다. 새로운 것들은 나타나지 않고, 경제 뮤턴트인 돌연변이들은 취업 문턱에서 획일화되어 가고, 몸집이 너무 커진 것들은 되려 스스로 몸을 가누기 어려운 상황이 되고 있다. 그러니 '한국에서 태어나지 않았으면……' 하는 후회와 한탄이 늘어난다. 당연한 일이다. 경제는 자동차와는 다르다. 자동차가 오래 되면 돈을 모아서 새 차로 바꾸면 되지만, 경제에서는 불가능하다. 당장 여기서 어떻게든 고쳐서 사는 수밖에 없다.

'죽은 것들의 경제학', 확실히 지난 두 대통령이 신봉했던 것들은 죽은 것들의 경제학이라고 할 수 있다. 시멘트를 좋아하고 '공구리'를 좋아하고 이미 떠난 자들을 신격화한다. 높은 빌딩을 좋아하고 호텔을 좋아하고 묘지를 좋아한다. 노무현 시대를 포함한다면 한국은 전형적인 메갈로매니아megalomania의 사회다. 엘리트들은 큰 빌딩과 큰 아파트, 큰 차를 좋아한다. 그리고 살아 있는 것, 작은 것, 새로운 것들은 그 속에서 숨쉬기도 어려운 사회다. 작고 아기자기하고 그러면서도 도시의 '서브컬처'와 같은 새로운 시도가 존재하는 유럽 사회와는 어느덧 정반대의 길로 달려 왔다. 그리고 어느 날, 갑자기 늙어 버렸다. 지난 10년의 자료를 검토해 보면 그런 결론이 나온다. 한국은 이제는 늙어서 몸을 지탱하기도 어렵게 된 사회가 되었다. 젊은 사람은 힘들고 문화는 어렵고 지식도 협소해진다. 그러니 새로운 것이 나오기도 힘들고 새로운 결정을 하기도 싫어한다. 늙어서 그런 것이다. 아직은 벌어 놓은 자산이 좀 남아 있기는 한데 자식 줄 것이 어디 있느냐고 호통 치는 대통령의 나라, 딱 지금 상황이다. 그래도 청와대를 가끔은 쳐다보는 청년들은 이미 오래 전부터 일회용 포장지가 되어 버렸다.

철학자 존 롤스John Rawls가 '신계약론'을 얘기하면서, 아직 태어나지 않은 영아들이 맺을 계약의 모습이 바로 '정의'라고 말했다. 롤스는 청년 뿐 아니라 배 속에 있는 그들의 영혼들이 대화하면서 만들어 가야 할 사회에 대한 모습이 바로 정의라고 생각했다. 지금에 와서 생각해 보면 롤스는 정말로 젊고 싱싱한 경제를 머리에 그렸던 것 같다. 그가 너무나 빨리 늙어 버린 한국 경제를 보면 뭐라고 말할까? 지금 젊은 청년들이 생각하는 것이 역설적으로 존 롤스가 정의론을 만들어 낼 때와 같은 생각을 하는 것이다. '아가, 미안해. 엄마가 해 줄 수 있는 건 이런 세상에 태어나지 않게 해 주는 선택밖에 없구나. 엄마가, 잘 키워 줄 자신이 없어.'

아직 태어나지 않은 영혼들의 계약, 부모가 그들에게 약속하는 것이 한국에서의 경제적 정의가 아닐까? 죽은 것들에 대한 신봉이 과도해진 나라에서 살아 있는 것들이 찬란하게 빛날 가능성은 그다지 크지 않다. 정책에 대한 우선순위로만 보자. 한국에서 살아 있는 것들은 고속도로에 까는 아스팔트에 대한 투자보다도 후순위로 밀린다. 찬란하게 빛나는 것은 몇몇 몸집을 더욱더 거대하게 불리고 있는 대기업일 뿐 살아 있는 것들은 숨쉬기도 버거운 상황, 우리가 이런 경제를 만들었고 이런 미래로 가고 있다.

무관용의 시대

결혼과 연애, 동거와 같은 개개인들이 겪게 되는 개별적 삶도 학문이 대상이 될까? 당연하다. 동물생태학의 기본은 개체군population의 머리

숫자 세기다. 사람도 크게 다를 것은 없다. 20세기 중후반 이후로 결혼하지 않는 '솔로 계급'이 늘어나는 것은 OECD 국가들의 공통적인 추세다. 1인 가구와 솔로 계급은 유사하기는 하지만, 같은 범주는 아니다. 농촌 지역에서 1인 가구 비중이 높게 나오는데, 65세 이상의 1인 가구 비중과 순위가 거의 일치한다. 한국에서는 아직 1인 가구의 추세를 통계적으로 주도하는 집단은 농촌 지역의 65세 이상 여성, 즉 남편을 먼저 떠나보내고 혼자 남게 된 여성들이다.

대개 복지와 출산을 기계적으로 연계해서 생각하는 경향이 있는데, 꼭 그렇지는 않다. 복지를 늘리면 출산율이 높아질까? 세계에서 매우 높은 복지 수준을 자랑하는 스웨덴도 미혼의 비중은 높다. 선진국에서 합계출산율로 '2'를 회복한 나라는 프랑스가 유일하다. 그렇다면 과연 어떤 요소나 정책이 출산율에 가장 큰 영향을 미칠 것인가? 프랑스의 경우를 참고해 보면 '모른다'가 아직까지는 정답이다. 출산수당, 육아 휴직, 55퍼센트에 달하는 국·공립 어린이집, 남성들의 육아 참여도 등등 이런 많은 요소들이 복합적으로 작용해서 합계출산율 2가 달성되었다. 이것저것 시행하다 보니 어느 날 출산율이 회복되었다는 것이 대체적인 답변이다.

인간의 행위를 결정하는 데 경제적 요소만 있는 것은 아니다. 선진국일수록 경제적 요소가 행위를 설명하는 비율이 낮아진다. 돈과 먹을 것을 넉넉하게 준다고 해서, 기계적으로 사람들이 연애를 더 하기 시작하고 결혼하는 비율이 늘어나 출산율의 증가로 이어지게 되는 것은 아니다. 그렇지만 한 가지는 확실하다. 홍보와 캠페인으로 출산율이 늘어나지는 않는다는 사실이다. 부시 대통령 때 미국에서 대형 교회와 손잡고 대대적으로 아기 낳기 캠페인을 여성들에게 시도한 적이 있다. 아무런 변화가 일어나지 않았다. 할아버지들이 젊은 여성들에게 윽박지른 다고 해결될 문제가 결코 아니다. 사람은 사람으로 대해야 한다. 그것이 최소한의 인간에 대한 예의다.

초혼 연령(세)	첫째 아(兒) 출산 시 연령 ~ 초혼 연령	둘째 아 출산 시 연령 ~ 첫째 아 출산 시 연령	셋째 아 출산 시 연령 ~ 둘째 아 출산 시 연령	넷째 아 출산 시 연령 ~ 셋째 아 출산 시 연령
26.31	1.48	3.04	4.27	4.08
초혼 ~ 출산 연령	1.48	4.52	8.79	12.87

(단위 : 년) 자료 : 보건복지부, 2009년 기준

| 전국 결혼 및 출산 동향 조사 |

2009년에 결혼과 출산에 관한 조사를 한 적이 있다. 한국에서 평균적으로 결혼을 한 지 1.48년 만에 첫째 아이를 낳는다. 둘째 아이는 첫째 아이를 낳은 지 약 3.04년 후에 낳는다. 한국에서 첫째와 둘째 사이의 나이 터울이 평균적으로 3.04년이라는 얘기다. 셋째 아이를 낳는 경우는 둘째 아이를 낳고 4.27년 후에 낳는다. 결국 셋째 아이를 낳는 엄마의 평균 나이는 35.1세다. 드물지만 넷째 아이를 낳는 경우는 다시 셋째부터 4.08년 후다. 엄마가 넷째 아이를 낳는 나이는 평균적으로 39.18세, 한국 나이로는 마흔이다. 아주 기술적인 얘기에 불과하지만, 대개 엄마들이 34세와 39세가 됐을 때에 경제적으로나 문화적으로 여유가 있어야, 출산 장려에 있어서 효과가 발생할 수 있다고는 말할 수 있다.

한국 여성들의 평균 임금은 30세 전후로 확 꺾인다. 출산과 함께 직장을 잃는 현상이 벌어지기 때문이다. 산술적으로 셋째 아이와 넷째 아이는 지금과 같은 경제 구조에서는 기대하기 어렵다. 결혼과 출산 기

한을 가지고 계산을 해 보면, 결혼한 사람들의 자녀 출산 패턴을 계산할 수 있다. 다음의 표를 한 번 살펴보자.

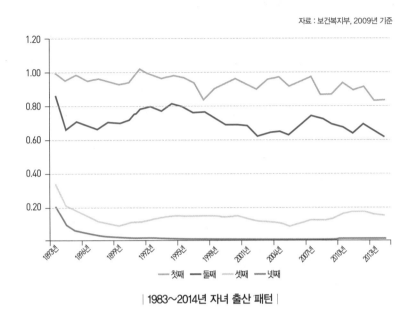

자료 : 보건복지부, 2009년 기준

| 1983~2014년 자녀 출산 패턴 |

첫째 아이와 둘째 아이 모두 최근에 좀 줄어들기는 하는데, 84년 이후로 큰 변화가 있다고 보기는 어렵다. IMF 경제 위기와 글로벌 금융 위기가 첫째 아이 출산에 약간의 영향을 미치기는 했지만, 둘째 아이는 그런 경기 문제에 큰 영향을 받지는 않는 것 같다. 셋째 아이와 넷째 아이는 84~85년에 큰 폭으로 줄어들고 아직까지는 큰 변화는 없다. 박근혜 정부 이후로 셋째 아이가 약간 늘어나는 것처럼 보이지만 실제로는 둘째 아이 출산이 줄어들기 때문에 최근의 '다둥이' 정책이 근본적으로 영향을 미치고 있다고 보기는 어렵다. 요약해서 정리하자면 80년대 초중반에 인구 억제 정책은 효과가 있어서 둘째부터는 큰 폭으로 한 번

줄어든 적이 있다. 그리고 그 이후로 지난 20년간 소소한 변화들이 있기는 했지만 큰 폭의 변화가 생긴 적은 없다고 할 수 있다. MB 때와 박근혜 정부 초기, 둘째 아이 출산율이 줄어드는 경향성이 있기는 하지만 평균적으로 엄청난 변화가 있다고 보기는 어렵다.

여러 가지 변수 중에서 한국의 출생 변수에 가장 특이한 패턴을 보이는 것은 '혼외 출산' 통계다. 선진국을 중심으로 본다면 프랑스와 스웨덴, 덴마크, 벨기에 등이 50퍼센트를 넘어간다. 국민의 절반 이상이 혼외 출산이라는 얘기다. OECD 국가 평균은 40퍼센트이고, 미국도 그 정도 수치이다. 일본과 한국, 터키가 평균치를 낮추는 대표적인 국가인데, 일본은 2.3퍼센트이고 한국은 그보다 더 낮은 1.9퍼센트다. 이 수치만 보면 한국은 회교국가인 터키보다 낮은 기록의 '도덕국가'라고 할 수 있다. 하지만 동시에 여전히 해외 입양이 많은 나라이기도 하다.

제도상으로만 보자면 2000년대 초중반을 거치면서 유럽 대부분의 나라들이 결혼과 동거 사이의 차별을 대부분 해소하는 정비를 했다. 우리는 아직 아니다. 동거에 대한 관용도[Tolerence]로 본다면, 한국은 마초 성향을 보이는 일부 회교국가보다 관용도가 더 떨어진다. 어차피 일본이나 한국은 유교 사회이고 본래 그렇게 살지 않느냐고 생각할 수 있지만, 그런 문제가 아니다. 21세기 경제를 종합적으로 본다면, 이제는 이런 무관용의 사회가 단순히 인구구조만이 아니라 경제 자체의 힘과 관련을 갖는다.

리처드 플로리다[Richard Florida]의 《도시와 창조계급》은 많은 논란거리를 가지고 있는 책이다. 발전하는 도시의 특징을 기술[Technology], 재능[Talent], 관용[Tolerence]라는 '3T'로 요약했다. 이 책을 본 사람들은 대부분 기술이 중

(단위 : %)　　　　　　　　　　　　　　　　　　자료 : OECD Family Database

한국(Korea)	1.9
일본(Japan)	2.3
터키(Turkey)	2.8
이스라엘(Israel)	6.3
그리스(Greece)	8.2
크로아티아(Croatia)	17.4
키프로스(Cyprus)	18.6
스위스(Switzerland)	21.7
폴란드(Poland)	24.2
몰타(Malta)	25.9
이탈리아(Italy)	28.8
리투아니아(Lithuania)	29.0
루마니아(Romania)	31.2
캐나다(Canada)	33.0
호주(Australia)	34.4
독일(Germany)	35.0
아일랜드(Ireland)	35.1
슬로바키아(Slovak Republic)	38.9
룩셈부르크(Luxembourg)	39.1
OECD 평균	39.9
미국(United States)	40.2
오스트리아(Austria)	41.5
스페인(Spain)	42.5
핀란드(Finland)	42.8
라트비아(Latvia)	44.0
체코(Czech Republic)	46.7
뉴질랜드(New Zealand)	46.7
헝가리(Hungary)	47.3
영국(United Kingdom)	47.6
네덜란드(Netherlands)	48.7
포르투칼(Portugal)	49.3
벨기에(Belgium)	52.3
덴마크(Denmark)	52.5
스웨덴(Sweden)	54.6
노르웨이(Norway)	55.2
프랑스(France)	56.7
슬로베니아(Slovenia)	58.3
에스토니아(Estonia)	58.4
불가리아(Bulgaria)	58.8
멕시코(Mexico)	64.9
아이슬란드(Iceland)	66.9
코스타리카(Costa Rica)	69.4
칠레(Chile)	71.1

| 주요 국가의 혼외 출산 비율 |

요하고 사람이 중요하다는 얘기를 많이 인용하지만, 실제로 이 두 가지를 끌어들이는 것은 좋은 날씨나 쾌적한 환경이 아니라 바로 '관용'이다. 실리콘 밸리와 같은 도시들을 분석하면서 결국 관용도가 높기 때문에 좋은 기술을 가진 창조적인 인재가 모여들게 되었다는 것에 대해 우리는 별 관심이 없던 것 같다.

이 시점에서, 우리는 출산, 문화, 기술, 지식과 같은 것들이 갖는 관용이라는 공통점 하나를 발견하게 된다. 경제적 요소가 기술적 분석이라면, 관용이라는 요소는 문화적 요소다. '경제적으로 어렵고 관용 또한 낮은 것', 그것이 한국이라는 경제 시스템이 갖는 특징이다. 경제적으로 궁핍하고 사회적으로도 빡빡한 상황에서는 획일성uniformity이 강화된다. 그리고 그 반대편에 있는 것이 다양성이다. 다양성에 대한 존중이 없이 경제적인 지원만을 가지고는 출산 문제가 해소되지 않는다. 마찬가지로 기술이나 지식도 경제적 안전망과 관용이라는 두 가지 축이 모두 관여하는 분야다. 21세기에 우리가 생각하는 경제가 어려운 문제는 단순히 돈만 들인다고 문화나 제도가 따라오지 않는다는 점이다.

'관리의 삼성'이라고 불리는 바로 그 삼성이 대표적으로 관용도가 낮은 조직이다. 공무원들도 관용도가 낮다. 경제 개발 시대를 거치면서 우리는 경제적 효율성이라는 것은 배웠고 유연성이라는 개념도 배웠다. 유연성을 높이면 효율성이 높아진다는 얘기를 2000년대 내내 한국의 지배층들이 떠들었다. 그렇지만 관용성이나 다양성 등 미래 경제가 새로 갖춰야 하는 개념이 아직 제대로 탑재되어 있지 않다. 여전히 한국의 기업들, 특히 대기업은 거대한 군대와 같이 보인다. 일본의 근대화를 결국 군인이 이끌었듯이 한국도 군인들이 이끌었다. 일본 기술과 함께 조직 특성도 같이 배우면서 한국 기업은 자연스럽게 군대 조직의 원형을 띠게 되었다. 관용도를 높여야 다양성도 같이 높아진다는 당연한 생각을 할 상황이 아니었다. 그냥 되는 대로 해도 어떻게 먹고는 살 줄 알았던 것이 MB와 박근혜의 특징이다. 그런데 그렇게 대충해서는 안 되는 시대가 왔다.

MB와 박근혜, 이 두 대통령의 시대가 사회적으로 혹은 문화적으로 관용도가 높아진 시기라고 보기는 어렵다. 그들은 자신과 측근들에게는 한없이 관대했지만, 그들이 만들려고 했던 경제 시스템은 그다지 관용적이지 않았던 것 같다. 관용과는 반대로, 오히려 '무관용의 시대'가 그들이 만들려고 했던 세상이 아닐까? 청년과 여성이 일회용 포장지로 사용되는 시절이자 문화와 지식의 생산에 있어서도 문제가 생겨난 시기로 기록될 것 같다. 박근혜 정부의 역사 교과서 논쟁이 경제적으로 보여준 의미는 딱 하나다. '무관용주의'를 통한 역사 해석의 독점, 정말 우리는 관용과는 아주 거리가 먼 시기를 보내고 있는 것 아닌가?

프랑스의 혼외 출산율 56.7퍼센트와 한국의 혼외 출산율 1.9퍼센트, 이 어마무시한 수치의 차이를 어떻게 해석해야 할 것인가? 한국 경제의 앞으로의 10년은 이 수치를 어떻게 해석하느냐에 달려 있는 것인지도 모른다.

산업의 몰락이 가져온 위기

경제를 나누는 방식은 여러 가지가 있다. 미시와 거시는 가장 대표적인 분류 방식이고, 구경제와 신경제 혹은 디지털 경제와 같은 분류 방법을 쓰기도 한다. 그렇지만 현장에서 가장 유용하게 사용하는 분류는 역시 금융경제와 실물경제를 구분하는 방식이다. 그리고 이 분야가 바로 한국 경제의 가장 큰 약점이기도 하다. 90년대 중후반부터 한국 증시가 비약적으로 성장하면서 많은 전문가들이 금융 분야로 옮겨 갔다. 이 시점에서 실물경제의 전문가가 확연하게 줄어들게 된다.

제도적인 변화도 있다. OECD에 가입하면서 계획경제의 요소를 담당하던 경제기획원이 없어졌다. 경제기획원은 장점도 있고 단점도 있는 제도이기는 한데, 그 이후로 실물경제에 대한 관리 능력이 현격하게 약해졌다. 이론적으로는 실물이 잘 돌아가게 하기 위해서 금융이 필요한 것인데, 그 연결 고리가 끊겼다. 금융은 금융대로 관료의 폐해가 발생하고, 실물은 종합 기획이 사라지면서 개별화되었다. 부자는 망해도 10년은 간다고 하는데, 그 10년이 끝나 버린 시기와 MB 정부 출범이 비슷하게 만났다. 현장에서 벌어진 것은 '산업 정책의 실종'이라고 할 수 있다.

한국은 경제에서 이론적인 것은 다 약한데, 그중에서 산업 분야의 이론적 접근은 특히 더 약하다. 콩코드를 생산하던 툴루즈 지역의 대표적인 경제학자인 장 티롤Jean Tirole이 산업조직론에 대한 기여로 노벨경제학상을 탄 것은 2014년이다. 신新산업정책이라는 기조로, 세계적으로 산업 정책에 대한 유행이 다시 복귀하면서 실물경제를 재조명하려는 확연한 흐름이 생겼다. 생태학을 전면적으로 산업 이론에 접목한 산업생태학도 90년대 이후로 어느 정도 기틀이 잡혔다. 그러나 한국에서는 이런 것이 전부 선진국에서나 하는 얘기들로 여긴 듯하다.

한국 경제가 지금과 같은 위기에 봉착한 이유 중의 하나가 지난 두 번의 정권이 산업을 너무 이념적으로만 보려고 하고 이론적으로 보지는 않았던 것이라고 생각한다. 내버려 두고 방치하다가 어려워지면 '사양산업'이라고 던져 버리는 것이 지난 8년간 한국 정부가 했던 일이 아닌가? 역설적이게도 정부가 유일하게 생물학이나 생태학의 시각을 빌려 온 유일한 분야가 산업 정책인 셈이다. '늙어 버린 산업', 이런 관점이 정부가 제조업을 비롯한 실물 경제를 보는 눈이 아니었던가? "이건 너무 늙어버렸어. 그냥 갖다 버리자"는 식으로 일을 했다.

그렇지만 산업이 튼튼하게 버티는 국가들이 복지와 경제의 조화를 이루었다는 사실을 잊어서는 안 된다. 독일, 스웨덴, 스위스 모두 제조업이 튼튼한 나라들이다. 산업이 늙는다는 표현이 과연 맞는 것일까? 공해 산업과 친환경 산업, 이런 구분은 있을 수 있다. 고부가가치 산업과 저부가가치 산업이라는 분류도 가능하다. 그렇지만 한국의 경제 관료와 정치인들이 철석같이 믿고 있는 사양산업이라는 분류는 세상에 존재하지 않는다. 방치된 산업, 버려진 산업이 존재할 뿐 아닌가? 대표적인 몇 개의 산업을 살펴보자.

조선 산업의 경우를 보자. 2009년까지는 생산 능력의 두 배에 가깝게 시설이 가동되고 있었다. 2010년에 생산 능력과 가동률, 이 두 개의 지수가 처음으로 교차했다. 그리고 2013년부터는 가동률이 생산 능력보다 현저하게 낮아지기 시작한다. 이때쯤이면 문제가 생겼다는 것을 외부에서도 충분히 알 수 있는 시점이다. 철수를 할 것인가, 조절을 할 것인가, 아니면 신규 투자를 늘릴 것인가? 조선 산업 자체가 세계적으로 유지가 쉽지 않은 산업으로 보고 있기는 하다. 그렇지만 아무것도 하고 있지 않은 것은 이상하지 않은가?

일본 히로시마가 한때 전쟁 지휘부 역할을 하게 된 가장 큰 이유는 인근 도시 쿠레〈れ〉에 대형 조선소가 있었기 때문이다. 일본 사람들이

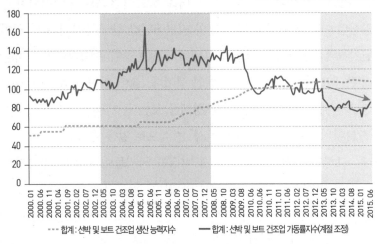

자료 : 통계청, 광업 · 제조업 동향조사

··· 합계: 선박 및 보트 건조업 생산 능력지수 —— 합계: 선박 및 보트 건조업 가동률지수(계절 조정)

| 조선 산업의 생산능력지수와 가동률지수 |

2차 세계대전을 역전시킬 거포 시대의 마지막 전함으로 믿었던 야마토 호가 바로 이 쿠레 조선소에서 만들어졌다. 한국 쪽으로 조선 수주 물량 이 이동한 후로 쿠레는 늙어 버린 도시가 되었다. 군국주의 시절, 일본 의 심장처럼 움직이던 도시였던 것은 정말 옛날 일이다.

거제의 미래는 쿠레와 같을 것인가, 아니면 극적으로 회생하게 될 것인가? 만약 2010년에서 2013년 사이에 산업 정책이 적절하게 시행 되었다면, 지역 경제의 위기를 피할 수 있었을 것이다. 특정 산업과 지 역 경제가 밀착되어 있는 경우는 많다. 조선소들이 밀집해 있는 울산이 나 거제는 새누리당을 지지하는 대표적인 지역이기도 하다. 보통 보수 나 극우파들도 자신의 고향은 살기 좋은 데로 만들어 놓으려고 한다. 자 신의 근거지가 되는 지역을 다른 지역보다 더 좋게 만들어 놓고 그곳 에서 오랫동안 정치를 하려는 것이 일반적인 흐름이다. 사람의 마음이 라는 것이 다 비슷하지 않겠는가? 그들 자신의 고향 정권이고, 그들 자신의 고향 경제인데도 정말로 기이할 정도로 수수방관했다. 너무 대형 독dock으로만 가다 보니, 세월호 같은 국내 운항 선박은 외국에서 중고로 사오는 나라다. 뭔가 좀 이상하지 않은가?

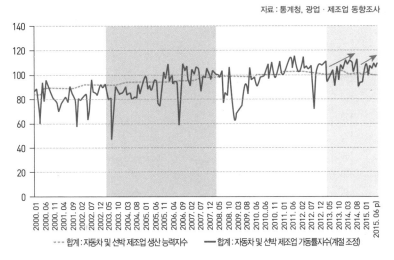

자료 : 통계청, 광업 · 제조업 동향조사

--- 합계: 자동차 및 선박 제조업 생산 능력지수   ── 합계: 자동차 및 선박 제조업 가동률지수(계절 조정)

| 자동차 산업의 생산능력지수와 가동률지수 |

한국의 또 다른 주력 산업인 자동차 산업을 살펴보자. 국내 산업의 관점으로만 보자면 2010년 정도에 뭔가 이상하다는 징후를 볼 수 있다. 미약하게나마 설비를 늘려 나갔지만, 2010년경부터 국내에 설비 증설은 더 이상 찾아 볼 수 없다. 그 대신 가동률은 설비 능력 이상으로 돌아간다. 간단하게 말하자면, 공장은 잘 돌아가는데 신규 투자는 안 한다는 얘기다. 산업이 늙어서 이런 일이 벌어지는가? 자료만으로 해석을 하면, 국내 공장은 돌릴 만큼 열심히 돌리고 고장 나면 외국으로 나가겠다고 볼 수밖에 없다. 리쇼어링reshoring이라는 이름으로, 미국 등 많은 나라에서는 해외에 진출한 자국 기업을 국내로 재유치하려는 흐름이 활

발하다. 개별 회사들은 글로벌 전략이 있을 수 있고 진출, 철수, 재진출, 지역 전략을 가질 수 있다. 국가가 원하는 방향과 개별 회사들의 생산 및 판매 전략은 다를 수 있다. 당연한 얘기다. 그렇지만 그렇다고 해서 그것을 그냥 수수방관하는 것이 정부의 산업 정책이어서는 안 된다. 기업이 하자는 대로 방치하는 것, 그것이 산업 정책이 될 수는 없다.

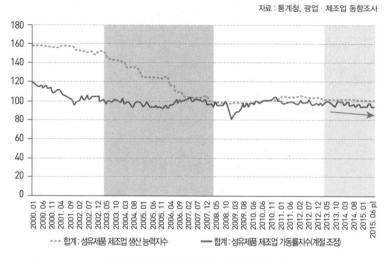

자료 : 통계청, 광업 · 제조업 동향조사

- - - 합계 : 섬유제품 제조업 생산 능력지수　　—— 합계 : 섬유제품 제조업 가동률지수(계절 조정)

| 섬유 산업의 생산능력지수와 가동률지수 |

　한국에서 대표적인 사양산업으로 간주되는 섬유업을 살펴보자. 통계청에서 가끔 인구 구성에 관한 미래 전망치를 조사·추정한다. 많은 추정이 그렇듯이 제한적인 결과라고 봐야 한다. 섬유업은 생산 능력이 계속해서 하락하다가 2008년 이후로는 추세가 유지되는 산업이다. 패션, 기능성 등 섬유 산업의 트렌드는 계속해서 변화한다. 꼭 좋은 것이라고만 말하기는 어려워도 스파SPA와 같은 패스트 산업 역시 새로운 트렌드이다. 섬유 산업이 사양산업이라는 이야기는 패션 산업 같은 영역

에서는 정말로 듣기 어려운 얘기다.

지역별 흐름은 존재한다. 런던의 패션쇼가 최근 강해지면서 밀라노가 눈에 띄게 약해졌다. 선진국 내에서도 강력한 경쟁이 발생하면서 계속해서 트렌드를 바꿔 나가는 것이 섬유업의 특징이다. 생산 기지를 중국으로 옮겼다가 다시 옮기는 과정은 벌어지지만, 섬유업 자체를 사양산업이라고 하지는 않는다. 국가별 특징도 크고 지역별 특징도 크다. 이탈리아 정부에서 대규모로 투자했던 밀라노 계획의 실패 이후로, 섬유업이 사양산업이라는 이상한 소리들을 하기 시작했다. 그러다 보니 한국이 OECD 국가에서 옷값이 가장 비싼 나라가 되었다.

큰 것은 커서 못하고, 어려운 것은 어려워서 못하고, 쉬운 것은 남이 해서 못하고, 오래된 것은 오래되어서 못 한다는 것이 산업과 관련되어서 정부에서 일관되게 지난 8년 동안 했던 얘기다. 새로운 산업을 찾아 떠나는 것만이 산업 정책이라고 하는, 근거 없는 이상한 얘기들이 퍼져 있다. 산업 정책은 산업 간 정책inter-industrial policy과 산업 내 정책intra-industrial policy이라는 두 가지 종류가 존재한다. 기존에 존재하는 산업을 고도화하거나 부가가치를 높이는, 선진국이 가장 강조하는 산업 정책이란 것이 한국에서 실종된 지 10년 가까이 된다. "이거고 저거고, 다 늙었어"라며 정부가 손을 놓고 있으면 정말로 경제 자체가 늙어 버린다. 안타깝게도 지금 우리가 보고 있는 것이 그런 모습이다.

산업 정책이 실패하고 난 결과가 자영업자 급증과 청년들의 실패다. 아주 짧은 기간 동안에 공업화를 했으면서도 그 공업화의 경험과 기억 역시 그만큼 짧은 시간에 잊어버리고 있는 것이 한국의 산업 역사가 되어 버렸다. '기업이 하고 싶은 대로' 방치하는 것은 장기적으로 기업에게도 좋지 않은 결과를 가져다 줄 뿐이다. 지금 우리가 보고 있는 한국 산업의 실패가 바로 그 역사다. 가만히 있으면 기업들이 알아서 할 것이라는, 지나치게 이념적인 생각을 한국 지배층은 강하게 가지고 있다. 왜 2014년에 장 티롤에게 노벨경제학상이 주어졌는지에 대해 곰곰이 생각해 볼 필요가 있다.

산업 정책이라는 것을 아예 내팽개치고 청년을 일회용 포장지로 사용하는 일들이 같이 벌어지면 지역에는 정말로 재앙과 같은 결과가 나타난다. 각각 하나하나도 적지 않은 충격을 주는데, 지역에 그러한 힘든 일들이 한꺼번에 나타나면 정말로 큰 재앙을 만들어 낸다. 지난 2012년, 통계청에서 지역별 고령화를 추정한 적이 있다. 다음 197페이지의 그림이 그에 대한 도표다. 왼쪽이 현재의 모습이고, 오른쪽이 2035년의 모습이다. 65세 이상 가구와 75세 이상 1인 가구를 진하기로 표시했다. 2035년이 되면 서울을 제외한 거의 대부분의 지역이 심각하게 변한다. 여당이고 야당이고 정치적 다양성을 충분히 갖지 못한 지역들은 75세 이상 1인 가구가 절반 가까이 된다. 통계청에서 특별하게 엄청난 가설을 포함시킨 것도 아니다. 그냥 지금 우리가 살던 대로, 대충 살살 살면 우리의 미래는 2035년과 같이 된다. 수도권과 충청권을 제외한 전 국토에서 65세 이상 가구가 절반을 차지하게 될 것이다. 거기에 몇몇 산업이 추가적으로 붕괴되면 결과는 더 나빠질 수도 있다.

이것은 바로 20년 후의 일이다. 지금의 50대가 2035년에는 75세 이상 1인 가구가 된다. 그리고 지금의 40대 중반 이상의 사람들이 많은 도시의 인구 절반을 차지하게 된다. 서울, 대전 정도를 제외하면 청년을 볼 일이 없다는 뜻이다. "이명박은 왜 그랬을까", "박근혜는 정말 이상하다"라며, 그렇게 어영부영하고 있다가 마주하게 될 우리의 미래다. 자꾸 1인 가구 문제를 청년들 문제라고 말하는 사람들이 있는데, 그것이 아니라 현실은 1인 노인 가구가 문제의 핵심인 세상을 향해 흘러가고 있다는 것을 알아야 한다.

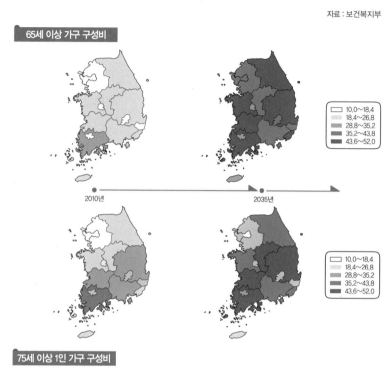

자료 : 보건복지부

65세 이상 가구 구성비

10.0~18.4
18.4~26.8
28.8~35.2
35.2~43.8
43.6~52.0

2010년

2035년

10.0~18.4
18.4~26.8
28.8~35.2
35.2~43.8
43.6~52.0

75세 이상 1인 가구 구성비

| 2035년의 65세 이상 가구와 75세 1인 가구 지역별 추정치 |

우리보다 먼저 고령화를 경험한 일본이 20년 후 지자체의 절반 정도가 소멸될 것이라고 예상하고 있다. 우리의 경우는 좀 다를까? 세금을 내는 젊은이들과 일을 하는 장년들이 줄어들면 지방자치단체는 유지 자체가 어려울 것이다.

찬란함의 지속 가능성

4장

현재 청년의 삶을 마주해 본다.
찬란하게 빛나야 할 청춘은
갈 길을 잃은 채
방황하고 있다.
10년 후,
그들의 삶은
달라질 수 있을까?

꽃은 화려할 때 지는 기야

"꽃은 화려할 때 지는 기야!"

영화 〈황산벌〉에서 김유신이 화랑들을 계백의 결사대 앞으로 화살받이로 내몰면서 했던 말이다. 청년들에게 일방적으로 희생을 강요한 역사가 없지는 않다. 일본도 패색이 짙은 태평양 전쟁에서 청년들을 죽음으로 내몰았다. 청년들이 역사적으로 가장 힘들었던 때가 언제였을까? 자본주의 역사에서 청년들이 집단적으로 가장 힘들었고 결혼 시기도 늦춰졌던 것은 19세기 제국주의 시절의 일로 알려져 있다. 물론 당시 청년이라는 집단에서 아버지의 재산을 물려받은 귀족의 장자는 제외된다. 제국의 시대는 전쟁의 시대였다. 그리고 당연히 누군가는 전장에 나가야 했다. 우리는 흔히 제국주의를 운용하면서 외국에서 물자와 자원을 수탈해 오기 때문 그 시기가 화려할 것이라고 생각하는 경향이 있다. 그렇지만 상속 제도와 맞물리면서 영국을 포함한 제국주의 국가의 청년들은 19세기에 가장 힘들었다. 장자 상속제가 유지되던 상황이라서 아무리 귀족이라도 특별하게 상속받는 것이 없었다. 즉 차남들의 수난인 셈인데, 이 차남들이 전쟁과 식민지 개척 현장으로 내몰렸던 것이 제국주의의 숨은 역사였다.

너무 일찍 독립하여 어느 정도 경제적 성과를 이룰 때까지 결혼도 하기 힘들었다. 누군가는 식민지에 가서 희생을 하고 전쟁에도 참가해야 했는데 그 고통을 차남들이 감당했다. 그리고 식민지에서 물자들이 지나치게 값싸게 들어오다 보니, 내부 경제에 위기도 종종 형성되었다. 여성들에게 상속권을 비롯한 경제적 권리가 주어지는 것은 매우 늦어졌다. 지금 30~40대 여성들이 가장 좋아하는 얘기 중의 하나가 《빨간 머리 앤》이다. 소설 중 주인공 앤이 대학에 들어가는 장면이 나오는데, 당시 딸에게는 재산을 상속해 줄 수가 없기 때문에 그 대신에 대학 진학을 시켜주게 된 것이다. 그렇게 앤은 자연스럽게 교사가 된다. 대학교에 진학할 수 있도록 해 주는 것이 공식적으로 여성에게 재산을 물려줄 수 없던 앤의 양부모가 그녀에게 해 줄 수 있던 최선의 선택이었다.

남자, 그것도 큰 아들에게 아버지의 권리와 재산이 상속되는 시절에 아무리 귀족의 자식이라도 차남들에게 공짜로 주어지는 것은 없었다. 물론 이전에도 전쟁은 있었지만, 때로는 방어를 위해서 혹은 공격을 위해서 간헐적으로 전쟁이 벌어졌다. 크게 분석하면 이런 전쟁들이 경제와 아주 상관이 없지는 않았다. 특히 제국주의 시대의 전쟁은 경제 그자체였다. 경제가 전쟁이고, 전쟁이 또한 바로 경제 그 자체였다. 그리고 그 시기에 전쟁과 상업 사이에 큰 구분이 없었다. 식민지로 군인이나 상인의 신분으로 가야 했던 차남들의 삶은 퍽퍽했다.

짧은 전투나 전쟁 중에 청년을 희생시키는 경우가 많고, 사회는 그것을 화려하게 포장을 한다. 2016년 지금의 한국 청년들에게 우리가 하고 있는 애기가 바로 삼국 통일의 영웅 김유신이 화랑들에게 했던 말과 다를 바 없다. 정말 화려한 나이에 지는 꽃과 같은 삶이고, 그 져버리는 삶의 끝은 전혀 화려하지 않다.

2011년 7월 2일 새벽의 일이다. 군대에서 제대한 이틀 뒤 등록금을 마련하기 위해 대형 마트에서 냉동고를 고치던 휴학생이 숨졌다. 제대로 현장 처리가 되어 있지 않아 냉매를 들여 마시면서 질식사했다. 독학으로 고등학교를 마쳤고 서울시립대에 입학했던 청년이었다. 단신 처리 정도로 넘어간 이 사건이 유독 내 기억에 오래 남는 것은 그의 전공이 '경제학'이었기 때문이다. 독학으로 대학에 들어간 그에게 한국 경제는 어떤 모습으로 보였을까? 사고가 일어나지 않았다면 그도 나처럼 한국 경제를 분석하는 삶을 살았을지도 모른다. 그렇게 하고 싶지 않았을까? 많은 경제학도들은 여전히 학자가 되고 싶어 하고 분석가가 되고 싶어 한다. 화려한 나이, 너무 짧게 살다 간 경제학도의 삶이 계속해서 눈에 밟힌다.

'고진감래苦盡甘來.' 지난 10년 동안 한국 경제가 청년에게 줄기차게 외쳤던 소리다. 지금 한국 경제의 구조에서 비정규직으로 삶을 출발한 청년들에게 "참으면 더 나은 때가 온다"고 정말 말할 수 있는가? 참으면 참을수록 더 비참해지고, 그래도 끝까지 참으면 "민중은 개, 돼지"라는 소리를 듣는 것이 우리가 만든 경제 구조다. 미처 피어보지도 못한 꽃과 삶들을 보노라면 정말로 할 말이 없다. 찬란하도록 아름다운 나이, 미처 꽃을 피워보지도 못하고 반지하와 고시원에서 쓰러지는 나이, 이것을 보면서도 아무렇지도 않을 수가 있나 싶다.

2008년 한 방송사의 보조작가가 방송국 건물 23층 옥상에서 투신

했다. 그것을 시작으로, 영화와 음악 등 문화 분야에서 젊은 문화생산자들의 죽음이 끊이지 않았다. 길거리에서 오토바이로 배달을 하던 아르바이트생들의 죽음도 멈추지 않는다. '죽거나 죽도록 힘들거나'의 싸움뿐이다. 살아 있는 것 자체가 고통인 지금 이 시간, 도대체 우리는 무엇을 위해서 경제 성장을 한 것인가? 그 찬란한 순간에 왜 빛날 수가 없는가? 찬란함은 왜 찰나의 순간에 지나가 버릴 수밖에 없는 것인가? 찬란한 청춘은 행복할 수 없고 그 찬란함은 지속가능할 수 없는 것인가?

청년들의 말도 안 되는 죽음은 멈추지 않는다. 이들이 무슨 엄청난 부와 영광을 누리기 위해 목숨을 바쳐 일하는 것도 아니다. 그저 최소한의 안전장치가 있었거나 기본적인 매뉴얼이 제대로 지켜지기만 했더라도 피할 수 있었던 죽음이다. 문화 영역에서 모두가 성공을 해 톱스타가 될 수는 없다고 하더라도 조금만 더 기본적인 사회안전망이 갖추어져 있었다면 피할 수 있는 죽음이다. 다른 많은 국가들의 청년 또한 힘들게 산다고 해서, 그들의 죽음을 정당화시켜 주지는 않는다. 힘들다고 해서 죽을 필요까지는 없지 않은가?

더 무서운 사실은 시간이 지나도 지금의 '험블'한 청년들의 삶이 개선되지 않을 것이라는 점이다. 시간이 지나면 한 단계 한 단계 승진도 하고 그에 따라 삶도 조금씩 개선되는 것은 종신고용제 시절의 사유이다. 비정규직이 일반화된 세상에서는 시간이 지나도 처지가 나아질 일은 없다. 종신고용제 시절의 승진형 사유를 경험한 사람들이 청년들에게 참고 버티면 나아진다고 말하는 것은 좀 아닌 것 같다.

어떻게 하면 청년의 삶이 인생에 한 번쯤 찬란하게 빛날 수 있을까? 이런 질문들을 해 볼 필요가 있다. 그리고 한 발 더 나아가, '그 찬란함은 지속가능할 수 없을까?' 하는 고민들을 우리 모두 해 보아야 하는 순간이 왔다.

이민자 규정 변화가 가져올 나비효과

2026년, 앞으로 10년 후 우리의 모습은 어떻게 되어 있을까? 그리고 우리의 경제는 어떤 모습일까? 전면적으로 헌법이 바뀌는 정도의 특단의 상황이 벌어지지 않는 한, 아마 지금부터 또 다른 두 번의 정권이 거의 끝나는 시점일 것이다. 10년 전에도 그랬듯 지금의 10대가 다시 20대의 자리를 채우고, 지금의 20대는 30대가 되어 있겠다. 그때에도 우리는 여전히 청년이 어렵다고 말하고 한국 경제의 전망이 그다지 좋지 않다고 얘기하고 있을까?

일본의 90년대와 비슷한 상황으로 전개될 수 있다고 가정했을 때, 10년이 지난 후에도 한국에는 근본적인 변화나 눈에 띄는 흐름 같은 것은 달리 없을 거라고 예상할 수 있다. 일본도 경제가 어려워지면서 열심히 집을 지었다. 집만 지은 것이 아니라 공항도 만들고 철도도 열심히 만들었다. 일명 '리조트법'을 만들어 민간 자본을 유치해서 골프장이나 관광 시설을 엄청나게 만들면서 위기에서 벗어나려고 했다. 그러나 그들은 결국 위기에서 벗어나지는 못했다. 이것보다 더 어려운 상황이 한국의 미래가 될 가능성이 높다. 지금과 같은 흐름이 이어진다면 시간이 지나면 지날수록 점점 더 나빠지는 미래가 우리를 기다리고 있을 것이다.

"한국은 그러한 미래를 마주하지 않게 하겠다"는 얘기는 누구나 할 수 있다. 안타깝게도 일본 경제와 근본적인 체질이 비슷한 한국이 전혀 다르게 나아갈 것이라는 조짐이 현재로서는 전혀 보이지 않는다. 정치 풍토 또한 크게 다르지 않다. 유럽을 기준으로 보면, 두 칸에서 세 칸 정도 오른쪽으로 이동한 사회라고 볼 수 있다. 즉 한국이나 일본에서 중도라고 한다면 유럽 기준으로는 중도 우파에 해당하고, 한국식 보수면 유럽에서는 극우파에 가깝다는 의미다. 한국은 여전히 권위주의적 사회다. 대화와 토론의 과정을 통해서 생겨나는 새로운 혁신을 별로 기대하기 쉽지 않은 사회다. 그러다 보니 딱딱한 기업 문화를 가진 대표적인 나라로 소개된다. 그 속에서 문화적으로 권한이 약하고 경제적 힘 역시 미약하기만 한 20대는 점점 더 어려운 상황으로 내몰리게 될 수밖에 없다. 따라서 경제는 결국 점점 더 생동감을 잃어 가게 된다.

생태학에서 최근에 중요하게 떠오른 개념 중의 하나가 복원성resilience이다. 경제학에서 얘기하는 균형과 유사한 개념이기는 한데, '최적'의 의미를 가지고 있지는 않다는 점이 다르다. 균형이 깨지면 다시 새로운 균형으로 가느냐가 경제학에서 중요한 질문인데, 이때 새로운 균형점은 대개의 경우 새로운 최적점으로 간주된다. 그런데 복원성의 의미는 좀 다르다. 생태계에 교란이 발생하거나 위기가 왔을 때, 새로운 안정성을 발견해 갈 수 있느냐는 의미가 강하다. 반드시 원래의 모습으로 갈 필요도 없고 새로운 모습이 최적일 필요도 없다. 예를 들면, 사막으로 변하거나 완전히 오염된 상태에서 벗어나지 못할 때 복원성이 약하다고 표현한다. 일본이나 한국과 같은 경제를 이런 시각으로 본다면 복원성이 약한 시스템이라고 할 수 있다. 잘 돌아가다가 한 번 위기에 빠지기 시작하니까 복원성이 약해지고 그 새로운 상황이 또 다른 위기를 만드는 그런 시스템이다.

10년 후에는 한국 경제가 복원성을 회복할 것인가? 그렇게 되기는 어려워 보인다. 복원성을 높이는 요소로 '다양성'을 중요하게 꼽는데, 한국은 사회적으로나 문화적으로나 점점 더 획일성만이 높아지는 중이다. 시스템의 복원과 안정성에 있어서, 같은 기능을 하는 중복 종의 존재, 잉여redundancy가 중요한 역할을 한다. 평상 시에는 그러한 잉여가 필요가 없어 보이지만 일단 시스템이 위기에 빠지면 사라진 주요 종이 하던 역할을 대체하는 잉여가 핵심 역할을 하게 된다. 꼭 필요한 것과 최적의 요소들만 모아서 정밀 기계를 만들면 좋을 것 같지만, 그러면 진짜 위기가 왔을 때 시스템의 복원성이 제대로 작동하기가 어렵다.

가끔은 경제를 5년 혹은 10년 이상의 긴 시각으로 볼 필요가 있다. 그렇지만 한국에서 그렇게 긴 시간으로 생각하는 사람들은 거의 없다. 어쩌면 대통령이 가장 긴 호흡으로 경제를 바라보고 생각하는 사람일지도 모르겠다. 5년, 정말로 5년이면 한국에서는 가장 긴 시간이다. 보통은 1년이고, 실무로 들어가면 한 달을 전체로 놓고 생각하는 조직은 거의 없을 정도다.

한국 기업은 일반적으로 월 단위로 움직인다. 물론 기업에서도 주간 업무보고나 일간 보고 같은 것이 있기는 하지만, 실무에서는 월별 성과를 가장 중요하게 보기 때문에 대개 한 달을 사이클로 움직인다. 정부의 시간은 어떨까? 예산을 연간 결정하기 때문에 연 단위로 움직일 것 같지만, 실제로는 장관 회의에 맞춰서 움직인다. 중요한 장관 회의는 주기적이지는 않지만 주간 단위인 경우가 많기 때문에, 한국의 공무원들은 주로 일주일의 사이클을 가지고 움직인다. 정당은 그보다 더하다. 최고위원회든 비상대책회의든, 월·수·금을 주기로 움직인다. 그래서 한국의 주요 정당은 이틀을 주기로 움직여 나간다. 물론 매번 엄청난 결정을 하는 것은 아니지만, 그 하나하나의 결정이 조직론적으로는 중요하다.

한 달을 주기로 일하는 기업과 일주일을 주기로 일하는 정부, 그리고 이틀을 주기로 일하는 정치, 한국의 시스템은 이렇게 움직인다. 그래서 우리는 늘 바쁘다. 뭔가 많이 결정하고 엄청나게 일을 한 것 같은데 실제로 근본적인 변화를 만들기가 어렵다. 상층부에 너무 많은 결정권이 있고 실무 조직에는 권한이 너무 없다. 머리만 엄청나게 비대해지다 보니, 스스로 자기 몸을 움직이기도 쉽지 않다.

이런 상황 속에서 우리는 '골든타임'이라는 용어를 아주 좋아하게 되었다. 세월호 참사 이후로 급부상하게 된 단어인데, 정신없이 계속해서 의사결정을 해야 하는 일들이 이어지면 '이건 지금 꼭 해야 해!' 하는 강박관념을 가지게 된다. 그런 맥락에서 골든타임이라는 용어는 사회적으로 아주 유효해 보인다. 그리고 언제부터인가 '경제의 골든타임'이라는 말이 여기저기에서 자주 사용되고 있다. 그런데 정말로 그렇게 경제가 골든타임이라는 용어를 동원해야 할 정도로 바쁘고 정신없이 움직이는 시스템일까?

생태계의 시간은 정말 느리다. 천이가 이뤄지는 데 몇 년은 걸리고, 클라이맥스에 도달하는 데는 수십 년, 혹은 수백 년이 걸릴 수도 있다. 그 클라이맥스가 정말로 안정적이고 내부적으로 잘 조화를 이룬 시스템이라면 그 상태에서 몇 천 년의 시간이 흐를 수도 있다. 동물의 시간은 거북이나 범고래 같은 특별한 경우를 제외하면 인간의 시간보다 짧다. 그렇지만 동물 생태계의 시간은 인류의 시간보다는 훨씬 길며, 특히 숲의 시간은 그보다 더 길다.

가끔은 시간의 스케일을 좀 바꾸어 보면서 생각할 필요가 있다. 경제에서 기술의 시간은 3년에서 5년으로 본다. 그 정도면 '주어진 조건'으로 간주된 기술 조건이 바뀔 수 있다는 의미다. 한 세대를 중심으로,

약 10년 정도의 시간을 가지고 보게 된다. 그렇게 크게 놓고 보면 10년이 지나도 별 변화가 없는 경우가 많다. 엄청나게 많은 일을 하고 수많은 법과 제도를 만들어 변화를 이뤄 내지만 시스템 자체로는 사실상 큰 변화가 없는 것, 그것이 우리가 마주하게 될 새로운 10년이다.

천천히 늙어 가고, 천천히 힘이 빠지는 노화의 현상을 보일 가능성이 크다. 물론 한 가지 아직 모르는 것이 있기는 하다. '문턱효과threshold effect'라고 불리는 변화가 바로 그것이다. 이는 일정한 한도까지는 큰 변화가 없다가 문턱에 이르러, 즉 어떤 임계점을 지나고 갑자기 변화가 크게 발생하는 경우를 말한다. 천천히 생기던 변화가 누적되어 급격한 변화를 만들어 낼 때 생기는 용어다. 일본 경제는 기계적인 문턱효과가 존재하지 않은 채로 90년대 이후로 쭉 위기가 계속해서 진행이 이어진 양상이다. 보는 시각에 따라서는 일상화된 위기라고 볼 수도 있지만, 그나마 잘 버텼다고 볼 수 있다. 어려웠지만 그래도 사회와 문화 속에 누적된 어떤 요소가 있어서 문턱효과가 일어나 빚어질 수 있는 경제 급락 사태를 피했다고 해석할 수도 있다. 그러나 한국의 경우에 지금과 같은 작은 영향과 결과물들이 누적되면서 급진적인 변화가 발생하게 될 상황을 아주 배제할 수는 없다.

10년 후 한국에서는 기술도 변하고 직업의 양상도 변할 것이다. 그렇지만 지금과 같은 변화가 이어졌을 때, 청년들의 삶이 개선될 가능성은 거의 없다. 그렇지만 일본과 한국 보수 사이에 결정적인 차이 하나가 있다. 우리가 흔히 일본의 극우파라고 부르는, 일본의 보수는 스스로 제국주의를 조성하면서 그 안에서 형성되어 왔다. 그리고 한국의 극우파는 식민지 시대를 거치면서 그 안에서 형성되어 왔다. 그러다 보니 민족에 대한 생각이 좀 다르고 자국민에 대한 생각도 일정 부분 다르다.

일반적으로 유럽의 경우, 극우파들이 이민을 반대하고 중도 좌파와 중도 우파가 이민 정책에 조금 더 적극적이다. 일본도 그런 보편적 상식을 따른다. 그런데 한국의 경우는 좀 다르다. 다문화 정책에 대해서 진보 쪽이 소극적이고 보수가 훨씬 더 적극적이다. 이런 흐름은 이민 정책에서도 마찬가지로 나타난다.

"그런데, 대한민국은 달랐다. 진보-좌파 지식인들이나 정치인들이 '다문화 시대'에 대해 상대적으로 침묵하는 사이, 대한민국 보수-우파는 다문화주의를 적극적으로 설파하면서 다문화 정책들을 구체적으로 실현해 나갔다. 누가 뭐래도 대한민국 정치, 문화, 경제의 갑은 보수-우파다. 갑 중에서도 슈퍼갑의 위치에 서서, 그들은 다양한 인종, 언어, 문화화 사이에서 충돌하는 힘의 불균형을 조율해 왔다. 더구나 2008년 이후 대선 패배와 내부 분란으로 진보-좌파들이 우왕좌왕하는 사이, 대한민국 우파들은 당당하게 대동단결하면서 '당신들의 다문화주의'를 설파하고 있었다."
—《보수는 왜 다문화를 선택했는가》(강미옥, 2014) 중

앞으로의 10년을 놓고 볼 때, 다른 기본 변수들은 과거의 일본이나 미래의 한국이 근본적인 면에서도 그렇고 엄청나게 다를 것은 없다고 생각한다. 그렇지만 이민이라는 변수는 다를 것 같다. 정부의 고령화 대책에서 점점 더 강화되는 것은 노동 이민을 받아들이기 위한 사회적 수용성을 높이는 일이다. 인구 함수만을 놓고 보면, 별 수 없이 이민을 받아야 한다는 생각을 하기가 쉽다. 이민이라는 변수까지 포함해서 보면 청와대와 정부가 왜 청년을 일회용 포장지로만 사용하는지, 그 속내를 조금 다르게 생각해 볼 수 있다. 정치적으로 표가 지나치게 떨어지지 않

는 정도에서 최대한 한다고 말하고, 결국에는 이민을 받는 쪽으로 정책 흐름이 가고 있다. "하는 데까지 해 보고 나중에 이민 받으면 되잖아." 하는 식이 한국의 보수 지배층들이 지금 청년 문제에 대해 중장기적으로 가지고 있는 생각이라고 해도 크게 다르지 않을 것이다. 그래서 정부의 청년 대책은 단기적이고 임시방편적이며, 중장기적인 고령화 대책은 결국은 이민을 염두에 두게 된다.

내부적으로 상당한 논란이 있었지만, 결국 중장기 이민 정책 수립이 정부가 '브리지 플랜 2020'이라고 부르는 기본 계획에 포함되었다. 브리지 플랜은 정부의 3차 저출산·고령사회 기본 계획의 약칭이다. 그 내용 중 2016년도 시행 계획에 다음과 같은 내용이 있다.

- 이민자 유입에 따른 복지·통합 비용을 최소화하고 편익을 제고할 수 있도록 이민자 적정 도입 규모 및 우선순위 설정

정부가 하는 많은 사업들은 이렇게 기본 계획에 한두 줄 가량 삽입하는 것으로 시작된다. 현 정부의 계획대로라면 2017년도에는 연구 용역을 마치고 이민자 도입 규모 및 우선순위를 결정하기로 되어 있다. 사회적으로는 엄청난 영향을 미칠 일이건만, 저출산 대책에 살짝 끼워서 추진하고 있는 형국이다. 전 여당 대표의 '조선족 이민' 등의 발언이 바로 이 브리지 플랜이 준비되는 과정에서 나왔다. 한국의 지배층 내부의 핵심 논의가 어떻게 진행되는지 엿볼 수 있는 대목이다.

가난한 사람들끼리 좁은 노동시장에서 경쟁하는 것, 그게 현실이기는 하다. 지금의 40~50대는 노동 현장에서 외국인들과 경쟁을 한 경험이 그렇게 많지 않다. 그렇지만 20대는 다르다. 실제로 현장에서 외

국인들과 경쟁하는 삶을 경험할 가능성이 매우 높다. 그래서 사회적 민감도 중 특히 청년의 민감도가 높지 않았다면, 정부의 고령화 정책은 좀 더 이민 쪽으로 이동했을 가능성이 높다. 전문직 이민부터 시작해서, 점차적으로 이민과 관련된 기본 계획을 수립하도록 정부 정책이 이동 중이다.

일본도 구조상으로는 우리와 같은 고민을 할 수밖에 없는 조건이다. 거의 비슷한 시기에 일본은 이 문제를 푸는 방식으로 '1억총활약'이라는 개념을 만들어 냈다. 그리고 '1억총활약상'이라는 그렇게 쉽지 않은 이름의 장관도 새로 만들었다.

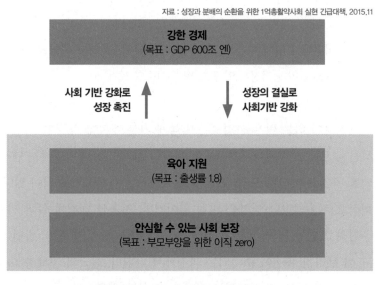

자료 : 성장과 분배의 순환을 위한 1억총활약사회 실현 긴급대책, 2015.11

| 1억총활약 사회에 대한 일본 정부의 구상 |

한국의 청년 대책이나 고령화 대책과 얼핏 보면 비슷해 보이지만, 기본적인 구조에는 엄청난 차이가 있다. 비밀은 '1억'이라는 단어에 감

추어져 있다. 1억? 1억에 무슨 뜻이 담겨 있는 것일까? 지금 일본의 인구가 대략 1억 2,700만 명 정도 된다. 경제를 포함한 각종 정책과 관련된 목표 인구수를 1억 명으로 한다는 것은 인구가 감소하는 그 충격을 그냥 받아내겠다는 의미다. 그리고 거기에 인위적으로 대규모 노동력을 수혈하는 이민 정책을 쓰지 않겠다는 얘기이기도 하다. 급격하게 출산율이 늘어나거나 갑자기 기대 수명이 줄어드는 일이 없는 한 인구 구성비에 급격한 변화가 생겨나지 않는다. 그러면 논리적으로 이민을 생각하게 된다. 일본의 '1억'이라는 표현은 이민을 통한 외부 인력이 아닌 자국 내에 있는 힘을 모두 모아 보자는 의미를 가지고 있다. 정직하면서도 엄청나게 강한 일본중심주의적 정책 선언이다. 그러다 보니 내용이 더 강해졌다.

대표적인 것이 최저임금이다. 전국 평균 1천 엔으로 최저임금을 올리는 것이 1억총활약 대책의 핵심 내용으로 포함되어 있다. 반면 한국의 경우 정부가 최저임금을 청년 대책이나 고령화 대책으로 포함시키는 경우는 아직 없다. 오히려 우리는 그와 반대로, 가능하면 최저임금을 더 낮추면서 해고는 쉽고 임금은 더욱더 낮게 만드는 것을 청년 대책의 기본 방향으로 잡고 있다. 비슷해 보이지만, 근본적인 철학도 다르고 방향도 많이 다르다. 무엇보다도 강도가 다르다.

1억총활약이라는 새로운 사회·경제적 흐름을 계획하고 있는 일본과 어물거리며 이민 정책이 사회적으로 받아들여질 때까지 시간만 때우고 있는 한국의 10년 후, 그때에도 두 사회가 비슷한 경향을 가지고 있다고 말할 수 있을까? 절대 아니라고 생각한다.

분명하게 말하건대 순혈주의를 강조하는 것도 아니고 강력한 민족주의가 필요하다고 말하고 싶은 것도 아니다. 하고 싶은 말은 이거다.

자국의 청년을 그 나라의 고급 공무원들이 어떻게 보고 있는가에 따라서 내부 생태계의 모습이 완전히 다를 수 있다는 것을 생각해 볼 필요가 있다는 사실이다. 청년이 일회용 포장지냐 아니면 우리의 미래냐?

삼성과 청년, 시대의 갈림길에 서다

한국 자본주의의 미래는 말기 자본주의 혹은 마초 자본주의의 문제라고 볼 수 있다. 또 다른 시각에서는 클라이맥스를 거치면서 지나치게 급격히 늙어 버린, 다양성을 잃어서 복원성을 상실한 숲의 문제로 볼 수도 있다. 내부적으로는 산불이나 간벌과 같은 교란이 없어져서 몇 개의 수목들이 지나치게 웃자라는 바람에 숲 안으로는 햇빛이 잘 들어오지 않는, 하늘이 닫혀 버린 숲과 같다. 이것은 "어떻게 하면 이런 숲에 다시 생동감이 돌게 하고 어린 나무들이 자라나 다양성을 확보하는 새로운 천이의 방향으로 갈 수 있느냐?"는 질문으로 바꾸어 볼 수 있다.

아프리카 속담에 '아이 한 명을 키우기 위해서는 온 마을이 필요하다'는 얘기가 있다. 지금 한국 경제라는 숲은 새로운 씨앗이 발아하기 위해서 온 숲이 협력해야 하는 것과 같은 상황이다. 청년의 미래를 위해서가 아니라 우리 모두의 미래를 위해서 그렇다. 이것을 미래에 대한 투자라고 표현할 수 있지만 생존을 위한 협력이라고도 할 수 있다. 조금 더 자극적인 은유를 사용해 보자.

IMF 경제 위기를 극복하는 과정에서 한국 경제는 어느 순간인가 삼성이라는 기업을 떼어 놓고 생각하기 어렵게 되었다. 한국 경제의 미래를 위해서 삼성과 청년 중에 어느 하나를 골라야 하는 상황이 온다면, 과연 어떻게 할 것인가? 잔인한 비유일지 모르지만, 지금 한국 경제에서 차지하는 비중이 청년과 삼성 중 어느 쪽이 클지 한번 생각해 보자. 모든 청년의 합보다 특정 기업의 합이 더 크다면 정말로 이상한 일이기는 한데, 현재로서는 삼성의 비중이 더 크다고 할 수밖에 없다. 청년을 고민하는 공무원보다 삼성을 고민하는 공무원이 월등히 많고, 청년을 위해서 법안을 만들 국회의원보다는 삼성을 고민하면서 법안을 만들 국회의원이 훨씬 많다. 물론 이런 비중에 대한 고민은 '삼성과 친하냐', '삼성을 위하느냐'와는 좀 다른 문제다.

만약 한국 경제를 위해서 삼성과 청년, 둘 중에 하나를 골라야 하는 순간이 온다면 우리는 어느 쪽을 고르겠는가? 논리적으로는 청년을, 정서적으로는 삼성을 떠올리며 갈등을 느낄 사람이 많을 것 같다. 당연히 한 국가의 경제 전체의 미래를 위해서 청년 전체를 선택하는 것이 맞다. 그렇지만 한국 경제의 성과와 삼성의 성과가 동일시되는 10년 이상의 시간을 보내고 난 지금, 삼성을 떠나서 한국 경제를 상상하기가 쉽지는 않다. 게다가 말은 청년이라고 하지만, 이미 많은 사람들은 청년들이 특별히 대단한 성과를 내기가 어려울 것이라고 생각하고 있는 것 같다.

정부가 인정을 하든 하지 않든, 지금 한국 경제의 많은 제도들이 삼성으로 상징되는 대기업들에게 어떤 식으로든 편의를 봐주기 위한 방향으로 진행되어 왔고, 그것이 현실이라고 생각한다. 성과를 내기 어려운 중소기업의 현실과 대기업의 부당한 골목 상권 갈취, 그리고 그들끼리 승계하면서 어느덧 3세 승계까지 이어 온 이해하기 어려운 지배 구조…… 이러한 것들이 한국 경제의 적자에 영향을 미치는 것일까, 아니면 우리 청년들인가? 이러한 비교는 어렵고 또 비교해서도 안 되는 두 집단이지만, 실제 우리 현실 속에서는 두 집단 중에 선택을 해야 하는 경우가 많다. 두세 개의 기업이 시장 전체를 끌고 가는 독과점화가 끝까지 가다 보니 이런 우스운 상황이 벌어지게 되었다. 그래도 선택을 해야 한다면? 논리적으로든 정서적으로든 선택이 쉽지 않다. 그리고 이러한 선택이 쉽지 않다는 사실 자체가 이미 우리가 한 수많은 선택들이 만들어 낸 제도적 상황을 보여 준다. 지금 우리는 상식적인 선택을 하기에 너무 많이 지나와 버렸고 너무 많이 늙어 버렸다.

질문을 조금 바꿔서, 일반 고등학생들에게 비슷한 맥락에서 물어본다고 해 보자. "삼성에 취업하겠는가, 아니면 이 사회를 믿고 자신의 길을 걸어가는 당당한 20대로 살아가겠는가?" 지금 상황이라면, 이 질문의 답은 슬프지만 물어보나마나 한 것이라 생각한다. 아마도 삼성에 들어가고 싶다는 바람을 가지고 있거나 자신이 삼성에 들어갈 가능성이 없다고 판단했거나, 자신의 현실적 미래에 의해서 대답이 결정될 가능성이 높다.

우리가 만들어야 할 미래는 한국의 10대들이 이런 질문 자체를 우스꽝스럽게 여기면서, "도대체 뭐래?" 이렇게 생각하게 되는 미래가 맞을 것이다. 전 세계 선진국 10대 청소년들에게 같은 내용의 질문을 던진다고 생각해 보라. 아무리 강하고 거대한 영향력을 가졌다한들, 경제 문제를 두고 특정 기업과 청년을 선택지에 놓고 던지는 질문을 상식적인 것으로 받아들일 것이라 생각되지 않는다. IBM, 구글 혹은 폭스바겐이나 르노 등 아무리 크고 중요한 기업이라고 하더라도 한 국가의 청년 전체와 어느 쪽이 중요하냐고 물어봤다가는 "미친 거 아냐?"라는 타박을 듣기 딱 좋다. 그것이 정상일 텐데, 지금 우리는 정상은 아닌 것 같다.

'기업의 것은 기업에게', '사회의 것은 사회에게', 이렇게 서로 수준과 위치가 다른 영역들이 적당히 구분되어 있어야 하는 것이 당연하다. 그렇지만 한국은 지금 이 기본 상식이 흐트러져 있다. 기업(정확히는 특정 대기업)들에게 불편을 유발하게 될 것들은 경제 대책에서 가급적 손을 대지 않으려고 한다. 청년 정책의 경우도 마찬가지다. 기업은 정부를 핑계로 하고, 정부는 시장질서를 핑계로 해, 이것도 안 되고 저것도 안 된다고 하는 바람에 실제 할 수 있는 일은 거의 없다. 그리고 그렇게 어영부영 시간을 보내다가 기업들이 정말로 원하는 값싸고 관리하기 쉬운 노동력을 확보할 수 있는 해외 이민 정책을 택하자는 것이 지금 보수들이 가지고 있는 장기적 경제 프로그램이다.

10년 후 어떤 산업이 버틸 수 있고 어떤 기업이 성과를 낼 수 있을지 아직 아무도 알 수 없다. 심지어 10년 후에 누가 대통령이 될 것인가는 고사하고, 현 여당과 야당 중 어느 쪽에서 정권을 가지게 될지도 알 수 없다. 그렇지만 현 정권이 강력하게 추진하는 '쉬운 해고, 짧은 고용'의 10년 후 모습이 '인스턴트 고용', 즉 외국인 노동력의 대폭 확대가 될 가능성이 높다는 것은 불 보듯 뻔한 일이다. 글로벌 기업의 입장에서야 누구를 고용하든 무엇이 문제가 되겠는가? 그들에게 민족과 국적과 같은 것은 일정 수준의 노동의 질만 확보된다면 크게 문제 될 것은 없다. 그렇지만 사회의 입장에서는 그와 같은 일은 정말로 심각히 고민하면서 짚고 넘어가야 할 문제다. 수준이나 방식, 의견의 통합 등 기술적 논의와 사회적 합의를 생략하고, "현실이 이렇다"라며 그냥 넘어갈 일이 절대 아니라고 생각한다.

청년에 관한 문제를 푸는 것과 우리 사회의 문제를 푸는 것은 어느 일정 부분은 일치하지만 동시에 일치하지 않는 부분이 있기도 하다. 최저임금의 경우 청년에게 직접적인 영향을 미치지만, 그렇다고 청년에게

만 영향을 미치는 것은 아니다. 노인이든 여성이든, 저임금 노동 전체에 영향을 미친다. 이런 것들은 국민경제라는 아주 독특한 시스템에서 서로 연계된다. 그리고 지금 우리가 지난 10년간의 경험으로 알 수 있는 것은, 청년이라고 좁게 정의된 시스템 내에서 해법을 찾는 것이든 청년이 아닌 영역에서부터 "결국 이게 도움이 돼"라고 하는 곳에서든, 그 어느 쪽도 변화를 만들기에 충분하지 않다는 점이다. 지금처럼 "그냥 가다 보면 돼"라는 식으로는 문제가 풀릴 가능성이 거의 없다는 점에 대해 동의하지 않을 사람은 없다.

삼성과 청년, 2016년이라는 시대의 갈림길에서 비극적으로 만난 두 주체들이다. 삼성을 강조하면 중소기업이나 지역 경제, 이렇게 작은 경제들에게 충분한 조건을 만들기가 어렵다. 적어도 많은 경제학자들이나 경제와 관련된 영역의 사람들은 그렇게 생각한다. 청년을 강조하면 어떨까? 대기업으로 지나치게 몰려 있는 혜택들의 일부가 변해야 하고, 대기업을 포함해 기업들이 부담해야 하는 세금이 늘어나게 된다. 그리고 여러 가지 새로운 제도들이 도입될 것이다.

지금까지 한국에서 유행하던 경제학 이론들은 이 두 가지가 서로 마주보고 오는 두 개념이라고 설명해 왔다. 그리고 혹시나 그 두 가지가 부딪히는 상황이 생기면, 지체 없이 "삼성이 국민경제의 미래"라고 답할 마음의 준비를 하고 살아가는 사람들이 많다. IMF 경제 위기를 겪고 난 후 삼성은 한국 경제의 1등 기업이 되었다. 물론 '왕자의 난'으로 현대 가문이 몇 개로 나눠진 것과 같이, 다른 여러 기업들의 크고 작은 사정도 있었다. 어쨌든 그 이후로 한국 경제는 마치 삼성으로 대표되는 특별한 몇몇 집단만을 위해서 모든 것을 맞추는 것이 진화의 목표인 것처럼 움직여 왔다.

그것은 진화라기보다는 퇴행이라고 여겨야 할 일이었지만, 어쨌든 한국은 그것을 발전이라 생각하고 걸어왔다. 아무도 그렇게 표현하지 않지만, 지금까지의 우리의 선택은 "삼성이냐, 청년이냐"와 비슷했다. 그리고 대체적으로 삼성 쪽을 선택했다. 양상만을 놓고 보면 마치 마주 보고 달려오는 두 개의 열차와도 같았다. 그리고 늘 청년이 피했다. 정확히 말하자면, 한국의 청년 정책이 삼성으로 상징되는 대기업을 피해다녔다. 지금이라도 이 문제를 과연 우리가 풀 수 있을까? 나는 풀 수 있다고 생각한다. 10년 전에는 어려웠지만, 지금은 대화도 가능하고 해법도 찾을 수 있다고 생각한다.

회사들 중에는 기업만 거래하는 회사가 있고 소비자와 직접 거래하는 회사도 있다. 자동차를 만드는 것은 중산층을 상대하는 일이고, 배를 만드는 일은 회사와 상대하는 일이다. 개인이 배를 사는 일은 거의 없다. 아주 소형의 요트라고 해도 생각보다 고가라서 일반적으로는 중산층이 취미로 누리기는 쉽지 않다. 게다가 유지비가 많이 든다. 이런 회사들을 구분하기 위해서 생산재와 소비재를 구분을 한다. 그리고 내구재 같은 개념을 보조적으로 사용하기도 한다. 일부러 그렇게 한 것은 아니겠지만, 삼성생명이나 삼성전자 등 삼성의 주요 고객이 상당 부분 중산층으로 구성되어 있다. 삼성전자는 외국 진출이 어느 정도 완료된 상황이라서 국내 경기와는 별 상관은 없다. 중공업이나 조선과 같이 개인과는 전혀 상관없는 회사들과는 달리, 국내에 있는 삼성의 주력 고객들은 한국의 중산층이다.

국민경제가 위기가 아닐 때에는 별 상관이 없지만, 지금과 같은 명확한 위기 상황에서는 삼성의 이익과 국민경제의 이해가 같은 방향에 놓일 가능성이 생겼다. 중산층이 더 이상 붕괴되지 않고 중산층의 다음 세대가 중산층으로 재생산되어야 하는 것이 대체적으로 청년 문제의 해법과 일치한다. 그리고 지금의 중산층과 그 다음 세대가 살기 편해지는 것은 현재로서는 삼성의 이해와 어느 정도 일치하게 될 가능성이 있다. 한국 경제가 몇 개의 대기업에 집중하면서 생겨난 근본적인 문제가 일정 부분 해소될 가능성이 지금은 생겨났다고 생각한다.

만약 공무원들이 더 이상 삼성 눈치를 보지 않고, 정치인들이 과도하게 삼성을 신경 쓰지 않는다면, 조금은 다른 식의 해법이 가능할 수 있다. 현 문제를 풀기 위해서 우리 사회가 쓸 수 있는 해법을 조금씩 더 풀어 낼 수 있다면 지금과는 다른 10년 후를 분명 희망할 수 있을 것이다.

'하늘이 닫힌 숲' 속 햇빛이 들어오는 몇몇 개의 지점에 모든 씨앗들의 싹이 향하고 그쪽으로 줄기를 뻗어나가는 것이 지금 한국의 상황이다. 몇몇 대기업과 공무원, 은행 등 아직 빛이 비추는 얼마 안 되는 곳에 수십만 그루의 작은 새싹들이 몰리는 형국이다. 약간의 빛을 얻기 위한 경쟁은 극도로 과열되고 역설적으로 전체의 생산성이나 복원성에는 별 도움이 되지 않는다는 함정에 우리가 집단적으로 빠져 있다. 경쟁이 치열해지면 자연스럽게 효율성과 생산성도 나아질까? 그렇지 않다. 그러나 지금 한국의 지배층이 생각하는 경쟁은 그런 식의 전형적인 '좁은 문' 전략이다. 경기고 출신의 서울대라는, 그런 필승 전략이 존재하던 시절의 환상이 아닌가? 몇 개의 좁은 문에 수많은 군중이 몰리더라도 그것을 이상하게 생각할 필요가 없던 시절이 있었다. 그러나 지금도 그럴까?

경제학에서 종종 쓰는 비유로, '극장의 화재'라는 것이 있다. 어두운 극장 안에서 화재가 벌어지면 사람들은 출구로 향하는 군중을 만들게 된다. 방향은 한 방향으로 가는데, 과연 그 앞에 출구가 있는지 앞에

선 사람이나 무리 안에 있는 사람이나 아무도 모른다는 것이 이 비유의
내용이다. 일반 균형 이론이 가지고 있는 맹점을 지적하기 위한 얘기다.
방향성도 있고 통일성도 있는데, 정작 답이 무엇인지 어느 쪽인지 모르
면서 무작정 가고 보는 것이 시장 균형이 가지고 있는 속성이다. 지금
우리의 청년들이 딱 그렇다. 몇몇 집단에 많은 사람들이 몰리면서, 경쟁
률은 가뿐하게 100대 1을 넘어선다. 시장은 경제 주체 간의 경쟁을 통
해서 혁신과 다양성을 만들어 준다는 믿음이 있었던 적이 있었다. 하이
에크^{Friedrich Hayek}가 사회주의에 대해서 당당하게 자본주의의 장점이라고
소리 높여 외친 것이 바로 이 얘기다. 그런 그도 지금 우리가 마주하고
있는 이 출구 없는 '좁은 문' 전략이 좋은 것이라고 말하지는 않을 것 같
다. 우리는 경쟁을 통해서 비극으로, 획일성으로 그리고 애잔함의 길로
가는 중이다.

생태계와 인간의 경제가 공존하기 위한 환경 문제에서도 전략은
존재한다. 회피, 분산, 집중과 같은 전략들을 사용한다. 회피는 문제가
발생하지 않도록 하는 방식이다. 오염이 발생하기 전에 오염을 줄이는
전략을 회피라고 부른다. 분산은 문제가 생긴 다음, 최초로 해결하는 방
법이다. 오염된 공기는 대기 중으로 빨리 보내는 것이 낫다. 그러면 농
도가 낮아져서 문제가 완화된다. 물론 완전한 해결책은 아니지만, 고농
도 오염 물질이 뭉쳐 있도록 그냥 놔두는 것보다는 낫다. 강물이나 하천
에서 생긴 문제를 바다로 내보내는 것도 이런 분산 전략이다. 물론 바
다에서 문제가 생기기는 하겠지만, 워낙 바다가 크니까 육지에서의 사
소한 문제 정도는 받아 줄 수 있다는 가정 하에 쓰이는 전략이다. 집중
은 좀 슬픈 전략이다. 분산으로도 해결되기 어려우면 특정 지역을 포기
하고 아예 오염을 집중시킨다. 우리가 일상에서 발생시키는 생활 폐기

물은 매립지라는 특정한 지역에 집중시킨다. 근본적인 해법은 아니지만 도저히 풀 방법이 없기 때문에 특정 지역을 포기하고 마는 전략이다. 한국 정부는 이와 같은 집중 전략을 아주 잘 선택한다. 특정 지역에 원자력 발전소를 집중시키는 것, 이것도 일종의 집중 전략이다. 좋은 방법은 아니지만, 특정 지역을 포기하는 것이 손쉽고 간편하기는 하다. 이미 오염된 지역을 더 오염시키는 것, 비용 계산을 하면 그와 같은 포기 지역에 집중시키는 전략이 일반적으로는 저렴하다고 나온다. 그렇지만 인간적으로 빈번히 선택할 짓은 못 된다.

제도와 정책이 부재하는 한, 현 상황에서 청년들은 회피와 집중 전략을 사용할 가능성이 높다. 분산 전략은 보다 넓은 대기나 보다 넓은 바다와 같이 문제를 받아 주고 수용할 수 있는 배후지가 있을 때라야 선택이 가능하다. 넓디넓은 하늘, 푸르디푸른 바다, 이런 것이 옆에 있다고 생각하면 지금처럼 좁은 문으로 모두 들어가려 하기보다는 다른 방식의 해법을 찾게 될 것이다. 그렇지만 그와 같은 배후지가 없다는 것은 너무 뻔한 사실이다. 남은 것은 회피와 집중, 두 가지다. 회피는 흔히 니트족으로 불리는, 노동시장과 교육 시장에서 완전히 빠져나오는 전략이다. 이상해 보이지만 비용을 최소화시키는 전략이기도 하다. 괜히 움직였다가 손실을 높이는 것보다 일단 비용을 줄이는 전략이다. 집중은 고시촌에서 집중해서 공부만 하는 전략이다. 고시 공부의 특성은 시험의 특성에 맞게 '좁고 깊다'. 이것은 미래 사회가 추구하는 '넓고 다양하게'라는 지식 전략과는 정면으로 배치한다.

우리에게 정말로 필요한 것은 청년들이 스스로 분산 전략을 선택할 수 있는 사회·경제적 여건을 만드는 일이다. 누군가가 계획하거나 지시하지 않아도 알아서 청년들이 다양한 방면으로 관심을 갖고 활동도 분산할 수 있는 사회, 그것이 진정한 선진국이다. 그런 나라가 자유로운 환경을 제공해 동시에 생산성도 높아진다. 또한 장기적인 복원력도 높다고 할 수 있다.

청년에게 미생이라는 딱지를 붙인 나라

19대 국회에서 이름만 같고 내용은 거의 상이한 법안이 여당과 야당, 양쪽에서 만들어졌다. '청년발전기본법'이라는 이 법은 결국 국회에서 통과되지는 못했다. 양쪽 모두 별로 통과시킬 생각도 없으면서 만든 것이라서, 19대 국회가 끝나면서 자동 폐기되었다. 어떤 사람은 아쉬워할 수도 있겠지만, 개인적으로 이 법이 통과되지 않은 것이 다행이라고 생각한다. 법안의 내용도 별로지만 무엇보다 정신이 좋지 않았다. 없는 것보다 나은 거 아닌가라고 생각할 수 있다. 그러나 기본법이 그렇게 이상하게 만들어진다면, 차라리 없는 대로 두었다가 나중에 제대로 만들 수 있을 때 만드는 것이 낫다고 생각한다. 야당이라면 좀 다르지 않았을까 싶지만, 당시 제출된 법안의 정신대로라면 여당이나 야당이나 근본적으로 시각이 크게 다르지 않았다.

우리에게 청년에 관한 법률이 필요한 것은 맞다. 그러나 청년을 어떻게 볼 것인가, 이런 생각을 서로 논의하면서 합의해 가는 과정이 법률을 만드는 과정이어야 한다. 청소년에 대해서는 이미 기본 법률이 있다. '청소년기본법'이라는 이름으로 90년대에 이미 기본법 체계가 정리되었다. 청년발전기본법을 만들면서 청소년기본법을 많이 참조하였다. 그러다보니 근본적인 오류가 발생하게 되었다. 청소년을 교육 훈련의 대상으로 보거나 보호의 대상으로 보는 것은 이해된다. 그렇지만 20대 청년들 역시 교육 훈련의 대상으로 보는 것이 옳은 관점일까? 발전이라는 개념은 미성숙을 전제로 하고, 무언가 가르쳐서 더 배워야 하는 대상에게 전제하는 것이다.

교육 훈련을 기본으로 하는 지금의 청소년 대책에서 교육 훈련을 더 열심히 하겠다는 대통령의 '청년희망펀드'까지 한국의 청년들이 무언가 부족하기 때문에 취업을 하지 못하고 있다는 판단 위에 만든 정책들이라고 할 수 있다. 그들이 아는 것이 별로 없고 능력과 소양 또한 부족해서 청년 실업이라는 것이 생긴다는 생각 위에 서 있는 정책들이 많다. 그래서 당장 생산 현장으로 보낼 수는 없으니 무언가 더 가르쳐야 한다는 것이 현 대통령이 청년을 보는 시각이다. '청년 발전'이라는 개념 자체가 청년을 마치 청소년을 보듯이 대하는 우리 사회의 시각을 대변한다. 여기에 지방 대학 등 통폐합 대상이 된 대학들만 봐도, 대학을 바라보는 독특한 시각까지 엿볼 수 있다. '대학이 별 볼 일이 없어서', '취업 공부도 제대로 못 시켜서', '그런 주제에 무슨 학문을 한다고……' 능력에 대한 거대한 불신은 여당이 청년에게 갖는 기본적인 자세인데, 불행히도 야당도 그와 크게 다르지는 않다.

"네가 공부를 못해서 취직을 못 하는 거야."

이렇게 대놓고 얘기하는 순간만큼은 속이 편할는지 모르겠지만, 그와 같은 시선은 사태의 진실은 물론 문제 해결에 있어서도 거리가 좀 멀다. 교육 훈련을 훨씬 크게 강화해서 개개인의 능력과 역량을 높이는 것이 일자리 대책이라고 생각하는 것은 다소 적절하지 않은 사고방식이다. 일자리 자체가 늘어나지 않는데 개개인이 능력치를 더 높인다고 문제가 해결될 리가 없지 않은가. 한번 곰곰이 생각해 보자. 유럽의 청년과 한국의 청년은 교육 수준 자체가 다르다. 중등교육만 마친 유럽의 청년들은 실제 교육이 더 필요한 경우가 있을 수 있다. 그러나 한국의 경우는 대단히 높은 대학 진학률을 기록하는, 대부분이 고등교육을 마친 청년들이다. 지나치게 많은 교육을 받았을 수는 있지만, 교육 자체가 부족한 것은 아니다. 즉 유럽의 고졸 실업자에게 들이대는 잣대를 한국에서 대졸 실업자에게 들이대는 형국이다. 그런데 이것을 이상하다고 생각하는 사람이 별로 없다는 사실이 놀랍지 않은가?

지금의 대졸자들이 기업에서 딱 필요로 하는 인재가 아니라고 하는 것은, 기업과 친親기업 정치인들이 만든 일종의 신화다. 기업 실무에 최적화된 인물로 육성시키는 교육을 하는 대학은 없다. 세계 유수의 대학인 하버드나 옥스퍼드, 도쿄대가 그런 교육을 하겠는가? 가장 발전된 최신 이론들을 배울 수 있도록 하는 학문의 장이지, 기업 현장에서 당장 적용할 수 있는 사무 지식을 채워주는 일을 '유니버시티university'라고 하는 곳에서 할 교육이 아니다. 그것은 기업의 몫이다.

학부에서 다양한 교육을 받은 인재들을 기업에서 필요한 지식으로 재무장하는 MBA 프로그램이 유행한 적이 있다. 공학이나 문학을 전공한 사람들을 기업의 고급 관리자로 전환하는 프로그램이다. 한국의 정치인들은 마치 대학을 거대한 MBA같은 곳이라고 생각하는데, 그것은 대학의 취지에도 안 맞고, 국가 지식 전략에도 맞지 않는 일이다. 급하게 경제 발전 전략을 세우면서 기업이 당장 필요로 하는 인재를 대량으로 공급하기 위해 학부에 경영학을 설치한 것이 한국 대학의 특수성인데, 이제는 대학 자체를 경영학의 산실로 간주할 정도로, 초기에 발생한 이 오류는 현재 신화의 수준으로 잘못 이해되고 있다.

한국에서 라틴어 교육이 필요할까? 혹은 아프리카의 작은 국가의 언어를 배우는 것이 필요할까? 아니면 슬라브 지역에 대한 특수 연구를 체계적으로 하는 일이 필요할까? 물론 당연히 필요하다. 그와 같은 지식들을 당장 필요로 하는 기업이 별로 없을 수는 있겠지만, 국가 차원에서는 모두 필요하다. 청년발전기본법이 이름과 법안을 제시한 자들의 정신 그대로를 반영해 만들어지면 장기적으로 청년들에게 절대 해로울 것이며 국가의 지식 기반도 약해질 것이다. 19대 국회는 일을 하지 않은 국회로 유명하지만, 그렇게 일을 안 해서 오히려 다행이었던 것이 바로 이 청년발전기본법을 통과하지 않은 일이었다.

한국 청년에 대해 교육 수준 부족으로 판단하고, 무언가 더 가르쳐서 채우고 발전시켜야 비로소 '완전체'가 된다는 생각은 일종의 신화다. 그리고 식민지를 거치면서 일본이 한국의 청년을 바라봤던 시선이 아직도 변하지 않았다는 반증이기도 하다. 한국의 공무원들이나 정치인들은 여전히 식민지 시절의 조선총독부의 눈으로 국민을 대하고 청년들을 대한다. 국민들을 그렇게 서로 적으로 돌려 분할통치하는 수법을 '세월호'에서 목도했다. 그리고 계몽의 대상으로 청년을 간주하는 제국주의적 시각이 청년발전기본법이라는 이름 위에 새겨져 있는 것이다. 한국 청년의 나이가 다른 OECD 국가들에 비해서 지나치게 높은데, 도대체 뭘 더 공부하고 배우라는 말인가?

이에 청년이 지닌 무한한 능력을 개발하기 위하여 국가와 지방자치단체의 책무를 규정하여 정치 · 경제 · 사회 · 문화의 모든 분야에서 청년의 참여를 촉진하고, 청년의 발전을 도모하기 위한 종합적인 계획을 수립하며, 그에 따른 정책을 체계적으로 추진할 수 있도록 함으로써, 대한민국의 미래를 이끌어 갈 청년이 국가의 발전과 사회에 기여할 수 있도록 하려는 것임.

— '청년발전기본법 제안 이유'(새누리당 제출) 중

국가와 지방자치단체가 정말 열심히 해서 '청년이 지닌 무한한 능력을 개발'하면, 비로소 청년이 국가의 발전과 사회에 기여할 수 있을 거라는 말, 무섭지 않은가? 19대 국회의 여당이나 야당 모두 한국의 청년을 거대한 '미생'으로 보고 있었고, 그런 시선을 그대로 담아 법안 제출 사유라고 적어 놓았다. 이 법이 규정하는 청년의 나이를 보면 더 소름끼친다. 법안에 명시된 청년은 19세에서 39세로, 서른아홉 살이나 먹은 성인을 아는 것이 적고 배운 것이 부족하다며 '당신은 발전의 대상이야', 이런 정신 나간 소리를 청년발전기본법이 하고 있는 것이다. 만약 조선총독부에서 '조선청년발전기본법'이라며 그와 같은 내용의 법안을 제시했다면, 안중근 의사가 조선총동부로 총을 들고 갔을 것이다.

서른아홉 살이라도 취업을 못 했으면 '네가 미생이야'라고 대놓고 얘기하겠다는 것은 여당이나 야당이나 마찬가지다. 어떻게 보면 청년을 거대한 미숙아처럼, 미성숙하고 지식이 부족한 존재로 보는 것이 지금 우리 시대의 정신일지도 모르겠다. 누구나 그렇게 보고, 그렇게 판단하는 것이 당연하다고 생각했던 것이 지난 10년 동안 한국이 만들어 낸 문화 구조가 아니겠는가? 현재 한국의 권력자 중 청년을 일회용 포장지 혹은 코 풀고 버리는 크리넥스로 여기지 않는 사람이 단 한 명이라도 있을까?

한국의 자본주의 수준이 아직 미성숙인 상태인 것은 당연한 듯 80퍼센트 가까이 육박하는 자국의 대졸자들을 보며, 변호사나 의사 아니면 그냥 미성숙한 존재로 간주하는 권력자들 때문일 것이다. 한국 청년들은 과잉 교육을 받았으면 받았지, 교육 부족이나 훈련 부족의 상황에 놓여 있지는 않다. 대학 교육이 기업 연수가 아니라는 가장 간단한 사실을 식민지 통치 방식처럼 부인하면서, "조선의 청년은 아직 멀었다"는 식의 신화를 지난 10년 동안 만들고 있었던 것이다. '일하는 국회'가 필요하다고 하지만, 이럴 거면 정말로 '일하지 않는 국회'가 우리에게 더 도움이 되겠다.

뭐라도 있는 것이 아무것도 없던 것보다 낫지 않겠냐고 말한다면, 식민지 시대에 일본이 한국에 설치한 경제 인프라에서 한국의 자본주의가 발전한 계기를 찾았다고 말하는 것과 뭐가 다를 것인가? 과도한 교육이 문제가 되기는 한다. 거기에 더욱더 과도하게, 그것도 획일적인 직업 교육으로 바꾸겠다는 것이 정말 국가 전략에 도움이 될까? 안 그래도 경제와 지식의 다양성 부족이 문제가 되는 사회에서 더 획일성을 높이려고 하는 시도이다.

한국 청년 문제의 핵심에 대해서 잠시 생각해 보자. 현재 한국의 청년은 경제적 주체로서 국민경제의 한 축을 담당할 존재인가, 아니면 아직도 여전히 계몽과 계도의 대상이 되는 개발 단계의 존재인가? "지금 당장 일을 해도 좋다"는 생각과 "공부 좀 더하고 오라"는 또 다른 생각이 2016년이라는 공간에서 충돌해야 한다. 유럽 대부분의 국가의 청년들은 고졸인 상태, 즉 중등교육을 마친 후 대개 사회에 진출한다. 그러나 한국에서는 청년들에게 대학을 졸업했어도 그것도 부족하니 대학원 정도는 나와 줘야 한다는 등 모두가 "넌 아직 안된다. 더 발전하라"는 얘기만 하고 있다. 19대 국회에서 여당과 야당이 제출한 청년발전기본법, 그 두 개의 법안에 담겨 있는 것이 바로 이 얘기다.

드라마 〈태양의 후예〉에서 송중기는 말했다. "그 어려운 걸 자꾸 해냅니다, 내가." 청년발전기본법은 청년들에게 "그 정도는 해내라", "정부와 지방자치단체가 열심히 도와주겠다", "열심히 도와줄 테니 더 공부해라"라고 말한다. 만약 국회가 한국의 시대정신을 대표한다면, 아주 노골적으로 청년들이 공부를 못해서 취직을 할 수 없는 거라며 현재 우리 시대의 정신을 얘기하고 있다. 하지만 '그건 좀 아니지 말입니다'. 청소년기본법을 대충 바꿔서 뭔가 급하게 만들려다 보니 서른아홉 살 먹은 성인을 청년이라고 규정하는 식의 웃지 못할 일이 벌어졌다.

《88만원 세대》를 발간했을 때, 그때 내가 딱 서른아홉 살이었다. 결혼은 했지만 당시 아이는 아직 없었다. 또 딱히 일하는 곳으로 등록된 데가 없어서 공식적으로는 실업 상태였다. 그런 나에게 정부가 "당신은 청년입니다. 정부에서 열심히 도와줄 테니 공부 좀 더해서 직장을 얻을 수 있도록 하세요"라고 알려 왔다면 기분이 어땠을까? 그 후 10년 가량 시간이 지났건만 그 옛날 조선총독부에서도 노골적으로 하기 힘들었을 얘기를 대놓고 노골적으로 하겠다는 시대를 살고 있다.

한국의 청년은 이미 충분한 교육을 받아서 일할 자격과 수준을 갖춘 경제적 주체다. 청년이 경제적 주체로서 국민경제에 참여하는 것, 그것이 내가 생각하는 청년 경제의 개념이다. 청년이 청소년과 같은 교육훈련의 대상이라고 보면 '청년 발전'이라는 개념이 생겨나는 것이고, 이미 충분히 교육을 받아서 현장에서 일할 수 있다고 생각하는 것이 '청년 경제'의 개념이라고 할 수 있다. 이런 두 가지 개념은 충돌할까? 당연히 충돌해야 하고, 그것도 강하고 격렬하게 충돌해야 한다. 지난 10년 동안의 변화가 만들어 낸 결과물이 청년 발전이라는 개념이다. 화제가 되었던 드라마의 표현을 빌려 와, '미생법'이 되었다. 한국의 청년을 미생이라고 보고 교육 훈련의 대상으로 규정하는 것, 이게 바로 미생법 아닌가? 이 '청년 발전' 정신의 백미를 보여 주는 것이 바로 현 대통령의 청년희망펀드다.

- 일자리를 개척하는 청년인재 육성
- 멘토링과 맞춤형 융·복합 교육으로 청년 성공 지원
- 도전 정신으로 창업하는 청년 지원
- 열정 있는 청년에게 적합한 일자리 매칭

국민들이 자발적(!)으로 만들어 준 기금을 가지고 청년희망재단이 하겠다는 일이 교육 훈련과 직업 알선이다. 이 기금이 가지고 있는 문제는 자발적으로 돈을 냈느냐, 아니면 청와대가 윽박질러서 냈느냐는 그런 자발성 여부가 아니다. 실제 일자리를 만들거나 구조를 전환시키는 데에 돈을 쓰는 것이 아니라 국가가 거대한 취업용 학원 역할을 하겠다는 사실이 문제고, 실제 시행하겠다는 일의 형태나 방향성 차원의 문제가 아니라 일종의 이데올로기 장치로서 청년들을 한 방에 미생으로 간주하는 그 정신 자체가 문제다. 정부는 거대한 삼성이 아니다. 현장 연수와 국가 지식 체계를 혼동하면서 만들어진 거대한 신화, 그리고 그 신화에 대한 태도가 여당과 야당이 다르지 않다.

양당이 동시에 제출한 청년발전기본법, 이것은 우리 시대의 청년을 무시하는 것을 넘어서 '모욕'하는 수준의 법안이다. 불쌍하고 측은하니 좀 도와주겠다고 하는 태도를 무시라고 하고, 공부를 못해서 네가 안 되는 거라고 말하는 것을 모욕이라고 한다. 청년 발전이라는 개념을 청년 경제라는 개념으로 극복해 나가는 과정이 바로 우리가 앞으로 만들어 가야 할 새로운 10년이 되겠다.

지난 10년 동안 한국 경제는 인구 구조만 늙은 것이 아니라 경제 구조 자체가 늙었다. 지나치게 늙어서 햇빛은 키 큰 나무 몇 그루만이 제대로 받고, 햇빛이 제대로 닿지 않는 숲의 나머지 하단부에는 그 환경에 적응한 '불완전 고용'만 늘어나는 구조가 고착화되었다. 새싹이 아닌 성년이 된 나무에게 "너는 아직 미성숙해"라고 말하는 시대정신이 만든 개념이 청년 발전이라는 개념이다. 불행히도 우리는 세상을 그렇게 인식하고 있다. 수령 서른아홉 살된 나무에게 유목에 관한 개념을 적용하는 법을 여당이든 야당이든 당당하게 국회에 내민 것이 우리의 객관적 현실이다.

그렇지만 일자리가 제대로 형성되지 않은 것이 한국 경제의 탓이지, 청년의 탓은 아니지 않은가? 인과관계는 정확하게 따질 필요가 있다. 청년 나무들이 너무 늙고 키만 큰 나무들에게 햇빛을 모두 빼앗긴 채로 시들어가지 않도록, 그들이 숲의 새로운 활력이 될 수 있도록 하자는 것이 청년 경제의 개념이다. 청년 발전에서 청년 경제로, 앞으로의 10년은 인식론적 전환의 기간이 되어야 한다. 그래야 우리 모두가 살 수 있다.

우리는 지금 아주 빠른 속도로, 한국 경제라는 숲이 결국에는 사막으로 바뀌게 될 길을 걸어가고 있다. 청년 발전이라는 단어를 사랑하는 사람이 많으면 많아질수록 한국 경제의 숲은 분명 사막화가 이뤄질 것이다. 청년 경제라는 단어를 사랑하는 사람이 더 많아지게 되면, 숲은 다시 젊어지고 생산성을 복원할 수 있게 될 것이다. 지금 우리는 숲의 미래를 두고 갈림길에 서 있다. 그리고 그 출발은 돈이 아니라 '인식'이다.

사법 시험을 통과한 이들은 사법 연수 기간을 거친다. 공무원도 연수 기간을 갖는다. 당연히 기업에 입사한 신입 사원들도 연수 기간을 거쳐야 한다. 그 연수 과정에 필요로 되는 돈을 국가가 지원해 줄 수는 있다. 그렇지만 모든 청년이 마치 연수 과정을 마친, 혹은 연수 과정이 필요 없을 정도의 완벽한 상태로 취업을 해야 한다는 것은 기업 연수 과정과 대학 교육 과정을 혼동하여 잘못 만들어진 신화다.

인공지능의 역사에서 알파고 사건은 흥행 면에서 주요한 사건으로 남을 것이다. 이 사건에서 정말로 분석해야 할 것은 국부 지식에 의한 루틴 계산이라는 딥러닝 알고리즘이 아니다. 체스 게임에서 컴퓨터가 사람을 이겼을 때 기본적인 알고리즘은 이미 만들어졌다. 이것은 시간의 문제다. 구글에서 몇 년 전부터 인문학 전공자를 대대적으로 채용했다. 만약 수학과 알고리즘 전문가만 있었다면, 서울에서 이세돌과 알파고의 대결은 성사되지 않았을 것이다. 한국은 이미 IT와 문화, 특히 영화 산업에서 국제적인 '테스트 마켓'으로 설정되어 있다. 테스트 마켓으로서의 한국의 중요성을 파악하고, 수도인 서울에서 세기의 대결을 성사시킨 구글의 영업 전략이 알파고의 승리보다 경제학적으로는 더 중요한 사건이다. 국가 지식 전략은 서로 다른 지식을 다양하게 많이 만들고 그것들이 생산 현장 등 경제 현장에서 더 빠르고 보다 더 종합적으로 결합하게 하는 일이다. 기업의 직원 연수를 국가가 일일이 대행할 방법은 없을 뿐더러, 그런 식으로는 절대 청년 문제가 풀리지 않는다. IT에 기반을 둔 기업들이 인문학적 지식을 필요로 하고, 글로벌 기업들이 인류학 지식을 필요로 하는 것이 최근의 흐름이다. 지금 한국의 지식 전략은 그런 흐름과는 정반대의 방향으로 가고 있다.

청년 완전고용은 정말 불가능한가

'완전고용full employment'이라는 개념은 경제학에서 신화의 영역이 되었다. 한국 경제에서는 80년대 대공황이 오기 전까지 실업이라는 사태가 발생한 적이 없었다. 완전고용 정도가 아니라 만성적 노동력 부족을 겪던 나라였기 때문이다. 새마을운동이라는 것이 무엇이었겠는가? 농촌을 체계적으로 해체해서 대량의 노동자들을 도시에 공급하는 것이었다. 새마을운동을 통해 실제 농업이 발전했을까? 그런 통계적 증거는 나오지 않는다. 다만 농촌이 빠르게 해체되면서 구로공단(현 구로디지털단지) 같은 곳에서 충분한 인력을 공급 받을 수가 있었다. 그리고 그렇게 산업화에 따른 도시화가 급속도로 진행되면서 영등포와 같은 부도심이 형성된 것이 한국의 현대사다. 지역 정책의 눈으로만 보면 새마을운동의 결과로 영등포의 번영이 이뤄졌다고 보는 것이 맞다. 영등포구가 강남구보다 훨씬 크고 인구도 많으며 경제력도 강했던 시절이 있었다. 그러다 도시 공업단지가 철수하면서 영등포의 번영이 강남으로 옮겨간 것이 서울의 역사다.

완전고용은 경제학자들이 생각할 수 있는, 가장 이상적인 상태이고 꿈이다. 한국은 2차 석유 파동의 여파로 발생한 80년대 대공황 시절을 제외하면, 1997년 IMF 사태 발생 이전까지 현실적인 완전고용 상태를 살았다. 그렇다면 우리는 다시 완전고용의 시대로 돌아갈 수 없을까? 경제학의 역사를 보면 80~90년대 서양에서 완전고용을 지지하던 경제학자들이 그를 반대하는 경제학자들에게 밀려나는 일이 벌어졌다. 완전고용을 지지하는 것은 케인즈주의자들이었다. 케인즈주의자들을 밀어내고, 90년대 이후 경제학의 내부 권력을 차지한 사람들을 가리켜 가장 처음에는 시카고학파라 불렀고, 점차적으로 세계화주의자라고 말했다. 그리고 한때 워싱턴 콘센서스라고 부르기도 했으며, 언론에서는 신자유주의라고도 일컫는다. 이들은 케인즈를 너무 싫어해서, 완전고용이라는 개념도 정서적으로 무척 싫어한다.

지금 한국의 고위급 경제 관료들 대부분이 완전고용을 지지하지 않는 쪽의 사람들에게 교육을 받았다. 완전고용이냐 아니냐에 대해 논리적으로는 수많은 논쟁이 있을 수 있지만, 현재 한국 경제를 운용하는 고위급 공무원들은 완전고용을 싫어한다. 논리적인 문제가 아니라 정서적인 문제에 더 가깝다고 생각한다. 자신은 케인즈주의자가 아니라는 것을 증명하는 것이 그들의 출세의 방법이었고, 그것이 더 세련되고 주류 경제학다운 사고로 여겨졌던 시기가 한국에서도 20년 가까이 펼쳐졌다. 청년을 교육 훈련의 대상으로 간주하는 것이 일종의 신화라면, 완전고용 역시 증오 위에 세워진 신화와 같다. 완전고용을 언급하면 대개 자신은 대공황을 극복하던 1930년대의 케인즈주의자이고, 강한 국가의 개입을 강조하는 구시대 사람으로 보이는 것을 두려워한다. 케인즈주의자와 그 반대편에 선 자들이 수십 년간 논쟁을 거치며 생겨난 자연스러운 문화 현상이다.

역설적이지만 고위직에 올라간 공무원들은 실업 현상이 문제가 아니라고 배운 사람들이다. 실업 자체가 문제가 아니라, 그것이 '관리 가능한 수준이냐 아니냐'라는 것이 문제라고 배웠다. 일주일에 한 시간만 일을 해도 취업자로 분류되는 한국에서 통계상 '관리 불가능한' 실업 현상이라는 것은 현실적으로 벌어지기 어렵다. 적절한 실업은 근로 의욕 고취라는 성과를 만들어 준다. 아름답지 않은가?

완전고용은 기업가에게는 정말 불편한 상태이고 돈 많은 사람들에게는 참혹한 상태이다. 돈을 준다고 열심히 일하지도 않고, 기분이 조금만 나빠도 회사를 옮기기 때문이다. 노동자들에게 완전고용은 가장 이상적이고 아름다운 상황이다. 우리가 얘기하는 '갑을 관계'가 완전고용 상태에서는 형성되기가 어렵다. 실업률이 높으면 높을수록 갑을 관계가 강화될 가능성이 크다. 돈이 많은 사람들은 실업률이 높은 상태가 더 좋고, 돈이 없는 사람들은 완전고용 상태가 더 좋다. 적절한 실업률은 이 두 가지의 극단값 사이에서 발생하는 임시적 균형이다.

청년으로 범위를 좀 좁혀서 생각해 보자. 실업자와 자발적 실업자(!)를 합치면, 청년의 3분의 1 정도가 된다. 여기에 더 나은 직장을 찾는 잠재적 구직자까지 모두 합치면, 현 직장에 만족하지 못하는 청년이 절반이 넘는다. 이런 상태에서 청년 완전고용이라는 것이 달성 가능한 일일까? 이직자와 구직자가 발생하지 않는 경제는 상상하기 어렵다. 그렇지만 지금의 상황에서 청년으로 범위를 좁힌다면, 한국 경제가 100만 개에서 120만 개 정도의 일자리를 만들어 내지 못할 것은 아니다. 잠재성이라는 시각으로 분석해 보면, 엄청나게 큰 변화가 없더라도 100만개 이상은 가능하다.

완벽한 완전고용은 어렵다. 청년 실업자들이 전부 고용이 되면, 집에서 쉬고 있는 니트족들이 다시 노동시장으로 나와서 새로운 실업자가 될 것이다. 높은 임금을 보장하기는 어렵지만 9급 공무원 수준의 안정성을 기준으로 했을 때, 현실적인 완전고용을 만들 수는 있다. 물론 정부나 기업, 그리고 지역 경제 등 사용 가능한 영역이 모두 움직인다는 전제 하에서 그렇다. 교육 훈련과 인턴 지원 대신에 고용에 직접적인 효과를 미치는 정책들로 재조정하면 달성 불가능한 목표는 아니다. 이와 같이 기술적인 해법은 가능한데, 기술적 조건보다 더 어려운 것은 정서적 조건이다. 90년대 이후 케인즈를 반대했던 사람들이 형성시킨 정서라는 장벽에 청년 정책들이 갇혀 있다. 정서는 법보다, 그리고 경제보다 더 무서운 경우가 많다.

지난해, 갤럽에서 두 개의 조사 의뢰를 받은 적이 있다. 정부 및 공공기관의 고용 확대 정책에 대해서 83.8퍼센트가 찬성 의견을 보냈다. 압도적인 수치이다. 20대는 84.6퍼센트가 찬성을 했는데, 60대 이상에서 찬성한 비율은 89.7퍼센트로 20대보다 수치가 더 높았다. 공공 부문이 적극적으로 일자리를 늘려야 한다는 것에 있어서 80퍼센트가 넘는 국민이 지지한다고 답했다. 이 정도면 압도적으로 추진 가능한 정책이 아닌가? 그러나 비슷한 시기에 이뤄진 '공무원 수 증가'에 대한 여론조사는 내용이 좀 다르다. 공무원의 수를 늘리는 데 있어서는 80퍼센트 이상이 반대했다. 정부에서 청년 고용을 늘리는 데 80퍼센트 이상이 찬성을 하는데, 질문을 약간 바꾸어 공무원의 수를 늘리는 것으로 물어보니 반대가 80퍼센트 이상이라는 말이다. 이 결과를 어떻게 해석해야 할까? 우리가 부딪히고 있는 청년 경제의 장애는 기술적이거나 재정적인 장애가 아니라 정서적이고 인식론적인 장애인 경우가 많다.

완전고용이 케인즈 시대의 이상이었다면, '작은 정부'는 케인즈를 반대했던 사람들이 생각했던 이상향이다. 정부가 보다 더 적극적으로 역할을 하는 시대와 정부가 아무것도 할 수 없는 시대, 이 두 가지의 이상향이 충돌한다. 그것이 90년대 이후 형성된 새로운 이상향이다. 여기에 공무원이나 공공 기관의 부패가 결합되면 사태는 좀 더 미묘해진다. 미국과 멕시코가 나프타NAFTA 협정을 맺을 때, 적지 않은 수의 멕시코 사람들은 차라리 미국 기업이 들어오는 것이 자국의 공공 기관보다 낫다고 생각했다. 공기업의 부패에 극도로 진저리가 난 결과였다. 큰 정부, 작은 정부에 대한 논쟁은 공무원의 부패와는 다소 거리가 있는 논쟁이기는 한데, 공직자의 부패가 결합된 후진국에서는 논쟁 양상이 다르게 진행된다.

정부가 일자리를 늘리는 것에 80퍼센트 이상이 찬성을 하면서도, 정작 공무원의 수를 늘리는 것에 80퍼센트 이상이 반대하는 현상을 어떻게 해석해야 할까? 작은 정부를 지지한다는 것보다는 공무원의 갑질을 싫어한다고 보는 것이 맞을 것 같다. "공무원은 싫지만 내가 (혹은 내 자식들이) 공무원이 되면 좋겠어"라는 해석은 과도한 것일까? 대부분의 여론조사에서 60대 이상의 연령층은 그 아래 세대들과는 의견이 다른 방향으로 가는 경우가 많다. 그렇지만 공공 부문 일자리에 대해서만큼은 60대 이상이 더 적극적으로 찬성했다. 이 자료를 해석하면서 발견한 또 하나의 가능성이 있다. 세대 간 대결 구도로 가는 수많은 여론조사 결과들을 보면, 세대 간 화해 혹은 세대 간 협력의 가능성이 그다지 보이지 않는다. 정서도 다르고 문화도 다르다. 세대 간 이질성을 분석할 때, 가장 쉽게 사용할 수 있는 자료가 바로 애창곡 순위다.

한국갤럽에서 매년 연말이면 그 해에 유행했던 방송 프로그램, 노래 등과 관련해 꽤 흥미로운 여론조사를 한다. 무엇보다 이 조사는 연령별 자료를 포함하고 있어 세대별 정서를 간편하게 보여주는데, 이보다 더 좋은 자료는 없을 정도다. 사회적으로 90년대를 경계로, 두 개의 전혀 다른 문화를 가지고 있다는 가설이 오래 전부터 사용되고 있다. 드라마 〈응답하라〉 시리즈의 여주인공들을 예로 말하자면, 80년대 후반에 대학에 들어간 덕선과 90년대에 대학에 들어간 시원 사이에 거대한 문화적 강이 흐른다는 것이 이 가설의 기본 토대다.

자료 : 한국갤럽

▶ 2015년을 빛낸 가수 – 연령별 (%, 상위 5위, 3명까지 자유응답)

순위	13~18세	19~29세	30대	40대	50대
1위	빅뱅(32.8)	아이유(29.0)	빅뱅(19.6)	장윤정(11.5)	장윤정(21.2)
2위	엑소(21.6)	빅뱅(25.6)	아이유(17.0)	임창정(10.3)	오승근(11.6)
3위	아이유(19.6)	소녀시대(17.1)	소녀시대(14.4)	이승철(10.2)	조용필(10.6)
4위	소녀시대(16.2)	씨스타(12.8)	씨스타(9.1)	소녀시대(10.2)	이선희(9.5)
5위	AOA(14.5)	엑소(9.7)	임창정(8.8)	이선희(9.7)	홍진영(8.2)

▶ 2015년 올해의 가요 – 연령별 (%, 3곡까지 자유응답)

순위	13~18세	19~29세	30대	40대	50대
1위	뱅뱅뱅(16.2) 빅뱅	뱅뱅뱅(13.5) 빅뱅	뱅뱅뱅(7.4) 빅뱅	내 나이가 어때서 (7.1) 오승근	내 나이가 어때서 (11.0) 오승근
2위	심쿵해(8.6) AOA	마음(7.1) 아이유	또 다시 사랑 (6.5) 임창정	또 다시 사랑 (6.8) 임창정	산다는 건(6.3) 홍진영
3위	위아래(7.0) EXID	위아래(6.0) EXID	마음(5.3) 아이유	바램(5.9) 노사연	바램(6.2) 노사연
4위	리멤버(6.3) 에이핑크	스물셋(5.9) 아이유	양화대교(3.9) 자이언티	뱅뱅뱅(3.5) 빅뱅	안동역에서(5.9) 진성
5위	스물셋(5.7) 아이유	Shake It(5.8) 씨스타	위아래(3.8) EXID	산다는 건(3.4) 홍진영	초혼(4.3) 장윤정

| 2015년 올해를 빛낸 가수와 가요 조사 |

그 해의 대표적인 노래를 조사하면, 문화적 차이를 나누는 거대한 바다가 그야말로 장강의 도도한 흐름처럼 명확하게 나타난다. 50대가 좋아하는 노래에는 트로트, 흔히 '뽕짝'이라고 부르는 노래들이 주류를 이룬다. 뽕짝과 뽕짝이 아닌 노래, 그렇게 한국인들의 정서는 두 가지로 나뉜다. 50대는 대개 뽕짝 감성을 담은 노래를 좋아한다. 그렇지만 20~30대들이 주로 듣는 노래에는 뽕짝은 전혀 없다. 40대는 90년대를

기점으로 두 개의 집단이 공존하는 연령대로, 노래로 얘기하면 〈내 나이가 어때서〉를 좋아하는 50대 집단과 〈뱅뱅뱅〉을 좋아하는 20~30대 집단의 정서가 40대 중반을 경계로 혼재한다.

2015년을 살았던 한국의 50대와 20~30대는 좋아하는 노래는 물론이고 가수도 단 한 명도 겹치지 않는다. 다시 〈응답하라〉 시리즈에 등장한 인물들을 통해 예를 들면, 나이차가 그렇게 크지는 않지만 위쪽 문화 집단에 속하는 보라가 이선희를 좋아한다면, 아래쪽 문화 집단에 속한 선우는 소녀시대를 좋아했을 가능성이 높다. 연하남과 동성동본이라는 벽을 넘어서 결혼에 성공한 두 사람이지만 이런 문화적 정서의 벽마저 넘기는 쉽지 않다. 그 둘 사이에는 한국에서 가장 강한 문화적 경계선인 '90년대'가 놓여 있다. 이 조사에서 또 하나 눈여겨보아야 할 점은 30대가 꼽은 노래 중 4위에 자리한 가수 자이언티의 노래 〈양화대교〉다. 이는 인디 계열의 음악을 좋아하고 지지하는 연령층이 어디에 있는지 알 수 있게 해 준다.

뽕짝과 뽕짝이 아닌 것으로 축을 잡으면 20대와 60대는 정서적으로 극한값을 보여 준다. 이 두 집단은 같은 시대를 살고 있지만, 문화적으로는 전혀 다른 시대를 살고 있다. 지방에서 축제가 열리면 트로트 가수를 부른다. 그런 분위기가 싫은 20대들은 지방 축제에 그다지 가고 싶어 하지 않는다. 자, 어느 쪽 집단과 대화할 것인가? 트로트를 축으로 하는 문화적 양상은 정말로 극한값을 보여 준다. 그리고 정치적 입장과 사회적 흐름에서 '올해를 빛낸 노래'와 양상이 크게 다르지 않다. 노년층의 표가 절실하게 필요한 지역에서는 선거 로고송으로 트로트를 튼다. 그리고 청년층의 표가 정말로 필요하면 트로트가 아닌 노래를 선거 로고송으로 부른다.

문화의 영역에서는 지나치게 잔인할 정도로 20대와 60대가 확연하게 갈린다. 청년이 좋아하면 60대가 싫어하고, 60대가 좋아하면 청년들이 싫어한다. 그 두 가지를 다 잡으면 어떻게 될까? 그것이 바로 '천만 영화'를 탄생시킨다. 이준익 감독의 영화 〈왕의 남자〉를 보기 위해 몇십 년간 영화 한 번을 안 봤던 강원도 농촌 지역의 할머니들이 극장에 갔다고 한다. 이준익 감독이 자신의 삶에서 보람 있게 생각한다며 말한 얘기다. 경제에 있어서 그와 같은 '천만 급' 정책이 나온다는 것은 무척 어려운 일이다. 일명 '브랜드 정책'이라고 부르는데, 역사적으로도 '무상 급식'에서 한 번 정도 나온 적이 있다.

공공 부문에서 일자리를 늘리는 정책에 대해서 전국적으로 높은 지지율이 나오기는 했는데, 60대 이상이 20대보다 더 높은 수치가 나온 것을 보면서 '세대 간 연대'라는 개념을 처음 생각했다. 개발 경제의 시대를 살았던 한국의 60대는 아직도 정부에 대한 강한 신뢰를 가지고 있고, 완전고용이 현실이던 시대의 경험을 가지고 있다. 이념적으로는 20대와 60대가 한 방향으로 수렴하는 경우는 거의 없다. 대개의 경우 다른 방향으로 발산을 하는데, 그 발상의 정도만이 주제별로 차이가 있을 뿐이다. 그렇지만 청년 경제와 공공경제가 결합하는 지점에서 나는 한국에서 처음으로 세대 간 협력의 가능성을 보았다.

"작은 정부냐, 큰 정부냐?"라는 문제를 고민하는 것은 이 논쟁의 출발지인 미국도 마찬가지다. 그래서 오바마 대통령의 행정부가 새롭게 제시한 개념이 바로 '적절한 정부'다. 청년 문제와 산업 문제를 고민하다 보면, 논리적으로 누구나 비슷한 결론에 이를 수밖에 없다. 스웨덴에서 1960년대부터 1990년대까지 고용의 90퍼센트가 공공 부문에서 나온 것이 대표적인 사례다. 공공 부문만으로 고용 문제가 해결되지 않는다는 것은 당연하지만, 기본적인 쿠션 역할 같은 것을 수행한 것이 선진국이 했던 일이다. 우리는 공공 부문을 충분히 확보하지 못한 상태에서 너무 일찍 '작은 정부' 논쟁과 공공 부문 부패 논쟁을 벌이고 있다.

전체 고용 중 공공 부문이 차지하는 비중은 OECD 평균이 21.3퍼센트 정도 되는데, 한국은 7.6퍼센트다. 절반에도 미치지 못하는 것이다. 특히 사회서비스 분야는 지나치게 약하다. 경찰과 소방관 같은 안전 분야의 부족은 심각할 정도다. 소방차 출동을 위한 최소 인원도 확보되지 못해 제대로 소방차가 출동하기 어려운 지역이 있을 정도다. 안전을 위한 확충은 "작은 정부냐 큰 정부냐"라는 논쟁을 뛰어넘는 일이다. 경찰, 소방관과 같은 공공서비스는 사회적으로도 필요하고 청년들의 선호도 높은 분야다. 정부에서도 고용정보원을 통해 인력에 대한 중장기 수급 계산을 한다. 이런 사회서비스가 늘어나야 한다는 것 정도는 정부 역시 알고 있다. 그렇지만 우선순위가 문제가 된다. 학교에도 행정 인력이 필요한데, 역시 작은 정부라는 생각이 너무 강해서 교사들이 행정을 직접 하고 있다. 그래서 행정 전문직을 배치하고 교사들은 교육 본연의 일로 돌아가는 것이 맞다고 말한다. 이것은 누구나 충분히 수긍하는 바이고 모두에게 필요한 얘기다. 학교에서 일하는 행정직 또한 직급은 낮더라도 역시 청년들이 선호할 만한 일자리다. 이렇게 분야별로 늘렸어야 했던 것이 맞다. 고위직 공무원들이 '작은 정부'에 대한 믿음이 너무 강해 아직까지도 확충하고 있지 못한 분야들을 지금부터 순차적으로 OECD 평균의 절반 수준으로라도 채워 나가면 20~30만 개의 고용 가능한 일자리가 나온다. 물론 그 과정에서 공공 분야의 상위 직급의 임금을 재조정하고 정부 예산의 효율성을 높이는 일들이 병행되어야 할 수 있다.

안전, 교육, 복지 등 공공 부문의 역할은 매우 크고 중요하며, 또 그 렇게 커야만 하는 분야들을 시작으로 공공 부문의 일자리 수를 늘리면 최대한으로 팽배해 있는 취업 전쟁의 에너지를 완화시킬 수 있다. 공공 분야에서 고용을 OECD 평균 수준을 향해서 조정하고, 어차피 필요한 미래 산업에 대한 일자리를 마련하고 나면 기업에게도 적절한 협조를 요구할 수 있을 것이다. 기업의 협력에 대해서는 강요하는 방식과 권유 하는 방식이 존재하고, 그 두 가지를 적당히 섞는 정책 믹스^{mix}도 가능 하다. 계산에 따라 다르지만, 대체적으로 70만 개에서 100만 개 정도의 잠재된 일자리를 우리는 가지고 있다. 정부나 민간 차원에서 각각 시도 하기는 어렵지만 각 분야에서 조금씩 더 늘리면, 결코 할 수 없을 정도 로 어려운 수준의 일이 아니다. 여기에 지자체에서 좀 더 적극적으로 청 년 고용 정책을 실행하면 지역별로 적지 않은 고용들이 늘어날 수 있다.

21세기 한국에서는 온 국민에게 동시에 적용될 수 있는 완전고용 을 달성하기는 어렵다. 그렇지만 청년으로 범위를 좁히면 불가능한 정 책은 아니다. 정부가 조금은 더 커져야 하고, 기업에서도 일정 부분 조 정이 필요하다. 도로를 만들고 집을 짓는 토건 위주로 작동하는 지방자 치에도 청년 경제라는 새로운 영역이 생겨나면 추가적인 고용이 생겨 날 수 있다. 그리고 사회적 기업과 협동조합과 같은 사회적 경제도 새로 운 분야로 점점 커져 가는 중이다. 문화적으로 사회적 경제는 청년들이 선호가 높은 분야는 아니다. 그렇지만 버퍼^{buffer} 역할을 해 줄 수는 있다.

아직 만들어지지 않은 청년에 대한 기본법 두 가지를 놓고 생각해 보자. '청년경제기본법'에 따라 정부에서 청년 경제에 대한 계획을 짜야 할 일이 있으면, 어떤 것을 목표로 세워야 할까? 청년 발전의 틀대로라 면 '어떻게 공부시킬 것인가'라는 계획을 짜게 된다. 그렇지만 청년 경제라면 '고용을 어디에서 어떻게 만들 것인가'를 묻는 계획을 짜게 된다. 비슷비슷해 보이지만 현실에서 방향은 많이 다르다.

내가 청년에 관한 종합 대책을 만들게 된다면, 당연히 '청년 완전고용'을 목표로 계획을 짤 것이다. 안전과 사회서비스 같은 정부의 역할을 OECD 국가를 기준으로 어느 일정 정도까지는 비슷한 수준으로 늘어나게 할 수 있다. 에너지와 환경 혹은 농업과 같은 미래 산업에 대한 방향을 변경하면 그 영역에서도 일정하게 청년 고용이 늘어난다.

기업이 원하는 산업과 사회가 원하는 사업이 다를 수 있다. 그 중간에서 산업 정책이 적절하게 개입하면 산업 수요도 같이 늘어날 수 있다. 노동 시간의 단축은 복지의 의미뿐만 아니라 창조경제의 방향에서도 병행될 수 있는 일이다. 몇 가지 거대한 정책으로 목표를 달성하는 것은 쉽지 않다. 그렇지만 정부에서든 민간에서든 약간씩 역할을 늘려 나간다면, 아직까지 한국에서 청년 완전고용이 달성 불가능한 꿈은 아니다. 기술적으로는 충분히 달성이 가능한 계획을 만들 수 있다. 그렇지만 한 사회가 움직이는 것은 플랜plan, 즉 기술적 대안이 존재하는 것만으로는 불충분하다.

한 사회에서 어떤 일이 벌어지지 않게 막는 것은 더 적은 수의 사람만으로도 가능하다. 반대로 그 일이 벌어지게 하기 위해서는 압도적으로 광범위한 범위의 합의가 필요하다. 그래서 늘 사회가 움직이는 일들은 천천히 늦게 그리고 비가역적으로 진행된다.

일본이 90년대 경제 위기에 들어가면서 청년 문제나 고령화 문제를 모르고 있었던 것은 아니다. 그들도 경제와 사회의 변화에 대해서 어느 정도는 인지하고 있었다. 지난 10년, 우리도 청년 고용의 문제가 심각해질 것이며 비정규직으로 상징되는 불완전고용의 문제가 더욱 악화

될 것이라는 것을 알고 있었다. 그렇지만 일본도 사회적으로 더 쉬운 토건과 관광 쪽의 길을 선택했다. 그것이 꼭 맞는 선택이 아니라는 것을, 결국 문제가 발생할 것이라는 것을 그들이라고 몰랐겠는가? 그들도 소소한 지역 개발과 관광을 중심으로, 지역경제를 살려 보고 내수를 더 키워 보려는 노력을 했다.

그 흐름을 주도한 것이 '일본의 큰 곳간'이라고 불리던 대장성^{大藏省}이었다. 메이지 유신 때 만들어진 정부 기구로, 일본 근대사의 영광과 슬픔을 모두 간직하고 있는 기관이다. 그리고 '성 중의 성', '관료 중의 관료'라는 별칭으로 일본 관료제의 최상급 엘리트의 자리를 차지하고 있었다. 90년대 일본 경제의 토건 흐름을 주도하던 대장성은 어떻게 보면 너무 사소하면서도 소소한 사건으로 2001년에 결국 해체되었다. 대장성의 관료들이 '노팡^{ノーパン}(여성들이 노 팬티 차림으로 시중을 드는 유흥 음식점) 샤브샤브' 접대를 받은 것이 사회적으로 큰 물의를 일으키게 되었다. 그리고 당시 고이즈미 자민당 내각의 개혁 정책과 맞물리면서 대장성이 해체되었다. 지금 우리도 일본의 90년대와 비슷하게 상황이 전개되고 있다.

세토나이카이^{せとないかい}는 일본의 내해다. 한국의 지형을 예로 표현하자면, 중부 지방의 섬 가운데에 육지로 둘러싸인 바다가 있는 꼴이다. 일본의 해적들이 이곳을 근거지로 활동하였고, 지금은 굴 양식으로 유명하다. 풍경이 정말 아름다워서 이곳을 관광지로 만들기 위해서 일본도 꽤나 노력을 했다. 이 지역의 도로를 운전해 지나갈 때면 마치 부산에 와 있는 것 같다는 느낌을 받는다. 상주해 있는 사람들에게는 익숙하겠지만, 부산에서 운전할 때 마치 모퉁이 돌 때마다 '동전통이 있을까?' 하며 흠칫하게 된다. 90년대까지는 서울에도 그렇게 터널에서 동전을

던져 넣어야 했다. 부산에 가면 터널이나 도로를 통과하기 위해서 동전통에 동전을 넣기 위해서 주머니를 뒤적거리게 된다. 세토나이카이 인근의 도로들이 그렇다. 동전통은 아니지만 산 고비를 하나씩 돌아서 새로운 해변을 만날 때쯤이면 어김없이 약간의 돈을 내야 한다. 부산과 다른 점은 동전통 앞에서 기다릴 필요가 없다는 점이다. 정말 오가다 차 몇 대를 만나는 것이 전부인 이 해안도로를 다니면서 끝도 없이 돈을 내야 한다. 어떤 사람들은 일본 토건의 상징물로 도쿄의 레인보우 브리지와 신도시를 거론하기도 한다. 그렇지만 일본이 어려워서 뭔가 해보려고 하다가 점점 더 어려워지기만 한 상징으로는 세토나이카이의 해안도로 만한 것이 없다. 정말로 아름답고 볼 만한 풍경이지만, 골목을 돌 때마다 통행료를 지불하다 보면 다시 오고 싶지 않다는 생각이 들게 된다. 민간 자본을 유치해서 토건의 시대를 쉽게 연장해 보려고 했던 그 시대의 유산이라고 생각한다.

지금 우리가 서 있는 갈림길은 90년대의 일본과 비슷한 상황인 것 같다. 60대의 감성에 민자고속도로 건설이 더 맞는가, 청년 완전고용이 더 맞는가? 그런 감성적인 문제로 우리의 10년이 결정될 것 같다. 논리? 사회가 늘 논리적인 이유로 미래를 결정하지는 않는 것 같다. 논리적인 논쟁을 많이 하는 사회와 그렇지 않은 사회가 있는데, 일본이든 한국이든 동북아 국가들은 사회적 의사결정에 있어 정서적인 측면이 더 많이 작용하는 것 같다.

일본의 60대가 다른 선택을 한 것은 2009년의 일이다. 일본 민주당은 "시멘트 대신 사람에게"라는, 자민당과는 다른 정책 구호를 걸었고 짧은 기간이지만 민주당이 집권을 하게 됐다. 그 당시 일본 민주당은 정말 아무 준비가 되어있지 않았다. 2011년 후쿠시마 원전 사고가 발생하면서 민주당은 우왕좌왕했고 특별한 사회적 변화를 만들지 못한 채로 자민당에게 다시 정권을 넘겨주게 된다.

한 사회가 변하기 위해서는 논리와 정서, 계획과 같은 것들이 모두 필요하다는 것을 그때 알게 되었다. 후쿠시마 원전 사고 이후로 다시 4년이 흐르고, 일본의 '1억총활약' 계획이 나오게 됐다. 대장성이 일본 지방 도시에 공항과 도로를 만들며 관광 일보 계획을 세웠던 90년대에 만약 지금과 같은 '10억총활약' 계획 같은 것을 만들었다면 일본의 역사는 어떻게 바뀌었을까 하는 그런 생각을 가끔 해 본다. 일본의 현대경제사가 좀 다르게 진행되었을 것 같은데, 가까운 일본이 다른 선택을 했다면 우리의 지금 역사도 좀 달랐을 것 같다.

일본 경제의 위기가 진짜 큰 문제라고 하면서, 우리가 실제로 하는 일은 그 위기를 더 심화되게 만들었던 일본의 결정들을 그대로 따라하는 경향이 있다. 특히 지역 경제로 가면 여당과 야당이 근본적으로 다른 결정을 내리는 것 같지는 않다. 개발의 시대를 살았고, 토건의 클라이맥스 한가운데를 살았던 사람들이 한국의 60대다. 그리고 풍요의 클라이맥스를 지나고 새롭게 빈곤이 생겨나는, 소위 신新빈곤 현상을 온몸으로 겪어 내는 사람들이 한국의 20대다. 앞으로 10년, 과연 어떻게 전개될까?

지금 상황으로 보면 20대의 힘으로 정책의 방향을 결정할 수는 있다. 그렇지만 그 방향에 에너지를 만드는 것은 60대일 것이다. 20대의 힘으로 방향을 틀 수는 있지만, 에너지가 없으면 방향을 튼 상태에서 한 걸음도 나아가기 어렵다. 논리와 정서의 차이일 수도 있고, 과거와 미래의 차이일 수도 있다. 이미 걸어온 길과 아직 걸어가지 않은 길의 차이라고 할 수도 있다. 아직 취업도 하지 않은 사람과 이미 퇴직한 사람이 사회를 바라보는 시선의 차이일 수도 있다. 방향과 에너지, 이 두 가지가 결합될 수 있을까? 결과는 알 수 없다. 그렇지만 한국 경제라는 숲의 미래를 결정할 수 있는 가장 강력한 요소인 것은 확실해 보인다.

청년에게 상냥한 기업

자본주의의 역사가 기업의 역사와 기계적으로 일치하지는 않는다. 자본주의는 주식회사보다는 역사가 더 오래 되었다. 기업의 역사를 정리하면 근본적인 변화는 자본주의의 중반부 이후에나 등장하게 될 것이다. 기업의 어두운 역사를 가장 밝고 코믹하게 다룬 영화가 바로 잭 스패로우라는 해적 영웅을 탄생시킨 〈캐리비안의 해적〉 시리즈일 것이다. 이 시리즈는 원거리 항해의 주체가 근대 국가인 영국 해군에서 동인도회사로 넘어가는 순간을 배경으로 한다. 황제와 해군보다 더 큰 스케일로 활동했던 대양의 전설적 영웅들을 그저 하나의 회사일 뿐인 동인도회사가 제압하는 얘기를 중심으로 하고 있다. 군인과 싸우는 것에 익숙한 해적들도 약점을 잡고 협박을 하며 끊임없이 거래를 제안하는 동인도회사 앞에서는 속수무책이다. 싱가포르에서 아프리카 남단에 이르기까지, 5대양 6대주에 걸쳐 있는 거대한 해적 군단들이 이 새로운 변화 앞에서 괴멸적 피해를 받게 된다.

그 이후 기업과 사회의 관계는 아주 오래된 논의의 주제가 되었다. 그와 관련된 수많은 상징적인 사건들이 있다. 독점 기업에 대한 강제 해산 명령이 발동되었던 석유 회사 스탠더드 오일 컴퍼니나 미국의 통신

회사 AT&T의 일들은 교과서에서 빠지면 섭섭할 얘기들이다. 그렇지만 가장 상징적인 사건 하나만을 꼽아 보라고 한다면 나는 '루드로 학살' 사건을 꼽을 것 같다. 1913년 당시 콜로라도 주 루드로 탄광에는 록펠러 일가가 지분을 가지고 있었다. 몇 달간 계속된 파업 끝에 회사는 민병대를 조직해서 파업 현장에 투입하였다. 요즘식으로 표현하면 노동조합의 단체교섭권과 최저임금을 인상해 달라는 정도가 구호였다. 여기에 기관단총이 발사되었다. 사건 자체도 충격적이었지만, 20세기 초반에 회사와 노동자 사이의 관계를 설명해 주는 가장 상징적인 사건이기도 하다. 〈빵과 장미〉와 같은 대표적인 포크송이 이 사건을 기리면서 만들어졌다. 그리고 록펠러 가문에 씻기 어려운 오점을 남긴 사건이기도 하다. 월급 좀 올려달라고 했더니 회사가 기관단총을 쏘아 댄 시절, 그것이 불과 100여 년 전의 일이다. 자본주의가 가장 발달했다는 나라에서조차 그랬다.

그 후 100년가량의 시간이 흘렀다. 여전히 노동자와 회사의 의견이 격렬하게 갈리지만, 그렇다고 회사가 기관단총을 들이대는 일이 벌어지지는 않는다. 여전히 양측 이해관계는 극단적으로 갈릴 수도 있고, 진심으로 서로를 미워할 수도 있다. 경찰에 호소해서 강제 진압을 시도할 수도 있고 실제로 그렇게 하기도 한다. 그렇지만 두 집단 사이에 소통하고 타협하는 여러 가지 중재 방법들이 생겨났다. 그런 것들을 '제도'라고 부른다. 전쟁터에서 다친 사람들을 어떻게 대할 것인가를 놓고, 처음으로 제네바협약이 체결된 것이 1864년의 일이다. 이후 협약은 계속 발전해서 지금 우리가 알고 있는 내용의 제네바협약이 되었다. 전쟁 중에 벌어지는 국가 간 일들을 제도화한 것보다는 기업에 관한 제도들은 확실히 뒤늦게 출발했다. 지금은 국가가 행동하는 방식에 대한 내부적·외부적 제도들이 발달한 것처럼, 기업에 대한 여러 가지 제도들도 생겨났다. 노동자들이 월급을 올려달라고 했다고 해서 옛날처럼 민병대를 조직해서 총질을 해댔다가는 제 아무리 거대 기업이라도 문 닫을 각오를 해야 한다. 우리도 구사대求社隊라는 이름으로 파업하는 노동자에게 염산을 뿌리기도 하고 식칼을 휘두르기도 했다.

여전히 제3세계에서 글로벌 기업들이 벌이는 흉악한 일들에 대한 소문은 끊이지 않는다. 그렇지만 외국에서는 악마의 대명사처럼 보이는 기업들도 자국 내에서는 대체적으로 정말 천사처럼 행동한다. 악마와 천사, 이 두 가지 얼굴이 공존하는 것이 글로벌 기업들에 대한 일반적 이미지다.

시간이 지나면서 자본주의도 양상이 많이 바뀌었다. 사람들이 케인즈식 정부 개입을 '수정 자본주의'라고 불렀던 것도 어느덧 100년 가까이 지났다. 기업의 양상이나 운용하는 방식에 있어서도 변화가 있다. 이윤의 극대화가 기업의 목표라고 생각을 했지만, 글로벌 시대를 지나면서 '영속화', 즉 어떻게 하면 망하지 않고 영원히 존재할 수 있을 것인가에 대한 고민으로 기업의 생각이 조금씩 바뀌어 갔다. 이윤을 최대로 하기 위해서 어떻게든 덩치를 늘려야 한다고 생각했던 시절이 있다면, 덩치를 늘리는 편이 더 오래 생존할 가능성이 높기 때문이라고 생각하는 패러다임이 나타났다. 만약 덩치를 줄이는 편이 더 오래 생존할 수 있다면? 당연히 줄일 것이다. 양상은 비슷해 보이지만 이윤 자체가 아니라 기업의 생존 기간을 더 오래 가져가는 것으로 목표가 바뀌었다. 어느덧 경영의 목표가 기계적인 이윤 창출에서 영원히 살아남고 싶어 하는 생물학적 욕구에 더 가까워졌다.

이런 흐름 속에서 기업이 사회와의 관계를 재설정할 필요가 생겼다. 그리고 이런 흐름 중에서 가장 주목할 만한 변화는 개별 정부나 UN이 아니라 기업들 스스로 만든 '국제표준화기구ISO'(이하 ISO)였다. 20세기 후반에 ISO에서 품질 관리를 목표로 기업들 사이의 표준 관리 기법을 만들 때, 대부분의 사람은 '그냥 필요해서 하나보다'라고 생각했다. ISO 9000의 논의가 진행된 후 다시 환경 관리에 관한 ISO 14000이 나왔다. 그때에도 곱게 보지 않는 시선이 더 강했던 것 같다. 공해가 발생되는 것을 피할 수 없는 거라면, 적당한 관리 시스템을 만들어 둘 경우 사장 대신 실무관리자가 감옥에 가지 않겠나? ISO 24000은 기업의 사회적 책임에 관한 것이다. 좀 더 투명하고 지역 사회와 선순환 구조를 만들면서 기업이 사회적인 책임을 방기하지 않는 경영 시스템을 만드는 것을 목적으로 한다.

볼트의 크기 등 공업용품의 기술적 표준화 정도를 논의하기 위해 만든 기구는 20세기 후반을 거치면서 기업이 갖추어야 할 기본 관리 장치를 표준화한 논의 기구로 확장되었다. 아직 ISO의 기업 표준화 시리즈는 종료된 것은 아니다. ISO 45000은 보건과 안전 문제이고, ISO 5000 시리즈는 에너지 관리다. 20년 전에 비하면 좀 더 공공의 전 지구적 가치의 문제로 움직여 왔다. 물론 표준 관리 기법일 뿐이라서 엄청난 강제력을 가지고 있는 것은 아니다. 그렇지만 누구든지 기업을 만들 경우 '이 정도는 기본 관리 시스템 같은 것으로 갖추어 놓으라'고 하는 의미가 강하다.

ISO의 기업 표준화 장치가 가지고 있는 강점이 있다. 일반인들에게 "이 기업은 최소한 이 정도는 한다"는 것을 알려 줄 수 있는 기본적인 신뢰를 제공하는 부분도 있겠지만, 가장 큰 강점은 바로 대규모 공공사업에 있어서 기업이 갖추어야 할 기본 요건으로 표준 관리 시스템을 인증받고 오게 하는 데 있다. 개별 국가가 적절한 기준을 만들고 국제적으로도 기업 표준 인증이 결합되면서, 최소한 OECD 국가에 속한 기업들만큼은 '형편 무인지경'의 수준의, 황당하고 이상한 방식으로 운영해 가는 것을 제어할 수 있다.

우리가 기업에 대해서 무엇인가를 요구할 때, 직접 명령을 통해서 정부가 기준을 만드는 방식이 있다. 굴뚝에서의 공해 배출량 같은 밀도 단위는 직접 세세하게 기준을 만들고 센서를 달아서 직접 관리하기도 한다. 그리고 국제적으로는 ISO와 같은 표준화 장치 혹은 정부가 인증하는 친환경기업이나 가족친화기업 같은 국가별 인증 장치를 만들기도 한다.

어느 쪽이 더 효과적이라고 말하기는 어렵다. 강력하게 한다고 해서 더 효과적인 것도 아니고, 벌칙을 높인다고 해서 장기적 효과가 더 많이 발생한다고 하기도 쉽지 않다. 사회가 복잡한 만큼 기업도 복잡하다. 대기업일수록 더 복잡할 것 같지만 중소기업일수록 더 복잡한 경우도 많다. 충분한 인력이 있어서 담당자들이 지정되어 있는 대기업과 달리, 내부 계통과 의사 결정 시스템이 혼재된 일정 규모의 중소기업이 내부적 복잡성은 더 높을 수도 있다.

자, 이런 기본적 지식을 가지고 청년과 기업이 관계를 어떻게 가져가는 것이 좋을지 생각해 보자. 지금까지 정부는 주로 대기업들에게 "내년에 채용 좀 더 많이 늘려주세요(선거가 있으니 생색 좀 내게)!"라는 식이었다. 그러면 대기업들은 "단기 고용 형태인 인턴도 주로 하청업체에서 뽑고, 할 수 있는 만큼 최선을 다했습니다(선거 끝나면 잘 좀 봐주세요)." 하고 답했다. 그리고 2~3년 정도의 시간을 가지고 상황을 보면, 결국은 아무 일도 벌어지지 않았다.

청년과 관련된 직접 명령 방식을 가장 끝까지 밀고 간 나라는 벨기에다. 그리고 영화 한 편이 거기에 큰 변화를 이끌었다. 1999년 상영된 영화 〈로제타〉는 알콜 중독자인 어머니와 함께 사는 18세 소녀가 공장에서 해고된 이후 방황하는 이야기를 그리고 있다. 1998년 벨기에에서는 대학을 졸업한 지 6개월 된 청년의 54.5퍼센트가 실업 상태였다. 당시 영화는 사회적으로 큰 반향을 일으켰고, 벨기에는 즉각적으로 관련된 법을 정비하였다. 2000년 왕령에 의해서 세부 사항이 만들어진 후, 근로자 수 50인 이상인 민간 기업에게 정원의 3퍼센트 가량 청년을 추가적으로 고용하도록 하였다. 이를 가리켜 흔히 '로제타법'이라고 부른다. 실효성에 대해서는 여전히 논란이 많다. 최근에 벨기에의 청년 실업률이 20퍼센트를 상회하면서, 과연 로제타법이 장기적으로도 유효한 것인가에 대해 논쟁 중이다. 어쨌든 우리가 경험한 것에 의하면 가장 강력한 청년 고용에 대한 정부(실제로는 벨기에 국왕)의 직접 명령의 형태가 바로 이 로제타법이다.

한국에서도 로제타법안이 가능할까? 법안의 형태로는 몇 번 제시된 적이 있는데, 기업에게 직접 명령을 던지면 다 망한다고 펄펄 뛰는 새누리당의 의견이 워낙 강해서 시행되기는 좀 어렵다. 무엇보다도 영화 〈로제타〉가 일으킨 문화적 반향과 같은 일이 한국에서 일어날 계기가 아직은 없다. 고용자의 평균 연령이 높아진 산업들, 즉 고령화가 진행된 곳에서 시범적으로 추진해 볼 만한 기술적 여지는 존재하지만 "그런 건 안 된다"고 하는 대통령과 보수주의자들의 의견이 워낙 세다. 만약에 일국의 경험이지만 벨기에에서 청년 실업과 관련된 문제가 유럽의 대표적 모범 국가로 완전히 해소되었다는 결과가 있으면 해볼 만하기는 하다. 그러나 현실적으로 벨기에도 청년 실업률이 여전히 높다는 반론을 이겨내기가 어렵다. 직접 명령 방식이 가시적인 효과가 가장 빠르게 나올 방법이기는 하지만, 아직 한국은 공해나 식품 안전과 같이 공공의 직접적인 안전과 부딪히는 영역 외에 국가가 직접 명령을 내리는 것에 대한 반감이 강하다. 청년 경제가 공공성의 영역이라는 인식 자체가 아직은 없다. 그래서 실행하기가 쉽지는 않다고 생각한다.

직접 명령에서 한 걸음 뒤로 물러서면, ISO가 하는 것과 같은 기업 인증 방식을 생각해 볼 수 있다. 이것은 한국에서도 친환경기업 등 국내 기준으로 기업 인증을 수행한 적이 있어서 전혀 불가능한 방식은 아니다. 청년 고용의 비율, 질, 작업 환경과 복지 수준과 관련된 지표 관리들을 가지고 '청년기업인증제'를 도입하는 것은 우리 수준에서도 가능하다. "이 정도의 성과를 내는 기업은 청년들에게 우호적인 기업 경영을 하는 회사입니다"라고 인증해 줄 수 있다. 어느 기업이 좀 더 청년들에게 우호적이고, 어느 기업이 청년들에게 아주 빡빡한 기업인지를 널리 알리는 것만으로도 최소한의 효과는 발생한다.

청년친화기업 인증제 도입 자체는 어려운 일은 아닌데, 실질적인 효과를 가지게 하는 것은 좀 어려운 일이다. 이런 인증제가 가장 큰 효과를 보는 경우는 '정부 조달'이라고 부르는, 정부 사업에 참여하는 자격제로 실시하는 경우다. 자격제로 하는 경우가 가장 강력하고 가산점으로 하는 경우는 그보다는 좀 약하다. 그것은 사회가 청년 경제에 대해서 생각하는 심각성의 경중에 달려 있다. 자격제로 하면 당장 기업의 청년 고용이 늘어난다. 또한 건설업과 소비재 등 정부에게 조달하는 회사들은 일단 인증을 받아야 하는 상황이 된다. 직접 명령보다는 약하지만 적지 않은 효과를 볼 수 있다. 논란이 될 수 있는 부분은 '역차별' 문제다. 예를 들면 사회적 기업 중에서 노인들로 구성된 회사일 경우, 그와 같은 문제를 어떻게 다루어야 할 것이냐는 반론이 즉각 나올 수 있다. 이 문제를 풀기 위해서는 규정이 좀 더 복잡해진다. 중요한 사회적 가치를 중심으로 만들어진 기업 인증제 중 몇 개를 예외로 두는 방식으로 풀 수 있다. 가끔 외국 기업들이 소송을 할 것이라고 하는 사람들이 있는데, 이것은 국내외 기업을 차별하는 문제는 아니라서 세계무역기구WTO의 내국인 대우 조항에 어긋나지 않는다. 한국 기업에만 적용하지 않는, 한국에 있는 모든 기업은 국내든 국외든 차별하지 않는다면 통상 마찰의 범위에 속하지 않는다.

장기적으로 청년친화기업을 확대시킬 방향으로 생각해 볼 만한 것은 정부의 연구개발비 지원 사업이다. 현재 본래 취지와는 다르게 대기업으로 연구개발비가 많이 지원이 된다. 받는 주체만 대기업이지 실제로는 중소기업들과 협력해서 연구개발을 하는 것이라는 반론이 있다. 일정 금액 이상의 정부 지원 연구개발 사업에 청년친화기업 인증을 요구하는 것은 관련 직에 종사하는 청년들의 고용 규모만이 아니라 고용의 안정성을 높여 주는 효과가 있다. 인턴을 쓰고 단기 계약직을 혹사시키면서 연구개발을 할 수도 있지만, 그런 일에까지 정부가 연구개발비를 지원할 필요가 있을까? "알아서 할 거면 알아서 하시고, 나랏돈을 타가시려면 이 정도는 해 주세요"라는 식의 메시지를 기업에게 주는 효과가 있다. 정부 조달 사업에는 사회적 의미가 강해서 자격제를 한 번에 강화시키기가 쉽지는 않다. 그렇지만 기초 연구나 미래 산업을 위한 연구개발을 정부가 지원할 때에는 얘기가 좀 다를 수 있다. 연구개발비와 청년 경제는 서로 잘 맞는 쌍이 될 수 있다.

한국 경제가 기업과 어떠한 관계를 가질 것인가도 큰 질문이지만, 앞으로 다가올 10년 동안 기업도 청년들과 어떠한 관계를 가질 것인가 역시 중요한 질문이라고 생각한다. 지난 10년은 청년들이 자신들이 좋다고 하는 기업들에 줄을 서는, 일방적인 관계였다. 그렇지만 청년은 여전히 새로운 소비와 트렌드를 이끌고 자신만의 감성을 가지고 있는 거대한 소비자 집단이다. 그리고 가장 창의적으로 새롭게 노동시장에 진입하는 생산자 집단이기도 하다. 이제는 기업도 때때로 청년들에게 찾아가 줄을 서는, 그런 새로운 10년을 만들어야 하지 않겠는가? 청년만을 위한 경제를 만들 필요는 없지만 청년들을 무시하고 능멸하는 기업들이 떼돈을 버는 것은 좀 아니지 않은가? 이제는 한국의 기업들이 청년 경제라는 경영 목표를 탑재할 시기가 된 것 같다.

90년대 후반, 일본 자동차 공업 협회에서 만든 보고서에서 일본이 만드는 자동차가 지향해야 할 목표로 제시한 내용을 읽은 적이 있다. 오랫동안 기억에서 지워지지 않을 정도로 인상 깊었다.

- 사람에 상냥한 자동차
- 자연에 상냥한 자동차

사람에 상냥한 자동차는 사고가 났을 때 사람 대신 충격을 흡수해서 잘 망가지는 자동차라는 의미다. 한때 자동차란 모름지기 '튼튼하고 힘센' 것이어야 한다며, 그 두 가지를 기준으로 평가하던 시절이 있었다. 사람이 다치는 것보다는 자동차가 피해를 보는 것이 나을 것이라는 의미를 가지고 있다. 자연에 상냥한 자동차는 부품의 재활용 비중을 높이고 화석 연료 사용을 줄이며 운행 중 오염 물질을 덜 발생시킨다는 의미다. 일본 자동차 회사가 이런 기술적 목표를 가지고 결국 세계 최고, 세계 최대의 기업이 되기는 했다. 그렇지만 그런 자동차를 만들기 위해 일을 하는 사람들에게는 정작 상냥하지 못했던 것 같다. 몇 번의 대형 스캔들을 겪으면서, 일본의 자동차 회사는 세계 1위 자리에서 밀려 내려갔다.

'청년에게 상냥한 기업.' 기업이 청년에게 상냥하다는 것은 무슨 의미일까? 그 모습을 인간의 지혜로 충분히 구현할 수 있다고 생각한다. 한국 경제의 미래에 던져진 또 다른 질문이다.

청년을 위한 이중배당이 답이다

나무에 대한 패러다임을 경영에 가장 먼저 접목시킨 사람은 이건희로 알고 있다. 1997년, 삼성은 이건희에게 신수종 사업 보고서라는 것을 보고했다. 새로운 나무 종을 발굴해서 새로운 사업으로 육성하겠다는 목표를 가지고 있다. 당시 이건희가 생각한 새로운 나무는 바로 자동차 산업이었다. 그러나 그 후 바로 IMF 경제 위기가 찾아오면서, 위대했던 회장의 꿈은 흐지부지해졌다. 삼성 덕인지, 삼성 때문인지, 한국에서 장기적 경영이나 산업 정책이라는 것을 신수종에 투자하는 것으로 이해하는 경향이 강해졌다. 기업도, 공무원, 정치인도 그렇다. "잘하고 있는 것에는 언젠가 곧 위기가 찾아올 테니 슬슬 집어던질 준비를 하고, 지금 가진 돈으로 전혀 다른 것에 투자해서 미래를 준비하자"는 생각이 미래 산업에 대한 기업 전략이고 국가 정책처럼 되었다.

그렇게 신수종 사업에 대한 얘기를 하는 것이 보다 더 세련되고 과학적이며 미래지향적인 것처럼 보인다. 물론 그렇기 때문에 한국이 아직 선진국이 아닌 것이다. 잘하는 것을 더 잘하기 위해서 새로운 지식과 요소를 결합시키고 그 과정에서 인근 산업들을 같이 발전시키는 것이 독일이나 스위스 혹은 스웨덴 같은 나라들이 하는 기업 정책이고 산업 정책이다. 대기업이 신수종을 얘기하는 것도 이상한데, 그것을 국가 차원에서 미래 산업 정책으로 말하는 것은 정말 이상한 일이다. 문어발식으로 이것저것 다 시도하다가 아무거나 하나 걸리라는 식으로 펼치는 기이한 전략은 한국 재벌들에게만 가능한 기업 전략이다. 기업이 그런 식으로 전략을 펼치는 것도 특수한 상황인데, 국가 자체가 그렇게 하는 것은 정말 이상한 일이다.

후발 주자로서 선발 주자를 따라잡던 시절의 습관을 버리지 못하는 것이 21세기 한국 경제를 덮고 있는 과거의 흔적이다. 흔적이라기보다는 너무 일반화되어서 이제 한국에서는 그런 생각이 이상하다는 것을 느끼기조차 어렵다. 성을 공격하던 공성의 시대가 끝나면, 이제는 성을 수비하는 수성의 시대가 된다. 선진국이 된다는 것은 수비를 더 잘해야 한다는 것을 의미한다. 언제든지 하던 것을 버리고 새 것을 하는 것이 더 낫다는 시각으로 미래를 준비할 수 있을까? 어렵다고 본다.

국가가 만나게 되는 미래는 정말로 '오래된 미래'와 같은 것이다. 오래된 산업을 새롭게 정비를 잘하는 기업이 정말 강한 기업이고, 오래된 경제를 새로운 시대에 맞게 재탄생시키는 국가가 진짜 선진국이다. 그래서 경제학에서 기본과 근본에 관한 얘기들을 여전히 하는 것이다. 그리고 그 미래 산업과 청년 경제가 만나는 것은 역시 '오래된 미래'와 같은 것이다. 미래를 위해서 필요한 산업에 더 많은 청년들이 일할 수 있게 하고, 그렇게 고용을 늘리는 데에 돈을 쓰는 것은 미래에 대한 투자이며 동시에 청년에 대한 투자다. 이를 가리켜 경제학 용어로는 '이

중배당double dividend'이라고 부른다. 꼭 필요해서 투자한 것인데 예상하지 않은 또 다른 이익이 생기는 경우, 투자에 대한 배당금을 중복으로 받았다는 의미로 사용된다. 미래에 투자하려다 보니 청년 고용이 늘어나는 경우 혹은 청년 경제에 투자하다 보니 미래 산업에 도움이 되는 경우에 이중배당이라는 표현을 쓸 수 있다.

에너지는 대표적으로 이중배당이 발생할 수 있는 산업이다. 영화 〈매트릭스 2〉에는 시스템의 심장부인 '소스'로 들어가기 직전, 도시 전체에 정전을 발생시키는 장면이 나온다. 〈공각기동대〉에도 난민들 스스로 정전을 일으킨다. 도시 전체에 걸쳐 연쇄적으로 정전을 발생시키는 것이 '블랙아웃blackout'이다. LA 정전 사태 등이 실제로 벌어진 대표적 블랙아웃이다. 한국에서도 MB 정부 초기에 블랙아웃 직전까지 간 적이 있다. 한국의 경우에 실제로 블랙아웃이 벌어지게 되면 지역별이 아니라 나라 전체가 동시에 정전이 된다. 국가 전체가 하나의 송전망으로 연동되어 있기 때문이다.

전기를 많이 써야만 하는 날에 대형 발전소 한 곳이 갑자기 고장이 난다면 어떤 일이 벌어지게 될까? 자동으로 몇 군데 발전소의 발전량을 늘리게 하는 프로그램이 작동하기 시작한다. 그러면 해당 발전소들에 과부하가 걸리게 되고, 과부하 문제가 금방 해소가 되지 않으면 노후 시설 등 불량 설비에서 추가적으로 문제가 발생할 수 있다. 그 상태에서도 전력 수요가 전체적으로 줄어들지 않으면, 과부하가 걸리는 설비가 더욱 많아진다. 누군가 인위적으로 개입하지 않고 그대로 두면 결국에는 시스템 전체가 과부하로 다운된다. 이것이 블랙아웃이다. 물론 실제로 그렇게 대규모 정전 위기가 발생하게 될 것이 예상되면, 우선 지역별 정전을 명령하거나 대규모 전기 수요 시설을 차단하는 식의 수요 관리 작

살아 있는 것의 경제학

전을 시행하게 된다. 국가 전체를 하나의 전력 통합망으로 운용하는 것은 효율성도 떨어지고 위험성도 높아진다.

그러면 한국은 왜 전체를 하나의 시스템으로 운용할까? 근본적인 원인을 파고 들어가면, 서울과 경기도에 원자력 발전소를 두고 싶어 하지 않기 때문이다. 근거리 송전이 기본이고 필요할 때 원거리 송전을 하는 것이 상식적이다. 그렇지만 한국의 경우에는 원거리 송전을 기본으로 시스템이 설계되어 있다. 거기에서 중앙형 시스템과 분산형 시스템이라는, 전력 공급 체계를 둘러싼 오래된 논쟁이 나오게 된다. 한국은 중앙형 중에서도 가장 강력한 중앙형 시스템이다.

에너지와 고용의 관계는 생각보다 단순하다. 원자력 발전소나 대형 화력 발전소는 중앙형 시스템의 핵심 시설이다. 한꺼번에 많은 양을 만들고 넓은 지역을 커버한다. 이와 같은 큰 설비의 오퍼레이터는 많은 관리자를 필요로 하지 않는다. 발전량이 크든 적든 오퍼레이팅 룸은 하나이기 때문이다. 태양광이나 풍력과 같은 대체에너지 발전소는 규모가 크지 않다. 각 지역에서 발전하고 해당 지역에서 사용하는 분산형 시스템에 더 어울린다. 송전 거리가 짧아지니 그 효율은 당연히 늘어난다. 그리고 같은 용량의 발전을 할 때, 더 많은 오퍼레이팅 룸이 필요하고 관리 인력도 늘어난다. 원자력 발전소나 대형 화력 발전소와 같은 용량의 발전을 분산형으로 한다고 하면, 네다섯 배의 인력이 더 필요하게 된다. 그래서 우리는 더 큰 발전소를 선호해 왔고, 더 먼 거리의 송전 방식과 더 적은 고용 형태에 맞추어서 발전 정책을 시행해 왔다. 원전은 기본적인 안전에 문제를 갖고 있고, 도시 인근의 석탄 화력 발전소는 미세먼지 등 지역 대기오염의 주범 중의 하나다.

에너지의 미래는 분산형이어야 한다. 독일 등 선진국 역시 더 적은 설비와 더 많은 고용을 선택하는 것이 최근 추세다. 보다 더 깨끗하고 안전한 환경을 갖추고 더 많이 고용하는 것이 에너지의 미래가 가야 하는 방향이다. 지금까지 한국은 더럽고 위험한 환경에 고용을 최대한 줄이는 에너지 정책을 선호해 왔고 계속해서 그 방향으로 더 열심히 가려고 한다. 왜 그럴까? 최근 독일이나 미국 등 대부분의 국가에서 원전의 비중을 줄여 가면서 점점 더 친환경 분산형 시스템을 갖추며 고용을 늘려 나가는 방향으로 나아가는 것을 기본적인 에너지 전략으로 잡고 있다. 한국이 그와 같은 방향을 몰라서 선택하지 않는 것은 아니다. 지역별로 발전 공사를 독립시키고 지자체에서 전체적인 에너지 정책을 운용하도록 하게 하는 변화가 현재의 구조에서 쉽지 않기 때문이다. 그렇지만 몇몇 공기업이 편하자고 계속해서 과거의 전략에 갇혀 있는 것은 좀 아닌 것 같다. 전략을 바꾸면 서울과 경기도는 불편해지고 다른 지역들은 지금보다 나아질 것이다. 지역의 생태적 자립의 과정에서 분명히 지출은 생겨나겠지만 고용은 늘어날 것이다. 서울에서 안전하게 전기를 쓰자고 언제까지 지방에 원자력 발전소를 짓고 원거리 송전을 유지해야 할 것인가?

이중배당 현상이 존재할 수 있는 또 다른 미래 산업은 농업이다. '농업이 미래'라는 말이 낯설 수 있다. 미래에도 농업이 버티고 있는 나라가 있다면 그 나라의 미래는 밝을 것이다. 그만큼 선진국에서 농업을 유지하기가 어렵게 되었다. 그러나 농업을 유지하기 어려우면 어려울수록 지역이 버티기가 더 어려워진다. '오래된 미래'라는 표현에 가장 잘 맞는 것이 농업이다. 한국의 고위 경제 관료들이 농업에 대해서 가지고 있는 생각은, '핸드폰 팔아서 쌀 사먹으면 된다'는 이 한 문장으로 요약된다. 청년 문제와 마찬가지로, 적당히 하는 척하고 있다가 지금 농민들이 조금 더 늙어서 더 이상 뭐라고 반발할 수 없을 때까지만 버티면 된다는 것이 많은 경제 관료와 경제학자들이 머릿속에 가지고 있는 생각이다.

농업과 지역 경제가 견디기 어려운 것은 미국을 제외한 대부분 선진국이 가지고 있는 문제다. 그렇다고 전적으로 포기하는 나라도 없다. 21세기의 선진국 농업에는 국토 생태라는 목적과 농촌 지역의 유지라는 두 가지 목표가 있다. 그리고 당장 당면한 어려움은 더 이상 젊은 농부가 없다는 데에 있다. 농촌 지역의 고령화는 선진국 경제에서 대부분 가지고 있는 문제다. 간혹 귀농한 사람이 고부가가치 농업을 이렇게 저렇게 시도해서 돈을 엄청나게 벌었다는 사례들이 들린다. 이는 정말 지역적이고 국부적인 예외 사례이다. 선진국에서 여러 가지 농업 정책을 시행하고 있지만, 아직까지 농민의 수는 계속해서 줄어들고 있고 지역을 지키는 것은 점점 더 어려워지고 있다. 농촌 지역에 거주하는 것만으로도 국토의 일부를 관리하고 있다는 개념으로 하여, 새로운 농촌직불금 같은 것을 지불하는 방안에 대한 조심스러운 논의가 나올 정도다. "일단 무엇을 하면 된다"든지 "이런 식으로 해 봐야 한다"든지, "6차 산업이다"라든지 이런저런 여러 얘기들이 나오지만 모두 전면적으로 검증된 것은 아니다. "안 하는 것보다는 낫지 않겠냐" 혹은 "그거라도 하지 않으면 더 나빠졌을 것 아니냐"라고 말하는 것이 현실이다.

유럽연합과 일본에서 실시하는 청년농업직불금은 이런 고민에서 나온 제도이다. 사람들의 귀농에 대한 선택이 농업에 도움이 되고 가능하면 젊은 농부들이 귀농할수록 좋을 거라는 것은 당연한 생각이다. 그래서 처음에는 청년귀농직불금 형태로 논의가 시작되었다. 그런데 농업 후계자 혹은 이미 귀농한 청년들이 있어, 청년 농부에 대한 역차별 논란이 생겼다. 시간이 지날수록 귀농을 선택한 이들에게 더 좋은 혜택이 생긴다면, 여러 어려움에도 불구하고 귀농을 선택해 이미 농사를 짓고 있는 청년들이 너무 억울할 수 있다. 그래서 결국은 청년농업직불금의 형태가 되었다.

한국에서도 그와 같은 내용이 실무선에서는 논의가 되었다. 한국 버전에서는 '귀농'을 떼는 대신, '청년'을 떼려는 시도가 있었다. '청년귀농직불금'과 '귀농직불금', 글자는 딱 두 글자 차이인데 내용이 완전히 다른 것이 된다. 도시에서 정년을 마친 퇴직자들이 귀농을 선택할 때 주는 직불금으로 그 내용이 확 바뀐다. 이런 실무적 논란 속에서 아직 한국에서는 전면 도입되지 않고 있다.

농촌 지역에 어떻게 더 많은 청년이 거주하게 하고, 그들이 농업에 종사할 수 있게 해 줄 것이냐는 질문과 고민에서 나온 제도가 '청년농업직불금'이다. 직불금이라는 제도 자체가 세계무역기구 체계에서 생겨난 좀 독특한 지원 대책이기는 하다. '제도 때문에 생긴 제도'라는 성격이 강하다. 성과에 따른 지원금의 성격이 되어서는 안 되기 때문에, 기본적으로는 최적이나 효율성을 결합시킬 수 없는 제도이다. 그렇게 하면 세계무역기구 체계에 대한 위반이다. 한국에서는 농사짓는 사람에게 경제적 도움을 주기 보다는, 고령자들이 농사짓지 않을 때 주는 지원금으로 많이 활용될 정도로 최적화시키기 어려운 제도다. 어차피 우리도 직불금 제도에 대한 전면적 정비가 한 번쯤은 필요한 순간이 되었다. 청년들에게 지원되는 청년농업직불금은 농업 지원책이면서 동시에 농촌 지역에 대한 거주 대책이기도 하다. 농업에서 사용되는 원료, 비료, 시설 등에 들어가는 지원금은 현장에서 많은 왜곡을 일으키기도 한다. 시설과 장비에 대한 지원금을 사람에 대한 지원금으로 전환하고, 가능하면 청년에게 더 많이 할당하면 우리의 미래가 어떻게 될까? 지금보다 농촌도 좋아지고 청년들의 삶도 나아질 것이다.

무한한 가능성을 가진 영역을 주목한다

한국인과 일본인은 대체적으로 비슷한 체형을 가졌다고 생각하기 때문에 국민 체력을 비교할 때 종종 양국이 비교 대상으로 사용된다.

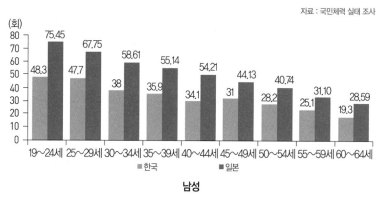

남성

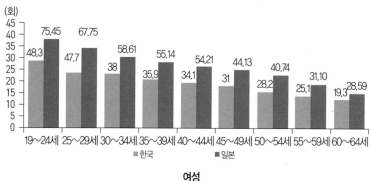

여성

| 한국과 일본 남녀 20m 왕복 오래달리기 비교 |

위의 그림은 20미터 왕복 오래달리기에 관한 국가 간 비교이다. 전 연령에서 남녀 모두 일본 국민에게 체력적으로 뒤쳐진다. 직장에서 오래 일하는 것도 비슷하고, 스트레스 많은 것도 비슷하다. 삶의 질에 대한 만족도에 있어서도 죽어라고 일하면서 별로 행복하지 않은 것은 두 나라가 크게 다르지 않다. 그런데도 체력 지수는 꽤 차이가 난다. 유사한 항목을 중국과 비교해도 현격하게 차이가 난다. 이것을 어떻게 해석하면 좋을까?

한국은 엘리트 체육에 대한 열성적인 지원에도 불구하고 사회체육, 즉 일반인들의 체육 생활에 대한 여러 지표들이 좋게 나오지 않는다. 예방의학의 관점에서 보면, 병이 발생할 소지를 줄이는 것이 나중에 병이 생기고 나면 치료하는 데 돈을 많이 쓰는 것보다는 낫다. 당연한 얘기이기는 한데, 상업적 관점만 생각하면 예방의학이 약한 쪽이 더 좋다. 보다 더 많은 국민들이 병이 들어 병원에 자주 가고 병원비로 돈을 많이 쓰면 좋은 것 아니냐는 것, 상업적 관점으로 보면 그렇다.

그렇지만 국민경제의 시선으로 보면, 역시 예방이 낫고 사람들이 병원에 덜 가서 국민건강보험의 부담을 줄어드는 것이 좋다. 개인에게도 그렇다. 국가적인 차원에서 본다면, 국민들이 운동을 더 많이 하고 비만인 사람이 적어서, 예방의학 체계 내에서 많은 문제를 풀 수 있는 것이 훨씬 낫다. 그리고 다이어트 보조제를 많이 먹는 것보다는 더 많은 시간에 더 자주 운동을 할 수 있는 것이 낫다. "그런 것은 알아서 하면 되는 것 아닌가?", "몸매와 체형, 체력 모두 개인 경쟁력이니까 각각 개인이 시장에서 필요한 돈을 들여서 하면 되는 거 아닌가?" 이런 생각으로 사회체육에 큰 관심을 들이지 않다 보니, 일본인은 물론 중국인에게도 체력이 뒤떨어지는 한국인이 되었다.

대학에서 체육을 전공하는 학생들이 6만 명이 약간 안 된다. 전문대생은 2만 명이 약간 넘는다. 국가대표는 1,000명이 안 된다. 체육은 구조적으로 수만 명의 청년이 만족해 할 만한 일자리가 턱없이 부족한 분야이기도 하다. 이것이 사회체육의 영역이라고 할 수 있는데, 한국이 특히 약한 분야가 이 분야다. 일자리의 안정성도 떨어지고, 인권 문제도 많이 발생한다. 선진국에서는 이런 것을 사회적 복지의 연장선에서 체육 복지로 이해한다. 마치 2차 세계대전 이후 프랑스가 문화를 '문화 복지'로 정의하고, 국민들에게 더 많은 문화를 누릴 수 있게 하는 것을 정부의 책무로 설정한 것과 마찬가지다.

지금 한국은 예술인 복지법이 누더기 상태이기는 하지만 겨우 통과하기는 했고, 체육인 복지법은 아직 통과를 못 한 상황이다. "국민들이 문화와 체육을 복지로 누릴 것인가" 혹은 "문화 체육인의 기초 복지를 보장할 것이냐", 이 두 가지의 질문에 대한 인식과 이해가 한국은 아직 부족하다. 문화와 체육이 국민들에 대한 기초 복지로 이해되면, 그만큼 그것을 담당하는 사람들의 삶과 고용이 나아진다. 한국은 아직 그 단계는 아니다. 우리는 아직도 "이런 사회서비스를 담당하는 사람들이 어떻게 하면 최악의 상황에 몰리지 않을 수 있겠는가", "어떻게 하면 시나리오 작가 최고은의 사례(2011년 생활고와 지병으로 32세의 나이에 요절했다. 당시 그녀가 이웃집 대문에 "쌀이나 김치를 조금만 더 얻을 수 없을까요……"라는 쪽지를 남긴 사실이 함께 알려지면서 큰 충격을 주었다)와 같은 상상하기 어려운 죽음을 막을 수 있는가"를 묻는 단계에 서 있을 뿐이다.

《88만원 세대》 이후 정말 많은 청년들과 그들의 삶과 고민에 대해서 같이 얘기하게 되었다. 내가 들은 얘기 중에서 가장 가슴 아픈 사연이 바로 체육 분야에서 나왔다. 아주 건강해 보이는 어느 대학원생에 관한 이야기다. 그녀는 수영선수를 꿈꿨지만 선수가 되지 못하고, 결국 수영장 강습 코치가 되었다고 했다. 그리고 생각지도 못하게, 어느 날부터 저체온증에 시달리게 되었다. 수영 강습을 하면 수강생들은 강사가 물속에 들어와서 직접 자세를 교정해 주며 열심히 가르치기를 원한다. 그렇지만 땀을 흘리면서 수영을 같이 무리하게 하는 것도 아닌데, 직업적으로 물속에 계속 있다 보니 몸에 무리가 온 것이다. 전신수영복을 입어보기도 했지만, 그렇게 큰 도움이 되지 않았다. 결국 20대 후반의 사회체육 강사는 저체온증에 시달리다 결국 직장을 그만두게 되었다. 수강생들이 불성실한 강사로 치부했던 것이 더 참을 수 없었던 일인지도 모른다. 그렇다고 항변을 하자니, 그 자리에 와서 일하겠다고 하는 사람은 많았고 수영장을 갖춘 체육 시설의 수는 그렇게 많지 않았다. 인권을 얘기하기에 상황은 너무 어려웠다. 그래서 그녀는 다시 대학원에 진학을 했다.

"88만 원이라도 계속 받았으면 좋겠어요."

사회스포츠, 발레, 스포츠 댄스, 요가 등 구청과 같은 기관에서 운영하는 공공 프로그램에 소속되어 일하는 강사들의 삶은 정말로 열악한 경우가 많다. 임금을 얘기하기에 앞서, 기본적으로 고용 안정성이 너무 떨어지고 기초적인 인권 보장도 어렵다. 물론 피트니스 붐이 불면서 대기업 회장님이나 유명 연예인들의 전용 트레이너라는 스타 직업이 생겼다는 과장스런 얘기도 있다. 그렇게 실제 돈을 번 사람도 보기는 했는데, 딱 한 사람의 전용 트레이너로 생활하는 것은 아니고, 기회가 되고 시간이 되는 대로 여러 건의 일을 의뢰 받아 닥치는 대로 한다.

스포츠 복지, 생활 체육, 비#엘리트 체육 등 이 분야에 대한 이름들은 많다. 체육을 전공으로 삼은 사람들에게 현실의 벽은 높다. 지자체가 운영하는 체육 프로그램의 수를 늘리고, 그 안에서 좀 더 체계적인 강사 운용 방식을 적용하면 10만 명 이상의 젊은 체육인들이 '체육인 복지의 대상'이 아니라 '체육 복지의 주체'가 될 수 있다. 스포츠를 산업과 쇼비니즘으로만 접근하려는 것이 체육 분야를 바라보는 한국의 경제 관료들의 기본 시선이다. 그렇지만 이것을 하나의 시스템으로 본다면, 스포츠 생태계를 구성하는 기본적인 생산자들은 청년이다. 케이 무브라는 정책을 통해 청년들에게 외국으로 가서 맹활약하라며 해외로 등 떠미는 데 쓰일 예산의 일부라도, 국내의 체육 복지를 위해 활용한다면 훨씬 더 생산성도 높고 의미도 있는 정책 디자인이 가능하겠다. 체육인에게 복지를 제공하는 단계를 넘어, 체육인이 국민들의 체육 복지를 담당하는 주체의 시대로 한 단계 넘어가야 할 때가 우리에게도 온 것이 아닐까?

문화 복지와 문화인 복지, 체육 복지와 마찬가지 개념이다. 지난 10년 동안 한국의 문화 경제에 대한 기본 패러다임은 산업화와 수출, 이 두 가지였다. "대자본이 들어가 생산성을 높이기만 하면 우리는 워낙 우수한 민족이므로 수출도 잘될 것이다"는 식의 얘기가 언론의 1면을 장식했다. 물론 실제 거의 대부분의 분야에서 '문화로 먹고 살기'는 여전히 형편 무인지경(!)으로 힘든 상황이다. 역설적이지만 한국에서 문화 복지라는 개념으로 설명해도 이상하지 않은 거의 유일한 분야가 '트로트 복지'라고 할 수 있다. 경제적으로 어렵고 문화적으로 소외된 농촌 지역이라도 트로트 공연만큼은 일 년에 몇 번씩 프랑스나 독일의 문화 정책도 미처 해내지 못한 직접 공연을 구현한다. 이런 특수 분야를 제외하고 서울을 벗어나면 구경하기 힘들다. 경기도를 벗어나면 관광 나이트클럽에서 공연하는 30년 전 유행곡이 문화 복지의 최첨단 전선이 된다.

갈 길이 멀어 보이지만, 청년 경제라는 관점에서도 문화 복지는 중요한 영역이 된다. 무엇보다도 많은 청년들이 '문화로 먹고 살고' 싶어 한다. 집중화된 자본을 가진 문화시장은 이 영역에 '굵고 짧게' 방식을 요구하지만, 실제로 문화생산자 혹은 문화기획자로 일하고 싶어 하는 청년들에게는 '가늘고 길게'가 더 절실하다. 현실은 어떨까? '아주 가늘고 정말 짧게', 이런 식이 영화나 드라마 촬영 현장에서 일하는 스태프들이 매일매일 만나는 현실이다. 산업화 논리가 지나치게 강한 문화 분야에서 공공성의 영역인 문화 복지의 개념이 더 커질 필요가 있다.

문화와 관련해서 지난 10년간 나누었던 수많은 논의 중에서 가장 의미 있다고 생각했던 것은 영화와 교육의 접목이다. 현재 한국의 교육은 국·영·수 세 과목을 기본 과목으로, 음악과 미술, 체육과 같이 별로 하고 싶지 않지만 기본 교육 과정에 있어서 하는 과목으로 구분할 수 있을 것이다. 수능 체계에서 국사도 선택과목인 나라였으니까, 다른 과목에 대해서는 더 얘기할 필요도 없을 것이다. 음악이나 미술이 교과목으로 지정된 것은 19세기의 일인데, 그 시절 선진국들은 자국 국민들에게 그것들을 기본 소양으로 꼭 가르쳐야 한다고 생각했다. 근대를 만들어 나가던 시절의 일이다. 만약 일본을 통해서 이런 유럽의 교육 프로그램을 받은 것이 아니라 한국의 권력자들이 '자주적'으로 교육 과정을 만들었다면, 음악과 미술 같은 것이 교과목에 들어가 있지 않았을지도 모르겠다. '선택과 집중'이 경제의 핵심이라고 생각한 사람들이 과연 음악이나 미술과 같은 교양을 모두가 배워야 한다고 생각했을까? 아닐 것같다.

21세기에 우리 모두를 위해서 학교에서 배우게 되는 교양과목을 새롭게 추가한다면 무엇이 되는 것이 옳을까? 많은 사람들이 '영화'를 제시했다. 초반 시나리오 작업에서 촬영과 연기 그리고 후반 작업까지,

영화는 '종합예술'이라는 표현대로 많은 요소들이 결합되는 분야다. 많은 청년들이 직업으로 선택하고 싶어 하는 분야이고, 무엇보다도 우리가 세계적인 수준으로 잘할 수 있는 여건이 이미 마련되어 있는 분야다. 그렇지만 학교에서 영화를 필수과목으로 배울 때 생겨나는 가장 좋은 점은 영화 작업의 출발이 바로 '협업'이라는 데 있다.

20세기를 준비하면서 유럽이 생각한 근대는 개별화된 개인들이 가지고 있는 합리성이 만개하는 것이었다. 고전주의 철학의 집대성이라고 얘기되는 헤겔의 세계에서 절대적 합리성은 개인의 합리성에 기반을 둔 것이다. 교육은 개인을 만들어 내는 것이고, 그것을 통해서 시민으로 성장한 개개인들이 가지고 있는 고유성이 사회 안에서 완성되는 것으로 보았다. 물론 그렇게 개별화된 개인들이 파편이 되지 않기 위해서 사회적 영역에서 공공성이라는 또 다른 보완 장치를 통해서 20세기 유럽이라는 이상적 사회가 만들어졌다.

이런 교육 프로그램이 일본을 거쳐 한국에 들어왔고, 우리는 그것을 '사당오락四當伍落'이라는 말을 붙여 개인이 살아남기 위한 경쟁 장치로 바꾸어 버렸다. '네 시간 자면 떨어지고 다섯 시간 자면 붙는다.' 60~70년대 한국의 지식인들이 서양에서 건네받은 교육 프로그램을 우리식으로 해석한 결과가 네 글자에 함축되어 있다. 개인이 가지고 있는 고유성을 최대한 끌어내자는 근대의 정신은 한국에 와서, '절대 경쟁! 절대 필승!'과 같은 죽기 살기 정신으로 전환되었다. 가치는 전도되고 교육은 전쟁과 같은 것이 되었다. 〈태양의 후예〉 속 특전사 군인들이 인사 구호로 "단결"을 선호한 데에는 이유가 있는 것 아닌가? 경쟁이 주는 미덕이 극도로 강조된 한국에서 매 순간 죽음과 대치해야 하는 특전사 알파팀에게는 역설적으로 "단결"이 가장 중요했던 것이다. 삶은 점점 더 어려워지고, 경제는 점점 더 팍팍해진다. 그럴수록 '필승'의 시대에서 '단결'의 시대로 가야하는 것이 아닐까?

드라마 촬영 현장에는 평균적으로 100명이 넘는 사람들이 움직인다. 영화 촬영 현장도 마찬가지다. 한국의 학교에서 배우는 대부분의 과목들이 '혼자서도 잘해요' 정신 위에 서 있다. "거야, 거야, 할 거야! 혼자서도 잘할 거야!" 개별적 지식을 제외하면 우리의 교육은 이런 고립의 정신 위에 서 있다. 물론 경제 현장에서 실제로 그렇게 생산 과정이 돌아가는 것은 아니다. 컨베이어 벨트로 상징되는 표준화된 '대량 생산' 체계만큼 협동과 협업이 중요한 것도 없다. 정해진 속도에서 누구 하나 느려서는 안 되지만 누구 하나 더 빨라도 안 된다. 이것을 자동차 회사 포드에서 처음 도입했다고 해서 '포디즘Fordism'이라고 부른다.

21세기 탈脫포디즘의 시대, 이제는 협력 대신 경쟁이 더 중요해질까? 임시적이든 계속적이든, 혼자 일하든 같이 일하든, 더 긴밀한 협력 관계와 정보 교류가 필요한 시대가 된다. 소위 '프리랜서'라고 해서 혼자만 잘하면 된다고 생각하지만, 천만의 말씀이다. 임시로 일하는 사람일수록 같이 손발을 맞출 수 있는 기본적인 협업의 소양이 작업 능력보다 더 중요해진다. 이런 것이 탈포디즘 생산 방식의 특징이다. 교육으로서 영화가 가지고 있는 가장 큰 덕목은 이런 협업을 가장 적극적으로 또 가장 즐겁게 익힐 수 있는 분야라는 것이다. 문화 복지 개념을 한국에서 끝까지 밀고 가다 보면, 중등교육 정도에서 기본 과목으로 영화를 배울 수 있겠다. 많은 청년들이 산업과 교육의 중간에서 자신이 설 경제적 공간을 찾을 수 있게 되고, 영화 분야 특유의 협업이라는 교육적 목표가 부수적으로 동반된다. 중학생 영화제, 고등학생 영화제 같은 것이 열릴 수 있겠다. 현재 한국의 경제 상황에서 못할 것이 없는 일이다.

우리가 앞으로 10년 동안 만들어야 할 사회적 기반이 있다면 문화나 체육, 이런 사회서비스의 영역이 바다처럼 넓어지는 것이 아닐까 싶다. 돈줄을 쥐고 있는 대통령이나 장관들과 악수하기 위해 기다리고 서 있는 몇 명이 아니라, 지역에서 대중과 학생들에게 사랑받고 지지받는 현장의 예술가들이 바다처럼 넓게 출렁일 수 있는 사회가 우리가 가야 할 미래일 것이다. 서비스 산업이라고 하면서 의료 관광처럼 외부에서 돈이 물밀듯이 들어오는 그런 신기루 같은 미래를 상상하는 사람들이 있다. 그러나 기본적으로는 문화 서비스와 사회서비스 같은 공공성과 산업 사이의 경계에 있는 영역들이 튼튼해져야 문화의 다양성이 생기고, 그 위에 서비스의 고부가가치화가 진행된다. 바닥을 넓고 안전하게 만들어야 그 위에 특수 분야들이 꽃을 피우게 된다. 지금까지 한국은 문화의 바닥은 생각하지도 않고 지독한 경쟁 위에 가끔 피어나는 몇 개의 결과물만을 찬미하며 '수출 산업'이라고 말했다. 이와 같은 방식으로는 오래 가기가 어렵다.

배에 관한 비유를 해 보자. 군함이 있고 화물선이 있고 유람선이 있다. 군함은 군의 영역이고 전투할 때 쓰는 배다. 화물선은 경제의 영역이고 수출입할 때 많이 쓴다. 유람선은 노는 배이다. 지난 10년, 한국은 종종 이 유람선을 군함으로 생각하거나 화물선으로 생각했다. 한국의 국위를 선양하고 민족적 자긍심을 높이기 위한 전투에 나온다고 생각하면 그것이 바로 군함이 되는 것이다. 새로운 수출 산업이라고 생각하면, 유람선은 곧바로 화물선이 된다. 그러나 유람선은 유람선이다. 유람선이 유람선답게 즐겁고 재밌고 안전할 때, 그럴 때에 유람선이 가지고 있는 경제적 기능이 제대로 작동하는 것 아니겠는가? 이 유람선에 더 많은 사람이 타고 더 재밌게 흘러갈 수 있을 때가 바로 청년 경제가 문화 경제 혹은 체육 경제와 만나는 순간일 것이다.

청년이 살 공간을 고민하다

일본을 대표하는 건축가인 안도 다다오^{あんどうただお}의 처녀작 '스미
요시 연립주택^{Row House in Suiyoshi}'이라는 이름의 작품이 있다. 원래 있던
연립주택에 콘크리트로 파사드를 세우고, 공간과 빛을 최대한 활용한
리모델링 주택이다. 일본 전통 목조 주택의 기본 구조를 살리면서 리모
델링으로 건물에 생명력을 불어넣은 것으로 유명하다. 방과 방 사이가
떨어져 있고, 심지어는 옆방으로 갈 때 우산을 쓰고 가야 한다. 불편해
보이지만, 좁은 집 안에 우주를 구현하고 자연과 최대한 화해하기 위한
건축 양식으로 유명하다.

이 건축물이 중요한 의미를 갖는 것은 역사적 맥락에서 더 그렇다.
대량으로 아파트를 짓던 시절에는 일본도 세계적인 건축가를 배출하지
못했는데, 작은 옛날 집들을 리모델링하는 조그마한 개축 사업이 시작
되면서 비로소 일본도 대표적인 건축가들을 배출하기 시작했다. 자, 잠
시 한국의 건축가 중 알고 있는 이를 떠올려 보자. 김수근은 과거 인물
이고, 승효상은 그의 제자다. 그리고 '땅콩집'의 이현욱 정도면 거의 다
안다고 할 수 있을까?

역설적이지만, 건설사가 떼돈을 버는 시절에 건축가가 유명해지는
일은 거의 없다. 일본도 그랬다. 공업적으로 설계되고 경제적으로 시공
되고 상업적으로 거래되는 아파트에서 설계자가 유명해지는 일이 거의

없다. 그 대신 시공자, 즉 만든 회사가 직접 브랜드가 된다. 일본도 그랬고, 한국도 크게 다르지 않다. 토건의 시대, 그 흐름에서 집을 설계하는 건축가가 유명해지는 일은 거의 없다. 어찌 보면 당연한 일 아닐까?

라면은 대표적인 가정용 즉석식품이다. 시대를 대표하는 유명한 라면들이 있지만 우리가 그 개발자의 이름을 아는 일은 거의 없다. 공업용 제품의 특징이다. 사과 하나, 배 하나를 먹으면서도 재배한 사람의 이름을 알고서 먹고 싶다고 하는 시대를 우리가 살고 있다. 전세든 월세든 자가든 엄청나게 비싼 집에 살면서도 덜렁 시공사 이름 하나밖에는 모르는 시대를 우리가 살고 있다. 그렇게 표준화해서 모듈 설계로 아파트를 지으면 더 저렴해질까? 한국에서 그럴 리가 없다. 지은 지 30년 만에 '도저히 이 집은 위험해서 사람이 살 수가 없다', 이렇게 진단이 나오면 단지 내에 "대환영, 안전 진단 통과!"라고 환영 플래카드가 붙는 나라다. 검사해 보니 안전하다고 하는 것이 환영받아야 하는 게 당연한데, 한국에서 '통과'라고 하면 '위험해서 살 수가 없다'는 말이 된다. 대저 집이라 함은 빨리빨리 망가져서 잽싸게 재건축할 수 있게 대충 만드는 것을 최고의 기술이라 여긴다. 살기에 편하고 하자가 없으며 튼튼하게 잘 지은 아파트는 절대 환영받지 못하는 분위기 속에서 우리가 살고 있다.

설계한 건축가의 이름을 내걸고 싶어 하는 회사도 없지만, 대충 만들어 비싸게 팔아 넘기는 아파트에 자기 이름을 걸고 싶어 하는 건축가도 없지 않았을까? 30년이 넘어도 매우 양호하다는 판정을 받아서, "참 잘 지었어요!"라는 호평을 받는 건축가에게 한국 사회는 같은 평가를 주지 않는다. 한국 경제가 전성기로 달리던 시절, 우리가 만든 아파트나 집들이 그랬다. 겉으로는 멀쩡해서 소비자들이 비싸게 구매했지만, 사실 금세 잘 망가져서 당장 빨리 새로 짓지 않으면 안 되는 집을 소비자들 역시 원했다. 누가 더 이상하다고 따져볼 것이 없는 상황이다.

　오랫동안 사용하고 망가지면 고쳐서라도 사용할 물건에 만든 사람의 이름을 붙이는 것은 당연하다. 일본도 우리만큼은 아니더라도 이상한 아파트 문화를 가지고 있다가, 부동산 거품이 극도로 심해지면서 도심의 주택을 고쳐서 다시 사용하는 건축 문화가 생겨났다. 크고 화려해서가 아니라 작더라도 자기 이름을 걸고 고치고 나면 자기 이름을 단다. 토건의 클라이맥스가 지나면 재건축이 어려워지고 그때야 비로소 집이 내구재로서 본래 특징을 가지게 된다.

　청년과 관련된 주거 양식을 크게 나누어 보면, 일반적으로 누가 봐도 집이라고 생각되는 곳과 집이라고 볼 수 없는 곳, 즉 비非주택으로 구분할 수 있다. 반지하, 옥탑방, 쪽방, 고시원 같은 곳을 비주택이라고 부른다. 그리고 이런 비주택 거주자들에게 '주거 빈민'이라는 용어를 사용하기도 한다. 주거 여건도 그렇게 좋은 편은 아니지만, 면적당 지불 비용은 호화 주택의 월세에 비해 결코 낮지 않다. 돈은 돈대로 내고, 형편은 형편대로 어려운 실정이다. 이러한 상황이 문제라는 것을 알고는 있지만, 워낙 비정상적으로 작동하는 한국의 주택시장에서 아직 거기까지 집중할 형편이 아니었다.

　제일 이상한 토건형 해법은 MB 시절에 진행됐던 도시형 생활 주택 방식이다. 기존의 아파트 분양하고 방식은 똑같은데, 청년을 위한 소규모 주택이라는 명목으로 주차장 등 기본 시설을 대충 만들어도 문제가 없도록 규제를 풀어 준 것이다. 그리고 그것은 청년들은 당연히 주택을 살 돈이 없을 테니, 돈을 가진 사람들이 여윳돈으로 사서 청년들에게 임대해 주라고 하는 것이 기본 작동 메커니즘이다. 명분은 청년들을 걸었지만, 그냥 고리대 돌리는 것과 똑같은 원리다. 주택에 필요한 기본적인 기반 시설이나 주차장 면적 등 여러 조건들을 쉽게 풀어 주다 보니까, 실제 살기에는 정말 불편한 구조가 되었다. 그렇다고 임대료가 싼 것도 전혀 아니다. 명분만 청년 1인 가구를 위함일 뿐, 돈 있는 사람들이 돈 내고 주택에 선투자해서 1인 가구용 월세 집을 만드는 것이라서 원룸텔이나 고시텔 같은 곳보다 특별히 적을 이유가 없다. 상업적 용도로 작동하는 주거가 특별히 더 쌀 이유가 있겠는가? 일반적으로 선호하지도 않는 소형 주택을 단지형으로 지었다가, 시간이 좀 흐르면 슬럼slum으로 변할 위험성만 늘어나게 되었다.

도시형 생활 주택은 처음부터 기반 계획이 없었다. 그렇다고 입지가 좋은 아파트처럼 재건축이 가능한 것도 아니고 입주한 사람들이 그것을 감당할 수 있는 조건도 아니다. 10~15년이 지나면 점점 더 문제가 심각해질 수밖에 없다. 사회적 약자들을 위한 주거 문제로는 국가가 직접 하든 아니면 사회적 경제의 형태로 협동조합이 하든, 임대주택 형태여야 비로소 문제가 완화된다는 것은 선진국 내에서는 만장일치에 가깝도록 합의된 논의 결과다. 그것을 그냥 용적률 등 입지 조건을 완화시켜 추진했던 MB의 방식은 청년을 위한 주거권은 그저 핑계일 뿐이고, 솔직히는 그냥 집을 짓고 싶어서였다고 할 수 있다. 문제 하나를 푸는 척하면서 다른 열 개의 새로운 문제를 만드는 식이다.

유럽에서 임대주택과 관련하여, 가장 중요하게 논의되고 있는 것은 대규모 임대주택 단지 방식이다. 2차 세계대전 이후 많은 도시가 파괴되었다. 그걸 복구하면서 국민 주택 형태나 대규모 임대주택 건설이 기술적으로나 경제적으로 유리했던 시절이 있었다. 스웨덴은 주택 협동조합이 워낙 초기부터 작동해서, 시내 중심가의 정말 좋은 입지에 임대주택을 만들 수가 있었다. 그래서 사정이 좀 나은 편이다. 그렇지 않은 국가들의 대규모 임대주택 단지는 시 외곽에 주로 형성되게 되었다. 임대주택에 우선 입주하게 된 사람들이 중산층은 아니었다.

시간이 흐르다 보니 좋은 취지의 공공 목적으로 만든 임대주택 단지가 저소득층 집단 거주촌처럼 되었고, 경우에 따라서는 외국인 2세의 집단 거주지가 되기도 했다. 저소득 지역이다 보니 대중교통이 추가 확충되는 것도 어려웠고, 의료나 학교와 같은 공공시설이 열악해졌다. 좀 극단적인 묘사이기는 하지만, 영화 〈13구역〉과 같은 시 외곽 지역의 슬럼화가 같이 동반되었다. 공간이 한 번 형성되면 이전으로 돌아가기도 어렵고 해체하기도 어렵다. 초기 단계에서 손쉬운 해법이라고 받아들였던 대규모 임대주택 단지가 두고두고 문제를 일으키게 된 것이다. 그리고 때때로 이런 특수 지역에서 벌어진 대규모 시위가 정권을 쥐고 흔들 정도로 격렬하고 영향력이 큰 사회문제가 되기도 했다.

이런 사회적 부작용을 구조적으로 겪으면서 생겨난 논의가 '소셜 믹스social mix' 즉 가난한 사람과 부유한 사람의 거주지를 적절하게 섞어야 한다는 새로운 공간 배치의 원칙이다. 쉬운 일은 아니다. 유럽 선진국이라고 해서 부자들이 마냥 '호혜와 평등' 혹은 '자애와 박애' 정신을 갖고 있는 것은 아니다. 거기도 슬럼화될 수밖에 없는 저소득층의 임대주택 단지가 있는 반면, 비버리힐스는 저리가라고 할 정도의 부촌도 존재한다. 초호화 주택들은 파리 근교에도 모여 있고, 라인 강가의 경관이 좋은 지역에도 모여 있다. 그런 수준의 사람들이 가난한 저소득자들이 들어와 살 것이 뻔한 임대주택을 짓는 데 환영할 리가 없지 않은가?

이러한 문제를 나름대로 풀기 위한 방안으로 분산형 주택이라는 현실적 흐름이 나왔다. "어떻게 하면 부자와 가난한 사람들이 서로 충돌하지 않고 한 구역에서 살아가게 할 것인가?" 이것이 공간 배치에서 나온 가장 최근의 질문이다. 우리는 임대주택 문제에서 아직 이 정도의 사회적 논의까지는 도달하지 못했다. 아파트 자체가 단지형이니까, 임대주택도 여전히 단지형으로 구상하고 디자인할 뿐이다. 결국 단지와 단지 간에 충돌도 빚어진다. 분양을 받아서 들어온 일반 단지의 거주자들이 인근의 임대주택 단지 거주자들을 구박하고 괴롭히고 차별하기 일쑤다. 인간이 그래서는 안 된다고 하지만, 대규모로 뭉쳐진 구조에서 양심에만 호소하기도 쉽지 않다.

중앙정부는 여전히 단지형, 그것도 거대 단지형 개발을 선호한다. 그래야 뭔가 일을 한 것처럼 사람들에게 보여주기가 쉽기 때문이다. 그렇지만 더 심각한 사회적 문제는 사람들이 모여 살면서 집단적 삶이 시작하면서부터 천천히 드러난다. 크게 더 크게 지어서 모든 문제를 풀 수 있다면 선진국이 왜 대규모 아파트를 왕창 만들어서 한꺼번에 문제를 풀려고 하지 않겠는가? 사람이 사는 일이 그렇게 단순하지 않다.

한국에서 이 문제를 풀기 위해서 지금까지 나온 방안 중에서 가장 성공적인 정책은 '매입형 임대주택'이라고 할 수 있다. 새로 집을 지으려고 하다 보면 시간도 오래 걸리고, 무엇보다도 단지형 임대주택이 가지고 있는 문제들이 발생한다. 저소득층 주거 문제를 풀기 위해서 흔히 다세대 주택이라고 불리는 아파트와는 또 다른 소규모 공동주택을 매입해서 임대하는 방식을 사용했다. 그와 같은 방식에는 두 가지 장점이 있다. 예산 확보에서 실제 임대까지 리모델링 기간 정도만 필요하기 때문에 신속하게 진행될 수 있다. 행복주택과 같은 대규모 단지형이 정권적 차원에서 진행해야 겨우 그 일부가 결실을 볼 수 있는 것과는 속도 면에서 비교가 안 될 정도로 신속하다. 또한 특별한 단지에 집단적으로 시행할 필요가 없기 때문에 분산형 구조를 갖는다. 이렇게 가가호호로 임대주택이 들어갈 때 지역 주민들과 특별히 마찰을 빚을 일도 없게 된다. 장기간 저가의 가격으로 입주한 사람들의 만족도도 비교적 높게 나온다고 알려져 있다.

그렇다면 문제는? 문제는 기술적 문제라기보다는 정책적 선호도다. 여전히 많은 지자체는 (중앙정부는 특히 더) 오래된 집을 고쳐서 빌려주는 방식보다는 새롭게 택지를 개발하고 집을 짓는 방식을 더 선호한다. 현실적으로 별 이유는 없어 보인다. 그냥 집을 짓고 싶어 하는 사람들이 워낙 많아서 그렇다. 별의별 핑계를 다 대지만, 그냥 집을 짓고 싶어서 그렇다고 설명하는 쪽이 훨씬 간결하고 빠르다. 서울시가 매입형 임대주택에서 상당히 높은 선호도를 가지고 있지만, 연간 1,500호 규모다. 좋은 방식이기는 하지만 천만 도시에서 1만 명도 안 되는 규모로는 변화를 체감하기는 어렵다. 보증금 평균 1,500만 원에 월 평균 임대료 15만 원 내외, 거기에 최장 거주 기간으로 20년을 보장해 주는 것은 임대주택 중에서도 정말 괜찮은 조건이다. 그렇지만 저소득 맞벌이, 노인층, 청년, 1인 가구를 1,500호의 공급 수준으로 소화해 낼 것이라고 기대하기는 어렵다.

현재 주택에 사용할 수 있는 기금들은 집을 짓는 것에, 그것도 대규모 단지로 짓는 데 주로 투입되고 있다. 그렇게 하지 말고 이제부터라도 매입형 임대주택을 더 늘리자는 사회적인 결정을 하면 된다. 하지만 그게 어렵다. 주택 보급률이 100퍼센트가 오래 전에 넘어선 상태에서 지금부터라도 대규모로 단지를 조정하는 방식이 아닌, 이미 지어진 집들을 고쳐가면서 사용하자는 결정을 할 수 있다면, 아마 애당초 경제적 위기도 오지 않았을 것이다. 그리고 청년 경제라는 특이한 범주에 대한 논의도 필요 없을 것이다. 매입형 임대주택의 예산을 대폭 늘리면 주택 문제가 해결된다는 것은 아직 한국에서는 동어반복적인 진단이다.

그래서 등장한 것이 국민연금 기금이다. 아주 장기적으로 국민연금에 대해서 회의적인 시각이 없지는 않은데, 어쨌든 현재로서는 가장 유의미한 공기금 중의 하나다. 지금까지는 주식과 채권에 주로 투자하고 있는데, 국내 주식 투자분을 조금씩 줄여야 한다는 현실적 상황이 존재한다. 기금의 국내 주식에 대한 비중이 너무 커지면 그 자체로 교란 요소가 된다. 나중에 연금 지급이 늘어나서 국내 주식 보유분을 대규모로 매각하는 상황이 오면, 그 자체로 새로운 경제 위기 요소가 된다. 이러한 판단에는 기금운용위원회의 많은 사람들이 동의한다. 그런데 달리 별다른 방법이 없으니 해외 투자 비중을 점차적으로 늘려 나가고 있는 형편이다. 이것을 매입형 임대주택에 일종의 대체 투자 형식으로 돌리자는 것이 국민연금으로 매입형 임대주택을 늘리자는 방안이다.

청년들이 직접 추진하거나 사회적 경제의 일환으로 추진되는 '셰어 하우스share house'는 사회적 모델로 이미 제시되어 있다. 1인 가구와 같이 단독 주거의 단점을 줄이면서 공동의 면적을 늘릴 수 있다는 장점이 있다. 문제는 과연 이러한 새로운 시도가 실제로 청년 주거 문제의 대안이 될 정도로 충분한 규모를 가지는지, 그것도 너무 늦지 않은 속도로 진행될 수 있느냐는 점이다. 결국은 돈의 문제가 아니겠는가? 국민연금과 같은 공적 연금과 셰어 하우스 형태를 결합시키면 많은 문제가 동시에 해소된다. 청년 주거의 15~20퍼센트를 매입형 공공 임대주택의 형태로 공급이 되면, 높아진 월세와 비주택이라는 이름의 열악한 주거 조건을 상당 부분 해소할 수 있게 된다. 그렇다고 해서 공짜로 주거를 제공하는 것은 아니기 때문에 국민연금의 기금이 투자되기 위한 수익률 조건 정도는 충분히 맞출 수 있다.

물론 실제로 대규모로 주택 매입과 리모델링 작업이 시작되면 문제의 소지가 전혀 없는 것은 아니다. 엄청난 규모는 아니어도 이미 매입형 임대주택 사업을 진행했던 곳에서 문제가 좀 발생했었다. 시에서 집을 매입한다는 소문이 돌기 시작하면, 소위 '알 박기'가 시작된다. 그리고 기존의 임대 사업자로부터 민원이 들어오기 시작한다. 청년을 대상으로 대규모 고시텔 같은 것을 만들어 임대 사업을 하는 사람들에게 공공기관에서 저렴하게 임대주택을 제공한다는 것이 곱게 보일 리 없다. 청년의 주머니 부담을 좀 덜어 주려고 하는 일들이, 반대로 얘기하면 그들의 주머니를 노리던 사람들에게 그다지 아름답게 보이지는 않을 것이다.

특정 지역에 매입형 임대주택을 집중시키면 실무적으로 해결하기 어려운 일들이 부차적으로 발생한다. 꼭 단지를 형성하기 위해서 집중시킬 필요도 없고, 하나의 동을 전체적으로 구매할 필요도 없다. 어차피 단지형의 특징이 집중이라면, 매입형의 특징은 분산이다. 단지형이 하드웨어의 특성을 더 많이 가지고 있다면, 매입형은 소프트웨어의 특성을 더 많이 가지고 있다. "어떻게 관리하고, 어떻게 문화적 특성을 만들어 낼 것인가?" 이런 운용의 미학이 더 많이 필요한 분야다. 개성과 특징, 네트워크 등 원래 사람들이 사는 공간이 '장소'로서 가지고 있는 속성이 강조될 수 있는 장점을 가지고 있다. 디자인과 설계에 청년들이 더 많이 참여하고, 청년 건축가들이 그들의 필요성을 부각시키면서 예술적 요소와 실용적 요소들이 결합되는 다양한 실험을 해 볼 수 있다. 그리고 그 과정에서 우리 시대를 대표할 수 있는 안도 다다오 같은 건축가가 등장할 수 있다면 가장 좋을 것이다.

이 논의는 아직 끝나지 않았다. 청년을 위한 매입형 임대주택에 관한 논의가 국민연금까지 오기는 했다. 그렇지만 국민연금이라는 또 다른 재원이 있다는 것을 사람들이 아는 순간, "그럼 그걸로 대단지를 만들자"며 원래의 흐름으로 돌아가려는 강력한 목소리가 등장하게 된다. 집중시킬 것인가, 분산시킬 것인가, 새로 지을 것인가, 아니면 있는 것을 고쳐 쓸 것인가? 아직도 사회적으로는 새로 큰 것을 만들자는 목소리가 더 강하다. 여전한 현실이다. 돈을 보자마자 집을 짓고 싶어서 안달 난 사람들은 여당에도 많지만 야당에도 적지 않다. 그들의 기억 속 영광스런 순간이 집을 많이 짓던 시절이었음을 생각했을 때 이해되지 않는 일은 아니다. 그렇지만 앞으로 펼쳐진 우리의 미래는 죽을 둥 살 둥 집을 짓는다고 경제가 잘 돌아가는 시대가 아니다.

아직 한국은 주택 보급률을 주거에 대한 주요 지표로 사용한다. 90년대 일본이 그랬다. 지금은 특정 지역의 경제 현황이나 사회적 조건을 얘기할 때 '빈집의 비율'을 지표로 내세운다. '빈집이 10퍼센트가 넘는 지역' 혹은 '20퍼센트가 넘는 지역'과 같은 식으로, 얼마나 집이 비었는가가 사회적 지표가 된 국가가 일본이다. 한때 주택 건축을 통해 영광을 보았던 사람들의 향수와 감성에 맞추기 위해, 단지 형태로 그것도 대규모로 집을 짓는 것은 정말 아니라고 생각한다. 빈집을 위한 경제, 그렇게 죽어라고 달려가는 시대는 아니지 않는가?

살아
있어
행복한
거야

5장

'최소한의 삶.'
풍족할 수는 없어도
청년들에게
최소한의 삶은 약속해 주고 싶다.
"살아 있어서 행복하다"고
말할 수 있는
세상을 그려 본다.

삼각돛을 아는 나라와 모르는 나라

내가 첫 월급을 받았던 직장에서 했던 일 중에는 현대중공업과 미포조선의 환경 관리가 포함되어 있었다. 그 시절에 가장 난감했던 문제가 휘발성 유기화합물을 관리하는 일이었다. 그것은 1급 발암물질이다. 당시 울산은 한국에서 가장 오염된 도시였고, 특히 대기 상황은 심각한 수준이었다. 월급을 받고 하는 일이었지만, 울산을 청정도시로 만들어 보겠다는 꿈을 꾸었다. 내 작은 양심과 타협한 결과일지도 모르겠다. 도장 공정이라고 하는 페인트칠을 하는 과정에서도 휘발성 유기화합물이 꽤 많이 나왔다. 자동차 같이 공장 내부에서 하는 작업들의 처리는 비교적 쉬웠다. 폐쇄된 공장 내에 있기 때문에 문제시되는 물질들을 전부 빨아들여서 다시 태우거나 재처리하는 방식들이 제시되었다. 문제는 돈이 든다는 점이었지만, 당시 나는 그 정도 돈을 아끼지는 말자고 주장했었다. '왕회장'이라고 부르던 정주영이 살아 있었고, 그도 울산에 관한 일이라면 무조건 돈을 아껴야 한다는 생각을 가지고 있지는 않았다.

　문제는 조선소였다. 독^{dock}이라고 불리는 야외 작업 시설에서 오염 물질이 대기로 날아가지 않도록 막을 수 있는 방법은 없었다. 임시로 천막과 같은 가리개를 사용하는 방법도 검토했지만 크게 현실성 있지는 않았다. 일단은 오염 물질이 덜 발생되는 도료로 바꾸고, 작업 수칙을 매뉴얼화해서 좀 더 까다롭게 관리하는 정도로 보고서를 올렸다. 그 일을 다 마무리하지 못하고 IMF 경제 위기가 터졌다. 그때 나는 쉰여덟 개 회사의 환경과 에너지 문제를 총괄하던 일을 했었는데, 나중에 가장 궁금했던 것은 조선소에서의 휘발성 유기화합물 관리가 어떻게 되고 있는지였다. 지금도 여전히 궁금하다. 야외에서 배를 만들면서 발생하는 오염 물질을 요즘은 어떻게 처리하고 있을까?

　그 시절 나의 동료들은 한국에서 처음으로 배를 만들던 초창기 사람들이었다. 일본에서 기술자가 출장을 오면 그 자료를 어떻게 복사해서 몰래 빼돌렸는지, 독일 엔지니어들의 조언은 어떻게 소화했는지와 같은 전설들이 내 서른 살의 삶을 채우고 있던 얘기들이었다. 그들이 복사했던 배의 도면이 나중에 캐드^{CAD} 작업 방식으로 바뀌었다. 그리고 내 책상으로 캐드 데이터를 어떻게 전산화해서 관리할 것인지에 관한 업무가 넘어왔다. 당시 나는 배를 만드는 일을 한 것은 아니다. 그렇지만 아직 조선업 초창기였던 시절, 배를 만드는 사람들을 돕기는 했다. 그 시절 한국과 일본이 배를 놓고 열심히 경쟁하고 있었다. 그리고 10년쯤 지나서 중국이 배를 만드는 일을 더 열심히 하게 되었다.

　주변의 많은 경제학자 동료들 사이에 금융을 다시 공부하고, 증권 회사 연구소나 외국계 금융 회사로 옮기는 일이 유행이었다. 그쪽이 월급이 훨씬 많다. 그러나 나는 2~3주에 한 번씩은 안전모를 쓰고 공장에 들어가는 내 일이 훨씬 더 보람 있다고 생각했다. 원전만 빼고는 우리나라에서 생산되는 물건 중에 내가 공장에 들어가 보지 않은 곳은 없던 것 같다. 나는 20대 중반부터 원자력 발전을 반대했다. 그런 뜻을 동료들에게 별로 감추지 않았다. 나 자신이나 서로를 위해서 원전에는 들어가지 않았고, 들어가고 싶다고 해도 들어갈 수도 없었을 것 같다. 원전에서만큼은 나는 위험인물이었으니 말이다. 지금도 나는 공장이나 동력실 혹은 발전소에 들어갔던 것을 중요한 기억으로 가지고 있고, 소중한 경험이라고 생각한다. 별로 폼 나지도 않고 떼돈을 버는 일도 아니었지만, 누군가는 이런 일을 해야 한다고 생각했다. 나중에 한국 산업계의 목소리를 대변해서 정부 대표로 국제 협상에 참여할 때에도 넥타이를 매고 칵테일파티에 가는 것보다는 공장에서 문제를 풀기 위해서 애쓰던 내 모습이 더 좋다고 생각했다.

배라는 것이 묘하다. 북구에서 바이킹들이 배를 만들던 시절이나 로마에서 노예들을 태우는 갤리선을 만들던 시절이나, 온 국민의 염원과 소망 같은 것이 배에 담긴다. 자본주의를 잉태시킨 대항해시대도 그랬고 지금도 마찬가지라고 생각한다. 배는 바다에 대한 학문과 같은 것이다. 바다로 가기 위해서 배를 만들고, 바다를 만들기 위해서 배를 만든다. 바다 너머 어딘가로 가기 위해서 배를 만들고, 그 배를 타고 어디론가 가야 하는 목적이 있을 때 배에 관심을 가지게 된다.

나는 우리가 외세의 공격으로부터 조선을 끝까지 지키기 어려웠을 것이라고 생각한다. 이 생각을 한 것은 5~6년 전의 일이다. 당시 내 책들이 일본에 번역·출간되면서 일본에 갈 기회가 많아졌고, 일본 사람들에게 강연이나 대담 같은 것을 할 일도 많았다. 그때 자연스럽게 바다와 배에 대한 얘기를 하게 되었다. 그러던 중 꽤 놀랐던 일이 있었는데, 일본의 10대나 20대에게 바다에 대한 얘기를 물어보면, 대부분 가장 인상적인 기억으로 회상하는 것이 바로 삼각돛이었다.

항해의 역사나 선박에 대한 교양서 같은 것을 조금만 보면 삼각돛이 역사적으로 얼마나 중요한 기능을 했는지 쉽게 알 수 있다. '바람이 거의 불지 않는 적도를 어떻게 통과할 것인가?', '역풍이 불 때 어떻게 배가 앞으로 나갈 수 있는가?' 하는 것은 범선시대에 굉장히 중요한 기술들이었다. 삼각돛이 항해에 도입되면서 무역풍 같이 주기적으로 발생하는 바람이나 조류를 기다리지 않아도 항해를 할 수 있게 되었다. 자본주의를 만든 것은 지금 우리가 연상하는 동력선이 아니다. 삼각돛을 보조로 달고 난 후, 시기와 상관없이 배가 움직일 수 있게 되면서 15~16세기의 대항해시대가 열렸다. 삼각돛은 선발 자본주의든 후발 자본주의든, 스스로 자본주의를 만들었던 사람들에게는 중요한 기억이다. 일본이 태평양 전쟁을 치를 때 수많은 해군 장교들이 전쟁에 참여했다. 그초급 장교들이 항해 실습을 하는 데 썼던 배가 범선이다. 장교들은 바다에서 전투만 치르면 되는 것이 아니라 배가 가는 원리를 근본적으로 이해해야 한다. 그만큼 삼각돛은 항해의 원리에서 핵심 중의 핵심이다.

일본에 자주 오갔던 비슷한 시기에 한국 사람들에게도 바다에 대한 기억들을 물어 봤다. 한국의 10대와 20대가 생각하는 바다에 관한 기억은 무엇일까? 90퍼센트 가량의 젊은 한국인들에게 있어 바다의 상징은 그저 해변이었다. 아마 70년대에도 그랬을 것 같다. 록밴드 키보이스가 〈해변으로 가요〉라는 노래로 한국을 뜨겁게 달구던 시기가 그때였다. 심수봉이 항구에서 기다리는 여자의 마음을 노래한 〈남자는 배 여자는 항구〉는 1985년에 발표되었다. 그런데 아주 드물게 한국 젊은이들 중 바다에 관한 이미지로 '갯벌'을 얘기하는 사람들이 있었다. 해수욕장과 갯벌은 조금은 다른 상징을 갖는다. 나이가 더 많은 사람은 갯벌을 메워서 국토가 늘어나는 것을 뿌듯하고 자랑스러운 기억으로 가질 것이고, 젊은 사람들 중에서는 갯벌을 지키는 것이 중요한 것이라고 생각하는 비율이 조금 더 높을 것이다. 해수욕장이든 갯벌이든, 대부분의 한국 사람들에게 바다는 해변이다. 해변은 바다가 끝나는 곳이고 우리가 생각하는 바다는 땅의 끝이다. 바다의 입장으로 보면, 해변에서 바다가 시작되는 것이지만 우리가 생각하는 바다는 해변에서 끝이 난다.

북한을 관통해서 대륙으로 자유롭게 이동할 수 없기 때문에 오랫동안 우리는 섬과 마찬가지 인식권을 가지고 있다. 일본이나 영국과 다를 것이 없다. 우리에게도 해외는 말 그대로 'over sea', 바다를 넘어 가야 갈 수 있는 곳이다. 한국 사람 중에 바다를 넘어 배를 타고 외국에 가본 사람이 얼마나 있을까? 배를 타고 한국에서 갈 수 있는 외국은 일본밖에 없다. 사실상 섬인 것은 한국이나 일본이나 다를 바 없지만, 바다에 대해서 느끼는 감성이나 이미지는 정말 다르다는 사실을 당시 알게 되었다.

그러면서 조선의 역사를 생각하게 됐다. 강화도에 가면 해안가에 서 있는 몇 개의 성곽이 있다. 거기에는 바다를 지키기 위한 대포들이 설치되어 있다. 1875년, 강화도 초지진에 배 한 척이 접근했다. 초지진에서는 배를 향해 발포했고 배도 강화도를 향해 포격했다. 그 배가 운요호로, 돛이 두 개 있는 범선이다. 이 사건으로 맺게 된 굴욕적 조약이 바로 강화도 조약이다. 이는 조선이 멸망하는 중요한 계기 중 하나가 된다. 흘러간 역사의 한 순간이지만, 일본은 강화도 앞바다에 와 있던 상황이고 우리는 바다가 끝나는 그곳에서 지켜봐야 하는 형편이었다. 이 짧은 장면은 우리가 생각하는 바다를 가장 잘 보여 주는 것이 아닌가 싶다.

우리는 바다를 지켜야 했다. '양이'라고 불렸던 외국의 군함으로부터 나라를 지키기 위해 바닷가에 대포를 설치했는데, 그것이 그 시절에 우리가 할 수 있던 최선이었을지도 모른다. 우리는 땅의 끝에 서 있었고, 서양의 배 심지어 일본의 배도 바다 건너 바다의 끝에 서 있었다. 바다를 거쳐 끝에 온 사람들과 땅을 지나 끝에 온 두 개의 인식, 제국으로 살았던 사람과 땅의 끝에서 제국으로부터 스스로를 지켜야 했던 사람들, 그렇게 100년이 지나갔다. 1945년 전쟁이 종료하면서 제국의 시대도 끝났다. 아직 크고 작은 지역 분쟁들이 있지만, 군사로 제국을 갖는 시대가 다시 전개되지는 않을 것이다. 그렇지만 우리의 인식은 아직도 강화도 초지진 그 어느 한 곳에 봉인된 것 같다. 우리는 모두 땅 끝에 서서 멀리 바다를 보고 있다. 우리에게 바다는 그저 지평선과 해안 그리고 조개구이로 상징된다. 영화 〈즐거운 인생〉에서 홍대 앞의 젊은 외침이 그대로 조개구이 집으로 옮겨져 온다. 그렇지만 해안가의 조개구이 집에서 삼각돛을 상상하기는 너무 어렵다.

순차적으로 일본과 한국이 유럽으로부터 조선업을 가지고 왔고, 각각의 클라이맥스를 겪었다. 일본이라고 해서 조선업을 더 풍요롭게 자신들의 것으로 만들지는 못했다. 우리는 국민들이 바다를 '땅의 끝'이라고 생각한 순간에 조선업의 클라이맥스를 보냈다. 국민들이 바다에 그렇게 관심이 없는데도, 세계 조선업을 끌고 가는 순간이 있었다는 것은 정말 기적과 같은 일이다. 그러나 이 기적이 계속 이어질 수 있을까? 쉽지 않을 것이라고 생각한다. 우리는 바다에 대해서 잘 모르고, 바다 생물에 대해서도 잘 모른다. 한번은 범고래에 대해서 조사할 일이 있었는데, 당시 내 경험 안에서는 한국에 범고래 전공자는 없거나 아니면 거의 없는 것으로 안다.

한국에서 경제학자로 활동한 지 20년이 되었다. 내가 생각하는 한국 경제의 가장 큰 약점은 '지식'이다. 제국주의를 경험하지 않았더라도 우리의 집단적 지식이 해변에 머물러 있을 필요는 없다. 또 모두가 삼각돛에 대해 알 필요는 없다. 그렇지만 세계 최대의 조선업을 이끌고 있던 시절, 한동안 조선업이 수출 1위를 기록하던 시절, 우리가 바다와 항해에 대해서 더 알아야 할 경제적 이유는 충분했다. 바다 덕분에 먹고살고 있다는 사실을 과연 우리는 알고 있었을까? 그 사실을 알아야 한다는 필요조차 우리는 알지 못했다. 우리가 어떻게 먹고살고 있는지, 우리의 풍요는 어디에서 온 것인지, 그리고 우리의 미래는 어디로 갈 것인지…… 그런 복잡한 것들은 알 필요가 없다는 것이 우리가 지내온 지난 10년이 아닐까 싶다. 한국의 권력자들만 국민을 조선총독부가 식민지 국민을 대하듯 한 것이 아니라, 우리의 지식 자체도 식민지식 지식이 되어 버렸다. 왜 우리의 대포는 이렇게 약해서 서양의 함선들에게 당하고 있어야 하는가, 그 상황에 우리가 서 있던 것은 아닐까?

시간이 흐르면서 이 문제가 더 커질 것이라고 생각한다. 20대 청년들의 지식이 늘어날 수 있는 형태로 우리가 경제를 운용하고 있는가? 21세기 경제 속에 국가의 경계가 언젠가는 사라질 것이라고 생각했던 것과는 달리, 국가의 경계는 더 커지고 있다. 선진국들은 이민의 장벽을 더 높게 세우고, 단지 하나의 등록 장치일 뿐인 '국적'이라는 것이 한 사람의 경제적 삶을 가장 크게 결정하는 요소가 되어 간다. 어느새 국가는 국외로 이동은 할 수 있지만 국적을 자유롭게 바꾸기 어려운 숲과 같아진다. 그리고 중장기적으로 풍요로운 국가와 그렇지 않은 국가, 평화로운 숲과 그렇지 않은 숲을 결정하는 궁극의 요소는 지식이라는 요소가 될 것이다. 21세기 경제가 그렇다. 더 다양하고 많은 지식을 가진 국민경제와 보다 더 획일적이고 적은 지식을 가진 국민경제가 생기면서 국가 간의 양극화는 이 지식이라는 요소로 결정될 가능성이 높다. 자동화와 인공지능과 같은 미래 요소들이 그러한 지식 경쟁을 더욱 극한으로 몰아갈 것이다. 인공지능이 늘어나면 더 이상 지식은 필요가 없을까? 상황은 오히려 그 정반대의 방향으로 진행될 것이다. 인공지능과 경쟁하는 것이 아니라 인공지능을 사용하고 활용하는 사람들이 늘어나는 편이 유리하다.

현 정부가 가고 싶어 하는 노동 개혁의 방향은 비정규직과 파견직을 늘려서 결국은 모든 노동자의 '임시직원화' 같은 것이 아니겠는가? 우리의 청년들이 그런 식으로 살면서 지식의 깊이와 다양성이 높아질 수가 있을까? 절대 그렇지 않을 것이다. 어쨌든 무조건 노동 시간을 늘리는 방향으로 가는 것이 당연하다고 생각하는 것이 지금 한국의 권력자들이 갖고 있는 경제에 대한 기본 관념이다. 그렇게 기계적으로 일하는 시간을 늘리는 것이 우리의 지식에 도움이 될까? 정말 그게 도움이 되는 거라면 유럽의 다른 나라들도 우리처럼 비정규직의 비율을 확 늘리고 임금을 대폭 삭감했을 것이다. '동일 노동, 동일 임금'은 성차별의 문제에 있어서도, 청년 경제가 최소한으로 버틸 수 있도록 하는 데에 있어서도 도움을 준 사회적 원칙이다. 그리고 일하면서 알게 된 지식이 전체 지식의 요소로 작용하는 데 기여한다.

내가 청년 경제가 한국 자본주의의 가장 큰 요소라고 생각한 것은 젊은 사람들이 어렵게 사는 것을 딱하다고 느끼는 감정 때문만이 아니다. 죽을 만큼 열심히 일하는데도 처우가 형편없는 것을 사회 정의의 차원에서 안타깝다고 생각하기 때문도 아니다. 21세기 경제에는 점점 더 지식 그 자체가, 특히 국민들이 가지고 있는 전체 지식 자체가 중요해지고 있는데 한국의 권력자들은 이 지식의 근간을 허약하게 하고 오히려 죽이는 방향으로 우리를 이끌어가고 있기 때문이다. 청년이 가난한 것은 참으면 되지만, 그들의 지식이 줄어드는 것은 참는다고 될 일이 아니다.

21세기의 한국은 과거 제국주의 국가였던 나라와 생산성과 효율성을 놓고 경쟁해야 하는 상황에 놓여 있다. 지금 OECD 기준으로 높은 순위에 이름을 올리고 있던 국가 중 동맹군이든 연합군이든 어느 한쪽에 서 있지 않았던 나라가 한국을 제외하고 있을까? 좋든 싫든 우리는 제국과 경쟁하는 상황이 되었다. 그렇다고 우리가 제국처럼 생각하고, 패권으로 행동할 이유는 없다. 그렇지만 우리가 가지는 지식이 제국들처럼 자기완결적이고 종합적이어야 한다는 사실이 변하지 않는 것은 아니다. 식민지는 면화와 차, 쌀, 금과 같이 한두 가지만 있으면 된다. 제국의 한 부속품으로써 그렇게 움직이면 그만이다.

그렇지만 제국은 그 전체를 놓고 판단해야 한다. 제국의 지식은 종합적이면서 동시에 자기완결적이다. 우리는 힘 센 국가들이 과거 타국의 것들을 뺏어간 일들을 가리켜 만행이라며 제국들의 문화재 강탈에 대해 강하게 비난한다. 당연히 비난받을 일이다. 그렇지만 제국에 놓인 박물관, 그게 바로 그들이 추구했던 자기완결적이며 종합적인 지식 체계가 만들어 낸 자연스러운 행위라는 점을 부인할 수는 없다. 스스로 판단할 수 있어야 하고 스스로 알고 있어야 하며 모든 것은 조금씩이라도 자기 안에 요소로 갖고 있어야 하는 것은 제국이 갖는 지식의 속성이다. 반면 어차피 모든 것을 다 알 수는 없는 것, 자기 알 것만 알면 된다는 것은 식민지적 지식의 속성이다.

우리는 과거 식민지 시대로부터 정치적으로 독립했으며 경제적으로도 독립했다. 그러나 우리 안에 있는 식민지적 지식 체계에서 아직 벗어나지 못한 것 같다. 그것이 OECD 국가 중 한국의 청년 문제가 가장 심각해진 진짜 이유라고 생각한다. 젊은이들에게 돈은 조금 주고 일은 많이 시키는 것은 모든 기업들이 원래 하고 싶어 하는 일이다. 그렇지만 개별적이 아니라 집단적으로 다음 세대가 갖는 지식의 총합이 중요하지 않은가? 그래서 막 대하지 않는 것이다. 착취도 하고 싶고 지식을 갖는 것이 별로 중요하지 않다고 생각하기 때문에 청년들에게 막 대하는 것이다. 그렇기 때문에 다음 세대의 진짜 요소는 지식이라고 생각한다. 그러나 지금 그 다음 세대의 지식이 심각하게 위협을 받고 있다.

1875년 운요호가 포격을 가했던 강화도 초지진에 한 번 가 보자. 그리고 자신이 무엇인가를 결정할 수 있다고 생각해 보자. 초지진은 육지의 끝인가, 바다의 시작인가? 청년들이 지식을 가질 수 있게 하고 그 지식이 유의미할 수 있게 하는 것이야말로 궁극의 청년 경제의 목표이고, 그것이 최종적인 국민경제의 대안이라고 생각한다. 우리가 앞으로 갈 길이 제국은 아니다. 그렇지만 우리의 지식 시스템은 제국을 운용할 수 있는 것이어야 한다.

고용과 임금은 선진국에서도 많이 하는 고민이지만, 고용과 지식은 공개적으로 많이 하지는 않는다. 선진국 국민이 아닌 내 입장에서 보면, 그것은 그들의 '영업 비밀'이다. 일자리를 양으로만 얘기하고 실업률 추이만 들여다보는 것이 장기적인 관점에서 그다지 큰 의미는 없다. 한 국가가 가지고 있는 지식의 양과 깊이 그리고 다양성에 대해서 정말로 우리의 미래를 위해서 진지하게 생각해 봐야 하는 순간이 왔다. 그리고 그런 지식의 관점에서 청년에 대한 생각을 다시 해 보아야 한다.

한국은 인구를 잠재성장률의 지표로 사용하는 데 익숙해져 있다.

경제의 잠재성을 그렇게 생각했고 그런 생각으로 지표를 만들다 보니 다시 그 지표에 맞춰서 생각을 하게 되었다. 일종의 순환 논리다. 백과 사전을 가지고 뭔가를 읽다 보면, 참조의 참조를 따라서 다시 원래 자리로 돌아오는 경험을 하게 된다. 인구와 관련된 경제 논리의 상당 부분이 그와 같이 순환적이다. 18~19세기, 많은 나라들은 비약적으로 성장했다. 근대 국가가 형성되는 과정에서 식민지까지 염두에 둔 지식인들은 인구가 줄거나 경제가 움츠려드는 상황을 상상하기가 어려웠다. 늘어나는 인구를 먹여 살리기 위해서는 경제 성장이 필요한데, 어느 순간부터 경제 성장을 위해서 더 많은 인구가 필요하다는 순환 논리가 형성되어 버렸다. 그렇지만 잠재성장률의 또 다른 축이 기술과 지식이라는 점이 그렇게 부각되어 인식되지는 않았다. 사람들은 습관적으로 기술은 주어진 것이고 지식은 변화하지 않는 것이라고 생각한다. 그러나 기술도 지식도 모두 사회적인 것이다.

지식이 늘어나는 방식을 정식화하거나 일반화시키기 어렵다. "이렇게만 하면 국가의 지식이 늘어난다"라는 황금공식이 존재한다면 모든 국가가 그렇게 할 것이다. 그리고 몇 년 사이에 표준화되어서 다시 지식의 황금공식이 존재하지 않던 상태와 같아질 것이다. 좋은 것을 모방하는 것은 쉽기 때문에 그렇게 하지 않을 나라는 별로 없다. 그렇지만 지식이 줄어드는 방식은 훨씬 더 이해하기 쉽다. 머리가 좋은 것을 흉내 내기는 어렵지만, 머리가 나쁜 것을 흉내 내는 것이 쉬운 이치와 같다. 일을 단기화시키고 지식이 축적되기 어렵게 만들면 교육과정에 특별한 변화가 없어도 사회 전체의 지식은 줄어들게 된다. 잠재성장률이 인구와 지식의 함수인데, 지식이 줄어들게 되면 실제적으로 잠재성장률은 줄어든다. 인구 감소만 잠재성장률을 낮추는 것이 아니라 지식의 감소도 잠재성장률을 낮춘다. 지식의 총량을 변수화시키는 일의 필요성을 잘 느끼지 못했고, 관련된 지수의 개발 역시 늦어져 우리가 사용하는 잠재성장률의 변수에 잘 반영되지 않는 것일 뿐이다.

MB의 시대를 거쳐 박근혜 시대까지, 땅 끝에 서서 바다로 나갈 것인가 말 것인가, 혹은 그래서 바다의 끝을 볼 것인가 말 것인가 하는 고민을 하던 시기는 아니었던 것 같다. 인구 정체 혹은 인구 감소가 진짜 위기가 아니라, 그런 것을 문제 삼으면서 지식의 총량이 줄어드는 방식으로 노동 관리를 한 것이 진짜 위기를 만든 것이 아닐까? 정작 이 충격은 그 후에 온다. 게다가 앞으로 그들이 바꾸려고 하는 제도의 더 큰 충격은 더 오랜 시간 후에 올 것이다. "이렇게 하면 지식이 늘어난다"며 던졌던 감언이설이 중요한 순간은 아니다. 이제 우리는 어떻게 하면 지식이 줄지 않을 것인지를 고민해야 하는 순간이 되었다.

최저임금을 올리는 나라와 동결하는 나라

20대 때 어떻게 하다 보니 파리에서 대학원을 다니게 됐다. 아주 넉넉한 형편은 아니라서 방학 때 식당에서 서빙 아르바이트를 가끔 했다. 팁까지 합치면 최저임금보다 약간 더 받았다. 특히 기억에 남는 일은 디자이너 앙드레 김이 왔을 때 서빙을 하고 그가 내 와이셔츠 주머니에 500프랑을 팁으로 넣어 주었던 일이다. 당시 환율로 계산하면 약 8만 원이었으니 꽤 큰돈이었다. 파리대학교 대학원의 1년 등록금이 한 해에 4만 원 정도였다. 그렇게 몇 년을 더 내면서 그 정도 액수의 등록금에 익숙해졌다. 한국에서 대학원을 졸업할 때, 좀 있으면 학기당 등록금이 100만 원이 될 것이라고 해서 다들 벌벌 떨었던 기억이 난다. 박사과정을 졸업할 때 논문 심사위원들에게 주어야 할 논문 지도비의 일부를 학생들이 부담하게 돼서 15만 원 정도를 냈다. 그때 "가난한 학생이 무슨 돈이 있다고 15만 원을 내라고 하냐"며 학과 사무실로 찾아가서 언성을 높였다. 4~5만 원을 내다가 갑자기 10만 원을 훌쩍 넘는 금액을 부담해야 하다 보니 나도 모르게 당황했고, 그래서 언성도 높아졌었다.

20년도 더 된 일인데, 지금 파리대학교 대학원의 등록금은 30만 원 정도 한다고 하는 것 같다. 프랑스 우파 정치인들이 무상에 가까운 국립대학은 없애고 미국처럼 사립대학 체계로 가는 것이 맞다고 하는 것을 보면서 한국으로 돌아왔다. 그리고 그 후 우파 정권이 세 번이 진행되었지만, 대학 체계에 근본적인 변화가 생기지는 않았다. 이런 것을 '진화적으로 안정적인' 제도라고 한다. 확정된 것은 아니지만 서로 자신의 최선을 다하는 상태에서도 유지되는 제도를 그렇게 부른다.

당시 수업시간에 귀에 못이 박히도록 들은 얘기가 언어학과 인류학이 굉장히 중요하다는 것이었다. 언어학과 인류학에 기반을 둔 철학이 구조주의다. 소쉬르Ferdinand de Saussure의 랑그langue와 빠롤parole에 대한 이야기가 구조주의의 출발이다. 그리고 레비 스트로스Claude Levi Strauss가 서로 다른 문명적 구조에 의한 각 부족의 차이에 대해서 이야기한 것이 구조주의 형성에 결정적 영향을 미쳤다. 당시 프랑스 학계에서는 후기 구조주의가 유행하던 시절이라서 언어학과 인류학을 강조하는 것이라고 생각했다.

나중에 UN에서 협상을 하러 돌아다니면서 프랑코폰francophones의 아프리카 국가들에게 협조를 요청해야 할 일이 많이 생겼다. 불어로 아프리카 대표들에게 부탁을 하면, 조금은 봐주는 분위기였다. 그때 프랑스에서 왜 언어학과 인류학을 강조했는지 조금이나마 이해를 하게 된 것 같다. 이런 학문들이 제국의 학문이다. 지리학도 마찬가지다. 바이킹처럼 그냥 일방적으로 무언가를 수탈하고 바로 돌아올 것이 아니라면, 그 사람들의 말도 이해해야 하고, 그들의 생각과 삶도 이해해야 한다.

일반적인 삶에서 언어학이나 인류학은 써먹을 데가 그렇게 많지는 않다. 제국 혹은 제국처럼 작동하고 싶어 하는 글로벌 기업 같은 데서나 필요하다. 지금 왜 한국 정부에서 언어학이나 인류학을 그렇게 없애고 싶어 하는 것인지 조금 이해가 될 것 같다. 국제 분업 체계에서 그냥 어딘가에 '빨대'를 꼽고 살면 충분하다는 것이 한국 보수의 지식 체계에 대한 이해가 아닌가 싶다.

한국의 역사에서 언어학이 통치의 핵심으로 작동한 시절이 딱 한 번 있었는데, 조선 세종 때 훈민정음을 만들고 집현전에 사람들을 모았던 적이 있었다. 그렇다면 과연 세종은 스스로 제국을 만들고 싶어 했던 것일까? 몽고가 통치의 방식으로 언어에 많은 관심을 가지기는 했지만, 자국의 문자를 만들고 퍼트리는 데까지는 가지 못했던 걸로 알고 있다. 세종은 조선조의 힘으로 제국을 만드는 꿈을 꾸었던 것일까? 그 속내를 알기는 어렵다. 그렇지만 마치 유럽의 제국들이 18~19세기에 그랬던 것처럼, 언어학과 인류학 혹은 풍속학 같은 것에 그 시절 왕조가 많은 관심을 가졌던 것은 사실인 것 같다.

이렇게 보면 박근혜의 지식 정책은 세종과 정반대에 서 있다고 볼 수 있다. 단순히 언어학과 인류학의 필요성을 모른다는 수준이 아니다. 글자를 만듦으로써 사람들이 더 쉽게 뜻을 전할 수 있게 되며 그 과정에서 지식이 생겨나고 축적되기를 바랐던 것이 세종이 하고자 했던 일이다. 비정규직과 파견직을 더 많이 넓히고 확장해서 누구라도 오래 일을 할 수 없게 하고, 일하면서 뭐라도 배워서 사회적으로 유용해지는 일을 없게 하자는 것이 박근혜가 하는 일 아닌가? 세종이 제국의 황제들이 꿈꿨던 것과 유사한 꿈을 꾸었다면, 박근혜는 총독부의 총독들이 꾸었던 꿈과 유사한 꿈을 꾸고 있는 것과 같다. 지식의 관점에서 보자면 말이다.

노동과 지식, 청년과 지식에 대한 질문이 21세기 경제에 핵심적인 질문일 것이다. 19세기에 일부 경제학자들은 자동화가 완벽하게 끝나면 노동자가 필요 없어질 것이라고 생각했다. 그러면 그렇게 만들어진 물건은 누가 소비하는가? 그래서 그 시절에는 결국 자본주의가 붕괴되고 공동으로 생산재를 소유하는 사회주의로 넘어갈 것이라고 생각했다. 아직도 그 시기는 오지 않았다. 그렇지만 21세기의 생산과 지식의 관계는 컨베이어를 사람이 돌렸던 포디즘 시절과는 분명 다르게 형성될 것이다. 지식에 대해서 한 번쯤 진지하게 고민해야 할 순간이 우리에게 왔다.

너무 어렵게 생각할 필요는 없다. 우리보다 먼저 집단적으로 그리고 문화적으로 인공지능에 대한 고민을 시작한 사회가 일본이다. 일본의 '1억총활약'이라는 말이 가지고 있는 함의에 대해서 생각해 보자. 이민을 추가로 받지 않은 상황에서 국민 한 명 한 명이 가지고 있는 능력을 최대한 발휘할 수 있게 하자는 뜻 아니겠는가? 그렇게 나온 결론이 바로 최저임금 인상이다. 지자체별로 차이가 있기는 하지만 평균적으로 1만 엔 수준으로 높이겠다는 것이 한국과 마찬가지로 보수 정권하에 있는 일본의 정치인들이 내린 결정이다.

노동과 관련해서 현재 내릴 수 있는 정책적 판단은 세 가지 정도다. 고용 안정성의 확보와 최저임금 인상, 기본 소득 도입이 주요하게 논의

되고 있다. 정규직과 비정규직, 즉 불완전고용의 문제를 해소하는 것은 국가별로 편차가 크고 해법도 상이하다. 일본은 한국보다도 더 파견 노동의 범위가 넓어졌다. 우리는 아직은 좀 버티는 중이다. 기본 소득은 단기적 과제가 아니다. 사회적 합의의 문제도 있고 기본에 있던 복지 체계를 정돈하면서 기본 소득으로 재정비하는 복잡한 문제들이 남아 있다. 우리도 기본 소득에 대한 논의가 아직 출발 단계이지만 일본도 그렇다. 같은 상황에서 일본이 내린 결정은 일단은 최저임금부터 올리자는 것이다. 우리에게는 그것이 엄청난 결정처럼 보이지만, 1억총활약이라는 엄청난 구호를 내세운 것에 비하면 봉합하는 수준의 어정쩡한 결정을 내렸다고 할 수 있다.

파편적인 일을 하면서 저소득으로 내몰리는 것은 특별한 제도적 개입이 없는 한 한국 청년들이 앞으로 마주하게 될 경제적 운명이다. 일의 안정성을 높이면서 극단적인 저소득 상황은 피해야 하는 두 가지 과제를 어떻게 풀어가야 할 것인가는 많은 나라가 부딪힌 문제다. 일의 안정성이 높아지면 지식의 축적률이 높아진다. 극단적인 저소득 상황을 피할 수 있게 해주면 일부 돈이 되는 일에만 많은 청년들이 몰리는 현상을 완화할 수 있다. 한국의 상황을 놓고 보면, 월급 200만 원 이하 일자리에 기초 연구나 문화 활동과 관련된 비정규직들이 몰려 있다. 정규직인 사회서비스 업종도 여기에 집중되어 있다.

전공별로 보자면, 이과의 일부 학과와 문과의 일부 학과에 취업이 집중되면서, 나머지 학과들이 만들어 내는 지식은 개인들에게는 무의미하게 느껴진다. 당연한 일이다. 최저임금이 정말로 '최저 수준'은 되도록 높이는 일이 갖는 궁극의 효과는 지식의 분산이다. 눈에 당장 보이는 결과는 경제적 인권을 높이고, 그렇게 소비 수준을 높여서 내수 기반이 좀 더 강화되도록 만드는 것이다. 그래서 거시경제 지표들이 나아지게 만들 수 있다. 그렇지만 궁극의 효과는 국가의 지식 총합을 분산형으로 만들고, 지금보다는 건강하게 만들 수 있다는 점이다.

인권, 복지, 경제가 늘 같은 방향으로 움직이지는 않는다. 여기에 지식이라는 조건을 하나 더 집어넣어 보자. 최저임금제는 지식을 포함한 많은 사회적 함수들이 긍정적 방향으로 움직이게 만든다. 물론 최저임금제가 궁극의 제도이거나 최적의 제도인 것은 아니다. 대표적으로 스웨덴, 덴마크, 노르웨이, 스위스, 핀란드와 같은 나라에는 최저임금제가 아예 없다. 회사와 노조가 맺는 단체 협약이 튼튼하고 비정규직 제도가 악용되는 사회적 환경이 아니라면, 꼭 최저임금제가 제도적으로 있어야 할 필요는 없다. 독일의 경우가 대표적이다. 통독 후 생겨난 경제적 충격을 잘 흡수하지 못해서, 결국 열악한 상황에 있는 노동자를 보호해야 할 필요가 생긴 것이다. 원래 잘 돌아가고 있는 나라에서는 굳이 최저임금제를 도입하지 않아도 좋다. 최근에 최저임금제를 새로 도입하거나 강화시킨 나라들에는 독일 외에도 영국, 미국 그리고 일본이 있다. 한때 유럽의 국가들을 경제 정책의 측면에서 분류하기 위해서 영미권과 대륙권으로 분류하기도 했다. 그렇지만 최저임금제에 있어서만큼은 큰 차이가 없다. 아직은 내부 경제가 최저임금제를 도입할 정도로 심각해지지 않은 북유럽 경제가 좀 예외적으로 움직일 뿐이다.

제도가 때로는 인권의 형태를 띨 수도 있고 정의의 용어로 표현될 수도 있다. 그리고 효율성의 언어로 등장하기도 한다. 최저임금제의 도입이나 강화하고자 하는 취지는 사회별로 다르고 주어진 상황에 따라서 다르다. 그렇지만 대표적으로 지식경제가 강한 나라들이 지금 최저임금제를 강화시키고 있다. 유사한 흐름에서 영국의 생활임금제와 미국의 적정임금제 등 특정 분야에서 지나치게 낮은 임금을 주는 것을 막자는 새로운 정책적 흐름이 생겨난다. 건설 일용직에서 시행되는 미국의 적정임금제가 특정 분야에 특화된 기술에 대해 적용하는 대표적인 임금 정책이라고 할 수 있다. 똑같은 건설 일용직이지만 미국에서는 교사와 비교했을 때 그렇게 떨어지지 않는 수준에서 임금이 유지된다. 그리고 관급 공사에서 사용되는 이 적정 임금의 수준은 산업 내에서의 임금 수준을 결정하는 역할도 하지만, 국가 표준으로 외국인들이 취업 비자를 받을 때의 기준점이 되기도 한다. 그들이 불쌍하거나 아니면 경제 정의를 강화하기 위해서 그와 같은 제도를 시행하는 것은 아니다. 건설과 같이 안전과 직결되어 있지만 그 지식에 대해서 적절하게 평가 받기 어려운 분야에 대해서 일정 수준 이상의 기술을 유지하기 위한 것으로 봐야 한다.

국민 개개인에게 최선을 다해서 '활약'을 해 달라고 부탁한 일본 정부가 제일 먼저 가시적으로 드러낸 정책이 바로 최저임금제의 전국적 상승이다. 선진국이나 일본이라도 다 호혜적이거나 특별히 도덕적 감성이 뛰어나지는 않는다. 많은 경제적 제도들이 '악어의 눈물'과 같은 속성을 가지고 있다. 최저임금제는 기본적으로는 청년 대책은 아니다. 연령이나 성별과 상관없이 그 나라 국민들이 최소한으로 얻을 수 있는 임금 수준을 정하는 것이라 모든 '노동하는' 국민에게 적용되는 제도다. 그렇지만 반드시 시혜적인 성격만을 갖는 것은 아니다. 국민 지식 전략과 같은 지식 시스템에서도 최저임금은 큰 역할을 하게 된다.

일본이 최저임금을 본격적으로 올리는 동안 한국은 이래저래 핑계 대면서 시간을 끌 가능성이 높다. 핑계야 얼마든지 많다. 일본 정부라고 그런 핑계가 없겠는가? 한국과 일본이 각각 10년 후에 보일 경쟁력 차이를 결정할 가장 궁극의 요소가 최저임금의 조정에 있다고 생각한다.

일본은 한때 제국을 운용했던 나라이고 지식이 무엇인지 조금은 이해한 사람들이다. 한국은 그렇지 못했다. 그 차이가 최저임금과 지식 총량 사이의 관계를 이해하지 못한 두 정부의 다른 대응이라고 생각하면 너무 슬픈가? 유럽의 대부분에서 구현한 등록금 무상제도를 하지 못하고 20세기에서 21세기로 넘어온 대표적인 두 나라다. 그러니 남은 변수는 최저임금을 어떻게 운용하느냐에 달린 것 아닌가 하는 생각을 한다.

세종이 일반 백성들이 글을 배워서 쓸 수 있게 만드는 것이 국가의 최우선 과제라고 생각한 것이 15세기다. 지식에 대한 접근 비용을 낮추고 삶을 윤택하게 하는 것이 국가가 강해지는 것이라고 그는 생각했다. 21세기, 한국보다는 일본이 세종의 꿈에 조금은 더 가깝게 가 있는 것 아닌가?

최저임금과 기본 소득

최저임금제는 선진국 사이에서 시간 싸움과 비슷하게 전개되고 있다. 최저임금제를 도입한 나라들은 언젠가는 높은 수준으로 올라가게 된다. 물가상승률과 비슷하게 올라가기 때문에 결국에는 높아진다. 많은 한국 사람들이 생각하는 최저임금 1만 원도 언젠가는 결국 달성된다. 그러나 얼마나 이것을 빨리 적용할 것인가에 달린 시간 싸움과 같다. 경제 정책으로서는 보기 드문 단기 대책이다. 그리고 일차 효과도 임금과 내수에서 나오기 때문에 거시 정책치고도 즉각적이다. 그래서 만약 이걸로 국가 간 경쟁에서 충분한 효과를 보기 원한다면 조금이라도 더 일찍 시행할 필요가 생긴다. 반면에 기본 소득은 좀 더 중장기적인 질문이다. 일을 하든 하지 않든 모든 국민에게 기본 소득을 준다는 것은 경제적 합리성 이전에 정서적 합리성에 관한 질문이다.

먼저 별로 필요치 않은 이념적 분란을 피하기 위해 먼저 알았으면 하는 약간의 지식이 있다. 21세기로 넘어오면서 가장 핫한 이유가 된 최저임금을 먼저 이론화한 것은 보수주의 경제학과 정치인이었다는 점이다. 이론적으로는 나중에 신자유주의의 괴수 정도로 대중들이 이해하게 된 밀턴 프리드먼Milton Friedman이 가장 적극적으로 나섰다. 그는 국가는 최소한의 역할만을 하고 시장이 자유롭게 움직이게 하자는 시장 이상주의의 신봉자였다.

하이에크 이후 밀턴 프리드먼에 이르기까지 시장을 정말로 자유롭게 방치하자는 사람들이 논리적으로 부딪히게 되는 것은 수많은 실업자 문제였다. 그럼 어떻게 해야 할까? '음의 소득세negative income tax'가 그런 고민에서 나온 이론이다. 소득이 적은 사람에게 마이너스 소득세, 즉 보조금을 지급하자는 얘기다. 그리고 실제로 미국 전 대통령 닉슨은 이런 정책을 시행하려고 검토도 했다. 알래스카에서 1976년부터 석유판매금을 공적 재원으로 해서 실행된 보편적인 기본 소득이 도입된 사회적 배경이 이 시절에 형성되었다. 석유 파동을 만나기 직전, 자본주의는 정말로 클라이맥스를 향해 달리고 있었던 것인지도 모른다. 낭만이 아직 남아 있던 시절이라고 생각해도 좋을까?

기본 소득은 좌우의 이념 논쟁이라기보다는 굉장히 기능적인 논쟁에 더 가깝다. 그리고 많은 사람들이 호소하는 당혹감은 이념적이라기보다는 문화적인 것에 더 가깝다. "그냥 돈을 줘? 왜?" 이런 질문은 이론적이거나 기술적인 당혹감이 아니라 문화적 당혹감이다. 기본 소득이 논의의 한가운데로 급격하게 들어온 시대적 배경은 존재한다. 세계적으로 실업 문제가 쉽게 극복되지 않고 있다는 2008년 글로벌 금융위기 이후의 위기감이 그중 한 조건이다. 그리고 자동화와 인공지능의 도입 이후에 나타난 경제적 충격에 대한 위기감 또한 한 축에 자리하고 있다.

우파들이 모두 기본 소득을 반대하는 것도 아니고, 좌파들이 모두 기본 소득을 찬성하는 것도 아니다. 모든 국민에게 일정한 소득을 지불하기 위해서는 재원 마련이 쉽지 않다. 당연한 얘기다. 이것을 위해서 정부 재정 지출을 다양한 방식으로 조정하게 되는데, 기존의 복지 지출도 조정 대상이 된다. 분야별로 항목별로 지출하는 것을 기본 소득으로 통합해서 시행해 본다고 해도, 분야별로 이해가 갈린다. 그리고 특정 분야의 복지에서는 오히려 후퇴하는 일이 벌어질 수도 있다. 기본 소득을 주었으니 이제 다른 복지는 좀 없애도 되는 것 아니냐는 논란이 생겨난다. 기본 소득의 디자인과 관련해서도 많은 기술적 논쟁이 생길 수밖에 없다.

한국에서는 아직은 먼 곳에 있는 얘기인 것 같지만, 스위스에서는 벌써 두 번째 국민투표로 부의될 만큼 본격적인 시행이 그리 먼 곳에 있지 않은 상황까지 부쩍 다가왔다. 단기적으로는 최저임금 강화와 경쟁 중인 제도인 것 같지만, 실제로 그렇지는 않다. 최저임금제를 도입한 나라는 한동안 최저임금을 강화하는 쪽으로 갈 가능성이 높고, 최저임금제를 도입하지 않고도 기본적인 노동 문제를 어느 정도 풀었던 나라들이 먼저 기본 소득에 대한 논의로 가고 있다. 기본 소득을 국민투표까지 끌고 간 스위스가 그렇고, 부분적인 시범 사업을 추진하고 있는 핀란드가 그렇다.

두 제도를 이념적으로나 기능적으로 충돌하는 것으로 보기보다는,

최저임금은 단기 대책이고 기본 소득은 장기 대책으로 보는 것이 맞을 것 같다. 최저임금의 부작용을 해소하는 시간에 비해서, 기존의 복지 제도와 재원 마련 등 많은 제도를 조정해야 하는 기본 소득의 시행을 위한 준비 기간이 훨씬 더 길다. 아마 많은 나라들은 단기적으로 최저임금을 강화한 후, 길게 시간을 가지고 기본 소득으로 이행되는 형태를 가질 것이다.

일본의 경우, 이미 최저임금제 강화를 선택했고, 기본 소득에 대한 논의는 아직 약간 거리가 멀다. 기본 소득 자체가 사회적 합의는 물론이고 기술적으로도 간단하지 않은 제도라서 최소한 10년 내에 전면적으로 시행하는 나라를 찾아보기란 쉽지 않을 것 같다. 스위스가 가장 앞에 있기는 하지만, 여전히 찬성하는 국민들이 절반을 넘지 않는다. 다만 과거에 비해서는 찬성 비율이 눈에 띄게 높아지기는 했다.

앞으로 올 10년을 놓고 본다면, 최저임금제는 상당 국가들이 꽤 높은 수준으로 조정을 할 것이고, 기본 소득은 시범 사업을 실시하고 있는 국가와 그렇지 않은 국가로 나뉠 것이다. 10년 후라고 해도 전면적인 기본 소득의 도입은 결코 만만한 일이 아닐 것이다. 그렇다면 한국은 어떻게 될 것인가?

OECD 국가 내에서 광범위하게 진행되고 있는 많은 논의들을 종합해 볼 때, 한국에서 대선을 치르게 될 2017년 즈음에 최저임금제의 강화가, 2022년 즈음에 기본 소득이 세계적인 논의 주제가 될 가능성이 높다. 그와 같은 추세에 한국은 어떨지 불투명하다. 그렇지만 2017년 대선에서 만약 새누리당이 진다면 2022년 대선에서 기본 소득을 가지고 나올 가능성을 배제할 수는 없다. 원래 복지라는 제도가 제시된 것이 비스마르크 시절이었다. 한국에서는 복지가 좌파 이념처럼 이해되어 있지만, 역사적으로 그런 것도 아니고, 꼭 복지가 이념적인 것만도 아니다. 마찬가지로 기본 소득이 한국에서는 이념적 주제로 이해되고 있지만, 경제 정책으로서 기능적인 것에 더 가깝다. 이념의 시각을 좀 버리고 기능적 시선으로 본다면, 대선에 이기기 위해서 새누리당이 못 받을 것도 없다.

최저임금제와 기본 소득은 서로 배타적인 제도일까? 반드시 그럴 필요는 없다. 최저임금제가 경계에 있는 사람들의 소득을 높이는 역할을 한다면, 기본 소득은 그렇게 일하는 사람들의 소득 수준을 높여 주는 보완적 기능을 할 수도 있다. 청년의 입장에서 본다면, 두 가지 다 도움이 되는 제도이다. 돈이 많은 사람들에게 최저임금 기준이 얼마인지도 의미가 없을 것이고, 기본 소득을 받든 말든 오히려 더 귀찮아지기만 한다고 생각할 수도 있다. 그러나 경제적으로 한계점에 서 있는 사람들에게는 매우 중요한 일이 된다.

아직까지 기본 소득에 대한 기본 논의는 시스템 디자인과 함께, "과연 기본 소득을 받는 상태에서도 사람들이 근로 의욕이 떨어지지 않을 것인가", 그런 이념적 논의에 치우쳐 있는 경향이 있다. 그러나 특정 산업에 대한 효과나 지식에 관한 연관성 등은 이제 연구를 시작하게 되는 단계이다. 한국에서 기본 소득에 관한 강렬한 지지가 나왔던 분야가 바로 문화·예술이었다. 약간이라도 소득이 더 있으면 자신이 하는 일을 진짜로 열심히 하고 싶다는 것이 그 지지의 기본 내용이었다. 한국에서 기본 소득이 도입된다고 하더라도, 다른 나라도 마찬가지이지만 그것으로 팔자를 고치고 늘어지게 살게 될 수준은 아니다. 노동을 하게 되면 기존에 받던 보조금이 깎이는 지금의 생활 보호 장치와는 달리, 일을 하면 그만큼 임금이 더 증가하게 되는 것이 기본 소득이라는 장치가 가지고 있는 가장 중요한 시스템이다. 그 나라가 지식과 문화와 같은 요소들을 담아 낼 사회적 장치가 존재하면 기본 소득이 정말 도움이 될 것이다. 그야말로 각 나라가 가지고 있는 경제와 사회의 운용 방식에 의해서 어느 정도 도움이 되는지 결정될 것이다.

역설적이지만 최근의 기본 소득에 대한 논의를 다시 불러일으킨 것이 알파고alphago 사건이다. 과연 기본 소득이 인공지능의 전면화 이후에 최적의 경제적 대응인지에 대해서는 여전히 논쟁 대상일 것이다. 어쨌든 북유럽의 많은 나라들은 알파고 사건을 보면서 기본 소득에 대해 긍정적인 시각이 조금 더 늘었다. 그리고 도입 속도도 더 빨라져야 한다고 생각하는 것 같다. 정작 한국의 경우, 자동화에 따른 일자리가 없어질 것이라는 패닉만이 존재한다. 그러다 보니 정말 웃기는 결과가 벌어지게 생겼다. 어차피 인공지능의 전면화에 의해서 일자리가 없어질 것인데, 이러나저러나 실직하게 되는 것은 피할 수 없는 일이 아니냐는 자포자기식 흐름이 더 강해지는 것 같다. 그래서 고용에 대한 사회적 논의의 단계를 밟아가기보다는, 인공지능 전면화 이후에도 안전한 직업을 찾겠다는, 순서상 앞뒤가 바뀐 흐름이 생겼다.

인공지능의 전면화 효과는 어떨 것인가? 기술을 적극적으로 활용하는 쪽이 이익을 봤고, 기술과 접목될 수 있는 기초 지식을 많이 갖는 쪽이 유리했다. 자, 한국이 정말 필요 없다고 내동댕이친 언어학과 인류학에 대해서 다시 생각해 보자. 인공지능이 본격화되기 위해서 가장 필요한 지식이 이번에도 언어학과 인류학이다. 인간이 인공지능을 이해하는 것은 정서적이지만, 인공지능이 인간을 이해하는 것은 기능적이다. 인공지능이 인간의 언어를 이해하고 인간의 습성을 이해하기 위해서는 역시 언어학과 인류학이 첨단 학문이 된다. 미래에는 어떤 지식이 필요할 것인가? 보다 다양하고 많은 지식이 필요할 것이고 그러한 지식을 통합하는 지식이 또 필요해진다. 윤리가 다시 중요해지고 기획력이 필요해진다. 지난 10년 동안 한국 정부가 필요 없다고 통폐합시키고, 시대에 뒤떨어진다고 했던 정부가 요긴해지는 순간이 다가오고 있다. 역설적이다. 그리고 한 가지가 다시 명확해졌다. 과거 그러한 지식을 모으고 처리하고 만들어 내는 일을 잘했던 나라들이 이번에도 그것을 잘할 수밖에 없는 구조라는 점이다.

청년이 인공지능에게 일을 시킬 수 있게 하기 위해서 준비하는 나라가 있고, 인공지능이 시키는 일을 잘하도록 청년들을 준비시키는 나라가 있다. 어느 쪽이 미래에 더 적합할까? 사람들이 하는 일을 편하게 하자고 인공지능이 도입되는 것이 상식이다. 그리고 그 과정에서 지식이 점점 더 중요한 요소로 등장하게 된다. 지난 10년 동안 알게 모르게 우리는 청년들을 '착취 1순위'로 본 것이 사실이다. 적나라하게 표현해서 '더 싸고 쉽게' 일을 시켜 먹는 형태로 청년을 규정했다. 그러나 이제 본격적으로 맞이하게 될 미래 경제에서는 청년이 '지식 1단위'로 이해되어야 한다. 자기도 뭘 잘 모르면서 면접관이라고 앉아서 꼬장꼬장하게 이것저것 시비나 거는 지금의 면접 현장은 정말 코미디다. 청년들 한 명 한 명을 지식 1단위로 이해하고 충분한 지원과 지지 속에서 그들의 지식의 다양성을 높이는 형태가 우리가 향해야 할 다음 10년의 경제 모습이어야 한다. 인공지능의 머리가 될 것인가, 인공지능의 손발이 될 것인가? 그것이 우리가 집단적으로 선택하는 제도의 결과일 것이다.

일본 아베 내각이 결정한 '1억총활약'의 철학적이며 사회적인 의미에 대해 지금 당장 고민해 봐야 한다. 한국 경제가 지금처럼 진행되면, 일본 청년들이 떠난 일본 편의점에 한국인 아르바이트생들이 보다 더 높은 최저임금을 받기 위해서 줄을 서게 생겼다. 지금은 비슷한 양상을 띠며 고된 삶에 찌들어 있는 한국과 일본의 청년들이지만, 차이가 벌어지기 시작하면 전혀 다른 상황으로 전개될 것이다. 양국의 청년들은 '활약의 주체'가 되느냐, '착취의 대상'이 되느냐의 길 위에 서 있게 될 것이다.

최저임금의 강화에 대해 미국은 오바마 대통령이라서 하고, 독일은 잘 살아서 하고, 영국은 제조업이 망해가는 나라라서 하는 것이라고 했다. 일본은 '경제가 어려우니까' 한다. 자국의 청년들이 코너에 몰려 위기에 처해 있으니 어려워도 하겠다는 것이다. 그렇다면 한국은 어떠한가? 한국의 청년들은 또 어떠한가? 이런 질문과 답을 진지하고 심각하게 해 보는 것은 그리 어려운 일은 아닐 것이다. 잠시 생각해 보자. 구한말에 조선이 왜 망했을까? 새로운 미래의 흐름이 왔을 때 하던 대로하면 된다고 하다가 망했던 것 아니었나?

청년이 지내기 좋은 동네

청년이 지내기에 더 좋은 지역이 있고, 그렇지 않은 지역이 있을까? 포디즘의 시대에 형성된 젊은 가장들과 탈포디즘 시대에 생겨난 결혼하지 않는 솔로 사이의 주거에 대한 선호에 대해서는 2012년 에릭 크라이넨버그Eric Klinenberg가 쓴 《고잉 솔로Going Solo》에서 어느 정도 분석되어 있다. 2008년 투자 은행 리먼 브라더스의 파산으로 시작된 글로벌 금융위기는 세계 경제의 양상을 바꿀 정도로 큰 영향을 끼친 사건이었다. 많은 경제학자들은 이 사건을 두고, 잘 예상하기 어렵던 파생 상품의 설계상의 오류 혹은 투자 은행의 도덕적 해이에 초점을 맞춰 분석했다. 그리고 저신용자에게 지나치게 불안정한 대출을 늘리면서 생겨난 부동산 버블이 핵심이라는 의견을 제시했다. 그러나 사회학자인 에릭 크라이넨버그는 이 사건을 좀 다른 방식으로 분석했다.

우리가 잊고 있던 사실 하나는 포디즘이 형성되면서 동시에 등장한 것이 핵가족이라는 점이다. 2010년을 기준으로, 평균 거주 형태를 살펴보면 한 가구에 같이 사는 사람들이 2.73명이다. 어느 집이든 살펴보면, 미처 세 사람이 채 되지 않는 가구 구성원이라는 얘기다. 농촌과 도시 지역을 비교해 봐도 큰 차이가 나지 않는다. 평균 한 집에 세 명도 살지 않는 지금과 비교하면, 부모와 두세 명의 자녀 정도로 구성된 핵가족은 차라리 대가족이라고 하는 것이 맞을 것 같다. 어쨌든 이렇게 핵가족이 대량으로 생겨난 것이 포디즘과 연관되어 있다. 아빠는 도시에 취직하고, 엄마는 집에서 자녀들을 돌보며 집안일을 하는 것이 서구 중산층의 일반적인 삶의 방식이던 시절이 있었다.

이때 대규모로 생겨난 것이 바로 베드타운^{bed town}이다. 굉장히 먼 거리지만 아빠는 식구들을 위해서 장거리 출퇴근을 하고, 집에 남은 엄마는 세컨드 카를 가지고서 자녀들의 등하교를 돕고 대개 집안일을 하면서 지내는 일상, 그렇게 60~70년대 미국 중산층의 삶이 형상화되었다. 영화 〈디어 헌터〉에는 베트남전에 참전했던 군인이 방황을 멈추지 못한 채 머리에 총을 대고 벌이는, 유명한 러시안 룰렛 장면이 나온다. 그렇지만 실제 많은 제3세계 국민들이 충격을 받은 것은 참전 기념파티에서 철강소 노동자들이 세단을 타고 라이플로 사슴 사냥을 하는 장면이었다. 그 장면을 보는 순간, "육체노동자들이 저렇게 잘 살아?" 하는 말이 튀어나온다. 반전의 정신을 담은 이 문제작은 정작 가난한 나라의 국민들에게는 또 다른 '아메리칸 드림'으로 읽혔다. 가슴 아픈 우정과 지워지지 않는 사랑의 애잔함과 절박함은 베트남의 지옥같은 정글과 풍요롭고 넉넉한 미국 중산층들의 편안한 마을의 모습으로 교차된다. 이 영화에서 나오는 천국과도 같은 미국의 마을들이 바로 베드타운이다. 일산, 분당과 같은 신도시들의 기본 모델이 바로 미국 중산층들이 가졌던 베드타운이다. 다른 점이라고 한다면 주택 단지가 아니라 아파트 단지였다는 점이다. 원형을 너무 이상하게 만들면서 가슴 아프게 생각한 개발자들이 아주 조금이지만 단독 주택 필지를 만들어 놓았다. 원형에 대한 슬픈 오마주라고 할까?

에릭 크라이넨버그가 본 미국의 21세기는 더 이상 이런 위성도시 모델이 작동하지 않게 된 사회였다. 혼자 살고 있는 중산층 남성에게 누군가 이렇게 묻는다. "당신, 이 좁은 두 칸짜리 아파트를 살 돈이면 딱 한 시간 거리에 1, 2층을 합쳐 다섯 개 방에 수영장이 딸린 그림같은 집이 있는데, 어때요? 지상낙원 같은 데서 한번 살아 보고 싶지 않나요?" 그럼 남성의 대답은 이럴 것이다. "머리에 총 맞았어요? 그렇게 먼 데로 가게?" 이 변화를 먼저 포착해서 전면적으로 보여 준 드라마가 바로 1998년부터 방영을 시작한 〈섹스 앤 더 시티〉이다. 이번에는 여성 버전이다. 남성에게 의지하지 않고 혼자 사는 여성들의 삶은 이제 뉴욕의 도심 한가운데로 들어와 있다. 세컨드 카는커녕 차 없이 택시를 타고 다니는 여주인공들은 늘 로맨틱하면서도 이상적인 연애를 꿈꾸기는 하지만 그들 중 어느 누구도 한 시간씩 떨어진 베드타운에 살고 싶어 하지는 않는다. 그렇다면 그들과 연애하고 싶어 하는, 혼자 살기는 하지만 여전히 중산층인 남성들의 선택은 무엇이겠는가? 진짜 머리에 총 맞은 것이 아니면, 혼자 사는 사람이 단지 조금 넓게 살겠다고 왕복 2시간이 넘는 출퇴근길을 감당할 이유가 없지 않은가?

베드타운에 들어오고 싶어 하는 사람은 점점 줄어들고, 줄어들수록 더 들어오려는 사람이 없는 것이 대형 단지가 갖는 특징이다. 아무도 살지 않는 집의 관리되지 않는 수영장에서 장구벌레가 편안하게 살게 되었다. 이것이 사회학자의 눈에 비친 글로벌 금융위기의 핵심에 존재하는 사건이다. 가정을 갖고 출산을 하는 대신 혼자 살기로 선택한 사람들이 점점 늘어나고, 그 빈집을 채우기 위해서 점점 더 신용이 부족한 '서브 프라임' 대출을 늘렸다가 터진 것이 글로벌 경제 위기인 셈이다.

포디즘에서 탈포디즘으로 넘어오는 과정이 단순히 생산 과정이나 경제적 전환만을 가져온 것이 아니라 사회 구성 자체를 바꾸었다. 그리고 그 변화가 지나치게 발달한 파생 금융 기법과 결합하여 위태롭게 굴러가다가, 어느 날 '펑!' 하고 터진 것이 2008년 9월에 벌어진 사건이다. 그와 유사한 일들이 도쿄를 포함한 일본 대도시 전역에서 벌어졌다. 혼자 사는 청년이 무엇 하러 멀리 가서 살겠는가? 한국으로 보자면, 청년들이 선호하는 지역인 홍대와 압구정 가로수길, 이런 데가 상권이나 거주 측면에서 점점 커지게 된다. 반면 위성도시의 성격을 갖는 곳들에서는 점차 청년들이 빠져나오게 되는 것이 장기적 추세일 것이다.

지역 내에서도 선호 지역과 그렇지 않은 지역이 존재하는 것처럼 지역 간에도 그렇다. 청년과 솔로계급 그리고 결혼, 이런 것들이 문화 현상과 복합적으로 결합하면서 장기적인 트렌드를 만든다. 국가 간에 단기 거주는 가능하지만 점차 영주권 확보나 이민법이 점점 더 빡빡해지면서, 더 이상 이민은 어려워지는 것이 사실이다. 그렇지만 국가 내 지역 간에는 그런 것이 없다. 싫으면 이사를 가면 그만이다. 혼자 사는 사람들의 이사는 더 쉽다. 자신이 태어난 지역에서 어지간하면 대학 진학 전후의 시기까지 살아가는 것이 기본 모델인 국가가 많다. 그렇지만 우리는 고향의 개념이나 지역의 개념이 약하다. 학교를 따라 이사하고, 직장을 따라 이사하는 것에 대해 부정적 인식도 거의 없다. 점차 청년들이 살기 좋은 곳, 지내기 편한 곳 그리고 일자리가 많은 곳으로 옮겨 가는 현상이 커질 가능성이 높다.

아직은 지역 간에 청년 정책이나 거주 조건을 둘러싼 경쟁이 본격화되지는 않았다. 그러나 청년들도 현실적인 선택을 하게 될 시점이 점점 다가온다. '메가시티'였던 서울 인구가 이제 천만 명 아래로 내려간다. 크게 보면 아무 사건도 아니지만, 추세를 분석해 보면 무서울 수도 있다. 특정 지역의 고령화는 어느 지역을 가릴 것 없이 전체적으로 생겨날 현상인데, 서울은 일반적으로 더 많은 청년들이 거주하게 될 것이라고 예상되었던 곳이다. 그럼에도 불구하고 실제 추세가 예상과 반대로 나타나면 이제 많은 사람들이 현 정책을 돌아보게 될 것이다. 당연한 흐름이다. 아무런 조치도 취하지 않고 가만히 있다가 실제로 사라지게 될 지자체가 적지 않다는 것이 지금의 전망 아닌가?

경제 위기가 벌어지는 형태는 산업별 양상도 존재하지만 지역별 양상도 존재할 수 있다. 1997년의 IMF 경제 위기는 국제 금융 관계에서 촉발된 문제라서 지역별 편차가 그렇게 크지는 않았다. 위기 직후 모든 지역이 전부 어려워졌고, 그 후 비교적 일찍 위기에서 벗어난 경기도와 가장 늦게까지 경기를 회복되지 못한 전북과 대구, 그 정도의 차이만 보였을 뿐이다. 그렇지만 앞으로 발생하게 될 산업별 위기 혹은 지역별 위기의 경우, 전국에서 동시에 균일하게 진행될 것이라는 보장은 없다. 2008년 글로벌 금융위기 이후, 미국에서 도심과 베드타운 사이에 운명이 갈렸다. 크게는 광역별로, 작게는 같은 지역 내에서도 도심과 근교에 편차가 생길 수 있다.

21세기에 들어서면서 국가라는 단위와 지역이라는 단위 사이에 차이가 조금 생겼다. 여러 가지 정치적 이유로, 선진국에서는 이민에 대해서 점점 더 폐쇄적인 태도를 취했다. 동구의 붕괴와 함께 생겨난 집단 난민을 수용하는 것이 천만 명 이하의 국가들에게는 무서운 경험이었다. 그리고 정치적 불안정으로 유럽으로 가고 싶어 하는 난민들은 계속 늘어나는 실정이다. 외국인 2세들의 거주지가 슬럼화하면서, 내부적인 갈등들은 계속되고 있다. 90년대 글로벌 경제를 칭송하던 시절에는 물자와 자본은 물론 사람들도 국경 없이 자유롭게 움직이고 국적이라는 것도 궁극적으로는 별 의미를 가지지 못할 것 같았다. 그렇지만 막상 21세기가 되고 나서 이 현상은 정반대로 흘러갔다. 심지어 국가별 여권의 경제적 가치를 평가하는 일이 벌어지기도 했다. 일종의 시민권 지수인 셈이다. (재미 삼아 해 보는 지수라서 절대적 의미는 없다고 할 수 있는데, 귀띔해 주자면 독일 여권의 가치가 가장 높게 나온다.)

국가의 벽이 더 높아지는 반면, 지역 간 이동에는 그런 제약이 없다. 농촌에서 도시로, 주변부에서 중심부로, 이러한 흐름들이 더 강해지고 있다. 거주민들이 분산되는 형태가 아니라 집중되는 경향성을 갖는다. 국가 간 더 나은 국민들을 유치하는 경쟁은 가시화되고 있지 않지만, 주민들이 떠나는 지역에서 사람들을 수용하려는 노력은 더 노골적으로 드러나고 있다. 아예 국가 정책으로 농촌 지역에 수당을 주는 것을 논의할 정도이다. 이에 따라 지자체 간의 경쟁이 점점 더 강해질 것이다. 한국은 아직 풀뿌리 민주주의 역사가 짧은 데다, 자치와 분권을 통한 경제적 효과가 아직 정착된 단계가 아니다. 그렇지만 청년과 관련해서 지자체 사이에 본격적인 경쟁이 발생할 가능성은 높다.

2016년 한국에서는 아직 지자체에서 청년 경제와 관련된 본격적인 정책을 시도하고 있다고 보기는 좀 어렵다. 논의는 많지만 대개 구호에 그칠 뿐이고, 실제 돈이 움직이는 경우라고 해도 시범 사업 단계라고 보는 것이 맞을 것 같다. 고용과 관련된 기본적인 정책은 중앙정부가 가지고 있는 경우가 많기 때문에 지자체가 제도를 바꾸면서 뭘 하기는 어렵다. 그리고 아직은 청년과 관련된 상위의 기본법이 정비되어 있지 않아서, '재정적 지원'이라고 하는 행위를 본격적으로 할 수는 없는 상황이다. 지자체에서 조례로 뭔가를 시행하기 위해서는 모법이 필요한데 그게 아직 안되어 있다. 그래서 어쩔 수 없이 이미 만들어져 있는 청소년기본법을 근거 조항으로 사용하게 된다. 한국에서 청소년은 9세에서 24세까지를 말한다. 그래서 지자체에서 뭔가 예산을 마련해서 청년들에게 지원을 하고 싶어도 현재로서는 25세 이상, 즉 청소년기를 지난 사람들에게는 전달할 방법이 별로 없다.

서울시에서 시행하는 청년 수당이나 성남시에서 시행하는 청년 배당의 경우, 사회적으로는 논란이 많지만 작은 규모의 시범 사업이다. 아직까지 본격화한 정책을 지자체 차원에서 할 수가 없게 되어 있다. 물론 지역별로 청년 고용 센터를 만들거나 지역 고용을 늘려나가는 것은 제도를 바꾸거나 법을 바꾸지 않더라도 어느 정도 할 수 있는 일이지만 본격적으로 시행하는 단계는 아니다. 시범 사업인 것을 감안하면, 서울시나 성남시의 시도는 기본적으로는 다다익선이라고 하는 것이 맞다. 본 사업에 들어가기 전에 효과나 부작용, 예기치 않은 시스템 오류 같은 것을 여러 측면에서 검토해 보는 것이 당연히 좋다.

비슷비슷한 제도이기는 한데 굳이 차이점을 찾자면 약간의 차이는 있다. 서울시의 경우는 니트NEET, 즉 취업 시장에서 완전히 빠져나간 장기 미취업자들에게 초점을 맞추고 있다. 취업 자체를 포기하고 훈련 과정에 있지도 않은 사람들을 다시 사회로 나올 수 있게 하는 것은 쉬운 일이 아니다. 보는 시각에 따라서, 단기 아르바이트라도 하는 청년보다 더 열악한 상황이라고 할 수도 있다. 일반적인 실업 수당의 범위와 기간의 문제는 중앙정부인 노동부에서 하는 것이니, 거기에 해당되지 않는 지역의 니트 청년들을 살펴보겠다는 의미를 가지고 있다. 그렇지만 대규모로 예산을 집행하기 위한 법적 근거도 아직은 제대로 마련되어 있지 않고, 또 실제로 돈도 별로 없기 때문에 서울시의 사업이 아직은 시범 사업 단계라고 할 수 있다.

그러나 지자체에서 노동부와 별도로 니트에 대한 해법을 모색하는 것이 영 어색한 일은 아니다. 일단 노동시장에서 취업한 사람들을 위한 대책들은 수단도 많고, 외국에서 시행 중인 제도도 많다. 그렇지만 일하겠다는 의욕 자체를 가지고 있지 않거나 아니면 그런 것을 가져 보지 않은 사람들은 어떻게 할 것인가? 지역에서 이런 문제에 대해 중앙정부보다 더 심각하게 고민을 하는 것은 당연하다. 청년에게 수당을 줄 돈이 있으면 차라리 그걸로 직접 고용을 하는 것이 낫다는 반론이 있을 수 있다. 그렇지만 취업을 포기한 사람들, 소위 '취포자'에 대해서 대책을 마련하기는 해야 한다. 서울시의 청년 수당은 실업 대책이라기보다는 취포자 대책의 속성을 더 많이 가지고 있다.

일본에서 '히키코모리引き籠もり'라고 부르는 은둔형 외톨이와 같은 유형에 대해 한국은 딱히 마련해 둔 대책이 없다. 대책만 없는 게 아니라 사실 별 관심도 없다. 경쟁은 극한으로 밀어 놓고 출구는 아무 곳에도 없는 사회 속에서 장기 실업자들이 은둔형 외톨이로 전환되는 것은 당연하지 않을까? 서울시 청년 정책 프로그램의 철학적 기반은 다음과 같은 질문에 있다. "한 번도 취업하지 않은 청년에게 어떤 실업 프로그

램을 제시할 것인가?", "장기적으로 미취업 상태인 사람들을 어떻게 사회 속으로 다시 초대할 것인가?" 뜻은 아주 크지만 시범 사업이다 보니, 그와 같은 프로그램에 실제 꼭 접근할 필요가 있는 사람들에게는 문턱이 너무 높게 설계되어 있다. 그렇지만 니트족, 그 안에서도 더 어려운 상황에 처해 있는 고립된 청년들에게 지자체 차원에서 무엇인가 해야 한다는 것을 환기시키는 효과는 분명 있었다. 노동과 복지, 그 어느 사이에서 우리들은 지금보다 더 촘촘하게 많은 장치를 만들 필요가 있다.

성남시에서 역시 시범 사업처럼 운용하고 있는 청년 배당은 서울시와는 성격이 조금 다르다. 청년 배당은 청년, 그것도 아주 제한된 청년들을 대상으로 시작되었지만 기본 소득이라는 종점을 가지고 있다. 아직 기본 소득에 대한 논의가 사회적으로 포괄적으로 진행된 것은 아니기 때문에, "그래서 된다"와 "그래서 안 된다"로 극명하게 갈릴 수밖에 없다. 성남시에서 하는 것과 같이 직업이나 연령으로 제한된 기본 소득에 대한 논의를 우리나라에서 처음 하는 것도 아니고, 처음 시행하는 것은 아니다. 지난 대선 후보 시절의 박근혜가 걸었던 노인연금 공약이 기본 소득의 속성을 가지고 있다. 나중에 시행 단계에서 상당히 뒤로 후퇴하였지만, 소득 등 개인의 조건과 상관없이 지급한다는 면에서 기본 소득의 특징을 분명히 가지고 있다. 쌀에 대한 직불제 역시 농민에 대한 기본 소득의 속성을 가지고 있다. 우리나라 농민들이 기본적으로 쌀은 재배한다는 사실을 생각했을 때, 제한적이지만 모든 농민들에게 일정 소득을 보장하려고 한다는 특징이 있다. 성남시의 경우는 청년을 대상으로 하는 1단계의 기본 소득이라고 볼 수 있다. 지자체에서 재정적 지원을 하기 위해서 근거법으로 청소년기본법을 사용하다 보니 25세 이상은 대상으로 할 수가 없다. 어차피 시범 사업의 성격이 강하기 때문에 딱 24세로 한정짓게 된 것이다. 제한적이지만 아직은 효용성을 평가하기에는 좀 이르다.

청년 배당이 갖고 있는 또 다른 특징은 바로 기본 소득에 지역 상품권을 결합시킨 점이다. 돈으로 주지 않기 때문에 불편하기는 하지만, 지역 자영업자들에게 경제적 효과가 더 집중될 수 있기 때문에 지자체에서는 해 볼 만한 디자인이다. 청년 대책에 대해서 반대가 가장 많은 계층이 대개 자영업자들이다. 아마 지역 상품권으로 지급하지 않았으면, 아무리 지자체라고 해도 실제 시행에는 몇 년이 더 걸렸을지도 모른다. 이러한 성남시의 청년 배당제는 앞으로 어떻게 될까? 외국의 기본 소득에 관한 시범 사업 추진 결과와 우리나라 내부 논의, 이 두 가지에 달려 있다. 제한된 지자체의 예산으로 하는 것이기 때문에 본 사업이 되기 위해서는 국민들 사이의 포괄적 합의 같은 것이 필요하다. 아직은 효과와 부작용을 같이 더 지켜보는 수준의 단계이다. 된다 혹은 안 된다고 할 정도의 격론을 벌일 제도는 아니라고 생각한다.

지역에 따라서 청년 경제와 관련된 다양한 실험들은 이미 시작되었고, 처해진 상황이나 여러 가지 조건에 따라서 좀 더 다양한 형태의 제도나 기구들이 등장할 것이라고 생각한다. 물론 아직까지는 이런 이유로 청년들이 살고 있는 동네를 바꾸는 수준은 아니다. 그러나 청년 대책과 주거 여건, 복지 기반 정책 등이 결합되면서 청년들이 살기에 좋은 동네와 그렇지 않은 동네로 평판이 갈라지는 현상이 4~5년 내에 벌어질 것 같기는 하다. 2018년 지방선거가 지역별 청년 정책과 공약이 본격적으로 전면에 등장하는 계기가 될 것으로 예상한다. 뉴타운이 지역의 살 길이라고 하던 시절과 비교해 보면, 그래도 비교적 좀 더 나아지는 것이라고 할 수 있다. 지역 자치의 영역과 사회적 경제의 영역 등 지자체를 축으로 청년 경제와 결합하고 연결될 수 있는 고리는 많다. 상징적인 사건으로는 두 가지 정도가 지켜볼 만한 기준점이라고 생각한다.

지역 차원에서 청년 완전고용을 현실적으로 구현하는 지자체가 과연 나타날 것인가? 만약 진짜로 지역 청년들이 웬만한 일자리에 완전고용되는 상황을 구현하는 구청장이 등장한다면, 그 사람이 우리 시대의 슈퍼스타가 될 것이다. 국가 전체를 대상으로 하거나 광역 전체가 목표라면 쉽지 않다. 그렇지만 구청과 같이 지역 단위로 좁히면 아주 불가능하지도 않다. 모든 구청장이 그렇게 할 수는 없지만 몇 군데는 가능하지 않을까? 정말로 완전고용을 실현한 구청장이 등장한다면, 진짜로 청년 대책 때문에 이사 가는 일이 벌어질 수 있다. 그리고 그것을 만든 그 사람이 바로 '진짜' 우리들의 지도자 아닐까?

난이도는 청년 완전고용보다는 떨어지지만 감동은 더 클 것으로 생각되는 것이 은둔형 외톨이가 된 청년들에 대한 대책이다. 정부에서는 비율도 제대로 파악하지 못하고, 뭘 어떻게 해야 할지 생각해 보지도 (관심 갖지도) 않는 문제다. 국가도 이 문제에 속수무책이지만 개인도 어렵고 부모들도 힘들다. 이런 사람들이 사회에 다시 돌아오고, 아주 높은 보수는 아니더라도 보람을 가지고 같이 일할 수 있게 도와주는 프로그램은 완전고용에 비해서 난이도가 높지는 않지만 보다 더 섬세하게 접근해야 하는 정책이다. 이것을 성공적으로 안착시키는 지자체가 등장한다면, 부모들이 적극적으로 이사를 결정할 것이다. 아무리 부모라도 은둔형 외톨이가 된 자녀를 사회에 다시 내보내기 위해 직접 나서서 무언가를 시도한다는 것은 쉽지 않고, 나선다고 해도 별 도움이 안 되는 경우가 많다. 돈으로 되는 일도 아니다. 그런데 그 문제를 지자체 프로그램으로 자연스럽게 풀 수 있다면, 많은 부모들이 그 지역으로 이사 갈

살아 있는 것의 경제학

가능성이 높다. 사람을 움직이는 것은 돈이 다가 아니기 때문이다.

서로 다른 것들을 비교하기 위해 평가 지수들을 만든다. 그렇지만 청년과 관련된 지수들이 아직은 별것 없다. 그러나 점차적으로 기업은 물론이고, 지역별로 청년들이 지내기에 편한 곳 혹은 중장기적으로 도움이 되는 곳을 나타내는 지수들이 등장하게 될 것이다. 지수가 모든 것을 설명하는 것은 아니지만 없는 것보다는 낫다. 지금은 막연하게 청년들에게 서울이 가장 좋고 그 다음으로는 수도권과 좋은 직장이 있는 곳이라는 식의 얘기들만 떠돌고 있다. 그렇지만 지역별로 청년 경제를 둘러싼 대책들이 경쟁을 시작하면, 그리 달라 보일 것 없던 지역들 사이에서 차별점이 드러나기 시작할 것이다.

우리나라 대부분의 지역들이 더 많은 인구 유입을 원할 수밖에 없는 구조를 가지고 있다. 국가 전체로 보면, 여기에 사나 저기에 사나 사실상 제로섬 게임일 수도 있다. 그렇지만 지역 네트워크와 지역 공동체를 통해서 더 나은 청년 대책에 대한 경쟁이 벌어지는 것이 나쁠 것은 없다. 중앙정부 입장에서야 이러든 저러든, "아무 일 아닙니다"라고 홍보만 열심히 하면서 모르는 척하고 갈 수 있다. 그렇지만 지자체에서는 좀 더 즉각적으로 단체장이나 정당의 운명이 걸린 일이 될 수도 있다. 정책에 대한 체감도 자체가 중앙정부와 지방정부에서 느끼는 바가 다르다. 그리고 구청장 중에서 슈퍼스타가 탄생하는 것, 나쁜 일은 아니다.

초근목피라는 말이 있다. 풀뿌리와 나무 껍질을 먹던 시절을 뜻하고, 진짜 배고프고 힘들 때 쓴다. 보릿고개라는 말과 함께 우리 역사 속에 착근해 있는 단어이고, 무척이나 싫었던 시절이었다는 감정이 짙게 베인 말이다. 그래서일까? 유럽이나 미국 혹은 일본에 비해서 우리는 '풀뿌리'라는 단어를 그다지 좋아하는 것 같지 않다. 풀뿌리를 강조하면

왠지 촌스러워 보이고, 풀뿌리 민주주의라고 하면 어쩐지 중앙에 폼 나는 것들에 비하면 하류인생 같은 느낌을 떠올리는 것 같다. 그렇지만 진짜로 강한 사회는 밑에서부터 많은 논의와 행동이 있는 나라이고, 그러한 모습을 풀뿌리 민주주의라고 부른다. 청년 경제는 분명 풀기가 쉽지 않은 문제다. 숲이 튼튼하기 위해서 뿌리와 흙이 튼튼해야 하는 것과 같은 이치라고 생각해도 좋다. 흔히 우리가 풀뿌리라고 부르는 생활과 지역의 공동체 속에서 청년들의 삶이 어떻게 결합될 것인가가 우리의 미래를 결정할 중요한 요소다.

대개 우리는 동네에서 벌어지는 일들을 너무 별거 아닌 것으로 생각한다. 그렇지만 스웨덴이나 스위스는 동네가 정말 튼튼한 국가들이다. 일본도 우리보다는 훨씬 튼튼한 동네를 가지고 있다. 진짜 살아 있는 경제는 바로 동네가 살아 있는 경제다. 예외는 없다. 우리는 동네 수준은 그냥 건너뛰고 새마을의 시대와 함께 더 큰 경제로 가려고 했다. 그런 예외는 없다. 청년들이 살기 좋은 동네가 되어야 한다. 새로운 질문이 새로운 동네를 만들 것이다. 그리고 그 동네에서 정부가 애써 외면한 변화가 시작될 수 있다. 지금 우리가 살고 있는 동네는 골목이 아직 살아 있을까? 우리는 지금의 동네에서 살고 있는 걸까, 아니면 그냥 머물고 있는 것일까?

권문석의 꿈

그대는 너무 힘든 일이 많았죠

새로움을 잃어 버렸죠

그대 슬픈 얘기들 모두 그대여

그대 탓으로 훌훌 털어 버리고

지나간 것은 지나간 대로

그런 의미가 있죠

우리 다 함께 노래합시다

후회 없이 꿈을 꾸었다 말해요

새로운 꿈을 꾸겠다 말해요

　　—〈걱정말아요 그대〉 중

　　시간이 많이 흘러 우리가 모두 나이를 먹었을 때를 생각해 보자. 그
때 우리가 지금 이 시기를 회상할 때, 누가 가장 중요한 사람이라고 할
까? 시간이 흐르면 많은 것은 잊히고 변해간다. 기록은 왜곡되고, 기억
은 변질된다. 50년 넘은 은행나무를 베어 내는 과정을 아주 가까이에서
지켜볼 일이 있었다. 뿌리가 남아 있어서 오래된 고목의 베어진 자리에
서 다시 초록색 줄기들이 삐져나오고 있었다. 그때 나무의 나이테를 보
았다. 어느 쪽이 남쪽이고, 남쪽을 향해서 얼마나 열심히 살았는지, 그
렇게 몇 번이나 성장을 거듭했는지 그 지나간 시간이 나이테에 그대로
남아 있었다. 오염되지 않은 기록, 가장 솔직하고 진솔한 기록을 은행나
무의 나이테에서 보았다.

　　2013년, 봄에서 여름으로 넘어가는 시기였다. 친구 권문석을 만나
기로 한 바로 직전의 주말이었다. 누군가의 사망을 알리는 부고장이 문
자로 날아왔다. 며칠 후 차 한 잔 마시기로 했던 그를 카페가 아니라 대

학병원 영안실에서 만났다. 35세에 아내와 딸을 남겨 놓고 새벽에 사망한 사나이, 그를 마음속에서 쉽게 잊기는 어렵다. 과로와 스트레스로 심장에 무리가 생긴 것이 사인으로 알려졌다. 과로……. 과로라! 많은 사람들이 죽도록 힘들다며 과로와 스트레스를 호소한다. 그렇지만 그 모든 사람들이 정말로 죽지는 않는다. 죽도록 힘든 것과 진짜로 죽는 것은 다르지 않겠는가.

현장활동가가 아니면 일반인들이 만나보기는커녕 들어본 적도 없을 사람이 바로 권문석이다. 크게 이름을 날리지 않고 자신의 현장에서 죽도록 일만 하다가 죽은 사람을 누가 알겠는가. 그 일이라는 것도, 제 식구 먹여 살리기에도 어림없는 활동비를 받는 것이 현장활동가들의 삶이다. 슬픈 얘기지만, 그래서 활동가들의 정서가 농업이나 노동 혹은 환경과 같은 자기 활동 분야의 고유 정서가 아니라 도시 빈민 정서로 통합된다는 얘기가 있다. 더 잘사는 좋은 나라의 꿈을 꾸며 현장에서 움직이는 사람들이 전형적인 도시 빈민인 것, 그것이 우리의 현실이기는 하다. 그렇다고 죽을 것까지는 아니지 않는가? 나도 그의 죽음이 서글펐지만, 많은 사람이 그의 죽음을 애달프게 생각했다. 그렇게 우리는 권문석을 각자의 마음속에 묻었다.

권문석이 사망하기 직전 마지막까지 고생하던 주제가 '최저임금 1만 원'이었다. 그 전에도 산발적으로 법정 최저임금을 1만 원 선으로 하면 좋겠다는 얘기들이 있기는 했다. 몇 가지 논리들이 있기는 했었는데, 그 시절에는 최저임금이 5,000원을 넘어서는 시기였다. 그 법정 최저임금도 30퍼센트 가까이는 제대로 지켜지고 있지 않은데, 두 배로 올린다는 얘기는 너무 먼 얘기일 수밖에 없었다. "1인당 GDP 정도 수준을 단한 사람에게 주자", 이런 부수적 논리들을 만들 수는 있다. 그러나 대개의 경우, 경제적 논리가 정서적 흐름을 넘어가기가 어렵다. 논리적으로나 정책적으로 불가능한 것이 아니라, 이것을 받아들일 수 있는 대중적 정서가 전혀 형성되기 어렵다. 권문석이 사망한 2013년 6월 초, 한국의 상황이 그랬다.

한국에서 '알바연대'라는 단체가 생겨난 것은 2013년 초였다. 그해 2월, 그러니까 박근혜 정부가 출범하기 직전, 대통령 인수위 앞에서 '최저임금 1만 원으로 올려라'라는 제목의 기자회견을 하게 된다. 공개적으로 '최저임금 1만 원'이라는 구호가 처음 등장한 순간이었다. 시민단체 형식으로 알바연대가 등장한 것은 1월 달이고, 노조 설립 신고필증을 노동부에서 받아서 정식으로 전국 단위 노동조합이 된 것은 8월의 일이다.

시민단체를 만들고, 그것을 다시 정식 노동조합으로 만들기 위한 숨 가쁜 행보가 그 여덟 달 동안 진행되었다. 그리고 이것을 진행한 사람들이 구호로 최저임금 1만 원을 걸기 위한 논의까지 생각해 보면, 1년 가깝게 매달려온 사람들의 고생이 눈에 보일 듯하다. 그 흐름 한 가운데에서 단체의 대변인 역할로 핵심 중의 핵심 역할을 하던 사람이 과로사한 것, 그것이 어느 화사한 봄날 몇 사람들에게 급작스럽게 날아든 문자 메시지였다. 정말 메시지를 보자마자 심장이 멈추는 줄 알았다.

권문석은 떠났다. 어떤 사람에게는 조금 더 긴 기억을, 어떤 사람에게는 조금 짧은 기억을 남기고 떠났다. 몇 사람들은 알바연대를 노동조합으로 만들면서 권문석이 하던 일을 계속 이어나갔다. 권문석 이후에 같이 일하던 그의 동료와 계속해서 논의를 진행했었는데, 그가 바로 나중에 노동당 대표가 된 구교현이다. 남은 사람들은 정말로 헌신적으로 일했다. 저렇게 하다가 또 다른 과로사가 나오지 않을까 걱정할 정도였다.

    청년과 아르바이트의 영역과 관련된 사람들 중 권문석을 아는 사람도 있고 모르는 사람도 있다. 그렇지만 그의 구호는 세상에 남아 있다. "최저임금 1만 원!" 권문석이 떠나간 이후로 청년은 물론 노동계에서 최저임금을 대하는 기본 입장이 되었다. 최저임금을 계산하는 몇 가지 방식이 있을 수 있는데, 한국에서는 그런 계산이 아니라 35세 젊은 활동가 아빠의 과로사, 그것이 되었다.

    국제노동기구[ILO]에서 저임금을 해소하는 최적의 방식으로 제시하는 것이 단체교섭과 최저임금, 두 가지다. 한국에서는 노동조합의 조직률 자체가 10퍼센트밖에 안 되고, 노동조합의 힘도 터무니없이 약하다. 특히 중소기업이나 파견과 같은 비정규직들에게 회사와 노동조합 사이에서 벌어지는 단체교섭이 무의미하거나 존재하지 않는 경우가 많다. 그러다 보니, 우리나라에서는 단체교섭의 역할도 최저임금이 어느 정도는 가늠하게 된다. 2015년 한국경영자총협회에서 100인 이상 사업장을 대상으로 임금 인상 실태 조사를 했다. 조사를 통해 파악한 임금 결정의 주요 요소는 다음과 같다.

1. 기업 지불 능력(30.2%)

2. 최저임금 인상률(20.1%)

3. 타 기업 임금 수준 및 조정 결과(15.2%)

4. 물가상승률(10.6%)

5. 경영계 임금 조정 권고(8.1%)

6. 노조의 요구(6.4%)

7. 통상임금 범위 조정(5.9%)

8. 60세 정년 의무화(3.4%)

노동조합의 요구는 임금 결정에서 6.4퍼센트밖에 안 되고, 최저임금 인상률은 20.1퍼센트로 나타났다. 한국에서 최저임금의 사회적 역할은 생각보다 크다. 물론 또 그렇기에 일부는 절대 안 된다고 막는 것이기도 하다.

청년과 관련된 정책은 일자리에서 노동 조건, 실업급여와 같은 수당 제도, 주거 조건 등 나열하기 시작하면 정말로 많다. 그 많은 정책 중에서 최저임금이 가지고 있는 가장 큰 장점은 효과의 속도다. 일자리를 늘리고, 그것이 경제에 반영되어서 실제로 거시경제의 역동성을 높이는 과정에는 시간이 들어간다. 주거 조건을 개선하는 데에도 시간이 들어간다.

그에 비해서 최저임금의 효과는 거의 즉각적이다. 그리고 최저임금 수준을 받는 노동자들의 삶이 워낙 한계적 상황이라서 그렇게 지불된 돈 역시 거의 즉각적으로 소비 영역으로 재순환된다. 투자 승수효과가 가장 큰 정책이라고 표현할 수 있다. 전체적으로 보면, 아직까지 검증된 부정적 효과는 거의 없다. 물가 상승이나 경제 침체 등 이론적으로 생각해 볼 수 있는 부작용이 있기는 한데, 전면적으로 최저임금을 강화시킨 독일 등의 사례에서 아직 관찰된 적은 거의 없다. 간단히 말하면, 좋은 거다.

기본 소득과 비교한 최저임금의 장점 역시 속도다. 유럽에서도 10년 내에 전면화되기는 어렵다고 생각하는 경향이 있고, 빨리 진행된다고 해도 20년 후의 일이다. 지금 20대는 물론이고, 10대가 청년이 되었을 때에도 전면 도입은 좀 무리다. 지금 어린이집을 다니는 아동들 혹은 아직 태어나지 않은 유아들이 20대가 되었을 때에는 지금과는 전혀 다른 세상이 되어있을 가능성이 높다. 그러나 지금 바로 여기에서 힘겨운 시간을 지내는 청년들에게는 어떨까? 나이 많은 사람들이나 나이가 적은 사람들, 남자거나 여자거나 톱니바퀴처럼 돌아가는 경제의 흐름에서 잠시 밀려난 사람들, 그들에게 최저임금은 가장 효과적이면서도 가장 빠르게 작동하는 제도다.

물론 어느 사회에나 반대가 적지 않다. 우리의 경우는 자영업자의 반대가 가장 큰 문제다. 길게 보면 결국 최저임금의 상승이 소비의 증가로 이어지기 때문에 전체 자영업자의 입장에서는 손해라고 보기는 어렵다. 그렇지만 이런 수요 효과는 중장기적이며 동시에 평균적인 것이다. 당장 임금을 올려야 하는 자영업 고용주 입장에서는 반대하는 것이 당연하다.

최저임금을 받는 아르바이트생과 자영업자 사장님이 부딪히는 골목의 현장에는 한국 자본주의가 만들어 낸 문제들이 총출동한다. 일부의 대기업을 키우려다 보니 중소기업이 국민경제의 중요한 축으로 제대로 자리를 잡지 못했다. 이 과정에서 밀려난 사람들이 자영업으로 내몰렸다. 이렇게 자영업으로 내몰린 사람들에게 한국 자본주의의 또 다른 모순축이 등장한다. '조물주 위에 건물주'라는, 또 다른 렌트 경제가 버티고 서 있다. 자영업자 수익의 한 축은 중앙의 본사로 가고, 남은 한 축은 건물주에게 간다. 그 나머지를 놓고 떠밀려서 마지막 순간까지 오게 된 사장과 아르바이트생이 부딪히게 된다. 더 물러설 데가 없다. 그래서 한쪽은 치사해지고, 한쪽은 초라해진다. 그리고 그 모든 모습이 비참함을 만든다.

돈을 갖고 자본 그 자체가 되거나 건물을 갖고 건물주가 되거나, 이렇게 두 가지 딱 정해진 정답이 21세기 한국에 존재한다. 그렇지만 그 정답 안에서 살아갈 수 있는 국민이 얼마나 될 것인가? 두세 명의 아르바이트생이 일하는 작은 자영업자 가게는 마치 대기업과 건물주가 뜨거운 태양처럼 내리쬐는 사막에 핀 작은 오아시스 같은 것이다. 그런데 문제가 좀 있다. 이 오아시스에 남은 물이 너무 적다. 창업하면 된다는데, 텐트 치고 장사할 수는 없다. 그러자 정부가 머리를 쥐어짜고 쥐어짜서 생각한 것이 '트럭'이다. 정부가 강력 추천하는 '푸드 트럭'이라니. 정말로 '흥부가 기가 막혀'!

최저임금 인상으로 한 달에 한 명에게 50만 원쯤 더 준다고 치면 1년이면 600만 원이다. 그렇게 세 명을 고용한다고 하면 1,800만 원이 추가로 지급되게 된다. 단순하게 생각하면, 연간 1,800만 원 정도의 값어치가 있는 어떤 인센티브를 자영업자에게 제시할 수 있으면 최저임금에 대한 합의는 도출이 가능하다. 간단한 주고받기다. 대기업으로부터 골목 상권을 보호하기 위한 장치들이 이미 상당히 제시되어 있고, 프랜차이즈의 본사와 지점 사이의 불공정한 관행을 시정하기 위한 조치들도 제시된 것들이 상당히 있다. 대기업들이 부당하게 자영업자들의 영역에서 발생시키는 문제점들이 한 축의 정책으로 정리될 수 있다. 그리고 임대료 상승과 관련된 제약 조건이나 건물 재개발 시 우선임차권 등 건물주의 부당한 횡포로부터 자영업자들을 지키기 위한 정책들도 상당수 제시되고 발표되었다.

그런 조치들이 실행되지 않는 이유? 대기업 눈치를 보느라 안 하고 있거나 건물을 소유하고 있는 정치인들과 고위 관료들이 "그거 별로인데"라며, 이렇게 저렇게 트집을 잡으며 미루고 있다. 이 분야에서 정책이나 대책이 없는 것이 아니라, 하기 싫어서 안 하는 것에 가깝다. 그리고 그렇게 차일피일 미루는 동안, 10인 미만 사업장에서 떼돈을 버는 것도 아닌 사장과 아르바이트생들이 일상의 피곤을 좀 심하게 겪고 있는 중이다.

사회적으로 최저임금 한 가지만 조정을 하겠다고 하면 합의가 쉽지 않다. 그러나 자영업자들에게 평균적으로 최저임금 인상으로 생겨나는 단기적 손해 이상을 제도적으로 보완해 줄 수 있는 일련의 정책을 같이 묶으면 합의가 훨씬 쉬워진다. 자영업자의 손해를 대기업과 건물주의 상대적 손실로 전환시키는 정책이 가능하다. 건물주 몇 사람만 '행복한 인생'을 누리자고 우리 모두가 지금의 부당함을 계속해서 감당하고 살 수는 없는 것 아닌가?

홍대 앞에 '걷고 싶은 거리'를 조성한다고 했을 때, 나는 반대 의견을 냈다. 젊은 도시공학자와 지리학자들의 일부도 반대 의견을 냈다. 그때 우리가 했던 말이 그와 같은 방식으로 거리를 지정하고 조성한다고 하면, 몇 년 지나지 않아 '굽고 싶은 거리'로 바뀔 것이라는 것이었다. 요즘은 '젠트리피케이션gentrification'이라는 용어가 조금은 더 보편적이 되었는데, 그 시절에는 지구 조성의 부작용 같은 것에 대해서 깊게 생각하지 않던 시절이었다. 그리고 시간이 꽤 흘러갔다. 홍대 근처에서 음악 작업하던 사람들이 결국은 하나둘씩 치솟는 임대료를 버티지 못하고 약간씩 옆으로 밀려나다가, 이제는 아예 그 지역을 떠나버렸다. 젊은 사람들이 자신들의 아지트라고 부르던 개성 있는 이국적인 작은 공간들도 없어져 버렸다. 그리고 정말로 굽고 싶은 거리가 되어 버렸다. 이 정도로까지 그곳에 고기집이 늘어날 것이라고는 생각 못했다. 상징적으로 '굽고 싶은 거리'라는 표현을 썼는데, 정말로 이 정도 수준일 줄은 몰랐다.

한국 경제가 가진 이상하고도 기이한 모습의 90퍼센트 정도는 대기업 혹은 건물주들 때문에 생겨난 모습이 아닌가? 홍대 앞에 가면 길바닥으로 내몰린 예술가들과 대기업으로부터 밀려난 사람들이 건물주들의 틈바구니 속에서 살아남기 위해서 발버둥치는 모습을 볼 수 있다. 21세기 한국은 더욱더 열심히 건물주에게 최적화된 거리를 만들고 있다.

한국에서 최저임금의 문제를 푼다는 것은, 대기업의 부당한 횡포를 줄이고 건물주에게 가는 렌트 경제의 일부분이 임금 손해분을 보존하게 만든다는 것과 같다. 행정으로 치면 큰 행정이고, 정치로 치면 큰 정치다. 방법이 없는 것은 아닌데, 길이 좁다. 누가 할 수 있을까? 또 어떻게 할 수 있을까?

이런저런 생각을 하다가, 히로시마에 원폭이 떨어진 다음 해에 피어난 유칼립투스 잎사귀를 생각하게 되었다. 원폭이 떨어진 곳에도 다시 사람이 살게 되었고 경제도 살아났다. 그곳에 생명체가 살고 잎이 피어난다. 그 땅에서 본 유모차를 생각하면 아직도 가슴이 뭉클하다. 살아 있다는 것, 그것은 눈앞에 있는 문제들을 끊임없이 해결하면서 다시 길을 찾고, 또 버티는 것이다. 그렇게 천이를 하고 변화한다. 언젠가는 또 문제가 생기겠지만, 그건 그때 해결할 일이다. 우리의 시대에도 어려움이 있고 가슴 아픈 일들이 많다. 그렇지만 원폭이 투하된 도시에 살아남은 사람들이 가진 그 절박함보다 더 큰 문제를 지금 이 시대에서 보지는 못한 것 같다. 아직 우리의 문제는 그 정도는 아니다.

아마 오랜 시간이 지나면 미국의 경제는 최저임금 문제를 해결하면서 한 단계 더 승화되었다고 할지도 모른다. 최소한 최저임금에 관해서는 오바마가 일을 해냈다는 역사의 평가가 남을 것이다. 일본의 경우는 아베 총리 시절, 눈에 띄는 변화가 생겼다고 기록될 것이다. 그리고 한국은? 권문석의 죽음과 함께 '최저임금 1만 원'이라는 구호가 생겨났다고 기록될 가능성이 높다. 나머지 빈 부분은 이제부터 채워 나갈 우리의 시간이다. 최저임금 문제를 푸는 것은 대기업과 중소기업 사이의 갈등을 완화시키는 것이기도 하고, 조물주보다 높은 곳에 있다는 건물주에게 지나치게 집중된 경제적 과실을 분산시키는 것과 같다. 어려워 보이지만 해법 자체가 없지는 않다. 기술적으로 경제적 대안을 찾아내는 것이 불가능하지는 않지만 사회적 절차를 진행시키기가 어렵다.

19세기, 근대화와 관련해 한국과 일본의 격차가 많이 벌어졌었다. 그리고 20세기에 들어오면서 결국 조선이 망했다. 그렇게 한국은 일본의 식민지가 되었다. 식민지 쟁탈전을 제외하면 유럽과 미국 그리고 동아시아의 주요 국가들이 같은 정책으로 한 방향으로 경쟁을 한 적은 별로 없다. 대륙이 사회민주주의 정책을 한참 전개하던 80년대에 영국과 미국은 신자유주의로 달려갔다. 영국이 금융화를 기치로 월스트리트처럼 런던을 세계 금융시장의 중심지로 만들기 위해 애쓰던 시절, 유럽은 산업 경쟁력을 유지하기 위해 제조업 정책을 강화했다. 영국이 산업 대신 금융을 강조하는 구호를 내걸 때 대륙국들은 반대로 갔다. 유럽과 일본이 마이너스 금리를 고민할 때, 미국은 이자율을 반드시 높이겠다고 다짐했다. 세계가 모두 한 방향으로 가고 선진국들이 지향하는 목표점이 같을 것 같지만, 묘하게 이해가 갈리면서 매 시기 지향점에 차이가 생긴다.

생각해 보자. 주요 국가들이 같은 목표를 내건 적이 지난 100년 동안 있었던가? 식민지 쟁탈전 이후 한 번도 합치되지 않던 주요 경제권이 마치 경쟁이라도 하듯이 최저임금을 강화하는 방향으로 가고 있다. 그렇다면 이것이 단순히 이념적이거나 정치적 입장 때문일까? 미국은 민주당이고, 독일과 영국은 보수당이다. 일본의 아베 정권은 보수 중의 극보수라고 할 정도로 강경한 입장이다. 각자 생각이나 계산은 다르지만, 일단 최저임금은 좀 더 올리자는 정책을 공통적으로 수행하고 있다. 그럼 대체 뭘까? 경제적 효과 면에서 이 나라들이 생각을 잘못하고 한국 정부가 제대로 생각을 했거나, 아니면 우리의 생각이 틀렸고 저들의 생각이 맞았거나, 둘 중 하나일 것이다. 왠지 구한말에 조선이 홀로 다른 방향으로 향했던 것처럼, 이번에도 우리가 방향을 제대로 잡지 못하고 엉뚱한 곳으로 향하고 있는 거라면 무슨 일이 벌어질까? 많은 보수 정권들이 하던 대로 시장경제를 확대한다며 규제 철폐를 하는 일에만 매달려 있더라도, 어차피 추구하는 방향이 같으니 정도의 차이만 있을 뿐, 크게 불안할 일은 없을 것이다. 그런데 지금은 같은 보수 정권이라도, 하는 일이 많이 다르다. 21세기 경제는 많은 것이 변했고, 계속해서 변하고 있다. 그리고 앞으로 남은 기간, 더 많이 변할 것이다.

416만 원의 의미

숲 생태학을 공부하면서 '하늘을 연다'는 표현을 보고 가슴이 먹먹했던 적이 있다. 너무 큰 나무들의 가지가 무성해지면 숲의 아래쪽에는 문제가 생겨난다. 가끔 산불이 적절히 발생해야 하는데, 문화적으로 무조건 산불을 막아야 한다고 하고 있으니 겉으로는 아름다워 보일지 몰라도 숲은 점점 더 약해져만 간다. 비슷한 효과를 내기 위해서 나뭇가지를 쳐 주는 간벌을 시도한다. 그러다 보니 인건비 문제가 있다. 숲 속에 사람이 걷는 길은 야생동물이 이동하는 길이기도 하다. 간벌한 나무들을 산 밑으로 옮길 인건비의 확보가 되지 않아 그대로 두다 보니, 결국 야생동물의 이동로를 막게 되면서 또 다른 문제가 생겨난다. 지금 우리가 보고 있는 한국 경제가 딱 이 모습이다. 숲의 하단부에 빛이 더 필요하고, 더 많은 양분이 필요하다.

'선남선녀'라는 아주 오래된 표현이 있다. 한동안 한국 사회에서는 잘생기고 자산도 좀 갖고 있는 남녀를 뜻하는 말로 썼다. 잘 모르는 사람이 많은데, 본래 선남선녀라는 단어는 연애해서 결혼하기에 좋은 조건을 가진 사람보다는 결혼하지 않을 사람들과 관련성이 더 높다. 즉, 선남선녀는 원래 '불가에 귀의한 남자와 여자'를 가리킬 때 사용했던 말이다. 이차돈이 순교한 것이 15세기 전인데, 그 오랜 기간 선남선녀는 종교와는 아주 거리가 멀었다. 불교 때문만은 아니지만, 지금의 청년들을 선남선녀라고 부르는 것은 원래의 의미에 좀 더 가까워진다. 득도하고 통찰력 있으며 고찰적인 선남선녀, 불가에서 원래 가졌던 이 단어의 의미가 그랬다. 일본에서는 득도라는 단어와 초식남이라는 단어를 동시에 쓴다. 숲으로 본 일본의 맨 하단부에는 초식남이 있고, 한국이라는 숲의 맨 아래쪽에는 선남선녀가 존재하는 것 아닐까? 그것도 아르바이트가 직업인 선남선녀, 21세기 한국에서는 이것이 기본 유닛이 되었다.

국민경제의 출발점이 아르바이트를 하는 선남선녀인지는 모르겠지만, 우리의 일상성의 출발점은 바로 그들이다. 삼시 세끼에서 크고 작은 생필품에 이르기까지, 그들의 손을 거쳐서 우리에게 건너오게 된다. 그리고 우리가 경제생활에서 가장 많이 접하게 되는 사람이다. 일상 속에서 경제 활동을 할 때 대개 우리는 사람 아니면 기계를 상대로 일처리를 한다. 지하철을 타서 몇 번을 갈아타고 내리면서 길을 잃거나 문제가 발생해 역무원과 얘기를 해야 하는 일이 생기기 않는 한 사람과 만나서 거래하는 일은 없다. 그리고 일터로 걸어갈 때까지 커피 한 잔을 사거나 소소한 물건을 살 때, 아르바이트를 하는 선남선녀들을 만난다. 그리고 그와 같은 순서를 역으로 거쳐 집에 돌아온다. 10년 뒤에는 기계가 더 늘어 있을 테고, 아르바이트생들은 더 줄어들었을 가능성이 높다. 그러면 아르바이트 문제가 해결된 것일까?

최저임금 1만 원의 의미를 잠시 생각해 보자. 하루에 8시간을 일한다고 했을 때 하루에 8만 원을 받게 된다. 그렇게 5일을 일하면 40만 원이다. 4주를 기준으로 계산하면 한 달에 160만 원이 된다. 그리고 근로기준법이 보장하는 '주휴 수당'이라는 것이 있다.

제55조(휴일) 사용자는 근로자에게 1주일에 평균 1회 이상의 유급휴일을 주어야 한다.

5일을 꽉 채워서 일하면 하루치 일당을 더 주게 되어 있다. 주당 8만 원이 된다. 4주를 기준으로 계산하면 8×4=32, 32만 원을 더 받는다. 160만 원에 이것을 더하면 192만 원이 된다. 그런데 우리는 4주를 기준으로 계산을 했으니까, 30일 기준으로 이틀치 16만 원을 더하면 208만 원이 된다. 실제로는 30일인 달도 있고, 31일인 달도 있으니까, 이런 편차를 가지고서 평균을 내면 209만 원이 된다. 계산을 더 정확히 하려면 5월 1일 노동절에 일하는 경우나 휴일에 일하는 경우를 따지고 들다 보면 개별적으로 좀 더 복잡해진다. 그냥 계산을 간편하게 하려면 30일 기준으로 208만 원, 이렇게 생각하는 것도 한 방법이다.

아르바이트를 하는 선남선녀가 있다. 같이 일을 하다 서로 좋아하게 된 두 사람이 사귀게 됐다고 가정하자. 두 사람이 쓸 수 있는 돈은 30일 기준으로 한 달에 416만 원이 된다. 데이트 비용으로 생각하면 매우 넉넉할 편일 것이고, 결혼을 고려한다면 머리가 빡빡해지기 시작할 것이다. 시간이 지나면 최저임금이 물가상승률을 감안해서 어느 정도 올라가기는 하겠지만, 아르바이트를 계속 할 수 있다는 보장은 없다. 그리고 나이를 먹으면 젊은 사람들을 채용하려고 하는 아르바이트 자리가 계속해서 남아 있을 거라는 보장도 없다. 그렇다면 아르바이트를 하다 보면 언젠가 정규직이 될 거라는 희망을 가질 수 있을까? 인터넷으로 하루에도 몇 번씩 뉴스 기사도 보고 텔레비전도 보는데, 비정규직과 파견직을 늘려야 한다는 대통령을 보면서 그런 희망을 가지게 될까? 살다 보니 재수 없는 경제 상황에 처해 아르바이트를 할 수밖에 없는 것이지, 그들이 모두 저학력자인 것은 전혀 아니다.

연애를 할지, 결혼을 할지, 아이를 낳을지, 개인이 선택할 일이다. 누가 하란다고 될 일도 아니다. 취직과 결혼에 대한 잔소리가 가득한 명절이 다가오면 이제 해외 여행이 늘어나고 귀성객이 줄어든다. 뭐라 한다고 해서 될 일이 아니다. 그렇지만 이제 아르바이트를 하는 선남선녀가 한국 경제 시스템 디자인의 기본 사양이 됐다. 어떤 시스템이든지 기본 사양을 놓고 설계를 시작한다. 그런데 지금 한국 경제는 삼성전자 사내 연애 아니면 공무원과 교사의 연애와 같이 조건이 맞는 것들 간에 초호화 사양이 기본인 것처럼 되어 있다.

최저임금으로 계산된 208만 원을 각각 손에 쥐고 있는 선남선녀 아르바이트생이 연애를 한다고 할 때, 그들이 만나게 될 미래가 어떤 것일까? 그 상상이 아주 어렵지는 않다. 여기에 맞춰서 주거 정책, 보육 정책, 교육 정책이 다시 디자인되는 것이 맞다. 그래야 오래 가기도 하지만 안정성도 높다. 조선이 끝내 망한 나라가 되었기 때문에 크게 부각이 되지 않은 사실 하나가 있다. 조선을 만든 사람들은 농민을 기본 사양으로 설정해서 디자인했다는 것이다. 양인과 천민, 두 가지를 놓고 만든 양천제가 조선조 출발 당시의 경제 디자인이었다. 당신의 양인은 기본적으로는 농민이다. 농민에 맞춰서 시스템을 설계했는데, 그래서 500년이나 왕조가 유지된 것으로 봐도 무방하다. 지금 우리가 만나는 '새로운 미래'도 마찬가지일 것이다.

416만 원을 손에 쥔 선남선녀 아르바이트생 연인이 그 돈으로 이런저런 미래를 상상하고 계획하는 일이 가능하도록 나머지 장치들을 맞추는 것이 앞으로 가야 할 우리의 미래다. 대학 등록금을 마련하느라 생긴 이자는 어쩔 것인가? 최저임금을 받는 아르바이트생에게 등록금 이자를 내라는 것은 너무 야박한 일이다. 괜찮은 직장이 생길 때까지 연기해 주는 것이 당연하지 않을까? 일본도 그렇게 제도를 일부 변경했다.

최저임금을 1만 원 수준으로 올리는 것은, 숲으로 보면 작은 산불과 같은 것이다. "와, 내가 죽겠다!" 여기저기서 아우성 나기는 한다. 당연히 불이 나면 당장 피해가 없지는 않다. 그렇지만 하늘이 열리고, 클라이맥스를 지나 위태로워지던 숲에 새로운 천이가 시작될 것이다. 평균 월급이 200만 원 이하인 사회서비스나 식음료 판매 서비스와 같은 직종들에서 큰 변화가 생겨날 수밖에 없다. 시민단체도 머리를 많이 쓰지 않으면 불법 고용주로 몰리기 딱 좋다. 시민단체를 그렇게 싫어했던 이명박 정부에서 최저임금을 확 올렸으면, 정말 많은 시민단체가 재정난에 문 닫을 정도로 어려움을 겪거나 불법 사장으로 몰렸을 것이다. 그렇지만 대신 지금 우리가 겪고 있는 이런 형태의 경제 위기는 생기지 않았을 가능성이 높다.

한국 역사에 독자적으로 구상된 시스템 디자인은 두 건이 있었다. 정도전이 조선을 만들면서 새로운 그림을 그렸고, 독립을 하면서 김구가 문화 국가로의 이상을 제시한 적이 있었다. "만 원만 줘 봐!" 이것은 친구 권문석이 그의 짧은 생을 마감하면서 가졌던 마지막 꿈이었다. 정도전이 했던 생각과 김구가 했던 생각을 합치면, '최저임금 1만 원'이 된다.

숲의 언어로 얘기하면 클라이맥스를 지나 늙어 가던 숲에서 새로운 천이가 시작되는 일이다. 이 새로운 천이는 죽은 것들을 숭배하던 시기를 지나 살아 있는 것의 아름다움을 노래하는 시기가 될 것이다. 경제학 용어로 얘기하면, 스톡stock 변수에서 플로우flow 변수가 더 중요한 시기라고 얘기할 수 있다. 우리말로 번역하자면 '저량 변수'에서 '유량 변수'가 중요한 시기라고 말할 수 있다. 과거 축적된 것이 모든 것을 결정하는 것이 아니라 그 해, 그때에 활동하는 것이 더 중요한 시대, 그 출발점이 최저임금 1만 원이 아닐까?

자연은 이미 그랬다. 늘 그랬고 앞으로도 그럴 것이다. 몇만 년 전에 죽은 나무로 기차를 달리게 하면서 19세기가 번성했고, 몇만 년 전에 죽은 공룡의 살로 공장과 자동차를 움직이면서 20세기가 찬란했다. 여기에 지구가 생겨날 때부터 있던 광물인 우라늄을 쓰면서 20세기 후반, 인류는 몇 번이나 죽을 고비를 겨우겨우 넘겼다. 이런 것이 스톡 변수다. 태양이나 바람의 에너지를 인간이 쓸 때는 그때그때 쓰는 것이고, 몇 년씩 저장해 두지는 않는다. 이런 것이 플로우 변수다.

죽은 노동의 집합체라고 정의되는 자본으로부터 이자가 나온다. 그리고 그 자본의 일부가 땅에 들어가면 월세가 나온다. 그리고 살아서 혼자 힘으로 열심히 아르바이트를 하는 사람에게는 최저임금이 나온다. 죽은 것들에게 살아 있는 것들이 멸시당하고 놀림받는 경제, 지금 우리의 구조가 그렇다. 그래서 정말 열심히 살고도 때로는 이유 없이 속상하고 비참해진다. 죽은 것들의 권능 앞에서 홀로 최선을 다하는 사람들이 당당하고 밝게, 그리고 가끔은 찬란하게 빛날 수 있는 것이 우리가 가야 하는 길이 아닐까? 최저임금을 올리는 것이 모든 것을 해결해 주지는 않는다. 그렇지만 엄청나게 화려하거나 견딜 수 없이 뿌듯해지지는 않더라도, 바닥도 없이 비굴해지는 상황을 줄여 줄 수는 있다. 귀족이 되어 존경받고 살자는 것이 아니라, 아르바이트생이더라도 최소한의 존엄을 지킬 수 있는 상황 정도는 만들 수 있다. 그리고 그 경제적 조건을 이루는 것은 그렇게 어려운 길은 아니다.

이자, 월세, 배당 그리고 상속까지 죽은 것들 혹은 죽어야 생기는 것들이 대접받는 세상에서 아르바이트를 하는 청년들의 입에서 "살아 있으니까 모두 행복한 거야!", 이런 얘기가 나오는 순간이 우리에게도 올까?

우리의 미래는 그래야 한다. 그리고 그것이 우리가 만들 수 있는 진정한 아름다움이다. 태어난 것이 불행의 시작이고, 이 땅에 살지 않는 것이 많은 사람들의 정서적 목표가 된 사회에 이별을 고하고, 최저임금을 받는 사람들의 얼굴에 미소가 번지고 입에서는 웃음소리가 나오게 하는 것이 우리의 목표가 되어야 한다. 그러면 그 순간이 어디부터 어디까지가 위기인지도 모를 한국 경제의 두 번째 클라이맥스가 될 것이다.

숲의 천이가 새롭게 시작될 것인가? 모든 살아 있는 것들이 제 각각의 모습으로 모두가 찬란하게 빛나는 숲의 모습을 향해 우리의 미래가 갈 것인가?

살아 있는 것들을 위한
세상을 기대하며

1.

호주에 간 적이 있다. 호주사에 대해 잘 몰라서 책 몇 권을 사려고 서점에 들렀다. 기왕이면 호주독립사를 다룬 책도 있으면 사려고 했는데 찾기가 쉽지 않았다. 어보리진aborigin이라고 부르는 원주민과의 처절했던 초기 관계 및 그것을 회복하기 위한 시도에 관한 책들은 금방 찾을 수 있었지만, 독립사의 영웅과 관련된 것은 찾기 어려웠다. 아프리카에만 가도 독립 영웅의 이야기를 담은 유명한 책들이 있다. 이건 뭘까, 잠시 고민을 했다. 곰곰이 생각해 보니 호주는 독립을 쟁취한 것이 아니라 상황에 의해 '풀려난' 것이었나 싶었다.

　18세기 후반부터 영국 경제는 어려워졌다. 그 때문에 호주 스스로 독립한 것으로 봐도 맞고, 당시 영국이 '고비용 저효율'로 구분했던 식민지들을 구조조정하는 과정에서 호주가 상대적 자율성을 가지게 되었던 것으로 봐도 맞는 것 같다. 무슨 일이 있어도 인도를 포기할 수 없었던 영국이 상대적으로 중요도가 덜하다고 생각되는 식민지에 관한 직할을 완화했던 것이다. 간디와 같은 독립 영웅의 서사를 보편적인 것으로 여겼었는데, 모든 식민지가 똑같은 발전의 궤적을 가진 것은 아닐 수도 있다는 생각을 그때 처음 했다.

　그로부터 몇 년 후, 호주에 관해 다시 한 번 진지하게 생각할 기회가 생겼다. 한 치과 의사의 개인사 때문이었는데, 그가 초등학생 아들과 아내를 호주로 보내려고 결정한 직후 그와 긴 시간 얘기를 하게 됐다. 이미 주변에 그와 같은 기러기아빠들이 좀 있었다. 그런데 그의 사연은 좀 색달랐다. 아들에게는 약간의 발육 지체가 있었는데, 아주 사소한 일이었지만 학교를 정상적으로 다니기가 힘들었던 모양이다. 그는 아들을 위해 이곳저곳 알아보기 시작했고, 호주에서라면 아이가 정상적으로 학교를 다닐 수 있고 장애인을 위한 보조교사의 도움을 받을 수도 있다는 것을 알게 됐다. 그 후 그의 아내와 아들은 호주로 떠났다. 높은 수준의 교육이나 문화적 수혜를 누리기 위해서가 아닌, 약간의 불편함을 가진 아들이 조금이라도 더 편하게 일반적인 학교생활을 할 수 있기를 바란 것뿐이었다. 그리고 비슷한 시기에 《도가니》를 연재하고 있었던 소설가 공지영과 집필과 관련된 취재 과정과 구상에 대해 자세하게 얘기를 나눌 기회가 있었다.

이 두 번의 만남을 통해 나는 교육이란 무엇인가, 학교란 무슨 역할을 하는가 하는 생각들을 다시 한 번 해 보게 되었다. 또 한편으로는 장애를 가진 학생과 일반인 학생이 구분 없이 함께 학교를 다닐 수 있는 것이 서로에게 많은 도움이 될 것이라는 생각을 자주 하게 되었다.

그렇게 학교에 대해서 고민을 하는 와중에도 한국의 분리 정책은 더 심각하게 진행이 되었다. 이번에는 경제적 분리 과정이다. 학생들 사이의 경쟁에 관한 기본 가설이 하나 있다. 그 가설이 맞는지 틀리는지는 아무도 모른다. 그 내용은 이렇다. 나이가 들어서 분리시킬수록 재산 효과가 적고, 나이가 어릴 때 분리시킬수록 재산 효과가 커진다는 것이다. 즉 가난한 집안의 자녀와 부유한 가정의 자녀가 고등학교 3학년 때까지 같이 지내다가 경쟁을 하면 상대적으로 가난한 학생들이 덜 뒤쳐진다는 것이다. 그래서 고등학교 때부터 철저히 분리를 시키자는 것이 외고를 비롯한 특목고를 뒷받침하는 거의 유일한 경제적 가설이다. 경제 엘리트의 눈으로 보면 그렇다. "과학과 언어와 같은 특수한 지식이 더 중요하냐" 아니면 "통합 교육이 더 중요하냐"와 같은 논쟁이 일어날 수 있다. 심지어 아예 중학교 때부터 분리를 시키자며 국제중학교의 필요성을 주장하는 측의 경제적 이론도 마찬가지다. 이와 같이 장애인과 비장애인의 통합 교육은커녕, 멀쩡한 학생들도 경제적으로 분리를 시키는 방식으로 한국 사회는 걸어왔다.

2000년대 이후, 한국의 흐름은 극단적인 분리주의자들이 득세하는 과정이 아니었을까 싶다. 가난한 사람들과 부자들을 경제적으로도 분리시키고, 지역적으로도 분리시키고, 문화적으로도 분리시키는 과정, 그런 것이 제국이 식민지를 통치하는 기본 방식 아니었을까? 자국민이 자국민을 분리시키는 독특한 과정이 교육의 영역에까지 들어온 것이라고 생각한다. 아주 극단적인 엘리트주의, 이것이 21세기 한국에서 더욱 강해진 것 같다.

한국에서 부자와 가난한 사람이 분리되지 않는 공간이 어디 있을까? 주거, 교육, 쇼핑 공간 모두 분리된다. 그리고 점점 더 이러한 분리가 강화되고 있다. 역설적으로 한국에서 가장 평등한 공간은 고속도로 위가 아닐까 한다. 고속도로가 만들어 내는 아찔한 위험 앞에서 우리는 모두 잠시 평등하다. 철도, 비행기, 배 모두 분리되어 있다. 그렇지만 고속도로의 위험 앞에서 만큼은 우리는 모두 평등하다. 차가 비싸면? 과속의 확률만큼 위험해진다.

호주에서 한국의 독립사같은 역사적 사실을 찾아보기는 어렵다. 한국은 나름 강력한 독립사를 가지고 있는 나라다. 외부에서는 '백호주의'라는 말로 호주가 가지고 있는 강한 인종주의와 배타주의를 지적하지만, 내부에서는 그들 나름대로 원주민과 이주민 사이의 통합을 고민하는 통합주의자가 주류라고 생각한다. 한국은 어떨까? 경제적·문화적·지역적 이유에서 분리와 차별을 선호하거나 당연시 여기는 것이 주된 분위기다. 경제적으로 보면 극단적 시장주의자들의 시대로 보이지만, 문화적으로 보면 분리주의자들의 시대가 지난 10년 동안 펼쳐졌다고 볼 수 있다. 차별을 선호하는 엘리트들의 엘리트주의가 극한까지 간 것, 이것이 2007년 이후의 한국 경제의 위기와 함께 벌어진 현상이다.

최근의 한국 엘리트들에게 분리의 대상은 '청년'이다. 골프
장에서 만날 일 없고, 조찬 모임에서 볼 일 없고, 호텔 라운지에서
열리는 심포지엄에서도 마주할 일이 없다. 지하철이든 버스든 탈
일이 없으니, 이래저래 볼 일 없다. 한국 사회에서 경제적으로 지
역적으로 많은 집단이 차별받고 분리되는데, 청년층 역시 그 많은
차별 중에 하나일 뿐인 모양이다. 경제적 주체로 간주되지 않는
것은 물론이고, 정치적 주체로도 간주되지 않는다. 유일하게 똑같
은 시민이자 국민으로 여겨지는 권리가 바로 투표권이다.

2.
책을 준비하면서 만난 청년들 중에는 투표하라는 얘기는 좀
안 했으면 좋겠다고 말하는 친구들이 꽤 있었다. 나는 그들에게
책에서 투표하라는 얘기는 안 하겠다고 약속했다. 원래도 그럴 생
각이 없기는 했는데, 청년들이 그런 생각을 직설적으로 드러내서
얘기한 것에 놀랐다. 지난 몇 번의 선거에서 청년들에게 들으라고
하는 말임이 분명해 보이는 "투표하세요"라는 소리를 들으면서
느꼈던 불편한 심경도 얘기했다. 잘되면 내 탓, 안되면 네 탓 하는
구조 안에서 청년들이 갇혀 있는 것도 사실이다. 그리고 매번 유
명인들이 "투표하세요"라고 말할 때마다 투표라는 개념도 모르고
놀 생각만 하는 철없는 사람들 취급을 받는다고 느끼는 듯했다.
"투표는 알아서 할 거예요, 그런데 투표하면 뭐 좀 나아지나요?"
나는 이 질문에 "그렇다"고 대답하지 못했다. "그래야지요",
"그래야 할 텐데"와 같은 식의 답변은 아무 말도 안 하는 것보다

못하다고 생각했다. 무능하고 비겁한 대답일 뿐이었다. 생각해 보니 한국에서 유일하게 "그렇다"고 답할 수 있는 사람이 있었다. 실제로 그렇다고 답했고, 정말 그렇게 생각하는 그 사람은 이렇게 말했다.

"그래서 제가 대통령 되려고 하는 거 아녜요?"

이런 비슷한 상황을 2009년 이후의 일본 민주당에서 볼 수 있다. 자민당을 누르고 일본 제1당이 된 그 해의 참의원 선거는 어떤 면에서는 감동적이었다. 평생 자민당만을 찍었다는 할아버지들이 이번에는 청년들을 위해서 처음으로 다른 당에 투표한다는 인터뷰가 빗발쳤다. 이는 유럽에서도 보기 힘든 장면이었다. 유럽의 경우, 계급투표가 상당히 정착해서 어느 정도 정치적 생각이 있는 사람들의 투표 성향은 잘 바뀌지 않는다. 많은 사람이 일본도 그럴 것이라고 생각했다. 자민당에만 표를 던졌던 사람들, 그것도 연세가 지긋하신 할아버지들이 투표 성향을 바꾸는, 정말 살아서 한두 번이나 볼까 말까 한 일을 그때 보았다. 당시에 일본 민주당을 성향상 지지하지 않는 많은 일본 시민단체 관계자들도 이번에는 정권을 바꾸어야 한다고 자신의 신념처럼 얘기했다. 그들에게 물었다.

"그럼 민주당 좋아해요?"

그러자 그들은 이렇게 답했다.

"아니요. 그렇지만 이번에는 좀 바뀌어야 해요."

그렇게 기적과 같이 일본의 정권이 바뀌었고, 단일 정당으로서는 역대 최다 의원수를 획득했다. 정권을 잡은 뒤의 일본 민주당은 정말로 일을 잘 못했다. 일본 시민사회를 대표하는 반^反빈곤

연대의 리더 유아사 마코토^{湯浅誠}가 내각에 참여했다가 실망하고 되돌아서는 광경은 다큐멘터리로 제작되어 일본 사회를 다른 방식으로 강타했다.

"뭐야, 겨우 이런 거 하자고 정권 바꾸자고 한 거야?"

오자와의 리더십은 땅에 떨어졌고, 별로 한 것도 없이 정책적으로 갈지자 행보를 보였다. 그는 구태로 몰렸고, 부패한 정치인의 표상이 되었다. 그리고 일본 열도를 강력한 충격으로 밀어넣은 후쿠시마 원전 사고가 생겼다. 당시의 집권당이 민주당이었다. 그렇게 별로 한 것도 없이, "역시 민주당은 안 돼", 이런 강렬한 기억을 사람들에게 남기고 정권은 다시 자민당으로 넘어갔다. 정권을 다시 넘겨 주고 나서 일본의 야당은 일고여덟 개의 세력으로 분할되었다.

그 후 도쿄 민주당사에 방문할 일이 생겼다. 민주당 정책을 총괄하는 실무 책임자와 길게 얘기를 나누었다. 그는 집권기에도 그 일을 하고 있었고, 지금도 그 일을 한다. 정부 고위직에서 다시 작은 야당의 정책 총괄로 신분이 바뀌었고, 월급 주는 사람이 바뀌었다. '슬픈 천재.' 내가 그에게 받은 느낌은 그랬다. 그는 우리식으로 말하자면 생활인 정도가 되는 '생활자' 개념으로 당의 강령과 기본 프로그램들을 전체적으로 재정비하는 일을 하고 있었다.

일본 민주당의 집권과 몰락 그리고 다시 무엇인가를 하기 위해서 절치부심하는 것까지, 아주 멀지 않은 거리에서 지켜볼 기회가 있었다. 청년들이 "투표하면 뭐가 나아지나요?"라고 하는 질문을 들을 때마다 나는 2008년을 즈음한 일본 민주당의 모습을 떠올린다. 그때 일본 시민사회의 많은 인사들은 이렇게 대답했다.

"그럼요, 당연히 나아지지요."

그러나 나는 그렇게 대답할 수가 없었다. 변화, 쉽지 않은 것
이다. 그러나 변화하고 좋아질 것이라는 생각을 하지 않는다고 한
들 그 또한 무엇이 나아질까? 비굴해지거나 비참해지는 것은 참
을 수 있지만, 그 끝은 결국 비겁해지는 일뿐이다. 그리고 비겁해
졌다고 생각하면서 비굴함은 더욱더 진해진다.

3.

10년 전과 비교하면, 청년 문제에 대해 정말 많은 사람들이
인지하고 있고, 20대 청년들의 적극적인 투표에 대한 의지도 분
명히 높아졌다. 그리고 아직까지 각종 주제에 대한 여론조사에서
여전히 20대와 60대는 정반대 방향으로 움직이고 있다. 그러나
청년 정책에 관해서만큼은 수렴할 가능성이 보이기는 한다. 한국
에서 한 번도 발생하지 않았던 세대 간 연대가 앞으로의 투표에
서 발생할 수도 있다. 그래서 외형적으로만 보면 새로운 흐름의
발생 가능성을 엿볼 수 있다.

관건은 청년 정책과 관련해서 우리는 여전히 허약하다는 사
실이다. 왜 해야 하는가, 무엇을 위해서 할 것인가 그리고 어디까
지 갈 것인가, 이런 질문들을 충분히 던지지 못했다. 그리고 대답
하기 위해서 충분히 노력하지도 않은 것 같다. 특별한 사회적 변
화가 없다면, 일본이 걸었던 길을 우리가 그대로 따라갈 가능성이
무척 높다. 논리적으로는 그렇다. 그런데 변화라는 것은 도대체
무엇일까? 그리고 그 변화가 어떻게 결정되는 것일까?

나무들 사이의 커뮤니케이션에 관한 얘기를 처음 들은 것은 1996년 즈음이었던 것 같다. 케미컬^{chemical}이라고 흔히 부르는 화학적 분비물질을 통해서 나무가 다른 나무에게 경고를 하기도 하는 등, 신호를 보내는 과정을 전공으로 공부하는 친구들과 같이 공부할 기회가 있었다. 나무에게 덤비는 벌레를 퇴치하거나 화분을 위해서 유혹하는 정도는 상식적으로 알고 있었지만, 나무와 나무 사이의 소통에 관한 얘기는 그때 처음 들었다.

숲의 천이에 대해 이제 어느 정도는 알 것이다. 그런데 그 천이를 위해 거쳐야 할 무수히 많은 의사결정들이 필요하다. 도대체 숲은 그와 같은 것들을 어떻게 처리하는 것일까? 복잡계複雜系라고 하면, 숲도 일종의 복잡계다. 숲은 스스로 너무 늙어서 허약해졌다고 생각되면 직접 산불을 준비하기 시작한다. 산불이 날 요소나 메커니즘에 관해서는 개별적으로 꽤 연구가 되어 있는데, 정작 숲이 그것을 어떻게 판단하느냐에 관한 해답은 여전히 과학의 영역 저 너머에 있다. 비슷한 사례로 메뚜기들의 이동을 생각할 수 있다. 한 지역 내에 메뚜기의 수가 너무 많아지면, 장거리 비행에 익숙한 형태의 몸을 가진 메뚜기들이 태어나기 시작한다. 즉 메뚜기 집단이 자체적으로 개체 수가 너무 많아졌다는 사실을 파악한 후 해당 지역에서 오래 살아가기 위해 일부가 다른 곳으로 떠나야한다는 판단을 내리는 것이다. 자체적으로 개체 수를 조절하기 위한 이주 집단에 관한 의사결정 역시 숲의 판단과 비슷한 것이다. 실제 그런 판단을 한다는 것은 알겠는데, 도대체 '누가' 그리고 '어떻게' 그런 판단을 내리는 것일까?

시스템의 의사결정에 대해 우리는 아직 충분히 알지 못하고 있다. 조절하고 조율하는 과정이 대개 중앙형이 아닌 경우가 많다. 많은 시스템이 우연한 것이면서도 집체적인, 그러나 전체에게 영향을 미치는 결정들을 내린다. 뇌와 인공지능이 하는 의사결정 외에도 더 분산적이면서도 나름대로 잘 조율된 의사결정 방식들이 존재한다. 숲에도 중앙통제소가 존재하는 것일까? 영화 〈아바타〉에는 생명의 나무가 모든 존재의 기억을 그 안에 보존하여, 중앙 연동형 시스템으로 움직인다는 설정이 나온다. 디자인하기 편하고 감정이입을 하기 좋은 구조다. 그렇지만 숲이야말로 정말 분산형 구조로 의사결정을 내리는 것 아닌가? 숲 한가운데에 중앙통제소가 있다고 생각하기는 어렵다. 그렇지만 그들도 끊임없이 무엇인가를 스스로 결정한다.

투표로 누군가를 선출하고, 그렇게 선출된 누군가가 다른 사람들을 대표해서 의사결정을 내린다는 것이 대표적인 중앙형 시스템이다. 그 반대편에 있는 것은 '직접민주주의', 즉 동네에서 매번 수없이 많은 토론들을 하면서 무엇인가를 결정하는 시스템이다. 이 두 가지가 인간이 합리적이라고 판단한 집단적인 의사결정의 모습이다. 물론 시스템의 변질은 금방이다. MB 시절처럼 시스템 운용은 "나와 내 친구들이 다 하는 것이다"라는 식이었고 실제 그와 같이 시스템이 이상하게 작동될 수도 있다.

스위스가 직접민주주의의 가장 극단적인 한 축에 서 있다. 일곱 명의 내각의원들이 1년씩 돌아가면서 대통령직을 수행한다. 외부에서도 누가 대통령인지를 잘 모르지만, 내부에서도 깜박깜박하는 것 같다. 극단적인 연방제로 20개 주가 각각 따로 노는 데다가, 심지어 언어권마저도 다르다. 연방에서 결정하는 것은 최소화되어 있고 각자 알아서들 한다. 우리는 정치적으로 스위스와 극대칭에 있다고 할 수 있다.

대개 프랑스가 가장 중앙화되어 있는 곳으로 평가받는데, 우리는 그런 프랑스보다도 더 강력한 중앙형 시스템이다. 한국에서 총리나 국회의장이 누군지 몰라도 상관없지만 대통령이 누군지 모르면 사회생활 자체가 어렵다. 의사결정 체계로서 스위스가 숲의 모습에 조금 더 가깝다고 하면 우리는 사자 집단의 것에 조금 더 가깝다. 외형적인 모습과는 달리 숲에는 위아래 구분이 크게 없고, 박테리아에서부터 대형 음지 식물에 이르기까지 각자의 기능을 하면서 동시에 선택적 협력이 진행된다. 사자 집단은 서열 정점에 있는 수사자로부터 시작해서 가장 밑의 어린 새끼까지 철저하게 서열제다.

그런데 바다에서는 이 구조가 조금 다르다. 육지의 최상위 포식자이며 집단생활을 하는 사자와 비교했을 때, 바다의 최상위 포식자 집단이라고 할 수 있는 범고래 집단의 작동 방식은 좀 다르다. 둘 다 비슷한 수준의 사냥꾼이자 강력한 집단이지만, 범고래는 나이가 많은 할머니뻘 범고래를 중심으로 모여 있는 모계 시스템으로 유지된다. 서식지에 있어서도 사자와 범고래의 특징이 약간 다르다. 사자는 주로 열대지방에서 사는 반면, 범고래는 남극에서 북극까지 전 세계 어디에서나 출몰한다. 서식지에 따른 효율적 적응에 있어서는 범고래를 따라갈 동물이 없다. 적도에서 극지방까지 범고래는 어디든 먹이만 있으면 나타난다. 사냥이나 적응 능력 같은 것으로 사자 집단과 범고래 집단을 비교하기는 어렵다. 동물이든 식물이든, 하나의 군집을 형성하면서 수많은 의사결정을 내리게 된다. 집단을 이루고 사는 고래들은 정말 수다스럽다. 흔히 '고래의 노래'라고 말하는 초음파로 계속해서 떠들면서 커뮤니케이션 구조를 만든다. 만약에 사람들이 나무의 케미컬을 이해할 수 있다면 식물이 얼마나 시끄럽게 떠드는 존재인지, 묵직하게 서 있는 고목들이 얼마나 수다스러운지 알게 되면 아마 깜짝 놀랄 것이다. 나무 안에서도 떠들고, 나무끼리도 떠들고, 박테리아와도 수다를 떨고, 벌레들과도 교감한다. 분산형에 가까운 시스템일수록 더 수다스럽다.

인류 역사 속에 등장한 집단 중에서 가장 수다스러운 집단은 무엇이었을까? 〈캐리비안의 해적〉의 모티브가 되었던 '검은 수염'으로 상징되는, 바로 그 해적 집단일 것이다. 그 당시 10대 초반부터 해군 장교로 승선을 시작해서 처음부터 지휘자로 교육을 받는 엘리트 집단이 영국이나 프랑스의 수군을 이끌고 있었다. 넬슨이 처음 선장이 된 것은 무려 스물여섯 살 때의 일이다. 극단적인 엘리트 집단이라고 할 수 있다. 상명하복上命下服, 흔히 생각하는 수군의 군기의 이미지 바로 그대로 움직였다.

그들과 싸웠던 캐리비안의 해적들은 중요한 의사결정을 해야 할 때면 투표로 결정했다. 그것이 정말 가능한 일일까? 심지어 선장의 결정이 이상하면 해적선의 선원들은 선장을 해고하기도 했다. 작은 외딴 섬에 선장을 내리게 한 후 럼주 두 병과 권총 한 자루를 던져두고 떠났다. 럼주를 마시다 동이 나면 자살하라는 얘기였다. 정말 극단적인 민주주의 집단이었던 그들은 수다스럽게 떠들면서 자신들의 운명을 직접 결정했다. 대서양을 가운데 놓고 상명하복의 극단적인 엘리트 집단인 왕의 수군과 "그런 것 따위 알 바 아니다. 내가 하고 싶은 대로 살겠다"며, 지독할 정도로 수다스럽게 의견을 내뱉고 나누는 분산형 의사결정체인 해적선, 그 두 집단 간의 경쟁이 100년은 갔다.

그렇다고 그 시절 카리브 해 해적들이 집단으로서의 효율성이 떨어졌느냐고 보기는 어렵다. 영화에서는 '해적 코드'라고 불렸던 것이 바로 해적들의 승선 계약서였다. 노동 조건과 임금분배 등 구체적인 사항들을 '아티클^{article}'로 만들어 놓고 서명을 한 후 해적이 되었다. 그리고 공동의 기금을 마련해 두어서, 신체에 심각한 부상을 당한 자는 거금을 받고 하선해서 일상으로 돌아가게 했다.

사회에서 의료 보험에 관한 이론들이 제시된 것은 그보다 100년 후의 일이다. 우리는 아직도 산재 처리마저도 깔끔하게 하지 못하는 사회에 살고 있다. 해적선의 시대조차도 선장이 시키면 선원들이 벌벌 떨면서 까라는 대로 까는 일방적인 의사결정의 구조를 갖고 있지 않았다. 해적선 블랙펄의 선원들이 잭 스패로우 선장에게 사사건건 대들고 토 달고, 심지어 선장을 조롱하는 모습까지, 〈캐리비안의 해적〉은 그 시절 해적선의 사실적 고증에 철저히 근거해서 묘사했음을 알 수 있다.

"자, 우리 이제 새로운 산불을 준비합시다."

나무들이 자신의 몸을 태워 없앨 불을 내겠다는 결정은 파국적이며 종말론적인 결정일 수밖에 없다. 그렇지만 그들도 미래를 준비해야 하기에 하나의 클라이맥스에서 다시 새로운 클라이맥스를 준비하는 결정을 해야 하는 것이다. 그런데 도대체 그런 결정을 누가 혹은 어디에서 혹은 무엇이 내리는 것일까? 은행나무?

단풍나무? 졸참나무? 아니면 소나무? 누가 숲의 주인일까? 숲이 그러한 의사결정을 내리는 과정에 대해 제대로 알기는 어렵다. 개별적 메커니즘이나 핵심 종 일부의 기능에 대해 약간 알고 있을 뿐이다. 고음파나 저음파가 아니라 '케미컬'을 감지할 수 있는 청각을 가진 사람이라면, 숲에 들어가서 "너무 고요해서 마음이 정말 차분해진다"고 얘기하지는 않을 것이다. 숲이야말로 캐리비안의 해적선에서 해적들이 왁자지껄하게 토론하고 투표하는 것처럼 정말로 수다스러운 존재들의 집합체가 아닐까 하는 생각을 해본다.

그에 비하면 한국 사회는 정말 조용한 사회다. 조용 하다못해 '고요한' 사회다. 선장의 지시가 짧게 지나가면 그걸로 끝이다. 뭐라 그러거나 말거나 대대수의 한국 사람은 입을 다물고 사는 데 익숙해져 있다. 한국의 고요함과 숲의 수다스러움, 극단적인 두 개의 장면이다. 지시와 홍보, 왜곡…… 이와 같은 것들이 한국의 큰 입이다. 짧게 몇 마디 끝나고 나면 고요함만이 흐르는 나라, 이것이 2016년 우리의 모습이다. 뭔가 "이건 좀 아닌 듯하다"는 말이 입 안을 채 벗어나지 못한다. 할 말이 있었든 아무 할 말도 없었든 그저 조용하다. 심리학에서 '학습된 무기력learned helplessness'이라고 부르는 현상과 다를 바가 없다.

역사적으로도 매우 유명한 '고요함'을 상징하는 글이 하나 있다.

"죽은 듯 고요한 봄이 온 것이다. 전에는 아침이면 울새, 검정지빠귀, 산비둘기, 어치, 굴뚝새 등 여러 새의 합창이 울려 퍼지곤 했는데 이제는 아무런 소리도 들리지 않았다. 들판과 숲과 습지에 오직 침묵만이 감돌았다."

—《침묵의 봄》중

레이첼 카슨Rachel Carson의 《침묵의 봄》 도입부에 나오는 한 장면이다. 새들이 사라진 뒤에 남은 고요함이 얼마나 무서운 것인지 묘사하고 있다. 이 책 한 권이 세상을 움직였다. 침묵과 고요, 이것이 얼마나 끔찍한 결과인지, 그녀만큼 생동감 있게 묘사한 사람이 또 있었을까 싶다. 숲이 고요한 것은 정말이지 생각보다 훨씬 무서운 일이다.

수다스러운 것, 그것은 침묵을 깨는 가장 빠르고 확실한 길이다. 가만히 있으면 아무 일도 벌어지지 않지만, 수다를 떨다 보면 결국 무슨 일이라도 벌어진다. 변화가 또 다른 변화를 만들고, 그 변화가 다시 새로운 상황을 만든다. 그 출발은 결국 '수다'가 아닐까? 우리는 좀 더 많이 얘기하고, 좀 더 적극적으로 대화해야 한다. 사람들이 가만히 서 있는 나무들보다도 덜 떠들어서야 되겠는가? 혼자서 면벽을 오래 한다고 해서 세상에 변화가 올 것 같지는 않다. 많은 청년들의 삶을 보노라면, 일상이 이미 득도 수준이다.

4.

도쿄에 있는 야스쿠니 신사에 가 본 적이 있다. 2차 세계대전 전범이 안치되어 있어서 늘 논란이 되는 시설이다. 주변 국가에서 야스쿠니에 대한 일본 정치인의 입장을 보고 그 사람의 정치적 성향을 판단할 정도로 뜨거운 논쟁의 대상이 되는 곳이다. 별로 특별할 것 없는 평범한 한 평일 오후에 그곳에 갔었다. 그 앞에 있던 몇 대의 관광버스에서 소박하면서도 정갈한 옷을 입은 할머니들이 내려 부근을 산책하고 있었다. 한국 언론의 표현을 빌자면 일본의 '극우파'들이었다. 그런 그들도 집으로 돌아가면 여느 사람과 다를 바 없는 일상생활을 하는 정말 평범한 할머니, 할아버지들일 것이다. 그들 중에는 평생 처음으로 도쿄 구경을 온 사람이 있었을지도 모른다. 야스쿠니 안에 있는 홍보관에서 하는 짧은 홍보 영화를 보았다. 요즘은 사라졌지만 옛날에 영화를 보기 전이면 늘 〈대한늬우스〉를 봤던 기억을 가진 나에게 그 홍보 영화는 그리 어색하게 느껴지지 않았다. 예전에도 그보다 더한 것들을 보기도 했고, 심지어 요즘에도 각 정부 기관에서 만든 홍보물들도 그와 크게 다를 바 없구나 싶었던 것들이라 크게 이질적으로 보이는 것은 없었다. 그리고 나름 엔딩이 신선했다. 숲에서 그네를 타고 있는 어린 여자아이의 밝은 웃음과 함께 끝을 맺는데, 배경으로 흐르는 사운드가 〈대한늬우스〉에서 나오던 군가 스타일과는 좀 달랐다. '힙합'이었다. 사실 야스쿠니에 꼭 한 번 가보고 가서 홍보관의 그 영화를 보라고 권유했던 사람이 있었다. 일본의 극우파들의 메시지가 젊은 세대에게 도저히 전달이 안 되니까, 그런 홍보물의 배경 음악으로 힙합을 사용한다는 얘기를 들었다. 그래도 막상 보고 나니, 무언가 짠한 마음이 들었다.

한국에서 만든 그와 같은 홍보물 중에서 가장 애잔했던 것은 이정선의 〈뭉게구름〉을 원자력과 관련된 홍보물의 배경 음악으로 쓰던 순간이었다. 동요 느낌이 많이 묻어나는 70년대 대표 포크송이 '지구를 지키는 깨끗한 에너지'라고 말하는 홍보물에 담겨 '원자력 찬가'로 사용되는 것을 보고 정말 이럴 수가 있나 싶었다. 야스쿠니에서 상영되던 홍보 영화의 엔딩의 끝에 붙은 힙합 음악을 들으면서 일본의 청년들은 무슨 느낌을 받게 될까? 제국의 영광스러운 기억 위에 서 있는 곳, 그곳이 야스쿠니 신사가 상징하는 것이다. 그리고 그와 정반대의 대칭점에 히로시마 평화 기념관이 서 있다. 그 두 곳의 성격은 극상이며 정 반대의 과거와 전혀 다른 미래를 각각 상징한다.

한국의 20대 청년이 다른 선진국의 20대 청년들과 다르다는 주장과 다르지 않다는 주장 간에 충돌이 있다. 이런 종류의 명제는 애초에 증명이 쉽지 않은 명제다. 계수화하기가 어렵기 때문이다. 그렇지만 우리가 습관적으로 비교하는 OECD 국가들 내에서 한국이 가지고 있는 차이점이 한 가지가 있다. '기성세대의 조건'이 다르다. 1945년 독립한 이후 한국은 더 이상 식민지 국가가 아닌 나라가 되었다. 그렇지만 그 나라를 통치한 세력이 식민지 세력이라는 특이점을 가지게 되었다. 국적은 바뀌었는데, 국가가 국민을 다루는 방식이 과거 식민지 시절의 제국의 통치와 다르지 않았다. 그리고 시간이 많이 흘렀다. 시간이 흐를수록 식민지 시절의 기억이 엷어진다. 지금의 20대에게 식민지의 기억이라는 것이 있을까? 그럴 것 같지는 않다. 그리고 지금의 10대가 다시 20대가 되는 순간에는? 더 엷어져 있을 것이다.

식민지 시절의 기억을 가지고 있거나 습관처럼 그 당시 방식대로 결정하는 것이 맞다고 생각하는 기성세대와 그것이 도대체 뭔지 모르겠다는 청년들이 공존한다. 이런 특수한 구조는 한국만

이 가지고 있는 세대 구조다. 어느 나라나 세대 간 이해의 문제를 가지고 있다. 그러나 식민지 시절의 기억을 가진 사람과 그렇지 않은 사람들처럼 세계관과 감성이 극단적으로 갈리기는 쉽지 않다. 한국이 유일한 경우다. 풍요 이후의 신빈곤 현상을 만나는 양상이 유럽이나 미국과는 다를 수밖에 없다.

야스쿠니로 달려가는 일본 정치인과 현충원으로 달려가는 한국 정치인은 비슷해 보이지만 조금 차이가 있다. 일본은 제국의 기억을 어떻게 처리할 것인가를 놓고 고민 중이다. 마찬가지로 한국은 식민지의 기억과 군사 독재의 기억을 어떻게 할 것인가를 놓고 고민하는 중이다. "그게 그거 아닌가?" 싶지만, 실제로 그 두 집단은 미래를 보는 눈도 다르고, 청년을 보는 눈도 다를 수밖에 없다. 같은 보수이지만, 제국의 눈으로 청년을 보는 것과 식민지의 눈으로 청년을 보는 것은 좀 다를 것 같다. "청년들에게 힘을 실어줄 것이냐?", "그냥 착취할 것이냐?", 그런 약간의 시각차가 존재한다.

어차피 한국 경제라는 것이 일본을 많이 모방하면서 만들어진 경제라서, 기본 구조나 사유 양식이 크게 다르지 않다. 정치가 별로 존경받지 못하는 것도 같고, 그 와중에도 꾸역꾸역 정치인 2세들이 생겨나는 것도 같은 양상을 띤다. 잘못하면 일본의 90년대처럼 된다고 말하면서, 문제 해결의 처방으로 내놓는 것이 90년대 이후로 어려워지면서 일본이 했던 일들과 똑같은 것들인 경우가 많다. 미워하면서 닮아간다는 것은 한국과 일본 경제에 있어서만큼 정확한 표현이 없을 정도다.

《88만원 세대》라는 이름을 처음 쓸 때, 일본에도 '버블세대'

라는 말이 있기는 했지만 약간 의미는 달랐다. 그 후 일본에서도 '사토리さとり 세대'에서부터 금융 자산이 없는 '제로 세대'에 이르기까지 새로운 단어들이 우후죽순 쏟아져 나오게 되었다. 우리는 3포 · 5포 · 7포 세대를 넘어 n포 세대까지 갔다. '하다 보니 그렇다'는 단계를 넘어 '원래 다 그렇다'는 단계에 온 셈이다. 수학적 귀납법에서 보던 증명 방식을 현실에서 이렇게 마주하다니, 신기하지 않은가?

지금까지 한국과 일본의 청년 문제를 대하는 방식에서 유사한 점들이 있다. 청년들은 자신의 상황을 그렇게 만족스럽게 생각하지 않았고, 기성세대들 역시 그들을 못마땅해 했다. "참아라", "못 참겠다고 말할 거냐"와 같이 말하는 수위의 농도만 다를 뿐, "야, 당신들 진짜 잘한다는데, 정말 잘한다!" 하고 말하는 경우는 없다. 자신들도 별로라고 생각하고 기성세대들도 별로라고 생각하는 점은 한국이나 일본이나 같다. 적어도 지금까지는 그렇다.

100년 전 제국을 향해 달려가던 청년들과 식민지로 끌려가던 청년들의 운명이 극적으로 갈린 적이 있다. 그리고 지난 10년간, 그 어느 쪽이었든 '별 볼 일 없이 산다'는 것은 마찬가지였다. 야스쿠니 신사가 엄청 중요해진 일본이나 현충원이 엄청 중요해진 한국이나, 그들의 미래와 미래세대의 운명 따위는 한때의 영광을 빛내기 위한 포장지에 다름없었던 것인지도 모른다. 표는 청년들에게 얻고, 중요한 일만 있으면 야스쿠니를 찾아가는 일본 정치인이나, 마찬가지로 표는 청년들에게 얻고서는 원하는 바를 이루고 나면 현충원부터 달려가는 한국 정치인이나 뭐가 다른 건지 모를 지경이다. 그렇지만 앞으로도 그럴까?

최저임금을 놓고 크게 다르다고 하기는 어려웠던 두 나라가 오늘날 분기점 위에 서 있다. 이 작은 차이가 점점 벌어져, 마치 두 개의 숲이 서로 다른 방향의 천이를 걷는 것처럼 다른 운명의 길을 갈 것인가? 아니면 두 곳 모두 청년이라는 존재를 잠시 포장지처럼 썼을 뿐, 결국 10년 후에도 같은 운명의 의자에 앉아 의미 없는 눈빛으로 서로를 쳐다보게 될 것인가?

한 가지 확실한 것은 있다. 동북아 지역의 평화가 이들의 선택에 달려 있고, 경제적 번영과 공존도 이들 손에 달려 있다는 점이다. 지금부터 10년 사이, 오랫동안 역사적으로 교차해 왔던 서로의 삶만큼이나 미래의 운명도 지금 입체적으로 교차하는 중이다. 시간의 흐름 속에서 교차점에 이르렀다. 평행선을 가운데 두고 각각 다른 길로 향하는 도로 위에서 앞에 있는 붉은 등을 보며 신호 대기 중이다. 잠시 후 어떤 신호든 불이 들어올 것이고, 이후 어떤 교차로와 신호를 맞닥뜨리게 되고 무슨 장애물이 기다리고 있을지 아무도 모른다. 어디로 가든 혹은 아무 곳에도 가지 않든, 하여간 "떠나세요!" 하는 신호는 들어올 것이다. 이를 가리켜 우리는 '열린 역사'라고 부른다. 결정된 것은 아직 거의 없다.

10년 후 새롭게 20대가 될 지금의 10대 청소년들이 세상을 아름답다고 할지, 행복하다고 할지, 아니면 인생은 그래도 살아볼 만한 것이라고 할지는 전혀 알 수는 없다. 그렇지만 어떤 얘기가 나은 것인지는 누구나 알 것이다.

죽은 것들이 아니라 살아 있는 것들을 위한 세상, 죽은 것들을 숭배하기보다는 살아 있는 것들과 약속하는 세상, 그것이 더 나은 세상을 위한 길이다. 과거로 회귀하려는 힘과 미래로 나아가려는 힘, 이런 것들이 앞으로 10년 동안에도 계속해서 갈등을 빚을 것이다. 그 흐름의 축이 살아 있는 것과 미래에 속한 것 그리고 청년에 속한 것을 향해 흐를 때, 우리의 경제가 지금보다 분명 나아질 것이다.

'청년을 위한' 경제가 아니라 '청년들의' 경제, 그것이 우리가 나아가야 할 방향이 되어야 한다.